WESTEND

ZACHARY GALLANT
KATHARINA F. GALLANT

ENTNAZIFIZIERT EUCH!

Wider den Mythos der Vergangenheitsbewältigung

Ins Deutsche übersetzte, angepasste und korrigierte Version.

WESTEND

Mehr über unsere Autoren und Bücher:
www.westendverlag.de
Die Deutsche Nationalbibliothek verzeichnet diese Publikation
in der Deutschen Nationalbibliografie; detaillierte bibliografische
Daten sind im Internet über http://dnb.d-nb.de abrufbar.

MIX
Papier | Fördert gute Waldnutzung
FSC® C083411
www.fsc.org

ISBN: 978-3-86489-458-9

Umschlaggestaltung: Buchgut, Berlin
Satz: Publikations Atelier, Weiterstadt
Druck und Bindung: CPI – Clausen & Bosse, Birkstraße 10, 25917 Leck
Printed in Germany

Zachary Gallant forschte als Fulbright-Stipendiat der US-Regierung zum Postkonflikt-Wiederaufbau im ehemaligen Jugoslawien und hat einen Master-Abschluss in Internationaler Politik von der Universität London. Seit 2015 führt er Antidiskriminierungs- und Klimagerechtigkeitsprojekte in ganz Deutschland durch, die vom Bundesamt für Migration und Flüchtlinge und von der Europäischen Union gefördert werden. Er ist ehemaliges Vorstandsmitglied des *American Jewish Congress (MD Chapter)* und hat an Universitäten in ganz Europa über Volkszugehörigkeit, Konflikt, Migration, wirtschaftliche Ungerechtigkeit und Konzepte des Jüdischseins unterrichtet.

Dr. Katharina F. Gallant ist wissenschaftliche Mitarbeiterin am Zentrum für Entwicklungsforschung an der Universität Bonn. Ihre Forschungen als Ethnologin und Psychologin befassen sich mit Interkulturalität und interethnischen Konflikten, von der Behandlung jüdischer und muslimischer Gemeinschaften in Europa bis hin zur Rolle der indigenen und afroamerikanischen Minderheiten in Nord- und Lateinamerika. Sie hat an Universitäten in Europa und Lateinamerika gelehrt und Vorträge gehalten über interethnische Konflikte, Interkulturalität und friedliche Koexistenz. Von 2019 bis 2021 gehörte sie dem Unkeler Stadtrat an.

Dieses Buch begann als einfache Recherchearbeit, entwickelte sich aber durch tiefschürfende Gespräche zwischen Zachary und Katharina sowie einen anregenden Austausch mit Expert*innen auf dem Gebiet der Ethik, der Wirtschaft, der Gesichte und der Menschenrechte zu einer umfangreichen Untersuchung über Deutschlands Umgang mit seiner Nazi-Vergangenheit. Zacharys jüdische Wurzeln gehen zurück auf Rabbiner im Nahen Osten ebenso wie auf Schtetl, die während der Nazi-Besetzung Osteuropas ausgelöscht wurden. Katharina kann ihre Wurzeln zurückverfolgen sowohl auf Mitverschwörer des Attentats auf Hitler vom 20. Juli 1944 als auch auf Generäle der Wehrmacht, die ihre Truppen an genau den Orten vorstanden, an denen Zacharys Vorfahren einst lebten. Die jüdischen Perspektiven in diesem Buch sind die von Zachary, da Katharina sich nicht anmaßt, in diesem Bereich eine Stimme zu haben, aber diese spezifisch jüdischen Themen wurden mit Rabbiner*innen und anderen jüdischen Menschenrechtler*innen diskutiert, um sicherzustellen, dass sie eine breitere jüdische Perspektive repräsentieren. Dieses Buch ist das Ergebnis einer respektvollen Zusammenführung dieser unterschiedlichen Hintergründe in der Hoffnung, eine Strategie für eine echte Versöhnung aufzuzeigen. Wir hoffen, dass dieses Endprodukt als ein erster Schritt in Richtung eines »Dialogs in Differenz« zwischen jüdischen Menschen und nicht-jüdischen Deutschen gesehen werden kann und als ein erster Schritt zur wirklichen Überwindung von Deutschlands erdrückendem Nazi-Erbe.

Widmung

Das jüdische Leben hat viele Erscheinungsformen.
Es wird verkörpert nicht nur von Rabbinern, Ärzten, Anwälten und Bankern, und seine Geschichte erzählt nicht nur von tragischen Helden und gerechten Opfern.
Dieses Buch ist nicht allein den Überlebenden gewidmet, sondern vor allem den Unaufhaltsamen. Den Nazi-Jägern, den Rebellen wie Albert Einstein, Dr. Ruth, Marcel Reich-Ranicki, Helga Newmark, Henry Morgentaler, Hannah Arendt, John Slade, Simone Veil und sogar Henry Kissinger, Paul Gelb, Max Eisenhardt und Abba Kovner und so vielen anderen, die sich gegen die Nazis und ihre Anhänger auflehnten und die sich weigerten, lediglich als Opfer definiert zu werden.

Inhalt

Einleitung: Schildkröten und Nazis 13

Teil I: Die Wurzeln des modernen Deutschland 19
Ein deutsches Alltagsszenario 19
Schneeflocken und Lawinen 21
»Wer in der Zukunft lesen will, muss in der Vergangenheit blättern.« 25
Henkels Persilschein 34
Henkel in Unkel: Geteilte Profite – geteilte Mitschuld 36
Was bedeutet Entnazifizierung wirklich? 40
Gab es überhaupt bereitwillige Nazis? 45
Die Rolle der Vereinigten Staaten und des Vereinigten Königreichs bei der Nicht-Entnazifizierung 50
Entnazifizierung Ost 58
Reparationszahlungen – individuell oder strukturell? 63
Verbrecher und Helden 75

Teil II: »Gedächtnistheater« 81
»Niemals sollten wir vergessen, was geschah. Niemals sollten wir vergessen, was man geschehen ließ, und niemals sollten wir vergessen, wie leicht es fiel.« 81
Aufarbeitung ohne Juden 84
Die internationale Bedeutung der deutschen Aufarbeitung . 97
Gesellschaften, die begonnen haben, die Stimmen nicht-dominanter Gruppen zu hören 103
Was macht einen Juden zum Juden? 107
Die »Judenrasse« zwischen weißer und arabischer Identität, zwischen Anderssein und Aussterben: Was es seit dem 7. Oktober 2023 bedeutet, in Europa jüdisch zu sein – ein Exkurs 118

Nestbeschmutzer ... 126

Teil III: Durch und durch ... 129
Unsichtbare Opfer und fortbestehende Täterstrukturen ... 129
Kommunale Mittäterschaft ... 130
Braune Stiftungen ... 134
Politischer Einfluss ... 146
Der neue deutsche Nationalismus ... 151
»Wer die Vergangenheit kontrolliert, kontrolliert die Zukunft. Wer die Gegenwart kontrolliert, kontrolliert, die Vergangenheit«: Die Nazi-Geschichte der modernen deutschen Verlagsindustrie ... 155
Die heutige Reichsbahn ... 165
Nach Hause kommen ... 167

Gegenargument – Was finden wir unter den Nazis? ... 173
Kunst ... 173
Musik ... 174
Philosophie und Hochschullandschaft ... 177
Kirchen ... 179
Naturwissenschaften ... 179
Nachhaltigkeit ... 182
Hitler als der einzige Nazi? ... 186

Teil IV: Schlussfolgerungen ... 189
Um wie viel geht es hier wirklich? ... 189
Reform als moralische, wenn auch nicht als gesetzliche Verpflichtung ... 194
Entnazifizierung 2.0 – Deutschland rettet die Welt ... 200

Danksagung ... 213

Anmerkungen ... 215

Bibliographie ... 230

Einleitung: Schildkröten und Nazis

Der Titel dieses Buches *Entnazifiziert euch!* ist kein persönlicher Angriff. Er ist eine institutionelle Forderung. Wir betonen ausdrücklich, dass wir viel Liebe und Respekt für deutsche Familienmitglieder, Freunde, Kollegen und einen Großteil der deutschen Gesellschaft empfinden.* In diesem Buch geht es nicht darum, einzelne Mitglieder der deutschen Gesellschaft zu beschuldigen, den Nazis und ihrer Gesinnung nahezustehen.** Als kurz vor Drucklegung dieses Buches ein Sturm unser Haus beschädigte, war die erste Person, die nach Abschwächen des Windes vor die Tür trat, um uns zu helfen, unser 70-jähriger deutscher Nachbar in seinen hölzernen Handwerkerschuhen. Er half uns, das gesplitterte Holz zu sortieren und zu reparieren, was zu retten war. Ihm war es egal, woher wir kamen; es spielte keine Rolle, welche Haut-, Haar- oder Augenfarbe wir hatten: Er sah Nachbarn in Not und es als seine Aufgabe an, zu helfen. Als zu einem anderen Zeitpunkt unsere Familie größere gesundheitliche Probleme hatte, waren es unsere deutschen Freunde und Kollegen von der Katholische Kirche, die alles dafür taten, uns zu helfen. Immer wieder haben wir erlebt, wie unsere deutschen Nachbarn und Freunde sich für andere Menschen eingesetzt haben, für Deutsche ebenso wie für Nicht-Deutsche.

Der englische Titel dieses Buches, *Nazis All the Way Down* ließe sich sinngemäß mit »Nazis von A bis Z« oder »Nazis durch und durch« über-

* Aufgrund der besseren Lesbarkeit verzichten wir in diesem Buch auf die Praxis des Genderns. Gleichzeitig versichern wir, dass, sofern nicht explizit eingeschränkt, stets alle Geschlechtsidentitäten gemeint sind. Allerdings müssen wir auch anmerken, dass aufgrund der Geschlechtsrollenverteilung in der Nazi-Zeit und der unmittelbaren Nachkriegszeit davon auszugehen ist, dass männliche Personen unter den Nazi-Profiteuren und aktiv in die Nazi-Verbrechen verwickelten Menschen überrepräsentiert sind.

** Gleichzeitig leugnen wir nicht jene gesellschaftlichen Tendenzen, in denen eine offene Unterstützung oder deutliche Nähe zur Nazi-Ideologie zum Ausdruck kommt, sei dies in Form von rechtsextremen sozialen Bewegungen oder in Form von rechtsextremen Parteien.

setzen. Wichtig ist in jedem Fall, dass, wenn wir hier von Nazis sprechen, es nicht um einzelne Personen geht. Es gibt einen Unterschied zwischen der Formulierung »Nazis überall!«, die gezielt Personen als Nazis betiteln würde, und »Nazis durch und durch« als Charakterisierung der institutionellen Ebene, des gesamten deutschen Systems.

Die Vorstellung von »all the way down« stammt von einer philosophischen Erklärung zum Wesen der Welt. Stephen Hawking, einer der größten Denker unserer Zeit, erzählt in seinem Werk *Eine kurze Geschichte der Zeit* von der Begegnung eines Philosophen, der einen Vortrag hält, mit einer Dame aus dem Publikum:

> »Als der Vortrag beendet war, stand hinten im Saal eine kleine alte Dame auf und erklärte: ›Was Sie uns da erzählt haben, stimmt alles nicht. In Wirklichkeit ist die Welt eine flache Scheibe, die von einer Riesenschildkröte auf dem Rücken getragen wird.‹ Mit einem überlegenen Lächeln hielt der Wissenschaftler ihr entgegen: ›Und worauf steht die Schildkröte?‹ – ›Sehr schlau, junger Mann‹, parierte die alte Dame. ›Ich werd's Ihnen sagen: *Da stehen lauter Schildkröten aufeinander.*‹«[1]

Der Richter des Obersten Gerichtshofs der Vereinigten Staaten, Antonin Scalia, zitierte in einer Stellungnahme zu einem Rechtsfall eine ähnliche Geschichte, wobei in seiner Version die Erde auf dem Rücken eines Tigers steht, der Tiger wiederum auf dem Rücken eines Elefanten und der Elefant auf einer Schildkröte oder sogar auf unendlich vielen Schildkröten.[2]

Das Bild der Schildkröten ist folgendermaßen zu begreifen: Es gibt die Welt, die wir sehen, unsere Erde. Unter der Welt, die wir sehen, gibt es die Welt, von der wir wissen, dass sie die Welt, die wir sehen, stützt: Dies sind unsere Institutionen, die Scalia auch im Sinnbild des Tigers zusammenfasst. Darunter liegt eine Welt, die wir zu verstehen glauben, wenngleich wir sie nicht wirklich sehen können, von der wir aber wissen, dass sie da ist und wiederum die Institutionen stützt, die unsere Welt aufrechterhalten. In Scalias Bild ist dies der Elefant. Und unter all diesen Ebenen sind unendlich viele Schildkröten als Sinnbild der immer wieder auf sich selbst verweisenden Basis der Gesellschaft, unterhalb derer nichts anderes existiert.

Was haben also Schildkröten mit Nazis zu tun? Im letzten halben Jahrhundert hat Deutschland weltweit den Ruf erlangt, sich ehrlich mit den Verbrechen der Nazi-Zeit auseinanderzusetzen. Dieser Prozess, der allgemein als Aufarbeitung bezeichnet wird, befasst sich mit der systematischen Verarbeitung der Geschichte, inklusive des Eingeständnisses individueller und systemischer Schuld am Völkermord an den Juden sowie an anderen Individuen (zum Beispiel politischen Gegnern) und Gruppen (zum Beispiel Roma und Sinti), die das Nazi-Regime aus verschiedenen Gründen zu beseitigen suchte. Es ist die nationale Entschuldigung: nicht nur einmalig, nicht nur ein Lippenbekenntnis, sondern immerwährend und ewig. Man meint es ernst, und man meint es immer wieder, für immer. Das nationale Handeln wird, wenn nicht von der nationalen Schuld, so doch zumindest von der Absicht bestimmt, »nie wieder« ein vergleichbares Verbrechen zu begehen. Darüber hinaus steht im Fokus, die spezifische(n) Gruppe(n), die durch Nazi-Deutschland zum Opfer wurden, vor weiterem Schaden zu bewahren, in welcher Form auch immer.

Dieser Prozess der Aufarbeitung, der sich zugegebenermaßen auf die Juden konzentriert, schloss sich an die vermeintliche Entnazifizierung während der Gründungszeit der Bundesrepublik an und wurde lange als gesellschaftliches Kernstück des modernen Deutschlands gehandelt.* Die Entnazifizierung wiederum hatte die öffentliche Diskussion über die Rolle des deutschen Durchschnittsbürgers in den Vordergrund gestellt, hatte aber auch nach der Bedeutung von Persönlichkeiten aus Literatur und Wissenschaft sowie der Rolle von Institutionen wie den Kirchen gefragt, die zwar nicht dem Nazi-Regime angehört, die aber möglicherweise zum Aufstieg des Nazi-Regimes und damit zum Holocaust beziehungsweise zur Shoah beigetragen hatten.** Die unzulängliche Umsetzung der Entnazifizierung in der

* Die Entnazifizierung wurde auch im russischen Sektor und später in Ostdeutschland (DDR) angestrebt. Angesichts der kommunistischen Bestrebungen der jeweiligen Regierungen und des internationalen Kontextes des Kalten Krieges wurde das soziale Gefüge jedoch auf andere Weise neu geknüpft. Darauf gehen wir im Kapitel »Östliche Entnazifizierung« näher ein.

** Zur Aufarbeitung gehört auch, die Macht der Worte und ihren Gebrauch dahingehend zu hinterfragen, ob sie befähigen oder entmachten. Das Wort »Holocaust« bedeutet ein vollständig verbranntes Opfer und wird von zahlreichen jüdischen Autoritäten und Historikern als unangemessen angesehen: erstens, weil die Vernichtung der Juden nicht vollständig war; und zweitens, weil die Rolle der Juden nicht die eines rituellen Opfers war, sondern die eines Opfers eines brutalen Massenmords. Das hebräische Wort »Shoah«, das so viel wie »Katastrophe« bedeutet, gilt allgemein als der bevorzugte Begriff für die von Hitler-Deutschland angeführte Vernichtung von sechs Millionen Juden in Europa. Für dieses Buch und für die frühen Zeit der Bundesrepublik Deutschland wurde von der nächsten Generation, den 68ern, angeprangert. Sie forderten eine umfassende Überprüfung des politischen und gesellschaftlichen Fundaments des modernen Deutschlands, inklusive der persönlichen Erzählungen und der offiziellen Geschichtsschreibung über die Nazi-Zeit.

Die Aufarbeitung dauert auch heute noch an. Sie wird sichtbar unter anderem in Stolpersteinen aus Messing, die vor Häusern verlegt werden, in denen einst Opfer der Shoah lebten. Indem in die Steine die Namen ermordeter Juden, ihr Geburtsjahr sowie das Jahr und der Ort ihres Todes eingraviert sind, erzählen sie überaus skizzenhaft die Geschichte der deutschen Schuld, wie sie sich in diesen Einzelschicksalen niederschlägt. Bis 2023 sollen in ganz Europa etwa 100 000 dieser Steine verlegt worden sein, die meisten davon in Deutschland.[3] Sichtbar wird die Aufarbeitung auch darin, dass in vielen deutschen Städten riesige Shoah-Gedenkstätten errichtet wurden, dass es in Deutschland landesweit über 300 Gedenkstätten gibt und dass die Shoah und die Schrecken des Nationalsozialismus in den Schulen ausführlich behandelt werden.[4]

Im Gegensatz zu Polen, Kroatien, Rumänien oder auch Frankreich und den Niederlanden hat Deutschland seine Nazi-Vergangenheit kritisch reflektiert und eine neue Identität geschaffen, die auf dem Ansinnen beruht, eine Wiederholung dieser dunklen Geschichte niemals zuzulassen. Im Großen und Ganzen versucht Deutschland nicht, sich von seiner Nazi-Vergangenheit zu befreien; im Gegenteil ist es gerade das Zugeben seiner historischen Schuld, das Deutschland im internationalen Vergleich besonders ehrlich erscheinen lässt.

Was in Deutschland bis in die frühen 2020er Jahre hinein vorbildlich war (auch wenn sich dies gegenwärtig zu ändern scheint), ist die vollständige Akzeptanz dieser Schuld. Im Wissen um die Schuld der eigenen Nation zu leben und diese Schuld nicht als Last, sondern als Verantwortung zu akzeptieren: Das ist ein Phänomen, das es im globalen Norden sonst nirgendwo gibt, und es erscheint als Lichtblick angesichts des wachsenden Nationalismus, der so viele Länder vergiftet.

Die Betonung der Aufarbeitung der eigenen Nazi-Vergangenheit ist ein Kernstück der Identität des modernen Deutschland nach 1945. Die

---

deutsche Aufarbeitung im Allgemeinen passt der spezifisch jüdische Fokus des Wortes »Shoah« besser und wird im Folgenden anstelle von »Holocaust« verwendet.

häufige Bezugnahme auf die Aufarbeitung bei Veranstaltungen und in Veröffentlichungen ist auch der Grund, warum viele jüdische Wissenschaftler und Aktivisten in den Vereinigten Staaten die deutsche Aufarbeitung als Modell für den Umgang mit Amerikas eigener rassistischer Geschichte propagieren. Das ist die Welt, die auf dem Tiger der institutionalisierten Aufarbeitung reitet.

Doch die Institutionalisierung der Aufarbeitung bedeutet im Umgang mit Deutschlands Nazi-Vergangenheit auch eine oberflächliche Normalisierung dieses ungeheuren Verbrechens. Allzu leicht wird eine tiefgreifende Aufarbeitung ersetzt durch einen oberflächlichen Umgang mit der Geschichte, der eine Fülle von Faktoren ignoriert: Hierzu zählen an erster Stelle der internationale Druck als auslösende Kraft des Aufarbeitungsansinnens, aber auch der Rassismus, der ausgerechnet der Aufarbeitung selbst innewohnt. Jene Unzulänglichkeiten werden deutlich, wenn wir unter den Tiger blicken und dort des Elefanten gewahr werden. Unter dem Elefanten finden wir dann einige zentrale Strukturen, die eine aufrichtige und tiefgreifende Aufarbeitung aktiv verhindern und somit erklären, warum die gegenwärtige Aufarbeitungspraxis nicht vollends gelingen kann. Obwohl es in Deutschland viele gibt, die sich die Aufarbeitung zu Herzen nehmen und sie nutzen, um die deutsche Gesellschaft und Politik moralischer zu gestalten, reduzieren diese Strukturen die sichtbare Aufarbeitung letztlich auf eine unaufrichtige Maske, die sogar einige der abscheulichsten Verbrechen der Geschichte zu beschönigen sucht.* Dieses Buch wird diese Maske abnehmen und zeigen, was hinter der moralischen Fassade des modernen Deutschland steckt.

* Die Aussagen in diesem Buch beruhen auf den besten gegenwärtig verfügbaren Forschungsergebnissen. Viele davon sind journalistischen Ursprungs, große Teile der deutsche Nazi-Vergangenheit sind aber auch wissenschaftlich untersucht, wie wir zeigen werden. Wir sind uns der Gefahr bewusst, dass einige Aspekte unseres Buches womöglich leicht abweichende Geschichten erzählen würden, wenn alle Unternehmen und Institutionen, über die wir schreiben, ihre Archive der Öffentlichkeit bereits zugänglich gemacht hätten. Dabei ist kaum absehbar, ob diese Teilgeschichten schrecklicher aussehen würden oder ob sie Einzelpersonen, Unternehmen oder Institutionen ein Stück weit entlasten würden. In jedem Fall haben wir das Beste aus den verfügbaren Beweisen gemacht und sind zuversichtlich, dass, sollte sich eine einzelne Behauptung als unzutreffend erweisen, das grundsätzliche Argument von *Entnazifiziert euch!* immer noch Bestand hätte.

Teil I: Die Wurzeln des modernen Deutschland

Ein deutsches Alltagsszenario

Wir sitzen gemütlich im Esszimmer unseres kleinen Hauses in einer kleinen Stadt im Rheinland, an dem hübschen antiken Tisch, der seit den späten 1930er Jahren im Besitz unserer Familie ist. Auf ihm stehen ein paar Tassen mit dampfendem Kaffee, den wir heute Morgen noch schnell bei EDEKA gekauft und jetzt mit einem Filter von Melitta aufgebrüht haben. Neben den Kaffeetassen stehen zum Naschen zwei Schälchen mit Keksen: für die Erwachsenen Butterblätter, die mit der schönen Eichenlaubform, und für die Kinder LEIPNIZ-Kekse, beide von Bahlsen.

Auf dem Tisch liegen auch zwei überregionale Zeitungen, die Frankfurter Allgemeine Zeitung *und die* Süddeutsche Zeitung, *so dass wir zwei verschiedene Perspektiven auf die Nachrichten bekommen und das Gefühl haben, nicht von einer Seite manipuliert werden zu können. Außerdem liegt auf dem Tisch* Das große Dr. Oetker Backbuch. *Es ist ein wenig in die Jahre gekommen, wurde es doch schon 1983 herausgegeben, doch gelegentlich blättern wir noch gerne darin, wenn wir auf der Suche nach süßen kulinarischen Inspirationen sind – die wir mit unserem Thermomix von Vorwerk heute natürlich viel leichter zubereiten können – oder uns an den duftenden Gugelhupf erinnern, den Oma immer in unserer Kindheit gebacken hat. Beim Gedanken an die kürzlich verstorbene Großmutter rollt uns eine Träne über die Wange, die wir schnell mit einem Tempo-Taschentuch wegwischen.*

Folgen wir nun den Kindern aus dieser Szene auf ihrem Weg durch die kopfsteingepflasterten Straßen der Stadt, die vom örtlichen Geschichtsverein gepflegt und beworben wird, vorbei an dem Sportplatz, auf dem sie später in der Woche Fußball trainieren werden und der vom örtlichen Sportverein betrieben wird: Auf ihrem Weg durch diese Straßen kommen die Kinder an einer Bronzetafel vorbei, die den »jüdischen Mitbürgern« gewidmet ist und die Geschichte der Synagoge erzählt, die am 10. November 1938 niedergebrannt wurde. Die Kinder nahmen an der Gedenkveranstaltung zum

Jahrestag des Pogroms im vergangenen Jahr teil, bei der Dutzende von Einwohnern über das Leiden und den Tod der Juden berichteten, die einst in der Stadt gewohnt hatten. Die Einwohner bekannten dabei öffentlich, dass diese Verbrechen nicht nur von führenden Nazis begangen wurden, sondern dass es Bürger, ja sogar Nachbarn waren, die sich aktiv an diesen Verbrechen beteiligten oder sie zumindest bereitwillig geschehen ließen. Heute gibt es keine jüdische Gemeinde mehr in der kleinen Stadt. Im Gegenteil gilt, was eine jüdische Führungspersönlichkeit einst im Interview formulierte: »Die Wahrscheinlichkeit, einen Juden in Deutschland zu treffen, ist geringer, als einen Vierer im Lotto zu haben«,[5] und die Kinder unserer kleinen Alltagsszene haben selbst nie einen Juden getroffen. Aber dank der jährlich stattfindenden Gedenkveranstaltungen und der Gedenktafeln kennen sie die Geschichte der letzten Juden ihrer Heimatstadt.

Später kommen die Kinder in ihrer Schule an, die vom örtlichen Schul-Förderverein unterstützt wird. Nach der Schule schaukeln sie auf dem Spielplatz des neu renovierten Parks, der nach einem Mitglied der Unternehmerfamilie Henkel benannt ist. Die Kinder freuen sich an den neuen Spielgeräten, wissen sie doch, dass ohne die großzügigen Zuwendungen der Mäzenatenfamilie die öffentlichen Plätze der Stadt um einiges ärmer wären. Nach dem Schaukeln steigen die Kinder in einen Zug der Deutschen Bahn, um zur Probe des Kirchenchors der Nachbarstadt zu gelangen. Erst am frühen Abend, wenn die Dämmerung schon eingesetzt hat, kehren die Kinder nach Hause zurück. Es ist ein hübsches kleines Haus, in dem ihre Eltern erstaunlich wenig Miete an ein deutsches Ehepaar zahlen, dessen Familie dieses Haus seit 1939 besitzt und das nur diese vergleichsweise niedrige Miete verlangt, damit eine nette junge Familie wie die ihre es sich leisten kann, darin zu wohnen.[6]

Dieses nette kleine Alltagsszenario des Lebens in einer deutschen Kleinstadt wurde von jener Stadt inspiriert, in der wir fast ein Jahrzehnt verbrachten und genau diese Art von Leben führten. Die Stadt, die wir beschreiben, ist zwar der Ausgangspunkt dieses Buches, aber es ist wichtig, darauf hinzuweisen, dass sich unsere Szene in praktisch jeder westdeutschen Kleinstadt abspielen könnte. Diese Szene ist die Welt, die wir sehen, und sie sieht unschuldig genug aus. Sogar der Fokus auf der Shoah-Geschichte passt hier, da solche Gedenkveranstaltungen und -tafeln eine bedeutende Rolle im modernen deutschen Leben spielen, fast gleichwertig mit der Sichtbarkeit der zuvor und im Anschluss erwähnten Unternehmen, Vereine und Institutionen. Aber natürlich sind die genannten Unternehmen nicht willkürlich ausgewählt worden. Diese Unternehmen haben alle eine düstere NS-Vergangenheit, und als die Bundesrepublik Deutschland 1949 auf den Trümmern von Nazi-Deutschland gegründet wurde, konnte dieser Vorgang die Verbrechen der Nazi-Jahre nicht einfach ungeschehen machen.

Schneeflocken und Lawinen

Als wir mit unseren Recherchen begannen, glaubten wir, dass wir gerade über den einzigartigen Fall einer Unternehmerfamilie gestolpert seien, die von den Nazi-Verbrechen profitiert hatte, und dass wir durch unsere Nachforschungen unserer lokalen Gemeinschaft dabei helfen würden, ehrlich mit dieser Vergangenheit umzugehen. Im Zentrum unseres Interesses standen die Familie und das Unternehmen Henkel, von deren Philanthropie wir persönlich profitiert hatten. Bemüht einen tieferen Einblick in die Problematik zu erhalten, wandten wir uns an anerkannte Historiker. Einige von ihnen, insbesondere Peter Hayes, der frühere Vorsitzende des akademischen Ausschusses des *US Holocaust Memorial Museum*, waren zu einem engeren Austausch bereit und so wurden die Hinweise dieser Experten richtungsweisend für unsere Recherchen auf eine Weise, die wir nie erwartet hatten.

Je tiefer wir in die Materie eindrangen, desto schrecklicher wurden die einzelnen Aspekte und desto mehr Zusammenhänge taten sich auf. Wie in unserem Buch *Brauner Boden* beschrieben, stand Henkel durch die Zusammenarbeit mit anderen Nazi-Unternehmen und durch den Handel mit den von Juden gestohlenen Vermögenswerten plötzlich mit Verbrechen einer Größenordnung in Verbindung, die wir nie in Betracht gezogen hatten. Und als wir lernten, welche Fäden wir ziehen mussten, um größere Teile der Nazi-Belastung sichtbar werden zu lassen, entdeckten wir, dass Unternehmen wie Adidas und Dutzende andere mit einigen der brutalsten Morde in Auschwitz in Verbindung gebracht werden können.

Als wir weiter nachforschten, erfuhren wir, dass Henkel nicht das einzige Unternehmen war, das sich nicht mit seiner Geschichte auseinandergesetzt hatte. Aber was noch schlimmer war: Wir entdeckten, dass in den zahlreichen Fällen von Familien und Unternehmen, die Studien über ihre Nazi-Verbrechen und ihre Geschichte in Auftrag gegeben hatten, diese Studien selten, wenn überhaupt, zu einer umfassenderen Entschädigung oder gar einer Reform geführt hatten. Als wir versuchten, den Schnee von den Gipfeln des »Berges Henkel« zu fegen, um das aufzudecken, wovon wir annahmen, dass es sich um den Einzelfall einer fehlgeschlagenen Entnazifizierung handelte, landeten diese Schneeflocken auf benachbarten Gipfeln und brachten die vermeintlich unberührte Landschaft dort durcheinander. Ein Blick über Henkel hinaus wurde unausweichlich und moralisch notwendig. So verließen wir die Grenzen unserer ursprünglichen Fallstudie mit dem Titel *Brauner Boden* und folgten den Spuren der resultierenden Schneeballstichprobe, um das Ausmaß von Henkels Nazi-belastetem Netzwerk aufzuzeigen. Auf diese Weise verdichteten sich die Schneeflocken erst zu Schneebällen, dann zu kleinen Schneerutschen, bevor sie alle zusammen als Lawine auf die Fassade der deutschen Nazi-Aufarbeitung herabstürzten.

Wir fanden heraus, dass Haushaltswaren, wie sie von Henkel hergestellt werden, assoziiert waren mit den Aktivitäten anderer prominenter Unternehmen der gleichen Branche, ebenso wie mit Unternehmen in der Lebensmittelproduktion oder der Herstellung von Haushaltsgeräten, Bekleidung und Schuhen, mit führenden Unternehmen der Mobilitätsbranche, der Industrietechnik, Energietechnik oder Logistik, aber auch mit Pharmariesen, der Verlagswelt, ganzen Supermarktkonzernen und Kernunternehmen des deutschen Finanzsektors – um nur einen kurzen Überblick zu geben. Während einige dieser Unternehmen sich bis heute in Familienbesitz befinden, sind andere längst in Aktiengesellschaften umgewandelt worden, an denen die Gründerfamilien kaum noch beteiligt sind. Wieder andere Institutionen wie renommierte Banken oder staatliche Unternehmen fallen in keine dieser beiden Kategorien. Was die Schneeflocken und Schneebälle, die sich in diesem Buch türmen, jedoch eint, ist ihre Verbindung zur Nazi-Zeit und zum deutschen Völkermord an den Juden. Es ist diese Verbindung zu Verfolgung und Tod von Juden und anderen Minderheiten, die es vielen Unternehmen ermöglichte, ein Vermögen aufzubauen, das sie bis heute zu den führenden Kräften der deutschen Wirtschaft und Gesellschaft zählen lässt.

Die Profite aus der Nazi-Zeit machen nicht bei den in den folgenden Kapiteln genannten Unternehmen halt. Sie beschränken sich nicht auf Produkte, Marken und Unternehmen mit einem offensichtlich deutschen Namen oder in rein deutschem Besitz. Das beste Beispiel für den weitreichenden Charakter der Nazi-Verstrickungen ist die Firma *Thomas Built Buses*. Was könnte amerikanischer sein als ebendiese gelben Schulbusse, die wir alle in amerikanischen Filmen und Fernsehsendungen gesehen haben? Nun, die Firma Thomas Built Buses ist seit 1998[7] im Besitz des Nazi-Profiteurs Daimler Trucks.[8] Laut der Website von Thomas Built Buses ist »Thomas Built Buses … der führende Hersteller von Schulbussen in Nordamerika mit einem Marktanteil von 37 % am Markt für konventionelle Schulbusse«.[9] Dies bedeutet, dass jedes Mal, wenn ein Schulbezirk in Nordamerika neue Busse braucht, der Auftrag mit großer Wahrscheinlichkeit an ein Unternehmen vergeben wird, das mit Nazi-Profiteuren in Verbindung steht. Ähnlich verhält es sich mit VW, dessen Ursprung direkt mit Hitlers Absicht in Verbindung gebracht werden kann, ein deutsches Auto für Deutsche zu schaffen, wobei VW in hohem Maße auf Zwangsarbeit* (sowohl jüdisch als auch nicht-jüdisch) angewiesen war und »vier Konzentrationslager und acht Zwangsarbeitslager auf seinem Gelände betrieb«.[10] Zu VW gehören die typisch italienischen Marken Lamborghini und Ducati sowie Bentley,[11] ein Eckpfeiler der britischen Automobilkultur, während die ebenfalls britischen Marken Rolls Royce und Mini Cooper im Besitz von BMW sind,[12] dem Unternehmen des Nazi-Profiteurs Herbert Quandt.[13] Es ist nicht nur in Deutschland, sondern auch weltweit kaum möglich, Nazi-Profiteure beziehungsweise ihre Produkte vollständig zu meiden.

Die Nazi-Belastung ist so systemisch, dass, sobald wir ein einziges Beispiel aufgreifen, der Rest einfach folgt. Sobald wir unsere Aufmerksamkeit auf einen Aspekt des täglichen Lebens in Deutschland

---

* Wir verwenden im Kontext der Nazi-Zeit stets den Begriff der Zwangsarbeit, auch wenn die Konnotation von »Sklavenarbeit« angesichts der existentiellen Repressalien des Nazi-Systems auf den ersten Blick passender erscheint. Schließlich suggeriert dieser Begriff die vollkommene Entrechtung der Arbeitenden. Doch auch wenn in den Nürnberger Prozessen und Entschädigungsverhandlungen in den 1990er Jahren von »Sklavenarbeitern« gesprochen wurde (wobei sich die Gruppen der so bezeichneten Betroffenen unterscheiden), gibt es einen in unseren Augen entscheidenden Grund, aus dem wir dem Begriff »Zwangsarbeiter« Vorrang geben: Wie der Historikers Cord Pagenstecher in einem Beitrag mit dem Titel »Begriffe: Fremdarbeiter – Zwangsarbeiter – Sklavenarbeiter« aus dem Jahr 2016 hervorhebt, hatte Hitlers SS im Unterschied zu Sklavenhaltern in anderen historischen Kontexten kein Interesse am Überleben ihrer arbeitenden Opfer. Für diese Sklavenhalter entsprachen die entrechteten Arbeitenden einem wichtigen Teil ihres Kapitels, das es zu erhalten galt. Im Gegenteil dazu stand bei der SS explizit die »Vernichtung durch Arbeit« im Vordergrund.

richten, wird es fast unmöglich, die Spuren der Verbrechen überall um sich herum zu ignorieren. Wir empfehlen, dieses Buch von Anfang bis Ende zu lesen, denn es ist atemberaubend, die Entwicklung der Lawine zu beobachten.

Wir haben unser Bestes getan, um den Schneeballeffekt zu kontrollieren und die Erzählung trotz der Fülle an schrecklichen Informationen übersichtlich zu halten: Nach einer kurzen Erkundung der Nazi-Geschichte zahlreicher deutscher Produkte gehen wir näher auf Henkel und die lokale Philanthropie der Familie Henkel ein. Dann untersuchen wir, was die Entnazifizierung war und was sie versäumt hat, wir diskutieren die Idee der »Wiedergutmachung« und fragen, welche Art von Zahlungen Deutschland geleistet hat, bevor wir die deutsche Heroisierung von Kriegsverbrechern im Alltag beleuchten. Darauf aufbauend zeigen wir, warum Deutschlands Umgang mit seiner Nazi-Geschichte kein Modell für andere Länder sein sollte. Wir erklären, wie Opfergruppen nicht als Gleichberechtigte, sondern als Zeichen eines ausgelöschten Volkes behandelt werden, und wir verweisen auf Deutschlands mangelndes Interesse, die bestehenden Unzulänglichkeiten zu beheben, während einige andere Länder erkennen lassen, dass ein fortschrittlicherer Umgang mit den eigenen historischen Verbrechen durchaus möglich ist.

Abschließend erläutern wir, wie Nazi-Geld die deutsche Gesellschaft bis heute beeinflusst, von lokalen Regierungen bis zu nationalen politischen Parteien, von Nichtregierungsorganisationen bis zu Sportteams, von der Presse bis zum Wohneigentum und alles dazwischen. Wir legen dar, wie gefeierte Aspekte der deutschen Kultur, die auf den ersten Blick nichts mit der Nazi-Geschichte des Landes zu tun haben, in der Tat mit ebendiesem Teil der deutschen Vergangenheit in Verbindung gebracht werden können, und wir beziffern den Euro-Betrag als Bestandteil der deutschen Wirtschaft, der auf Nazi-Profiten aufgebaut ist. Wir verdeutlichen, wie dies in den letzten neunzig Jahren ein Ungleichgewicht in der Berücksichtigung verschiedener Interessen hervorgerufen hat: Begünstigt wurden deutsche Interessen auf Kosten der Interessen einstiger Nazi-Opfer und ihrer Erben. Und schließlich schlagen wir eine Lösung vor, einen Weg, um dem braunen Schandfleck der deutschen Nazi-Vergangenheit endlich eine andere Farbe zu geben.

Nicht alle Themen werden alle Leser gleichermaßen interessieren. Aber alle in diesem Buch angesprochenen Themen sind miteinander verbunden und ergeben gemeinsam das Bild eines modernen Deutschland, das immer noch durch und durch von den Nazi-Profiten geprägt ist und eine bloße Fassade der historischen Verantwortung geschaffen hat, ohne tatsächlich die Nazi-Strukturen von damals durchbrochen zu haben. Mehr noch sind die Einzelheiten darüber, wie die in diesem Buch thematisierten Unternehmen durch Massenmord zu ihrem Reichtum gelangen und nach dem Sturz des Nazi-Regime ihre Macht bewahren konnten, im internationalen Zusammenhang von Interesse, verweisen sie doch auf globalen Unternehmen, die in ähnlicher Weise nach dem Ende der Sklaverei und des Kolonialismus überlebten, ohne dass ihre Gewinne geschmälert wurden.

Selbst jene Leser, die bereits viel über die Shoah wissen, mögen durch die Lektüre des gesamten Buches neue Aspekte entdecken, wenn sie die Entwicklung der gesamten Lawine in all ihrer seltsamen, schrecklichen Pracht nachvollziehen.

»Wer in der Zukunft lesen will, muss in der Vergangenheit blättern.«[14]

Wir wollen zurückkehren zu den Unternehmen aus obigem Alltagsszenario, um ihre Verstrickung mit dem Nazi-Regime zu skizzieren. Bei der Beschreibung der Verbrechen der Nazi-Profiteure wollen wir vermeiden, den Nutznießern des Unrechtssystem viele Zeilen zu widmen und dieses Buch zu ihrer Geschichte werden zu lassen. Aus diesem Grund werden diese Nazi-Geschichten so kurz wie möglich gehalten; sie dienen lediglich dazu, einen Überblick über das Ausmaß der Nazi-Kontamination zu geben, ohne den Biografien der Verbrecher unnötig viel Platz einzuräumen.

Es ist wichtig, an dieser Stelle festzuhalten, dass wir den Begriff »Nazi-Verbrechen« in erster Linie verwenden, um uns auf die von Deutschland, den Deutschen und den Kollaborateuren von Hitlers Regime in der ersten Hälfte des 20. Jahrhunderts begangenen Verbrechen zu beziehen, einschließlich derjenigen, die Hitlers Ideologie im Jahrzehnt vor seiner Machtübernahme unterstützten, und wir verwenden den Begriff »Nazi«, um diese Personen zu beschreiben. Wir tun dies aus mehreren Gründen. Erstens, weil sonst die Terminologie fast irreführend komplex werden kann: Die NSDAP als Nationalsozialistische Deutsche Arbeiterpartei ist allgemein als Partei der

Nazis bekannt, ohne dass diese mit dem Konzept des Sozialismus in Übereinstimmung zu bringen wäre. Der Nationalsozialismus ist eine rechtsextreme politische Ideologie, eine Form des Faschismus, die in der Tat Sozialisten unterdrückte und ermordete. Zweitens sprechen wir von den Nazis und dem Nazi-System, weil es sich leichter liest, vor allem, wenn wir ein System beschreiben, das so sehr von den Verbrechen der Nazis geprägt ist, dass es kaum einen Unterschied macht, wer offizielles Mitglied, wer Nichtmitglied, aber Profiteur, und wer zwar nicht Mitglied, wohl aber aktiver Komplize war: Sie alle haben Anteil am Nazi-System. An manchen Stellen sprechen wir vielleicht von »Nationalsozialisten« oder von der »NSDAP«, um einen bestimmten Aspekt der Geschichte hervorzuheben; aber mitunter scheint die wiederholte Verwendung dieser Begriffe den Verbrechen die Bösartigkeit zu nehmen, und deshalb bleiben wir im Allgemeinen bei »Nazi«.

Zurück zu den Unternehmen, die in unserem kleinen szenischen Schnappschuss erwähnt werden. Der Historiker Lutz Budraß nennt drei Kriterien, nach denen ein Unternehmen in besonderem Maße in die Nazi-Verbrechen verstrickt war:* die Beteiligung dieser Unternehmen an Arisierungen (der Enteignung der jüdischen Bevölkerung Deutschlands zwischen 1933 und 1945),[15] der Einsatz jüdischer Zwangsarbeiter und KZ-Häftlinge sowie die Aneignung von Unternehmen in den besetzten Gebieten.[16] Die Unternehmen in unserer Momentaufnahme des deutschen Alltags passen fast alle zu diesen Klassifizierungen. Wir wollen im Einzelnen sehen, auf welche Weise dies der Fall ist.

EDEKA

Die genossenschaftlich organisierte EDEKA-Supermarktgruppe, eine der größten[17] und derzeit am schnellsten wachsenden Supermarktketten Deutschlands,[18] wurde 1898 von einer Gruppe von 21 »Kolonialwarenverkäufern« in Berlin gegründet. Fritz Borrmann, einer dieser Gründer, wurde 1921 Generaldirektor. Borrmann war 1933 in die

* Diese Kriterien spiegeln nur ein mögliches Klassifizierungssystem wider, wobei hier der Schwerpunkt eindeutig auf den jüdischen Opfern der Nazis liegt. Natürlich gibt es viele weitere Nazi-Verstrickungen, die auf eine starke Nazi-Belastung eines Unternehmens hinweisen und sich entsprechend in der Formulierung von Kriterien niederschlagen könnten. Doch bereits die von Budraß genannten Kriterien genügen, um eine Vielzahl der namhaftesten und wirtschaftlich stärksten deutschen Unternehmen als Nazi-belastet zu identifizieren.

NSDAP eingetreten, wurde aber 1937 von Paul König abgelöst, der ebenfalls Partei-Mitglied war und bis 1966 EDEKA-Generaldirektor blieb. König verbreitete zu Beginn des Boykotts jüdischer Geschäfte im Jahr 1933 Propaganda, die die Gräueltaten des Nazi-Regimes leugnete.[19] Wenig später übernahm EDEKA drei jüdische Weingüter durch Arisierung und nutzte den »Anschluss« Österreichs und des Sudetenlandes, um seinen Absatz zu steigern. Da sich das Unternehmen in der Nachkriegszeit weigerte, den Nachkommen seiner Opfer Entschädigungen zu zahlen, gibt es keine Anzeichen für eine unternehmerische oder persönliche Reue für diese Taten.[20]

Melitta

Noch deutlicher wird der Judenhass in der Geschichte des Kaffeefilter-Familienunternehmens Melitta. Horst Bentz leitete das Unternehmen von 1929 bis 1980. Bereits 1933 wurde er Mitglied der NSDAP und der SS und arbeitete für den Geheimdienst innerhalb der SS-Struktur (Reichsführer SS).[21] Unter Bentz' Führung verbreitete die Firmenzeitung Pogromhetze gegen Juden und unterstützte die militärische Expansion Deutschlands.[22] So ist es nicht verwunderlich, dass Melitta 1941 als nationalsozialistischer Musterbetrieb geehrt wurde; Bentz versprach als Reaktion auf die Ehrung: »Der Betrieb und seine Arbeit gehören allezeit dem Führer.«[23] Das Unternehmen konnte während der Nazi-Zeit wachsen, obwohl die Nazi-Wirtschaft systematisch die Rüstungsindustrie gegenüber der Konsumgüterindustrie, zu der Melitta zählt, bevorzugte.

Bahlsen

Auch die Leitung des familiengeführten Keksherstellers Bahlsen war schon früh in die NSDAP eingetreten und unterstützte die SS, wenngleich ihre Gründe eher wirtschaftlicher als ideologischer Natur waren: Bahlsen konnte seine Produktionskapazitäten während der Nazi-Zeit verdreifachen und profitierte durch die Leitung einer Keksfabrik in Kiew auch von der Besetzung der Ukraine.[24] Bahlsen hatte zudem Interesse an der Übernahme von Bäckereibetrieben in den besetzten Niederlanden gezeigt und wurde dabei von Rudolf Diels, dem ersten Leiter der Gestapo, unterstützt.[25] Des Weiteren profitierte Bahlsen vom Einsatz von Zwangsarbeitern, und der Firmenchef Werner Bahlsen reiste selbst nach Kiew, um Hunderte der stärksten ukrainischen Arbeitskräfte auszuwählen und sie nach Hannover zu transportieren.[26]

Dr. Oetker

Dr. Oetker ist ein weiteres Familienunternehmen, das auch heute ein erfolgreicher Vertreter der nationalen und internationalen Lebensmittelindustrie ist:[27] In der Nazi-Zeit leitete Richard Kaselowsky das Unternehmen treuhänderisch, bis sein Stiefsohn Rudolf-August Oetker bereit war, selbst als Chef zu fungieren. Kaselowsky war seit 1933 Mitglied der NSDAP und trat später auch in die SS ein; Rudolf-August Oetker war bereits in den 1930er Jahren Mitglied der Reiter-Sturmabteilung und trat 1942 der paramilitärischen Waffen-SS bei. Jüdische Mitarbeiter wurden in den 1930er Jahren gemäß den Nazi-Gesetzen entlassen; das Unternehmen war bereits 1937 als NS-Musterbetrieb ausgezeichnet worden und profitierte von der Nazi-Wirtschaft, indem es sowohl die Truppen als auch die Zivilbevölkerung mit Lebensmitteln und Kochgut versorgte. Da Dr. Oetker 1942 als kriegswirtschaftlich bedeutsam eingestuft wurde, hatte das Familienunternehmen weit weniger mit Rohstoffengpässen zu kämpfen als andere Unternehmen, deren Produkte für das Nazi-Regime uninteressanter waren. Auf Zwangsarbeiter wurde vergleichsweise wenig zurückgegriffen, da das Unternehmen vor allem junge Frauen beschäftigte, die ohnehin nicht zum Militär eingezogen wurden, so dass es bei Dr. Oetker auch in Kriegszeiten keinen Arbeitskräftemangel gab.

Die Arisierung jüdischen Eigentums spielte für Rudolf-August Oetker als Privatmann durchaus eine Rolle: Er profitierte von der Notlage flüchtender jüdischer Verkäufer, als er in Hamburg eine Villa und ein Grundstück mit Tennisplatz für wenig Geld erwarb. Was das Handeln von Rudolf-August Oetker für die jüdischen Opfer bedeutete, erzählt ein Zeitungsartikel:

> »Nebenan, im Haus Nummer 13, lebte das jüdische Ehepaar Carl und Elli Lipmann. Drangsaliert vom NS-Staat, wollte es 1940 nach Südamerika fliehen. Für die Ausreise brauchte es dringend Geld. Das sollte der Verkauf eines Grundstücks hinter ihrem Haus bringen. Der junge Nachbar Oetker war interessiert. Unter Mithilfe der Nazis ergatterte er das Filetstück samt Tennisplatz für einen lächerlich niedrigen Preis.
>
> …
>
> Elli Lipmann … war Spross der Textilunternehmerfamilie Elsbach. Ihr Bruder Kurt führte in Herford eine der größten Wäschefabriken Europas – bis ihn die Nazis 1938 zum Verkauf zwangen. Elli Lip-

manns Ehemann Carl saß im Unternehmen im Aufsichtsrat. Ihre Schwester Käthe Maass starb später im Konzentrationslager.

…

Carl Lipmann hatte 1925 für das Grundstück 117 000 Reichsmark bezahlt. Oetker bot nur 58 000 Reichsmark … Der Reichsstatthalter der NSDAP in Hamburg setzte den Kaufpreis noch weiter herab – auf 45 500 Reichsmark.

…

›Es ist davon auszugehen, dass [die Lipmanns] kaum etwas ins Ausland mitnehmen konnten, da die Konten von Juden gesperrt und überwacht wurden‹, erklärt er [Historiker Christoph Laue].«[28]

Darüber hinaus verweisen der Historiker Jürgen Finger und seine Kollegen auf weitere Unternehmen jüdischer Herkunft, an denen Dr. Oetker indirekt durch Anteilsbesitz beteiligt war. Diese Anteile hatte Dr. Oetker über einen Mittelsmann erworben, so dass das Familienunternehmen nicht als unmittelbarer Initiator oder direkter Profiteur von Arisierungen in Erscheinung trat. In diesen Unternehmen gehörte der Einsatz von Zwangsarbeitern durchaus zum Tagesgeschäft.

Neben der wirtschaftlichen Schädigung der Enteigneten und dem Einsatz und Missbrauch von Zwangsarbeitern, den Dr. Oetker zur Steigerung des eigenen Gewinns bereitwillig in Kauf nahm, offenbaren die Beteiligungen des Unternehmens auch seine Verstrickung in den Massenmord an der jüdischen Bevölkerung: Ein eklatantes Beispiel dafür sind die Anteile von Dr. Oetker an dem Schuhhersteller Salamander, der jüdische KZ-Häftlinge durch brutale Schuhtests zu Tode foltern ließ.[29] Darüber hinaus war Dr. Oetker an der Shoah beteiligt, indem das Unternehmen 1943 zusammen mit den Hamburger Phrix-Werken und der SS die Hunsa-Forschungs-GmbH gründete. Hier sollten künstliche Lebensmittel entwickelt und vermarktet werden. Dr. Oetker hatte sich im Vorfeld bei der SS dafür eingesetzt, den Arbeitskräftemangel bei den Phrix-Werken zu beheben, woraufhin die bereits bei Phrix beschäftigten Zwangsarbeiter durch bis zu 500 KZ-Häftlinge unterstützt wurden. Dabei hatte sich das Phrix-Werk in Wittenberg bereits 1942 als eines der »ersten rein privatwirtschaftlichen Unternehmen mit eigenem KZ-Außenlager«[30] einen Namen gemacht. Während unklar ist, ob die Hunsa-Forschungs-GmbH jemals in das operative Geschäft einstieg, scheint sie für Dr. Oetker einen gewissen Selbstwert als Ausdruck einer Geschäftsbeziehung zur SS gehabt zu haben.[31]

Vorwerk

Die Nazi-Verstrickung des Familienunternehmens Vorwerk & Co. scheint weit weniger augenfällig zu sein als die von Dr. Oetker, was aber nicht heißt, dass sie unwichtig ist. Obwohl die Familie aus ideologischer Sicht dem Nazi-Regime nicht besonders verpflichtet gewesen zu sein scheint, beschäftigte das Unternehmen bis zu 600 Zwangsarbeiter und stellte seine Produktion zu Beginn des Krieges auf Rüstungsgüter um, wofür es 1942 einen Teil seiner Produktion nach Lodz/Litzmannstadt verlagerte.[32] Obwohl die Nazis 96 Fabriken im Ghetto Lodz eröffneten, um aus der dortigen Zwangsarbeit Kapital zu schlagen,[33] und der Einsatz dieser Arbeitskräfte für Nazi-nahe Unternehmen wie Vorwerk zur Tagesordnung gehörte,[34] wird in einer unternehmenseigenen Veröffentlichung zur Geschichte von Vorwerk die Beschäftigung jüdischer Zwangsarbeiter nicht bestätigt.[35]

Tempo

Unsicherheit ob des Ausmaßes der Nazi-Verstrickung lässt der Fall der Eigentümer der Tempo-Taschentücher kaum zu: Das Patent für Einwegtaschentücher aus Zellulosepapier geht auf den jüdischen Unternehmer Oskar Rosenfelder im Jahr 1929 zurück. Daraus entstanden die Tempo-Taschentücher, der weltweite Konkurrent der 1924 von der amerikanischen Firma Kimberly-Clark erfundenen Kleenex, die aus Zellwolle hergestellt wurden. Unmittelbar nach der Machtergreifung durch die Nazis begann das Regime, Rosenfelder und seinen Bruder zu bedrohen. Sie flohen ins Ausland, und ihre Firma »Die Vereinigten Papierwerke«, die auch Einmaldamenbinden der Marke Camelia produzierte, fiel der Arisierung zum Opfer und »ging für einen Bruchteil ihres tatsächlichen Wertes an einen der größten Opportunisten unter den deutschen Unternehmern in der NS-Zeit: Gustav Schickedanz«.[36] Die Tempo-Taschentücher aber waren so erfolgreich, dass der Markenname im deutschsprachigen Raum längst zum Synonym für die Produktidee geworden ist. Schickedanz wiederum war bereits 1932 in die NSDAP eingetreten und soll von mindestens zehn arisierten Unternehmen und Grundstücken profitiert haben.[37]

Henkel*

Henkel ist ein Familienunternehmen mit einem Umsatz von rund 20 Milliarden Euro im Jahr 2021.[38] Die Marken des Unternehmens sind in Europa und den Vereinigten Staaten allgegenwärtig, vom Weichspüler Vernel über das Waschmittel Perwoll, die Körperpflegeprodukte von Fa, den Toilettenreiniger Bref, die Klebstoffmarke Pattex, die Pritt-Klebestifte, die Haarpflegeprodukte Schwarzkopf und got2b und andere. Aber das bekannteste Produkt von Henkel ist das Waschmittel Persil, so dass der frühere Firmeninhaber Fritz Henkel von der lokalen Presse auch »Mr. Persil« genannt wurde.[39]

In der frühen Nazi-Zeit leitete Hugo Henkel die Geschäfte des Familienunternehmens. Er war bereits 1933 der NSDAP beigetreten. Dennoch veranlasste ihn das Nazi-Regime 1938 dazu, in den Beirat und Aufsichtsrat des Familienunternehmens zu wechseln und seine Position als Geschäftsführer aufzugeben. An seine Stelle trat eine neue Dreierspitze bestehend aus Hugos Sohn Jost, seinem Neffe Werner Lüps und Carl August Bagel, dem Ehemann seiner Nichte.[40] Jost war selbst Mitglied der Nazi-Partei, und Werner Lüps galt als bedingungsloser Anhänger der Nazis, der nicht zuletzt bei Nazi-Vizekanzler Hermann Göring hohes Ansehen genoss.[41] Die ideologische Ausrichtung von Carl August Bagel ist nicht bekannt. Dennoch weisen Forschungsergebnisse darauf hin, dass sich diese neue Dreierspitze insgesamt eng mit dem Nazi-Regime identifizierte und ihm mit Begeisterung begegnete,[42] sie als hochrangige Vertreter der Firma Henkel aktiv an wegweisenden Entscheidungen beteiligt war und auch von Hitlers Vierjahresplan zur Kriegsvorbereitung profitierte.[43] Im Klartext bedeutet dies, dass das Unternehmen von 1936 bis 1940 direkt und umfassend am Aufbau der Kriegsmaschinerie der Nazis beteiligt war, seine Produktionsbasis ausbaute und versuchte, sich die politischen Ereignisse zunutze zu machen.[44] 1940 wurde Henkel zudem als Nazi-Musterbetrieb ausgezeichnet.[45]

Während Henkel den Einsatz von jüdischen Zwangsarbeitern und KZ-Häftlingen verneint und nur den Einsatz von Kriegsgefangenen und ausländischen Zivilarbeitern einräumt,[46] lohnt es, das Familienunternehmen im Geflecht seiner Beziehungen zu anderen Unter-

* Eine ausführliche Untersuchung der Nazi-Verstrickung des Familienunternehmens Henkel haben wir in unserem 2022 veröffentlichten Buch *Brauner Boden* vorgenommen. Die hier dargestellten Informationen entsprechen einer Zusammenfassung der in dieser früheren Publikation erläuterten Erkenntnisse.

nehmen und Institutionen unter die Lupe zu nehmen: So profitierte Henkel von der Arisierung jüdischen Vermögens. Diese Arisierungen wurden mit Hilfe der Deutschen Bank durchgeführt,[47] in deren Aufsichtsrat Hugo Henkel ein prominentes Mitglied war.[48]

Problematischer ist jedoch, wie eng diese Arisierungen das Unternehmen Henkel mit dem Chemieunternehmen Deutsche Gold- und Silber-Scheide-Anstalt, besser bekannt als Degussa, verknüpften. Forschungsergebnisse weisen darauf hin, dass die beiden arischen Chemieunternehmen Henkel und Degussa die jüdischen Unternehmen, die der Arisierung zum Opfer fielen, entsprechend ihren jeweiligen Interessenschwerpunkten unter sich aufteilten.[49] Gleichzeitig versuchte Henkel zunehmend, Einfluss auf Degussa auszuüben, nicht zuletzt um dadurch die eigene Position innerhalb des deutschen Chemiesektors zu stärken. Abgesehen von der Besetzung bedeutsamer Posten im Aufsichtsrat von Degussa trieb die Dreierspitze von Henkel dieses Ansinnen voran durch den aggressiven Erwerb von Degussa-Aktien, die nicht zuletzt im Zusammenhang mit der Enteignung der deutschen Juden im Rahmen der Novemberpogrome 1938 standen. Während der Anteil der von Henkel gehaltenen Degussa-Aktien im Januar 1938 gut 25 Prozent betrug, waren dies im September 1939 bereits rund 40 Prozent und 1941 ganze 48 Prozent.[50] So galt bereits Ende 1940:

> »Vor dem Hintergrund des offensichtlichen Machtungleichgewichts zwischen beiden Unternehmen, das durch Henkels Anteile und Lüps' Verbindung zu Hermann Göring entstanden war, konnten … diplomatische Formulierungen … nicht die Tatsache verbergen, dass sich Henkel mittlerweile das Recht vorbehielt, die Schritte der Degussa nach eigenen Wünschen zu lenken.«[51]

Die Degussa wiederum beschäftigte rund 3000 KZ-Häftlinge, von denen etwa 40 Prozent Juden waren.[52] Die Degussa folgte damit dem Prinzip der Vernichtung durch Arbeit, das, wie auf der Wannseekonferenz 1942 klar formuliert, direkt auf die »Endlösung« abzielte.[53] Teil dieser war auch die »Verwertung« der Ermordeten, bei der sich erneut die Degussa einen Namen machte: In ihren Metallschmelzöfen wurde das Gold aus den Zähnen der im Ghetto Lodz und in den Konzentrationslagern ermordeten Juden eingeschmolzen.[54]

Die Verbindung zur Degussa spielt auch bei der Verknüpfung Henkels mit dem dritten von Budraß genannten Kriterium eine Rolle:

der Übernahme von Betrieben in besetzten Gebieten. Während die Henkel-eigene Firmenpublikation nur den Rückgriff auf Raubgut einräumt,[55] berichtet Hayes, dass die Degussa im Rahmen der Arisierung in den besetzten Gebieten Unternehmen in Böhmen und Mähren übernommen habe,[56] so dass auch hier der Besitz von fast der Hälfte der Degussa-Aktien durch Henkel auf eine enge Verstrickung dieses Familienunternehmens in die Verbrechen des Nazi-Regimes schließen lässt.

Und abermals geht die Verstrickung der Firma Henkel in die Verbrechen der Endlösung viel weiter, wenn wir Degussa und die Beziehungen dieses Unternehmens genauer betrachten. Eine Degussa-Tochter war die Deutsche Gesellschaft für Schädlingsbekämpfung GmbH, auch Degesch genannt. Diese wiederum saß als Patentinhaberin an der Schnittstelle zwischen den Herstellerfirmen und den Verkäufern von Zyklon-B, also von jenem Giftes, mit dem rund eine Million Juden und andere Nazi-Opfer in den Gaskammern der Vernichtungslager vergast wurden.[57]

Während es zunächst wirkt, als wäre Degussa durch die Degesch stärker in die Shoah verwickelt als Henkel selbst, müssen auch diese Beziehungen zwischen den drei Unternehmen mehrdirektional gedacht werden. Immerhin war das Familienunternehmen Henkel zum Zeitpunkt des Einsatzes von Zyklon-B in den Gaskammern mit 48 Prozent maßgeblich an der Degussa beteiligt. Entsprechend verwundert es nicht länger, wenn das Unternehmen Henkel als Verbindung der Degussa zum Nazi-Regime bezeichnet wird.[58]

Wunschdenken

Dies sind dunkle Unternehmensgeschichten, die nicht ignoriert werden können. Alle unmittelbaren Gräueltaten fanden vor dem Ende des Zweiten Weltkriegs statt, und keine der im Vorherigen skizzierten Informationen ist grundsätzlich verborgen. Im Gegenteil sind sie größtenteils öffentlich zugänglich, mitunter sogar unmittelbar auf den Websites der genannten Unternehmen.[59] Als Teil der gesamtdeutschen Aufarbeitung der Nazi-Zeit legen Familien und Unternehmen ihre Verstrickung mit dem Nazi-Regime offen und begegnen auf diese Weise ihrer ererbten Schuld.

Dieser Aufarbeitung vorangegangen war der Prozess der Entnazifizierung in der Nachkriegszeit: Damals wurden Industrielle, Politiker und Offiziere aufgrund ihrer Nähe zum Nazi-Regime und der Shoah vor den Internationalen Militärtribunalen in Nürnberg angeklagt und für ihre Gräueltaten inhaftiert oder sogar hingerichtet. Ohne dieses Moment der Entnazifizierung wäre das moderne Deutschland undenkbar. Die Tatsache, dass diese Unternehmen Teil des modernen Deutschlands sind, setzt also voraus, dass auch sie einen Entnazifizierungsprozess durchlaufen haben. Logisch, oder? Wir werden sehen.

Henkels Persilschein

Wir blicken erneut auf Henkel und betonen: Das zu 100 Prozent in Familienbesitz befindliche und familiengeführte Unternehmen Henkel galt dem Nazi-Regime als Vorzeigeunternehmen. Es profitierte aktiv vom Diebstahl jüdischen Vermögens, einschließlich der Eigentumsanteile an großen Unternehmen. Es war mit fast 50 Prozent an jenem Unternehmen beteiligt, das Zyklon-B herstellte und das das Zahngold von Opfern der Vernichtungslager einschmelzen ließ. Wie es eine deutsche Zeitung zusammenfasste: »Man muss Persil und Zyklon B zusammen denken, wenn man die Geschichte der Degussa im ›Dritten Reich‹ verstehen will.«[60]

Nach dem Krieg wurden mehrere hochrangige Mitglieder der Familie Henkel und Manager des Unternehmens von der britischen Armee als Kriegsverbrecher inhaftiert.[61] Ursprünglich hatte die britische Besatzungsmacht beabsichtigt, die Familie Henkel dauerhaft von ihrer Führungsposition im Unternehmen zu entbinden. Internationalen Beziehungen des Unternehmens in die Vereinigten Staaten und nach England sowie eine umfangreiche Pressekampagne führten jedoch dazu, dass die Unternehmerfamilie ausgesprochen glimpflich davonkam.[62] Nach dem Einfrieren des Firmenvermögens gemäß dem Militärgesetz Nr. 52 vom 28. April 1945 »konnte Henkel [später] das in den westlichen Besatzungszonen befindliche Vermögen, dem rund 74,4 Prozent des Stammkapitals entsprach, zu einem überwiegenden Teil sukzessive zurückerhalten«,[63] während das im Osten angesiedelte Betriebsvermögen in den dortigen Staaten und bei der sowjetischen Besatzungsmacht verblieb. Durch die 1947 proklamierte Entnazifizierung gelangte das Unternehmen wieder in Familienhand, wobei Jost Henkel unmittelbar nach seiner Entlassung aus alliierter Gefangenschaft zum Geschäftsführer ernannt wurde, eine Position, die er bis zu seinem Tod 1961 innehatte.

Auf ihn folgte Konrad Henkel, der selbst an der Herstellung der chemischen Massenvernichtungswaffe Soman mitgewirkt hatte,[64] zusammen mit Richard Kuhn, einem bekennenden Judenhasser und Nazi, der mit dem Hauptverantwortlichen für das Euthanasieprogramm der Nazis zusammengearbeitet hatte und für die Verwendung finanzieller Mittel für tödliche Experimente an KZ-Häftlingen verantwortlich war.[65] Ungeachtet dieser persönlichen Verflechtungen von Familienmitgliedern mit dem Nazi-Regime zeigte sich das Unternehmen Henkel uneinsichtig angesichts der Schwere der begangenen Untaten und interpretierte Entschädigungszahlungen für Zwangsarbeiter und vollzogene Arisierungen als Ausdruck des eigenen guten Willens und der eigenen Großzügigkeit – nicht aber als Schuldeingeständnis.[66]

Trotz seiner Nazi-Verstrickungen galt Henkel als »fleckenlos rein«. Tatsächlich wurde ausgerechnet sein Vorzeigeprodukt Persil zum Namenspatron für den offiziellen Entnazifizierungsnachweis, der im Volksmund schlicht »Persilschein« genannt wird. Zwar hatten derlei Entnazifizierungsnachweise dazu dienen sollen, »waschechte« Nazis von Menschen zu unterscheiden, denen eine solche Gesinnung fernlag, doch wurden sie bald Ausdruck einer Praxis, die den wirtschaftlichen Profiteuren und tatkräftigen Unterstützern der Nazi-Verbrechen half, ihre Gewinne zu behalten und ihren guten Ruf zu wahren. Anstelle einer gründlichen Gesinnungsüberprüfung und tiefgreifenden Abkehr von der Nazi-Ideologie und dem zugehörigen wirtschaftlichen und politischen System trat eine vordergründige Reinigungszeremonie, die auch den Schuldigen weiße Westen testierte:

> »Mit sogenannten Persilscheinen stellten sich ehemalige Nationalsozialisten untereinander Entlastungszeugnisse aus. Was als politische Säuberung gedacht war, geriet ganz im Gegenteil zu einer Weißwäsche für ehemalige Mittäter und Mitläufer.«[67]

Ein solcher Persilschein wurde auch der Unternehmerfamilie Henkel ausgestellt, allen Hinweisen auf die Verstrickung des Unternehmens in die Verbrechen des NS-Regimes zum Trotz.

Henkel hat einen Persilschein bekommen, doch die Geschichte zeichnet das Familienunternehmen bis heute als befleckt aus.

Henkel in Unkel: Geteilte Profite – geteilte Mitschuld

Wir bleiben noch einen Augenblick beim Familienunternehmen Henkel: In der kleinen Stadt Unkel am Rhein, etwa 20 km südöstlich der ehemaligen Bundeshauptstadt Bonn, wird die Familie Henkel als Inbegriff von Philanthropie und sozialem Engagement verehrt. Fritz Henkel Jr., Sohn und Erbe des Firmengründers, wird für seine industriellen Erfolge ebenso geschätzt wie für sein finanzielles Engagement für die kleine Stadt und ihre 5000 Einwohner. Und warum sollte Unkel ihn nicht schätzen und ehren? Schließlich hat Fritz Henkel Jr. der Stadt mehrere große Grundstücke als Park- und Erholungsflächen geschenkt. Diese gehören heute zu den wenigen zentral gelegenen Grünflächen der Stadt.

Fritz Henkel Jr. starb 1930 im Alter von 55 Jahren, also vor Hitlers Machtübernahme und bevor sein Familienunternehmen von der Enteignung der jüdischen Bevölkerung oder der Kriegsmaschinerie der Nazis profitierte.* Die Schenkungen, die er Unkel zuteilwerden ließ, stehen also nicht mit der deutschen Nazi-Vergangenheit in Verbindung. Entsprechend ist es auch keinesfalls verwerflich, diesen Schutzpatron zu ehren, indem Straßen und Parks nach ihm benannt werden.

Doch wenn Unkel die Familie Henkel in jüngerer Zeit ehrt und dabei das Augenmerk auch auf andere Familienmitglieder richtet, lohnt es sich, die Taten der Familie und des Unternehmens in der Nazi-Zeit und darüber hinaus näher zu beleuchten. Zwar vermag ein kurzer Blick auf die Geschichte von Henkel nicht alle historischen Details abzudecken, doch wirft bereits das folgende Schlaglicht zur Unternehmens- und Familiengeschichte die Fragen auf: Wenn ein Familienunternehmen wie Henkel eine unbestreitbare Nazi-Vergangenheit hat, sind dann die einzelnen Familienmitglieder ebenfalls schuldig? Was bedeutet ihre mögliche Schuld für die Kultur der Aufarbeitung in Kleinstädten wie Unkel?

Für Unkel sind der zuvor genannte Mäzen Fritz Henkel Jr., seine Tochter Ilse (1908–1991, verheiratet mit Carl August Bagel) sowie deren Sohn Fritz Bagel (1933–2021) von besonderer Bedeutung. Während Firmengründer Fritz Henkel Jr. die Nazizeit nicht mehr erlebte,

---

* Wie Jessica Hulten in einem Artikel mit dem Titel »The Holocaust in the Soviet Union« auf der Website des Illinois Holocaust Museum & Education Center darlegt, wurden mehr Juden mit Kugeln als mit Gas ermordet, was bedeutet, dass alle Profiteure der Kriegsmaschinerie der Nazis auch Profiteure der Shoah sind.

war Fritz Bagel ein Neugeborenes, als die Nazis an die Macht kamen. Ilse hingegen erlebte die Nazi-Zeit, die Entnazifizierung und die deutsche Aufarbeitung als Erwachsene. Ihre Biografie erfordert daher besondere Aufmerksamkeit.[68]

Wir verwenden das Beispiel von Ilse Bagel hier nicht, weil sie sich besonders verwerflich verhalten hätte, sondern weil die Art und Weise, wie sie und das Familienunternehmen Henkel mit der Nazi-Vergangenheit umgegangen sind, symptomatisch sind für die Einstellung vieler Nazi-belasteter Unternehmen in Deutschland. Darüber hinaus ist Ilse Bagel auch ein ideales Beispiel dafür, wie Nazi-Profiteure bis heute von lokalen Funktionsträgern geehrt werden. Indem wir das Schlaglicht auf Ilse Bagel richten, verweisen wir auf das umfassendere Problem, und im weiteren Verlauf dieses Buches werden wir sehen, wie institutionalisiert dieses Problem wirklich ist.

Die 1908 in Düsseldorf als älteste Tochter von Fritz Henkel Jr. geborene Ilse heiratete 1929 Carl August Bagel, den wir bereits als Teil des Führungsdreigestirns der Firma Henkel während der Nazi-Zeit genannt haben und der 1941 verstarb. Ilse Bagel verbrachte die Zeit der alliierten Bombenangriffe auf Deutschland während des Zweiten Weltkriegs mit ihren vier Kindern in Süddeutschland. Noch vor Kriegsende kehrte sie jedoch in ihre Villa in Unkel zurück, die am 8. März 1945 von amerikanischen Truppen besetzt wurde. Der Besitz wurde beschlagnahmt und die Familie vertrieben. Am 31. März 1948 erhielt die Familie die Villa in einem verwüsteten Zustand zurück.

Was auf den ersten Blick wie ein vandalistischer Umgang mit Kriegsbeute aussieht, könnte tatsächlich mit den Bemühungen der US-Besatzungsbehörden zusammengehangen haben, die Beteiligung der deutschen Industrie an den Verbrechen der Nazis aufzuklären. So wird von vergleichbaren Villen berichtet,[69] die bei Kriegsende von den Alliierten besetzt wurden und deren Inventar – oft (arisiertes) Raubgut – beschlagnahmt wurde. Auf diese Weise gelang die Wiederbeschaffung von Raubgold und anderen Gütern im Wert von etwa einer halben Milliarde US-Dollar, die von den Nazis gestohlen und an scheinbar harmlosen Orten gelagert worden waren.* Bei diesem Unterfangen fanden US-Soldaten nicht nur Wertgegenstände, sondern

* Berechnungen auf der Grundlage des »Consumer Price Index« zeigen, dass die relative Kaufkraft von einer halben Milliarde US-Dollar im Jahr 1945 der Kaufkraft von mehr als sieben Milliarden US-Dollar im Jahr 2021 entspricht.

auch Mikrofilme mit belastendem Material über Firmenaktivitäten und Verstrickungen der Nazis. Ob die grobe Behandlung der Henkel-Villa in Unkel möglicherweise im Zusammenhang mit einer solchen Aufklärungsaktion steht, bleibt offen. Doch gibt es Hinweise darauf, dass die Vereinigten Staaten schon früh von der zentralen Rolle Henkels für die Nazi-Wirtschaft wussten.[70]

Nichtsdestotrotz kam die Familie Henkel glimpflich davon, konnte die Unternehmensführung wieder übernehmen und erhielt den Großteil ihres Kapitals zurück. In den darauffolgenden Jahrzehnten machte sich Ilse Bagel, wie schon ihr Vater, durch Spenden einen Namen: Im Jahr 1959 schenkte sie der evangelischen Kirchengemeinde in Unkel ein Grundstück unter der Bedingung, dass darauf eine Kirche gebaut werden sollte. In den 1970er Jahren schenkte sie der Stadt Unkel ein Stück der Rheinpromenade und veranlasste ihre Schwestern, einen Teil der Ufervorfläche ihrer Grundstücke abzugeben, damit ein gepflasterter Weg entlang des Rheins gebaut werden konnte. Ebenfalls in den 1970er Jahren wurde das bis vor kurzem als Fritz-Henkel-Park bekannte Gelände gestiftet. Als vor wenigen Jahren der Unkeler Stadtrat über die Umbenennung des »Fritz-Henkel-Parks« in »Ilse-Bagel-Park« beschließen sollte, hielt der Stadtarchivar einen Vortrag über die Unternehmerfamilie Henkel und insbesondere über Ilse Bagel. Dabei ließ er die Geschichte der Unternehmerfamilie während der Nazi-Zeit unerwähnt und schloss seine Laudatio mit den Worten: »Ich denke, als Unkeler sollte man sich bewußt sein, welchen Schatz Ilse Bagel, die 1991 verstorben ist, uns […] vermacht hat.«[71] Der Stadtrat entschied daraufhin einstimmig, den Park zu Ilses Ehren umzubenennen.

Katharina war zu dieser Zeit Mitglied des Stadtrats. Sie und mehrere ihrer Stadtratskollegen hatten, nachdem sie in der Woche vor der Sitzung die Unterlagen für die Umbenennung des Parks erhalten hatten, im Internet nach Varianten von »Ilse Bagel NS-Zeit« und »Carl August Bagel NS-Zeit« gesucht. Die Tatsache, dass auf den ersten Seiten dieser oberflächlichen Suche keine belastenden Aussagen gefunden wurden, sowie das ausdrückliche Lob des Stadtarchivars für Ilse Bagel und der öffentliche Charakter der Sitzung führten schließlich dazu, dass der Stadtrat die Umbenennung einstimmig beschloss. Niemand wollte die möglicherweise anwesenden Verwandten oder Freunde der Familie Henkel mit Fragen zur Nazi-Zeit vor den Kopf stoßen, ohne zumindest belastendes Material in der Hand zu halten – zumal der Stadtrat aufgrund einer Tischvorlage wusste, dass in derselben Sitzung über die Annahme einer Spende von 150 000 € von der Familie Henkel beschieden werden sollte. Wie die meisten Kleinstädte bedeutete dieser Betrag auch für die Unkeler Kasse eine sehnsüchtig erwartete Zuwendung. Nichtsdestotrotz blieb ein übler Nachgeschmack, gespiesen aus dem Entsetzen über die lokalkommunale Praxis, bei Zuwendungen von Mäzenen nicht näher den Ursprung des Kapitals zu thematisieren, sondern vorbeugend unangenehme Fragen auszusparen.* Derzeit befindet sich das Unternehmen Henkel zu mehr als 60 Prozent in Familienbesitz.[72] Während der Nazi-Zeit hatte sich das Unternehmen jedoch vollständig in Familienbesitz befunden.[73] Das bedeutet, dass ein großer Teil des Familienvermögens zweifellos auf die Nazi-Zeit zurückzuführen ist.

Allen Verstrickungen mit dem Nazi-Regime und Profiten aus der Nazi-Wirtschaft und Shoah zum Trotz wird die Firma Henkel bis heute in der Tradition des Persilscheins wahrgenommen. Dabei geht es nicht allein um ein kritisches Hinterfragen möglicher Nazi-Profiteure im Sinne des Aufarbeitungsauftrags, sondern um die Würdigung des Familienerbes, das sich in einem großzügigen und hoch angesehenen lokalen Mäzenatentum niederschlägt.

Im Fall von Ilse Bagel bedeutet dies, dass ihre großzügigen Kapital- und Sachspenden an die Stadt Unkel und die evangelische Kirche hochgeschätzt und dankbar angenommen wurden. Es muss aber auch betont werden, dass Ilse Bagel dieses Vermögen nicht durch eine vom Nazi-System unbelastete Tätigkeit erwirtschaftet hat. Vielmehr handelte es sich bei den von ihr gestifteten Vermögenswerten um Gewinne der Firma Henkel, die wiederum mit jenen Nazi-Verbrechen in Verbindung stehen, welche zur Ermordung von Millionen von Juden und anderen Nazi-Opfern führten.

Darüber hinaus zeigt die Geschichte von Henkel deutlich, dass Ilse Bagel bereits im November 1947 eine aktive Rolle bei Unternehmensentscheidungen spielte und von 1948 bis 1978 Mitglied in verschiedenen Gremien des Henkel-Konzerns war.[74] Zeugnisse anderer Familienmitglieder machen deutlich, dass Ilse Bagel dabei weder Mauerblümchen noch bloße Quotenfrau war, sondern dass sie maßgeblich Einfluss auf Unternehmensentscheidungen nahm.[75] Dabei ist

* Der Wunsch, damals dem Stadtrat eine qualifizierte Entscheidungsgrundlage zur Verfügung stellen zu können, ist ein wesentlicher Grund dafür, dass wir im Jahr 2020 begannen, die Nazi-Vergangenheit der deutschen Wirtschaft näher zu untersuchen.

auch hervorzuheben, dass Ilse Bagel diese Tätigkeiten zu einer Zeit ausführte, als Deutschland um eine Aufarbeitung der Nazi-Vergangenheit bemüht war, während das Familienunternehmen Henkel jedoch eine Offenlegung seiner Nazi-Verstrickungen zu vermeiden suchte.[76]

Eine kritische Reflexion des Firmenvermögens hätte zumindest zu weitreichenden wirtschaftlichen Reparationsleistungen führen müssen. Das Vermögen hätte in der Nachkriegszeit an die Opfer der Shoah und ihre Hinterbliebenen ausgezahlt werden müssen, statt bei der Familie Henkel zu verbleiben. Wenn bekannte deutsche Unternehmen dazu beigetragen haben, einige der schlimmsten Gräueltaten, die die Welt je gesehen hat, zu ermöglichen, dann bleibt die deutsche Wirtschaft Nazi-belastet, bis das gesamte Ausmaß der Verstrickung ans Licht gebracht ist und die beteiligten Unternehmen die volle Verantwortung für ihre dunkle Vergangenheit übernommen haben. Im Fall der Firma Henkel und mindestens 70 weiterer bekannter Firmen mit einer Nazi-Geschichte ist selbst dieser erste Schritt noch nicht getan.[77]

Natürlich ist eine einfache Entschädigung angesichts der seit dem Ende des Nazi-Regimes verstrichenen Zeit und des Ablebens von Opfern und Tätern der ersten Generation nicht mehr möglich. Dennoch besteht die moralische Verpflichtung zur »Wiedergutmachung« weiter, wenn sie auch eine neue Form finden muss, um die Interessen der Gemeinschaft der Nazi-Opfer und ihrer Erben zu berücksichtigen.

Was bedeutet Entnazifizierung wirklich?

Als wir 2020 über die Nazi-Verstrickungen des Familienunternehmens Henkel stolperten, dachten wir noch, dass Deutschland gewissenhaft entnazifiziert worden wäre und dass der Fall Henkel eine absolute Ausnahme darstellt. Wir glaubten, das Familienunternehmen hätte auf unerklärliche Weise die Entnazifizierung umgangen, das restliche Deutschland habe sich aber in all seinen Strukturen seiner Schuld stellen müssen.

Als wir uns näher mit der Geschichte von Henkel beschäftigten, wurde uns jedoch bewusst, dass die Entnazifizierung bei weitem nicht so imposant, invasiv und allumfassend gewesen war, wie sie mitunter präsentiert wird. Vielmehr wurde uns klar, dass ein schockierend großer Teil der modernen deutschen Philanthropie auf den Profiten der

Shoah aufbaut. Auch wir selbst hatten Gelder aus Quellen angenommen, die durch ihre Rolle in der Nazi-Zeit belastet sind.

Eines der Programme, die wir unterstützt hatten, um jungen Geflüchteten beim Eintritt in die deutsche Arbeitswelt zu helfen, wurde vollständig von der philanthropischen Organisation der BMW-Erbin Susanne Klatten finanziert, deren Milliarden tief in der Arisierung und der Zwangsarbeit jüdischer KZ-Opfer im Prozess der »Vernichtung durch Arbeit« verwurzelt sind. Die Beweise gegen das Unternehmen BMW und die Familie von Susanne Klatten sind erdrückend – und das schon seit 1945.[78] Dennoch hat sich das Unternehmen erstmals 2016 für seine Rolle in der NS-Zeit öffentlich entschuldigt, der Familie wurden ihre unrechtmäßig erworbenen Milliarden gleichwohl nie entzogen.

Ein weiteres Projekt, an dem wir federführend beteiligt waren, wurde nicht nur von der Henkel-Familie unterstützt, sondern auch maßgeblich von der Hertie-Stiftung finanziert, einer deutschen Stiftung mit einem Vermögen von fast einer Milliarde Euro. Erst als 2018 Studenten und Alumni der *Hertie School of Governance*, einer privaten Hochschule, deren Trägerin besagte Stiftung ist, forderten, die Herkunft des Stiftungskapitals transparent zu erforschen und Verantwortung für die eigene Geschichte zu übernehmen, wurde die Nazi-Belastung des Hertie-Vermögens zum Gegenstand der öffentlichen Debatte und einer historischen Analyse:[79] Der Name Hertie leitet sich von Hermann Tietz ab, einem jüdischen Kaufmann, der das Kaufhaus Tietz mitbegründet hatte. Das Vermögen der Familie Tietz wurde zu Beginn des Nazi-Regimes arisiert, das Kaufhaus fiel 1934 der Arisierung zum Opfer. Die Hertie-Stiftung wiederum hatte unser gemeinnütziges Projekt mit zehntausenden von Euro als einen der Preisträger des Deutschen Integrationspreises 2019 ausgezeichnet, ein Jahr bevor sich der Stiftungsvorstand dem öffentlichen Druck beugte und eine geschichtswissenschaftliche Untersuchung in Auftrag gab. Auf Seiten der Hertie-Stiftung bedeutet das Vorliegen dieser unabhängigen wissenschaftlichen Untersuchung bislang jedoch kaum mehr als eine Reihe von Pressemitteilungen. Genau wie bei BMW verbleibt das Nazi-belastete Geld in der Organisation, wodurch klar zum Ausdruck kommt, dass die wissenschaftliche Analyse alleine keine Gerechtigkeit bringt, sondern allenfalls mit einem Lippenbekenntnis der familiären oder unternehmensbezogenen Schuld einhergeht.

Dass die Zuwendungen von der BWM-Erbin, von der Henkel-Familie und der Hertie-Stiftung unsere Tätigkeiten für soziale Projekte unterstützten, bedeutete natürlich, dass die Logos und Namen der Finanziers jegliche Veröffentlichung über diese Projekte zierten. In Pressemitteilungen dankten wir jenen Geldgebern, deren Vermögen nicht zuletzt auf ihre Profite aus der Shoah zurückzuführen waren, und taten dies, ohne jemals die Geschichte hinter diesen Geldern zu hinterfragen. Indem wir die Gelder annahmen, unterstützten wir die Selbstdarstellung der Geber als wohlwollende Philanthropen, die sich von den dunklen Seiten ihrer Geschichte abgewandt und sich stattdessen der Förderung des Gemeinwohls verschrieben haben. Die Rolle der Nazi-Profiteure und ihrer Nachfolgeorganisationen derart umzuinterpretieren, bedeutet aber auch, die Fortsetzung der historischen Verbrechen auf systemischer Ebene zu fördern. Mit dem Begriff des »Gedächtnistheaters«[80] bezeichnete der Soziologe Y. Michal Bodemann eine solche Instrumentalisierung der Shoah und jüdischer Menschen zur Positivdefinition der eigenen Identität. Erstarrt Erinnerungskultur in der Form des Gedächtnistheaters, bedeutet sie nicht mehr als ein ritualisiertes Gedenken zur Sicherung des eigenen deutschen Wohlbefindens.

Diese Einschätzung mag ausgesprochen harsch klingen und Widerspruch provozieren. Schließlich habe doch der Prozess der Entnazifizierung stattgefunden. Was ein solcher Einwand übersieht, ist die ernüchternde Einsicht, dass die Entnazifizierung wenig mit der Shoah zu tun hat. Dies war uns selbst zunächst nicht bewusst gewesen. Als wir begannen, in Deutschland philanthropische Arbeit zu leisten, die aus deutschen Quellen finanziert wurde, waren wir davon überzeugt, dass eine umfassende Entnazifizierung stattgefunden habe. Wir glaubten, das heutige Deutschland sei die Konsequenz der erfolgreichen Entnazifizierung durch die Alliierten sowie der eigenen Anstrengungen Deutschlands zur Aufarbeitung der Verbrechen in der Nazi-Zeit. Wir wussten, dass die Aufarbeitung der Nazi-Geschichte ursprünglich keine deutsche Initiative gewesen war, sondern dass Deutschland von den alliierten Siegermächten und insbesondere von den Vereinigten Staaten entsprechende Bemühungen aufgezwungen worden waren. Doch unabhängig von der Frage nach dem Initiator glaubten wir fest an den Erfolg der Aufarbeitungsbemühungen. So kam uns zunächst gar nicht in den Sinn, näher nach der Geschichte der Gelder zu fragen, die unseren Projekten zuteilwurden. Im Gegenteil bemühten wir uns geradezu, Gelder speziell von deutschen Großspendern zu akquirieren, weil wir dies für die sicherste und sauberste Quelle der Mittelbeschaffung hielten.

Dabei übersahen wir lange, dass bei der Entnazifizierung nicht die individuelle Beteiligung an Verbrechen gegen die Juden oder andere Gruppen geahndet worden war. Vielmehr hatte damals im Vordergrund gestanden, jene Strukturen in Politik und Gesellschaft zu beseitigen, die das Funktionieren des Nazi-Staates begünstigt hatten.[81] Der Gedanke der »Gerechtigkeit« für die Geschädigten war dagegen zweitrangig in der Entnazifizierungspolitik. Die Entnazifizierung war gedacht als langwieriger Prozess. Dwight Eisenhower, damals Oberbefehlshaber der Alliierten Expeditionsstreitkräfte in Europa und Militärgouverneur der US-Besatzungszone in Deutschland, rechnete damit, dass sie 50 Jahre dauern würde.[82] Die Aufgabe war zweifellos gewaltig und wurde zusätzlich erschwert dadurch, dass ein Großteil der Deutschsprachigen, die die Vereinigten Staaten für die Entnazifizierung rekrutierten, jüdische Geflüchtete waren, was sowohl die Deutschen als auch die Alliierten dazu veranlasste, an deren Objektivität zu zweifeln und ihnen Rachegelüste als Motivationsgrundlage zu unterstellen.[83]

Bereits 1946, also noch vor der Gründung der beiden deutschen Staaten, übergaben die Vereinigten Staaten die Entnazifizierungsbemühungen an die Deutschen. Doch stand die neu gebildete (west-)deutsche Regierung unter Konrad Adenauer der Idee der Entnazifizierung eher ablehnend gegenüber,[84] und auch auf lokaler Ebene zeigte sich starker Widerstand, so dass bereits 1951 die Entnazifizierungspolitik offiziell aufgegeben wurde.[85]

Der erste große Prozess, der sich gezielt mit der Shoah befasste, fand 1958 statt: Ausgelöst erst durch die mediale Berichterstattung über diesen Prozess gegen zehn Henker der Shoah, die 1941 in Litauen mehr als 5500 Juden ermordet hatten, wurden Charakter und Ausmaß der begangenen Gräueltaten – sowie die Unzulänglichkeiten der juristischen Verfolgung und des geradezu zynisch geringen Strafmaßes – Teil der öffentlichen Debatte.[86] In den nächsten sechs Jahren wurden mehr als 1000 Ermittlungen wegen Nazi-Verbrechen eingeleitet, aber nur sehr wenige führten zu einem Prozess oder gar einer Verurteilung, was größtenteils auf die Verjährungsfrist und das allgemeine Desinteresse der deutschen Regierung an derartigen Gerichtsverfahren zurückzuführen war. Doch entspricht diese Art der halbherzigen Entnazifizierung und Aufarbeitung wohl kaum der bevorzugten Darstellung der Nachkriegszeit und somit auch nicht der Darstellung, die Deutschland oder die alliierten Mächte bis heute favorisieren.

Dabei ist in Büchern über die Shoah die Verbindung zwischen dem Nazi-Staat und deutschen Industriellen und Geschäftsleuten so deutlich, dass beide kaum voneinander zu unterscheiden sind. Lesen wir also, dass Industriebetriebe wie die I. G. Farbenindustrie (Einsatz von Zwangsarbeitern, darunter auch KZ-Opfern, in Verbindung mit der Produktion von Zyklon-B sowie Durchführung von Menschenversuchen an KZ-Opfern)[87] nach dem Krieg aufgeteilt wurden, führt dies schnell zu dem Trugschluss, dass dies im Rahmen der Entnazifizierung geschah und dass andere Unternehmen ein ähnliches Schicksal ereilte.

Diese Ansicht ist im nationalen Bewusstsein der Alliierten mindestens ebenso tief verwurzelt wie in dem Selbstverständnis des heutigen Deutschlands. So wurde etwa die erfolgreiche Entnazifizierung Deutschlands nach dem Zweiten Weltkrieg als Modell für die Ent-Baathifizierung im Irak präsentiert, das heißt für die Bemühungen der Koalitionsstreitkräfte, den Einfluss der Baath-Partei nach dem Sturz von Saddam Hussein zu beseitigen. Das US-Militär und das Weiße Haus haben diese Parallelen lautstark verkündet, von *CNN* über *Fox News* bis zum *National Public Radio*.[88] Und das nicht nur in den Vereinigten Staaten: Der ehemalige Premierminister des Vereinigten Königreichs Tony Blair erklärt in seinen Memoiren, dass »[die Ent-Baathifizierung] ein weit weniger drastisches Programm war als etwa das Entnazifizierungsprogramm in Deutschland nach dem Zweiten Weltkrieg«.[89] Die Vereinigten Staaten und das Vereinigte Königreich sind mindestens genauso daran interessiert, dieses Narrativ einer erfolgreichen, drastischen Entnazifizierung zu verbreiten wie Deutschland, wenn auch vermutlich aus anderen Gründen.

Wir sind bei unseren ersten Recherchen im Jahr 2020 davon ausgegangen, dass die Entnazifizierung, so wie wir sie verstanden hatten, ein Erfolg war; dass das gesamte Geld in deutschen Unternehmen heute von den Nazi-Verbrechen, den Gewinnen und der Ideologie reingewaschen wurde; dass die Grundlage des modernen deutschen Wohlstands wahrscheinlich das Ergebnis des Marshallplans und des damit verbundenen deutschen Wirtschaftswunders war. Erst als wir tiefer gruben, erfuhren wir, dass das Problem systemisch ist und die Wahrheit in scharfem Gegensatz zur nationalen und internationalen Darstellung steht. Es zeigte sich, dass wir und so viele andere missverstanden hatten, was die Entnazifizierung tatsächlich bedeutet hatte.

Gab es überhaupt bereitwillige Nazis?

Als das Nazi-Regime 1945 besiegt wurde, war schätzungsweise jeder siebte Wahlberechtigte in Deutschland Mitglied der NSDAP, während bereits 1934 die SA (Sturmabteilung) 4,5 Millionen Mitglieder gezählt hatte.[90] Doch nach Kriegsende wurden von den überforderten Alliierten Persilscheine mit einer solchen Geschwindigkeit und Regelmäßigkeit ausgestellt, dass leicht der Eindruck entstehen konnte, in den 1930er und 1940er Jahren habe es nur sehr wenige willige Nazis in Deutschland gegeben. Auch die Adenauer-Regierung versäumte, die Entnazifizierung des Landes wirkungsvoll voranzutreiben. Später, als Deutschland im Rahmen der 68er-Bewegung die Nazi-Verbrechen aufarbeiten wollte, erschwerten die in der unmittelbaren Nachkriegszeit erlassenen Persilscheine die Aufdeckung von Mittäterschaften. Bis 1998 wurden nur ca. 106 000 Entnazifizierungsvorverfahren überhaupt eingeleitet, und weniger als 6 500 endeten mit einem Strafurteil.[91] Viele, die wegen ihrer Beteiligung am Nazi-Regime vor Gericht hätten gestellt werden können, wurden nie angeklagt. Inwiefern konnte das Land dann überhaupt entnazifiziert worden sein?

»Die schönste List des Teufels ... besteht [darin], euch glauben zu machen, es gebe ihn nicht!«,[92] schrieb einst der französische Schriftsteller Charles Baudelaire – eine besonders treffende Beschreibung der deutschen Herangehensweise an die Geschichte der Entnazifizierung. Das größte Kunststück, das Deutschland und die Alliierten je vollbracht haben, bestand darin, die Welt davon zu überzeugen, dass die Entnazifizierung tatsächlich stattgefunden habe. Damit verbunden ist der Mythos des Wirtschaftswunders als Erzählung eines heroischen Neuanfangs, nachdem Deutschland alles verloren und die Entnazifizierung gründlich vollzogen worden war. Natürlich hätte Deutschland diesen Mythos nicht ohne die bereitwillige Hilfe der alliierten Besatzer entstehen lassen können; schließlich profitierten die Alliierten ebenfalls von der Darstellung der Nachkriegsjahre als beispielhafte Erfolgsgeschichte, während zugleich die industrielle *Nicht*-Entnazifizierung und das dadurch ermöglichte Wirtschaftswunder für ihre eigenen ökonomischen Interessen von Vorteil waren.

Tatsache ist, dass Henkel nicht die Ausnahme, sondern die Regel war. Unsere Recherchen zeigen die gleichen Verhaltensmuster bei Dutzenden ähnlicher Familien und Unternehmen. Aufarbeitung ist die nationale Entschuldigung, aber sie basiert auf der Vorstellung, dass das nationale Verbrechen bestraft worden sei. Welche Tragweite hat eine Entschuldigung aber, wenn die Täter an ihrer Machtposition festhalten, sie folglich weiterhin jene Vorteile besitzen, die sie durch ihre Verbrechen erlangt haben?

Bitter ist zudem, dass viele der Informationen zur Nazi-Belastung namhafter deutscher (Familien-)Unternehmen seit Jahren vorliegen, das Interesse seitens der deutschen Regierung und Medien, sich mit diesen Informationen kritisch auseinanderzusetzen, aber bestenfalls begrenzt zu sein scheint.

Zurück zu unserem anfänglichen Schnappschuss von der Familie, die an ihrem Tisch sitzt, Kekse isst und Kaffee trinkt. Hier sehen wir deutlich, dass eine Reihe jener Unternehmen, die den Alltag in Deutschland prägen, den Prozess der Entnazifizierung umgangen haben: Nach dem Ende des Nazi-Regimes begründeten beispielsweise Führungskräfte von EDEKA ihre NSDAP-Mitgliedschaft mit wirtschaftlichen Interessen, und EDEKA-Generaldirektor Paul König, der 1933/34 Mitglied der Sturmabteilung der NSDAP und ab 1937 Mitglied der Partei selbst gewesen war, konnte sogar nach der Entnazifizierung als »Unbelasteter« seine Führungsrolle wieder aufnehmen.[93] »Unbelastet« ist hier bestenfalls als zweifelhafte Einstufung zu verstehen, da Königs zynische Grausamkeit gegenüber jüdischen EDEKA-Mitarbeitern in Memoiren dokumentiert ist.[94]

Der Persilschein von Horst Bentz, Geschäftsführer von Melitta, war sogar derart überzeugend inszeniert, dass die Stadt Minden als stolze Heimat des Unternehmens 1964 Bentz für das Bundesverdienstkreuz vorschlug.[95] Begründet wurde dies mit der angeblichen sozialen Einstellung von Bentz, seinen wirtschaftlichen Erfolgen und seiner Rolle als Mäzen, der Minden selbstlos unterstütze.[96] Eine solche Ehrung hätte natürlich im eklatanten Gegensatz gestanden zu Bentz' Unterstützung des Nazi-Regimes, wie sie in seinen zuvor zitierten Worten »Der Betrieb und seine Arbeit gehören allezeit dem Führer«[97] bereits zum Ausdruck gekommen ist. Von selbstlosem Altruismus kann angesichts der aktiven Unterstützung des Nazi-Regimes und der daraus resultierenden wirtschaftlichen Profite für die Firma Melitta sicherlich keine Rede sein. Das NS-Dokumentationszentrum in Berlin machte auf die Mitgliedschaften von Bentz in den verschiedenen Nazi-Organisationen aufmerksam, woraufhin die Stadt Minden ihren Antrag zur Ehrung von Bentz zurückzog. Dennoch scheint Kritik an Bentz und dem Familienunternehmen Melitta in Minden nach wie vor als Tabubruch gewertet zu werden.[98]

Auch die Lebensmittelfirma Dr. Oetker, in deren Kochbuch die Familie in unserem Alltagsszenario blättert, weist Verstrickungen in die Nazi-Wirtschaft und die Shoah auf. Nach dem Ende des Nazi-Regimes wurde Unternehmenschef Rudolf-August Oetker zunächst von der britischen Besatzungsmacht verhaftet, nach acht Monaten aber wieder freigelassen und als »unbelastet« eingestuft.[99] Diese Einstufung wurde trotz Oetkers Mitgliedschaft in zahlreichen Partei- und Militärorganisationen der Nazis und seiner erwähnten Gewinne aus Arisierungen möglich, weil die Nazi-Verstrickungen des Familienunternehmens weitgehend seinem Stiefvater Kaselowsky zugeschrieben wurden, der 1944 bei einem Bombenangriff ums Leben gekommen war, in dessen Folge Rudolf-August Oetker die volle Leitung des Unternehmens übernommen hatte.[100] Auch die zunächst auferlegte treuhänderische Verwaltung des Firmenvermögens wurde 1947 aufgehoben, so dass die Oetkers ihr Geld und Vermögen zurückerhielten.[101]

Und dann ist da noch die Taschentuchfirma Tempo, die uns zurück zu Gustav Schickedanz bringt. Als absehbar wurde, dass Deutschland den Krieg verlieren würde, überschrieb er seinen Besitz an seine Frau und seine Tochter und bewirkte damit, dass sein Privatvermögen nach Kriegsende nur noch indirekt mit den Arisierungen der 1930er Jahre in Verbindung gebracht werden konnte.[102] Nach dem Ende des Nazi-Regimes wurde Schickedanz zunächst mit einem Berufsverbot belegt und ein Entnazifizierungsverfahren eingeleitet; 1949 wurde er jedoch als »Mitläufer« eingestuft und galt damit als vollkommen rehabilitiert. Die Erben des einst jüdischen Tempo-Unternehmens erhielten Anfang der 1950er Jahre eine Entschädigungszahlung, wobei fraglich ist, ob die Höhe der Zahlung angesichts des ungeheuren Erfolgs der Taschentücher, aber auch der Damenbinden, angemessen war. Oskar Rosenfelder hatte jedenfalls im Anfangsstadium der Verhandlungen angeprangert, »Schickedanz verhalte sich ..., als sei nicht der Dieb der Schuldige am Diebstahl, sondern der Bestohlene«.[103]

Die Frage nach der Angemessenheit der Einstufung von Schickedanz als Mitläufer wird von Historikern unterschiedlich beurteilt. Während ein vielgelesener Historiker die Entlastung von Schickedanz als angemessen bewertet,[104] bezweifeln andere Historiker diese Einschätzung, da Schickedanz eindeutig mit dem Nazi-Regime verstrickt gewesen sei.[105] Diese Verstrickung weise auch klar auf eine Unterstützung der Shoah hin, so dieses geschichtswissenschaftliche Resümee:

»Im Fall Schickedanz haben entweder die unterschiedlichen Belastungszeugen [u. a. wurde Schickedanz entlastet durch den Wirtschaftspolitiker und späteren Bundeskanzler Ludwig Erhard] durchweg gelogen oder es kristallisiert sich ein deutliches Verhaltensmuster heraus: Gustav Schickedanz hat hervorragende Beziehungen zur NSDAP-Gauleitung. Mit Hilfe dieser Machtinstanz wird auf die (meist) jüdischen Besitzer von lukrativen Immobilien Druck ausgeübt, der bis zur Inhaftierung und angedrohten Einweisung in ein KZ reicht. Die Drohungen führen dazu, dass die Haus- oder Fabrikbesitzer zum Verkauf genötigt werden. Dies hat Schickedanz über einen Zeitraum von mindestens fünf Jahren genutzt. Die Einschätzung der Spruch- und Wiedergutmachungskammer, er habe dies nicht gewollt oder nichts davon gewusst, sind nach Auswertung der Akten nur als abwegig zu bezeichnen.«[106]

Dabei kann die ausgesprochen milde Einstufung von Schickedanz im Entnazifizierungsverfahren durchaus als Symptom für eine systemische Unzulänglichkeit der Entnazifizierung gewertet werden.[107] Entnazifizierungsverfahren wie jenes, dem sich Schickedanz zu stellen hatte, dienten nicht einer tiefgehenden ideologischen Neuaufstellung Deutschlands, sondern sie glichen eher »Mitläuferfabriken«[108] mit der »Funktion, Schickedanz, wie auch viele andere in seiner Position, ›weißzuwaschen‹, da er zu Beginn des Wirtschaftswunders als unverzichtbarer Faktor galt«.[109]

Auch das Familienunternehmen Bahlsen kam bei der Entnazifizierung glimpflich davon. Von den drei Bahlsen-Söhnen, die die Firma in der Nazi-Zeit geleitet hatten, wurde Hans Bahlsen ungeachtet seiner Bereitschaft, die SS als Geschäftspartner zu unterstützen, als »Mitläufer« eingestuft; Klaus und Werner Bahlsen wurde der Status »entlastet« zuerkannt – obwohl, wie inzwischen bekannt ist, Werner Bahlsen federführend an der Verschleppung von Zwangsarbeiterinnen aus der Ukraine beteiligt war. »Nach Ende der NS-Diktatur erhielt das Unternehmen als unverzichtbarer Nahrungsmittelproduzent rasch eine Produktionsgenehmigung und fand zu seiner Rolle und Bedeutung zurück«,[110] beschreibt die unternehmenseigene Website den Status des Keksfabrikanten in der Nachkriegszeit. Eine derzeit erfolgende historische Analyse der Unternehmensgeschichte vermutet zudem, dass bei dieser Rehabilitierung auch gute Beziehungen zu den britischen Besatzern eine Rolle gespielt haben könnten.[111]

Die Bedeutung des Familienunternehmens blieb in der Nachkriegszeit nicht auf die wirtschaftliche Kraft der Firma beschränkt, sondern erstreckte sich auch auf Wissenschaft, Politik und Mäzenatentum, insofern als Werner Bahlsen, der ab 1950 alleine das Familienunternehmen leitete, nicht nur als Gründungsmitglied und Vorsitzender des Stifterverbandes für die deutsche Wissenschaft, sondern auch als Vorsitzender des Wirtschaftsrates der CDU in Niedersachsen fungierte sowie sich als Wohltäter vielfältiger sozialer und kirchlicher Einrichtungen einen Namen machte.[112] Ein aufrichtiger Umgang mit den Nazi-Verstrickungen von Bahlsen blieb aber aus, bis Verena Bahlsen, die Enkelin jenes Werner Bahlsen, die Behandlung der ukrainischen Zwangsarbeiterinnen durch das Unternehmen stark beschönigend und historisch gänzlich unhaltbar darstellte, wobei sie jegliche Schuld von ihrer eigenen Person und dem gesamten Unternehmen wies. Erst im Zuge der durch ihre Äußerungen ausgelösten Debatte wurde 2019 eine wissenschaftliche Untersuchung der Unternehmensgeschichte in Auftrag gegeben.[113]

Diese wenigen Beispiele von Unternehmen mit Nazi-Verstrickungen lassen durchaus erahnen, dass die Gründe für eine Unterstützung von Hitlers Politik vielfältig gewesen sein mögen. Unter den durch das Nazi-Regime und die Kriegswirtschaft veränderten Produktionsbedingungen werden die Unternehmen nicht einfach eine Gewinnmaximierung angestrebt, sondern oft schlechthin um wirtschaftliche Rentabilität gerungen haben. Im Fall der Firma Henkel etwa mag dies ein Grund für die Übernahme von arisierten Betrieben sowie für die Aktienkäufe der Degussa gewesen sein. Aber rechtfertigen wirtschaftliche Überlegungen, dass Unternehmen, die sich in der Nazi-Zeit schuldig gemacht haben, heute schuldlos in glänzend weiß strahlendem Licht erscheinen? Unabhängig davon, ob Angehörige der Unternehmerfamilien oder die jeweiligen Chefetagen durchweg ideologisch eingefleischte Nazis waren, müssen wir eingestehen: Ohne die Beteiligung ebendieser Unternehmen hätte Hitlers Judenhass nicht eine so schreckliche Dimension wie die Shoah erreichen können.

Die Profite aus der Nazi-Zeit, wie sie in den hier erwähnten Fällen erwirtschaftet wurden, wurden nach Kriegsende in manchen Fällen anteilig einbehalten, oft aber auch einfach »persiliert«, also weißgewaschen. Stets wurde die Verbindung zum Verbrechen, das den Profiten zugrunde lag, beschönigt, so dass die Profite in den Händen der Täter verbleiben konnten. Die Opfer und ihre Hinterbliebenen gingen leer aus oder wurden geringfügig abgespeist, während die Täter und ihre Nachfahren nicht zuletzt aufgrund ihrer Nazi-Profite reich und mächtig blieben. Mehr noch wirkt es, als wäre nicht nur in der unmittelbaren Nachkriegs- und Gründungszeit der deutschen Staaten ein ehrlicher Umgang mit den Nazi-Profiten versäumt worden, sondern als sei innerhalb Deutschlands und weltweit bis heute kaum jemand willens, sich tiefgreifend mit diesen Profiten und ihren gesellschaftlichen Nachwirkungen auseinanderzusetzen. Aber darf es eine Verjährungsfrist für Völkermord geben? Die Nachwirkungen der Nazi-Zeit unbeachtet zu lassen, ist eine Schande, und Deutschland sowie die Welt haben als Tätergesellschaft und stille Komplizen sich ebendieses Vergehens schuldig gemacht.

Die Rolle der Vereinigten Staaten und des Vereinigten Königreichs bei der Nicht-Entnazifizierung

Das Tückische ist, dass Deutschland nicht an der Macht war, als die Entnazifizierung durchgeführt werden sollte. Die Entnazifizierung war als externer Prozess konzipiert, so dass die Schuld für die unzureichende Umsetzung sowie für die beschönigende Darstellung der Entnazifizierung nicht allein bei Deutschland zu suchen ist. Hier erscheint ein Blick auf die Rolle der Besatzungsmächte sowie ihre militärischen und wirtschaftlichen Interessen aufschlussreich.

Ein illustratives Beispiel dafür, wie internationale Akteure in der Nachkriegszeit die Entnazifizierung eines deutschen Unternehmens, das von der Nazi-Wirtschaft und der Shoah profitiert hatte, verhinderten und wie ebendieses Unternehmen sich bis heute sträubt, sich seiner dunklen Vergangenheit zu stellen, ist die Logistikfirma Kühne+Nagel.[114]

Das Familienunternehmen hatte sich zunächst schuldig gemacht, als der Vater und der Onkel des heutigen Ehrenvorsitzenden und Hauptanteilseigners Klaus-Michael Kühne den jüdischen Teilhaber Adolf Maas, der bis 1933 mit einem Anteil von 45 Prozent an dem Unternehmen beteiligt gewesen war, ohne vertragliche Abfindung aus dem Unternehmen drängten, wobei Maass später in Auschwitz ermordet wurde.[115] Ebenfalls 1933 waren Vater und Onkel der NSDAP beigetreten und standen dem Unternehmen vor, als es mit mehreren Nazi-Auszeichnungen geehrt wurde. Wie nah Kühne+Nagel mit dem

Nazi-Regime zusammenarbeitete, zeigen Akten aus Finanzämtern, die dokumentieren, wie das Unternehmen durch die Abwicklung des Transports von Mobiliar und Kunstgegenständen aus dem Besitz deportierter Juden von Belgien, Frankreich, Luxemburg und den Niederlanden nach Deutschland in großem Stil von der Shoah profitierte. Nach Ende des Zweiten Weltkriegs durften Vater und Onkel von Klaus-Michael Kühne zunächst die Unternehmensleitung nicht fortführen und konnten auch nicht auf ihr Vermögen zugreifen, bis sie 1948 plötzlich auf Anordnung des US-Geheimdienstes CIA als »Mitläufer« entnazifiziert und rehabilitiert wurden.[116] Ein Presseartikel erläutert die US-amerikanische Intervention im Fall Kühne+Nagel:

> »Gleich nach Kriegsende arrangierte sich Patron Alfred Kühne [Vater von Klaus-Michael] mit der neuen Macht. Im Jahr 1947 lehnte die Entnazifizierungs-Division der Amerikaner zunächst seine Entlastung ab. Somit hätte er seine Geschäfte nicht fortsetzen können. [Wie Dokumente belegen] ... intervenierte im Februar 1948 ein Generalmajor des US-Geheimdienstes. Es sei lebenswichtig für bereits laufende Operationen, dass Kühne entnazifiziert werde, schrieb der Offizier. So überstand Kühne das Verfahren mit Unterstützung aus dem US-Geheimdienst CIA ...
>
> Weitere freigegebene CIA-Dokumente zeigen: Kühne + Nagel diente in der Nachkriegszeit der ›Organisation Gehlen‹, die unter der Führung des Geheimdienstmannes Reinhard Gehlen als Vorläufer des deutschen Bundesnachrichtendienstes gilt, als Tarnadresse. Gehlens Spitzenmann Alexander Cellarius betrieb seine Verbindungsstelle zur damaligen Regierung im Büro von Kühne+Nagel in Bonn.«[117]

Zum Kontext: Gehlen ist aus dem Film »Reinhard Gehlen – Der Meisterspion und die Nazis« als »Hitlers Superspion« bekannt, und die »Organisation Gehlen« wurde mit Unterstützung der US-Besatzungstruppen ins Leben gerufen, so dass eine direkte Linie zu erkennen ist, die die Nazi-Geheimdienste mit dem heutigen Bundesnachrichtendienst verbindet. Diese direkte Linie verlief dank der US-Besatzer ausgerechnet durch die Büros von Kühne+Nagel.

So wie die Chefetage von Kühne+Nagel für die Alliierten von Bedeutung war und deshalb vor einer tiefergehenden Entnazifizierung verschont blieb, wurde auch Günther Quandt, Gründer und Chef von BMW und Großvater der bereits erwähnten BMW-Erbin Susanne Klatten, von den britischen Besatzern geschützt, weil seine Batteriefabriken so wertvoll waren. Die Briten waren im Besitz von Dokumenten, die Quandts Schuld an den Nazi-Verbrechen eindeutig belegten, aber sie zogen es vor, dies vor Quandts Anklägern zu verbergen. Letztere erklärten Mitte der 2000er Jahre, dass Quandt, wenn die Dokumente nicht versteckt worden wären, mit Sicherheit in Nürnberg als einer der führenden Nazi-Industriellen vor Gericht gestellt worden wäre.[118]

Zu den »großen Namen«, von denen man erwarten würde, dass sie in Nürnberg vor Gericht gestellt und verurteilt wurden, gehört auch August von Finck. Als Vorstandsvorsitzender der Privatbank Merck, Finck & Co (Arisierungen im großen Stil) und als Aufsichtsratsvorsitzender von Unternehmen wie der Münchener Rückversicherungs-Gesellschaft (Profiteur der gekündigten Lebensversicherungen von Juden, die emigrieren mussten) und dem Versicherungsriesen Allianz (Versicherung verschiedener Konzentrationslager) war von Finck eine Person, die für Hitler selbst von Interesse gewesen war.[119] Trotz seiner Mitgliedschaft in der Nazi-Partei, seiner persönlichen Verbindung zum Führer, seines ausdrücklichen Bekenntnisses zum Nationalsozialismus und seiner enormen Nazi-Profite kam von Finck eher glimpflich davon: Dokumente verschwanden während des Gerichtsverfahrens, und »[a]nschließend ordneten die Richter unvermittelt an, dass jener Teil des Prozesses, der mit der ›Arisierung‹ der Rothschild-Bank [durch Merck Fink & Co] zu tun hatte, aus ›Gründen der Staatssicherheit‹ hinter verschlossenen Türen stattfinden sollte«.[120]

Darüber hinaus führten von Finck und seine Mitarbeiter Bestechungs-, Erpressungs- und Einschüchterungskampagnen durch, um Zeugen von Aussagen abzuschrecken und Staatsanwälte von der Erfüllung ihrer Pflichten abzuhalten. Am Ende kam von Finck ungeschoren davon und konnte sogar seine Nazi-Profite behalten. Ein journalistischer Artikel fasst zur Causa von Finck zusammen:

> »Als der Krieg vorbei war, wurde das NSDAP-Mitglied zum ›Mitläufer‹ herabgestuft, sollte 1000 Mark Strafe zahlen und beantragte selbst dafür Befreiung wegen seines lädierten Knies. Wenig später durfte er die Reichtumsvermehrung ungehindert fortsetzen und baute die Privatbank zu seiner persönlichen Schaltzentrale aus.«[121]

Das gleiche Muster wiederholte sich im Entnazifizierungsverfahren von Ferdinand Porsche, dem Gründer der Porsche AG:

> »Es war nicht nur Ferdinand Porsches Rüstungsproduktion für die Nationalsozialisten, die ihm die Aufmerksamkeit der Ermittler eingebracht hatte. Die Alliierten wollten vor allem das Know-how seines Unternehmens für sich selbst nutzen. Porsches und Piëchs brutale Leitung des Volkswagenwerks, in dem rund 20 000 Zwangsarbeiter eingesetzt worden waren, darunter etwa 5000 Häftlinge aus Konzentrationslagern, spielte hingegen keine Rolle; die Alliierten kümmerten sich kaum um die grausamen Arbeitspraktiken der Industriellen. Die Ermittler interessierten sich vor allem für das Geld der Geschäftsleitung …
>
> Nach fünf Wochen entließ man Porsche [aus der Haft], der daraufhin nach Österreich zurückkehrte. Auch Anton Piëch und Ferry Porsche [Schwiegersohn beziehungsweise Sohn von Ferdinand Porsche] wurden bald aus dem Internierungslager freigelassen; Ferdinand Porsche hatte wochenlang bei den alliierten Behörden auf ihre Entlassung gedrungen.«[122]

In der Tat ging die Verstrickung in das Nazi-Regime einerseits und die Interessen der Alliierten andererseits im Falle Porsche noch weiter: Das britische Militär hatte das Volkswagenwerk in Wolfsburg nicht nur besetzt, sondern auch die Massenproduktion des VW Käfers gestartet. Dieser aber basierte auf einem Entwurf, den Ferdinand Porsche eigens angefertigt hatte, um Hitlers Verlangen nach einem Auto für das deutsche Volk nachzukommen, und dessen Umsetzung die Zahlung von Lizenzgebühren an Ferdinand Porsche erforderte. Verhandlungen über diese wurden aufgenommen, nachdem die Briten bei VW einen neuen Geschäftsführer eingesetzt hatten, der trotz seiner Führungsrolle bei Opel (Produktion von Rüstungsgütern, Einsatz von Zwangsarbeitern) in der Nazi-Zeit als »unbelastet« entnazifiziert worden war.[123] So gelang es dem Familienunternehmen Porsche nicht nur, die Entnazifizierung glimpflich zu überstehen, sondern die Handlungen der Alliierten bedeuteten sogar, dass Ferdinand Porsche nach Ende des Nazi-Regimes ausgerechnet aus seinem für Hitler angefertigten Entwurf Profite schlagen konnte. Währenddessen wurde im Falle Dr. Oetkers »die ›Entnazifizierung‹ von Rudolf-August Oetker … nicht einmal vor einem ordentlichen Gericht verhandelt«.[124]

Der skurrilste Beleg dafür, dass offizielle Entnazifizierungsverfahren mitunter eher zur Bühne der Selbstdarstellung hochrangiger Naziprofiteure wurden, als dass sie das Leiden der Opfer in den Vordergrund gestellt und die Täter angemessen bestraft hätten, ist das Abschlussplädoyer des Nazi-Profiteurs Friedrich Flick vor dem Internationalen Militärtribunal in Nürnberg im November 1947. Flick war ein Stahl- und Bergbaumagnat, dessen Geschäfte während der Nazi-Zeit groß angelegte Arisierungen und den Einsatz von Zwangsarbeitern, darunter auch Opfer von Konzentrationslagern, umfassten und einen enormen Beitrag zur Kriegsmaschinerie der Nazis geleistet hatten. Eine akademische Analyse der Rolle des Flick-Konzerns im Dritten Reich nimmt mehr als 1000 Seiten ein und hält bereits im Klappentext fest: »Der Flick-Konzern steht wie kein anderes Unternehmen für die enge Verbindung zwischen Wirtschaft und NS-Regime. Sein Wachstum wurde während des Dritten Reiches von kaum einem Unternehmen übertroffen.«[125] In seinem Abschlussplädoyer in Nürnberg zeigte Flick jedoch weder Einsehen noch Reue, sondern prangert auf geradezu zynische Weise an, dass er überhaupt eines Verbrechens bezichtigt werde:

> »Ich stehe hier als ein Exponent der deutschen Industrie. Mit meiner Verurteilung sucht die Anklage sich den Stempel der Wahrheit zu verschaffen für ihre Behauptung, die deutsche Industrie habe Hitler in den Sattel gehoben, ihn zu Angriffskriegern ermuntert und zur rücksichtslosen Ausnutzung der Menschenkraft und der Wirtschaftskraft in den besetzten Gebieten angestachelt. Ich verwahre mich dagegen, dass in meiner Person die deutschen Industriellen zu Sklavenhaltern und Plünderern vor der Weltöffentlichkeit gestempelt werden sollen … Niemand … aus dem grossen Kreise derjenigen Personen, die uns, die Mitangeklagten und mich kennen, wird es glauben, dass wir uns gegen die Menschlichkeit vergangen haben, und nichts wird uns davon überzeugen, dass wir Kriegsverbrecher waren.«[126]

Flick liegt mit seiner Selbstbeschreibung der deutschen Industriellen zu 100 Prozent richtig. Angesichts der belastenden Beweislage sowie von einem moralischen Standpunkt aus wäre zu erwarten gewesen, dass seine Worte die Richter und Staatsanwälte nicht eingeschüchtert, sondern provokativer hätten machen sollen. Diese Richter und Staatsanwälte hätten antworten müssen: »Ja! Genau! Dieser Prozess ist eine Anklage gegen die Industriellen, Finanziers und Profiteure, die Hitler geholfen haben, neun Millionen Menschen in den Vernichtungslagern und weitere zehn Millionen auf den Schlachtfeldern zu ermorden und die Welt an den Rand der Zerstörung zu führen! Sie alle waren Sklavenhalter und Ausplünderer! Sie, Herr Flick, sind nur ein Beispiel, und Ihre Anklage sowie Ihre Verurteilung sollten als Schuldbekenntnis des gesamten deutschen Systems zu verstehen sein, als moralischer und systemischer Neubeginn! Wenn Sie nicht glauben, dass Sie durch Ihre Zusammenarbeit mit dem Nazi-Regime im Prozess der ›Vernichtung durch Arbeit‹ Verbrechen gegen die Menschlichkeit begangen haben, ist das ein Grund mehr, Sie wegzusperren und Ihnen Ihr Vermögen zu entziehen!«

Doch diese Worte fielen nicht. Flick wurde lediglich zu sieben Jahren Gefängnis verurteilt, von denen er einen Teil bereits verbüßt hatte. Sein Vermögen wurde ihm nicht entzogen. Wenn dies nicht ein Symptom für ein korruptes Gewinnstreben der alliierten Führung war, dann war es zumindest ein Zeichen für systembedingte Feigheit, die noch unentschuldbarer wird durch die einfache Tatsache, dass es für die Alliierten sogar möglich gewesen wäre, von einer mutigen Entnazifizierung und damit verbundenen Beschlagnahmung dieser Nazi-Gelder zu profitieren.

Im Übrigen verhalf der US-Hochkommissar für das besetzte Deutschland, John J. McCloy, nach dieser kaum ernstzunehmenden Entnazifizierung in den Jahren 1950 und 1951 unzähligen Nazis dazu, sich wieder mit weißen Westen zu präsentieren.[127] Flick wurde 1950 von McCloy freigelassen und machte bald riesige Geldsummen, indem er sein Vermögen »umstrukturierte«, es an den deutschen Staat verkaufte und in Industriebeteiligungen in Deutschland, Frankreich und Belgien investierte, insbesondere in die Firma Daimler-Benz. Am Ende des Jahrzehnts war er bereits zum reichsten Mann in Westdeutschland aufgestiegen. Einen ähnlichen Dienst leistete McCloy für Alfried Krupp von Bohlen, einen der Hauptprofiteure von Auschwitz, Mitglied in mehreren Nazi-Organisationen, Wehrwirtschaftsführer, Mitglied des Beirats der Ausfuhrgemeinschaft für Kriegsgerät und direkter Nutznießer von Hitlers Großzügigkeit.[128] Heute wird McCloy beispielsweise damit geehrt, dass ein großer Teil des Rheinufers in der ehemaligen Bundeshauptstadt Bonn nach ihm benannt ist, nur wenige Kilometer entfernt von dem nach dem Henkel-Erben Fritz Bagel benannten Ufer in Unkel.

Das Wirken von John J. McCloy zu beleuchten, bietet einen bedeutsamen Anhaltspunkt für die Einsicht, dass das Scheitern der Entnazifizierung kein rein deutsches Versagen war und dass die Auswirkungen der gescheiterten Entnazifizierung weit über Deutschland hinausgingen. Obwohl viele Dokumente noch unter Verschluss sind, zeigen die McCloy-Archive, dass es die US-amerikanische Führung war, die sich dafür entschied, die vielen Nazi-Industriellen nicht vor Gericht zu stellen, sondern sie stattdessen als Produktionsquellen für US-Konsumgüter zu nutzen, da die amerikanischen Fabriken mittlerweile für den Krieg in Korea produzierten.[129] McCloy ist jedoch nicht nur für Flicks frühe Freiheit und dessen Möglichkeit verantwortlich, durch sein Nazi-belastetes Vermögen zum reichsten Mann im Nachkriegsdeutschland zu werden.

Der Fall Klaus Barbie zeigt auch, wie McCloy aktiv dazu beigetragen hat, dass tatsächliche Nazi-Mörder der Gerechtigkeit entkommen und sogar den Aufbau der Nachkriegswelt mitgestalten konnten. Klaus Barbie war der Leiter der Gestapo in Lyon, Frankreich, und wurde als »Schlächter von Lyon« bekannt. Er ist schätzungsweise für 14 000 Tote verantwortlich und war persönlich an der Folterung Hunderter beteiligt.[130] Nach dem Krieg wollten die Franzosen Barbie für seine Verbrechen vor Gericht stellen, doch McCloy persönlich lehnte das französische Ersuchen ab.[131] Stattdessen begann Barbie für den US-Spionageabwehrkorps der US-Armee zu arbeiten: Da er zuvor bereits von den Briten verhört worden war, konnte er die US-Amerikaner in Kenntnis setzen über britische Verhörtechniken und möglicherweise von diesen als Spione rekrutierte frühere Nazis; aufgrund seiner Zeit in Lyon kannte sich Barbie jedoch noch besser aus mit französischen Geheimdienstoperationen und Agenten, die womöglich für Frankreich in der US-amerikanischen Zone aktiv waren.[132]

Mit Hilfe der Vereinigten Staaten floh Barbie 1951 nach Bolivien, wo er zum Oberstleutnant des bolivianischen Militärs ernannt wurde und Boliviens diktatorischen Regimes und Paramilitärs beibrachte, wie man Menschen foltert und verschwinden lässt, ähnlich wie er es in Lyon getan hatte.[133] Er gewährleistete sogar die Sicherheit der Coca-Operationen des berüchtigten Drogenbarons Pablo Escobar[134] und versorgte Bolivien mit alten Waffen des deutschen Militärs.[135] 1965 wurde Barbie Agent des westdeutschen Auslandsgeheimdienstes (BND),[136] nicht lange vor Che Guevaras Tod 1967, den Barbie wiederholt als seine persönliche Errungenschaft bezeichnete.[137]

Barbie, der bis zu seinem Tod ein überzeugter Nazi war, hätte Bolivien niemals erreichen können, wenn McCloy ihm nicht geholfen hätte. McCloy schützte Barbie vor den Franzosen, die ja eigentlich ein Verbündeter der Vereinigten Staaten waren, als diese Gerechtigkeit für Barbies Verbrechen an ihren Landsmännern forderten. Der Grund, dass Barbie dieser Schutz zuteilwurde, war seine »Nützlichkeit«, welche sich aus McCloys Sicht ergab aus Barbies eifrigem Antikommunismus sowie ausgerechnet aus jenen grausamen Fähigkeiten, die dieser als Leiter der Gestapo bei der Festnahme und Folterung zahlreicher Mitglieder der französischen Résistance unter Beweis gestellt hatte. Barbie wurde nicht *trotz*, sondern *wegen* der Ermordung von 14 000 Menschen verschont, und das war kein *Versagen* der Entnazifizierung, sondern eine direkte Unterminierung derselben durch James J. McCloy als eine der Schlüsselfiguren, die auf US-amerikanischer Seite nach Ende des Krieges für das Fortbestehen von Nazi-Strukturen verantwortlich war.

Es gibt keinen Grund, dies für eine Verschwörung zu halten. Es scheint viel wahrscheinlicher, dass es sich um einfache Faulheit handelte, die als Kissingersche »Realpolitik« verpackt wurde. Die Machthaber versuchten, clever und praktisch zu sein, um an allen Ecken und Enden zu sparen, und das Ergebnis ist eine Entnazifizierung, die nur dem Anschein nach stattgefunden hat.

Natürlich existierte McCloys Handeln nicht losgelöst von dem breiteren politischen Kontext, sondern muss im Zusammenhang mit der Angst der Alliierten vor dem sowjetischen Diktator Joseph Stalin gesehen werden. Stalin, ein weiterer Massenmörder und Größenwahnsinniger, musste daran gehindert werden, den europäischen Kontinent und möglicherweise auch Asien zu erobern. Aus sowjetischer Sicht könnte man sich allerdings vorstellen, dass die Nicht-Entnazifizierung der West-Alliierten, die schlichte Verhätschelung der Nazi-Kriegsverbrecher, Stalins Paranoia geschürt haben könnte. Als nach Ende des Zweiten Weltkriegs seine vermeintlichen Verbündeten ebenjene Nazis retteten, die Stalins Erzfeinde gewesen waren, die alle Abkommen gebrochen und Millionen seiner Bürger ermordet hatten, ist womöglich sogar vorstellbar, dass Stalin die drei anderen Alliierten selbst als Nazi-Kollaborateure betrachtete.

Natürlich wird als Rechtfertigung angeführt, dass Deutschland der Ort war, an dem sich die Einflusssphären der Vereinigten Staaten und der Sowjetunion in Europa trafen. Aus Sicht der Vereinigten Staaten war ein wirtschaftlich starkes Westdeutschland unerlässlich, um die Ausbreitung der Sowjetunion nach Westen zu verhindern und womöglich sogar das eigene Einflussgebiet nach Osten hin auszudehnen. Dennoch hätten die Alliierten diese geopolitischen Interessen verfolgen können, ohne die Entnazifizierungsverfahren zur Farce werden zu lassen. Es wäre praktisch möglich und weitaus integrer gewesen, die enteigneten Vermögenswerte von Henkel, Flick, Quandt, Kühne, von Finck, Oetker, Porsche oder Schickedanz zu beschlagnahmen und sie direkt den alliierten Besatzungsmächten und Geheimdiensten zu überlassen, anstatt sie den Tätern und ihren Familien zurückzugeben und deren Unternehmen in die alliierten Strukturen einzugliedern. Es ist schwer vorstellbar, dass ein möglicher Informationsvorteil im Kalten Krieg bedeutsam genug war, um den Schutz eines Nazis wie Klaus Barbie zu rechtfertigen. Eine umfassende Entnazifizierung der deutschen Tätergesellschaft und ihrer Machtstrukturen, inklusive der Enteignung der von Nazis und Nazi-Profiteuren unrechtmäßig erworbenen Güter, wäre deutlich ehrlicher gewesen, als sich der Entnazifizierung nur vordergründig zu verschreiben.

Entnazifizierung Ost

Apropos Stalin: Auch in der sowjetischen Zone und dem späteren Ostdeutschland war die Entnazifizierung ein schwieriges Unterfangen. Was die ostdeutsche (sowjetische) Reaktion auf die Verbrechen der Nazis von der westdeutschen unterscheidet, ist die Tatsache, dass die Sowjets wirklich das gesamte Vermögen der Nazis enteigneten. Grundstücke, Gebäude, Unternehmen und Gelder wurden im Allgemeinen zum Wohle des Staates enteignet.[138] Es gibt in der Tat nur wenige Momente in der Geschichte, in denen Stalins Wirken moralisch erscheint, aber die Beseitigung der unrechtmäßigen Gewinne der Nazis und der Nazi-Profiteure kann in der Tat als eine bedeutsame Errungenschaft von Stalins Sowjetunion aufgeführt werden.*

* Wenn wir hier dem ostdeutschen Staat ein noch so kleines Kompliment aussprechen, ist es uns wichtig, zugleich darauf hinzuweisen, dass »das Wohl des Staates« nicht dasselbe ist wie »das Wohl des Volkes« und dass dies in einer kommunistischen Diktatur wie der DDR besonders sichtbar wird. Wir kennen deutsche Opfer ostdeutscher Verbrechen, die inhaftiert, gefoltert, als Zwangsarbeiter eingesetzt wurden und denen der Staat ihre Häuser und ihr Vermögen weggenommen hat.

Doch bedeuteten diese Enteignungen noch keine Gerechtigkeit für die Opfer, deren Leid als Nazi-Profite monetarisiert worden war. Und die Geschichte der Entnazifizierung in Ostdeutschland endete nicht mit diesen Enteignungen.

Bei der Wiedervereinigung Deutschlands 1990 wurde dieses enteignete Eigentum zum Streitpunkt angesichts der Frage, wem das Eigentum, das in den vorangegangenen 40 Jahren zu einem Vermögen des ostdeutschen Staates geworden war, gehöre oder gehören solle. Manche mögen die Regierung der DDR als Marionette der Sowjets gesehen haben und anführen, dass Letztgenannte veranlasst hätten, das Vermögen von Industriellen und Kapitalisten auf dem gesamten Gebiet der DDR zu beschlagnahmen als Strafe dafür, dass sie sich durch Arisierungen und den Einsatz von KZ-Zwangsarbeitern bereichert hätten. Eine solche Perspektive lässt jedoch zwei entscheidende Aspekte außer Acht: Zum einen handelte es sich um Enteignungen, die *von einem deutschen Staat im Interesse desselben* durchgeführt wurden (wenn auch zugegebenermaßen oft zugunsten der Sowjetunion). Zum zweiten stand bei diesen Beschlagnahmungen und Enteignungen tatsächlich *zu keinem Zeitpunkt* im Vordergrund, dass die konfiszierten Vermögen maßgeblich durch die Verbrechen der Shoah, von Arisierungen über KZ-Zwangsarbeit bis hin zur Ermordung der Juden angehäuft worden waren.

Die enteigneten Familien der Nazis und Nazi-Profiteure veranlassten nach der deutschen Wiedervereinigung teure rechtliche Auseinandersetzungen, um die Rückgabe dieser Vermögenswerte zu erreichen. Die Hohenzollern, Nachkommen des letzten deutschen Kaisers, sind ein wichtiges Beispiel dafür. Der größte Teil des Vermögens der Familie befand sich in Ostdeutschland, und nach der Wiedervereinigung klagten die Hohenzollern auf Rückgabe dieser Vermögenswerte. Ihre Bemühungen scheiterten wiederholt, was zum großen Teil darauf zurückzuführen ist, dass ein Gericht die Hohenzollern als »erhebliche Unterstützer« der Nazis bezeichnete.[139] Aber nicht jeder, der nach 1990 eine Rückgabe von Vermögenswerten anstrebte, hatte einen Nazi-Hintergrund.

Tatsächlich zeigt ein Fall besonders, wie wenig Interesse die DDR an der Aufarbeitung der Verbrechen der Shoah hatte: Der jüdische

---

Sie haben uns deutlich gesagt: »Die Roten waren genauso schlimm wie die Braunen«, und wir können diese Aussage durchaus nachvollziehen.

Geschäftsmann Julius Fromm war der Erfinder des modernen Kondoms. Er war der Erste, der ein nahtloses Gummikondom in Massenproduktion herstellte anstelle der bis dahin verwendeten, weniger hygienischen Methoden. Fromms Viktimisierung durch das Naziregime wird in einer gemeinsamen Veröffentlichung des Historikers Götz Aly und des Journalisten Michael Sontheimer beschrieben, einem der wenigen Bücher in diesem Fachgebiet, das sich auf den jüdischen Unternehmer und nicht auf den deutschen Aggressor konzentriert.[140] Fromm ließ seine Methode zur Herstellung von Kondomen 1916 patentieren und baute bis 1936 ein Unternehmen auf, das rund acht Millionen Reichsmark wert war, was heute etwa 120 Millionen Euro entspricht. Durch Arisierung gelangte Fromms Firma in die Hände von Hermann Görings Patentante, der Baronin Elisabeth Edle von Epenstein-Mauternburg, für einen Preis von 116 000 Reichsmark, umgerechnet rund 500 000 Euro. Fromm starb 1945, nur wenige Tage nach Kriegsende, im Londoner Exil. Da sich seine Fabriken und Vermögenswerte alle in Ostdeutschland befanden, scheiterten die Versuche seiner Familie, sie von der neuen kommunistischen Regierung der DDR zurückzubekommen, jämmerlich. Trotz massiver Schäden an den Gebäuden durch alliierte Bombenangriffe erkannten die Sowjets den Bedarf an Fromms Produkten in ihrer Besatzungszone, und die Rote Armee produzierte ab 1946 Kondome in Fromms Fabriken. Gemäß dem Beschluss der Potsdamer Konferenz von 1945 hätte die Familie Fromm diese Vermögenswerte zurückerhalten sollen, doch Ostdeutschland beschuldigte Fromm, ein kapitalistischer Ausbeuter mit pro-nazistischer Einstellung gewesen zu sein, und verstaatlichte das Unternehmen 1949.

So lächerlich das im Zusammenhang mit der Arisierung erscheinen mag, es kommt noch schlimmer: 1947 musste Fromms Sohn Herbert dem Liebhaber der Baronin, Otto Metz-Randa, 174 000 Mark für die Rechte allein an der Verwendung des Namens Fromm bei der Nachkriegsproduktion von Kondomen in Westdeutschland zahlen,[141] also fast das Anderthalbfache dessen, was die Baronin bei der Arisierung für das gesamte Unternehmen bezahlt hatte. Wenn, um die Werbung für Tempo-Taschentücher zu zitieren, »[D]ie Hygiene eines Volkes, ein Gradmesser seiner Kultur [ist]«,[142] was sagt es dann über die deutsche Kultur aus, dass diese drei Produkte, die so eng mit der Hygiene eines Volkes verbunden sind, Taschentücher, Einmaldamenbinden und Kondome, von Juden erfunden und von Deutschen lediglich geklaut wurden?*

Der Fall der Familie Fromm steht nicht für sich allein, sondern fügt sich nahtlos in die Geschichte der Entschädigungen und Rückerstattungen an Juden in Ostdeutschland ein, sowohl während der kommunistischen Herrschaft als auch nach der Wiedervereinigung.[143] Im Allgemeinen ist die ganze Aufregung um die Frage, wem was in Ostdeutschland nach der Wiedervereinigung gehören solle, zwar nicht irrelevant, aber im Kontext dieses Buches nicht besonders sachdienlich, denn ungeachtet dieser Debatte *dienten diese ehemaligen Nazi-Gewinne weiterhin Deutschland,* nicht aber den Shoah-Opfern und ihren Familien.

Wir möchten noch einmal betonen: »Diese Profite dienten Deutschland« bedeutet weder, dass diese Profite nur Deutschland (nicht aber zum Beispiel den Sowjets) dienen, noch, dass »diese Profite jedem einzelnen Deutschen dienten«. Die Situation der individuellen Schuld und des individuellen Nutzens aus den Nazi-Verbrechen ist in Ostdeutschland weitaus komplexer als in Westdeutschland. Nichtsdestotrotz haben diese Enteignungen eindeutig *nicht* dazu beigetragen, die Opfer der Shoah für das zu entschädigen, was ihnen angetan wurde. Wie das nächste Kapitel zeigen wird, wurden von Ostdeutschland sogar noch weniger Reparationen gezahlt als von Westdeutschland, und in beiden Fällen finden wir nach wie vor ein auf Nazi-Profiten aufgebautes gesamtgesellschaftliches System.

Sowohl im Osten als auch im Westen wurde die deutsche Kriegsmaschinerie nicht zerstört, sondern lediglich umgewidmet. Im Westen wurde sie in einen militärisch-industriellen Komplex umgewandelt, zu dem Firmen wie BMW, Daimler (die beide am häufigsten mit der Autoproduktion in Verbindung gebracht werden) oder der Hersteller von Waffen und Militärtechnik Heckler & Koch gehören. Das Unternehmen Heckler & Koch wurde übrigens von einem Nazi-Profiteur gegründet, der die ihm unterstellten Zwangsarbeiter brutal missbrauchte,[144] sowie von zwei Ingenieuren des deutschen Waffenher-

* Als interessante Randnotiz zum Thema Deutschland und Sauberkeit zeigt der Politikwissenschaftler Ozan Zakariya Keskinkılıç in seinem 2021 erschienenen Buch Muslimaniac, wie 1905 im Reichstag der Islam für die Ausbreitung der Syphilis verantwortlich gemacht und damit das Interesse an der Gesundheit des deutschen Volkes zum Hauptgrund für die Verhinderung der Ausbreitung des Islams (realisiert durch den deutschen Kolonialismus) deklariert wurde.

stellers Mauser,[145] einem der wichtigsten Lieferanten der Nazi-Kriegsmaschine.

In Ostdeutschland wurden Standorte von Rüstungsunternehmen zunächst in staatliche Waffenproduktionsfabriken umgewandelt und nach der Wiedervereinigung erneut privatisiert. Ein recht prominentes Beispiel ist der Waffenhersteller Simson,[146] der 1856 in Suhl (im heutigen ostdeutschen Bundesland Thüringen) als jüdisches Familienunternehmen gegründet worden war. Während der Weimarer Republik war Simson der einzige Hersteller von Kleinwaffen in Deutschland. Diese Monopolstellung wurde mit der Machtübernahme der Nazis, die die jüdischen Geschäftsführer Arthur und Julius Simson wirtschaftlicher Verbrechen beschuldigten, schnell beendet. Bereits 1935 wurde das Familienunternehmen von der Gestapo unter Androhung von Gewalt enteignet. Während die Simsons aus Deutschland flohen, wurde ihr früheres Unternehmen umbenannt, um auch auf dieser Ebene den jüdischen Ursprung der Firma auszulöschen. Auf der Grundlage des enteigneten Familien- und Firmenvermögens wurde 1936 eine von der NSDAP geführte Treuhandgesellschaft gegründet, die zu einem der größten deutschen Rüstungsunternehmen der Nazi-Zeit heranwachsen sollte. Nach Kriegsende wurde das Unternehmen von der sowjetischen Besatzungsmacht zerschlagen und in eine Aktiengesellschaft umgewandelt. Die ehemalige Firma Simson überlebte jedoch und wurde 1952 zu einem verstaatlichten Unternehmen der DDR. Reparationsforderungen der Familie Simson wurden von den DDR-Behörden abgelehnt, wobei die bizarre Erklärung für dieses Vorgehen sogar den Widerspruch zum eigenen bundesstaatlichen Reparationsgesetz explizit macht:

> »Das thüringische Wiedergutmachungsgesetz widerspricht dem gesunden Volksempfinden [sic]. Es ist viel zu schematisch von den Referatsleitungen gehandhabt worden. Sie haben nichts getan, um auf die unsoziale Seite des Gesetzes hinzuweisen, denn es ist wohl kaum in Ordnung, wenn Juden, die sicherlich schon zum Teil fremde Staatsbürger sind […] und denen es im neuen Land gut geht, Wiedergutmachungsansprüche stellen können.«[147]

Nach der deutschen Wiedervereinigung lehnte eine Treuhandgesellschaft die Versuche der Erben der Familie Simson ab, ihr Unternehmen zurückzufordern und sich wieder in Suhl niederzulassen, und übergab stattdessen die Kontrolle über das Unternehmen an eine Gruppe niederländischer und französischer Investoren. Dieser Gruppe gelang es jedoch nicht, das Unternehmen wieder rentabel zu machen, so dass die Geschichte der Firma Simson 1993 endete.

Heute ist dieses Versäumnis, die deutsche Rüstungsindustrie zu demontieren und zu entnazifizieren, nach wie vor von größter Bedeutung. Angesichts des Krieges in der Ukraine hat Deutschland kürzlich seine Rüstungsausgaben auf rund 100 Milliarden Euro erhöht.[148] Welche Rolle haben die nicht entnazifizierten deutschen Waffenhersteller bei der Lobbyarbeit für diese neuen Ausgaben gespielt, und wie sehr profitieren sie davon? Die Antwort wird uns angesichts der sonstigen Umstände wohl kaum überraschen.

Das Versäumnis, Deutschland ordnungsgemäß zu entnazifizieren, hat weitreichende Folgen, und eine der wichtigsten ist die verpasste Gelegenheit, mit diesem Geld die richtigen Dinge zu tun. Was hätte aus der deutschen Wirtschaft werden können, wenn man sie auf Gerechtigkeit ausgerichtet hätte, anstatt sie den Nazis und ihren Profiteuren zurückzugeben?

Unabhängig davon, wer für die Politik und die Entscheidungen verantwortlich war, die es diesen Verbrechern ermöglichten, ihren gestohlenen Reichtum zu behalten und an den Gewinnen aus dem Völkermord und anderen Verbrechen gegen die Menschlichkeit festzuhalten, bleibt die Tatsache bestehen, dass dieser Reichtum heute die Grundlage des Vermögens einiger der reichsten Menschen und Unternehmen in Deutschland bildet. Dabei mutet es geradezu zynisch an, dass viele der Politiker, die bei öffentlichen Shoah-Gedenkveranstaltungen lautstark »Nie wieder« bekunden, Spenden von Nazi-Profiteuren annehmen und dadurch die Rehabilitierung des Rufs dieser in Nazi-Verbrechen verstrickten Profiteure fördern.

Reparationszahlungen – individuell oder strukturell?

Wenn wir über die Entnazifizierung sprechen, ist es unerlässlich, auch die andere große Unwahrheit anzusprechen, auf der die deutsche Aufarbeitung der Nazi-Zeit beruht: dass diese Nazi-Profiteure dem jüdischen Volk für die Verbrechen der Shoah erhebliche Reparationen gezahlt haben.

In einer solchen Situation kann es keine echte Gerechtigkeit und Wiedergutmachung geben. Wie der Antisemitismus-Experte Max

Czollek feststellt: »Die jüdische Seite weiß, dass nie wieder alles gut wird. Diejenigen, die hätten versöhnen können, sind tot.«[149] Und an anderer Stelle:

> »Enteignung, Verfolgung, Vernichtung und Verwertung von jüdischem Eigentum und jüdischen Körpern [sind] auch in der Gegenwart weiterhin wirksam … . Und zwar auf jüdischer Seite, weil die toten Verwandten nicht zurückkommen – und aufseiten der Täter*innen und ihrer Nachkommen, weil aus der Nazi-Zeit herrührende materielle Vorteile für Firmen, Familien und Individuen bis heute Vorteile bedeuten.«[150]

Für ein solches Verbrechen gibt es keine Entschädigung. Die häufigste Reaktion, die wir auf die deutsche Veröffentlichung dieser Untersuchung im Jahr 2022 erhielten, war der Verweis auf »Israels Existenzrecht« und darauf, wie sehr die Person, die sich mit diesem Verweis an uns wandte, oder ihre Partei oder Institution dieses Recht unterstütze. Gedanklich verknüpft mit dieser Betonung Israels ist, was in Deutschland gerne als »Wiedergutmachung« bezeichnet wird, das heißt die Reparationszahlungen Deutschlands an den Staat Israel. Abgesehen von dem Irrtum, »die Juden« seien gleichbedeutend mit dem Staat Israel, scheint die Bezugnahme auf Israel eine Möglichkeit zu sein, sich vom systemischen Charakter der Verbrechen zu distanzieren: »Ja«, so scheint es zu heißen, »wir haben vielleicht von der Philanthropie profitiert, deren Quellen auf den Profiten der Shoah beruhen, aber ich unterstütze Israel, und wir haben Reparationen gezahlt!« – Nun denn, lasst uns über Reparationen sprechen.

Im Jahr 1950, als die westdeutsche Regierung darüber diskutierte, 37 Milliarden DM (entspricht heute ca. 100 Milliarden Euro) als Reparationszahlung zu leisten, meinte Werner Hilpert, damals Finanzminister von Hessen: »Wenn wir diese Summe aufzubringen hätten, müssten wir alle den Gashahn aufdrehen.«[151] Im Zusammenhang mit der Höhe von Reparationszahlungen für die Opfer der Shoah von Gashähnen zu sprechen, klingt zunächst erschreckend antisemitisch. Tatsächlich war Hilpert jedoch ein erklärter Gegner der Nazis und Fürsprecher der Juden, dessen eigenes Büro der Reichspogromnacht zum Opfer gefallen war und der aufgrund seines Widerstandes gegen die Nazis fünf Jahre als Gefangener im Konzentrationslager Buchenwald verbracht hatte.[152] Hilpert wollte Gerechtigkeit für die Juden und wusste um die enorme Geldsumme, die Reparationszahlungen einer angemessenen Größenordnung bedeutet hätten; insbesondere aber war sich Hilpert auch dessen bewusst, dass eine solche Summe nicht zu erreichen war, ohne mächtigen Familien wie den Henkels ihre Nazi-Profite wieder wegzunehmen. Wenn Menschen und Unternehmen gezwungen würden, das Gestohlene zurückzuzahlen, so könnten ausgerechnet die Reparationszahlungen neuen Antisemitismus schüren, so die Befürchtung vieler. Letztlich zahlte der westdeutsche Staat 3,5 Milliarden DM, also weniger als 10 Milliarden Euro gemäß heutigem Wert, an den Staat Israel.[153]

Nun werfen Journalisten und Diplomaten häufig mit verschiedenen Zahlen um sich, wenn sie die Höhe der deutschen Reparationszahlungen beziffern. Im Jahr 2019 etwa erklärte der US-amerikanische Botschafter Stuart Eizenstat, der zwischen 1993 und 2017 als Sonderbeauftragter von US-Präsident Bill Clinton und den US-Außenministern Hillary Clinton und John Kerry für Holocaust-Fragen tätig war: »Deutschland hat seit 1952 mehr als 60 Milliarden US-Dollar für die Schrecken des Holocaust gezahlt und kümmert sich bis heute um besonders bedürftige Überlebende, nicht aber um deren Nachkommen«.[154] Im Jahr 2012 hatte die *New York Times* diese Zahl jedoch mit 89 Milliarden US-Dollar angegeben, die über einen Zeitraum von 60 Jahren gezahlt worden seien.[155]

Die Aussage, dass diese Zahlungen »für die Schrecken des Holocaust« geleistet wurden, ist äußerst irreführend, da sie sich nicht wirklich auf den Massenmord oder Massenraub beziehen. Diese Zahlen scheinen sich größtenteils auf direkte Zahlungen des deutschen Staates an Überlebende der Shoah zu beziehen, zusätzlich zu den »Wiedergutmachungs«-Zahlungen an den Staat Israel, die alle inflationsangepasst sind. Außerdem scheinen sie auch die Stiftung Erinnerung, Verantwortung und Zukunft (EVZ) miteinzubeziehen, an deren Gründung Botschafter Eizenstat selbst maßgeblich beteiligt war.[156] Deren Stiftungsvermögen umfasst 10,1 Milliarden DM, wobei rund die Hälfte des Betrages von insgesamt 6500 deutschen Unternehmen beigesteuert und der fast äquivalente Teil vom Bund eingezahlt wurde. Dabei ist hervorzuheben, dass die Einzahlungen der Unternehmen unabhängig von deren Geschichte und Nazi-Belastung erfolgten.[157] Angesichts der Dimension des jüdischen Leidens durch die Shoah einerseits und der jahrzehntelangen Wertentwicklung der in deutschen (nicht-jüdischen) Unternehmen verbliebenen Nazi-Profite andererseits entsprechen die einzelnen Beiträge vieler Nazi-belasteter Unternehmen bestenfalls dem sprichwörtlichen Tropfen auf den heißen Stein.

Insgesamt werden diese Zahlungen von Deutschland als Reparationszahlungen an die Überlebenden der Shoah angesehen. Aber die meisten europäischen Juden haben nicht überlebt. Es gilt daher, zwischen Entschädigungszahlungen für verlorenes Eigentum und dem Versuch der Wiedergutmachung für widerfahrenes Leiden zu unterscheiden. Wie Eizenstat festgehalten hat: »Die Entschädigung wurde von den unmittelbaren Tätern der Verbrechen geleistet und ging größtenteils an diejenigen, die *direkt* unter den Verbrechen gelitten und überlebt haben und, in manchen Fällen, an deren direkte Erben.«[158] In vielen Fällen ist die Bezeichnung »Wiedergutmachung« tatsächlich jedoch zu hoch gegriffen. In den Vereinigten Staaten gibt es zahlreiche Gesetze zu Entschädigungszahlungen für unrechtmäßige Inhaftierungen, die Parallelen zu den Zahlungen in Deutschland aufweisen, tatsächlich jedoch wesentlich großzügiger sind als das, was Deutschland den Überlebenden der Shoah gezahlt hat.[159] Eizenstats Konzept der Entschädigungszahlung trifft die Realität sicherlich besser als der Anspruch, bei den Zahlungen handle es sich um eine Form der Wiedergutmachung. In vielerlei Hinsicht ähneln die deutschen Zahlungen eher einem nicht besonders großzügigen Renten-/Ruhestandsfonds. In jedem Fall befassen sich diese direkten Zahlungen mit individuellem Schmerz und Leid und behandeln einen Aspekt der Shoah, aber sicherlich nicht die strukturellsten oder grausamsten Aspekte dieser. In Anbetracht der Tatsachen, dass die meisten Opfer der Shoah tatsächlich ermordet wurden und die Arisierung »eine der grössten Besitzumschichtungen der Neuzeit«[160] bewirkte, müssen wir davon ausgehen, dass die meisten Opfer und ihre Familien von diesen Zahlungen nie erreicht wurden und dass eine strukturelle Begünstigung der Deutschen bei gleichzeitiger Benachteiligung der Juden fortbesteht, gewissermaßen als Spiegel der Auslöschung der Juden aus dem öffentlichen Leben. Die meisten realisierten Zahlungen wurden zudem von der deutschen Regierung geleistet, die als Nachfolgerin des Nazi-Regimes eindeutig mit dem Täterstaat in Verbindung gebracht werden kann. Dennoch werden die unmittelbaren Nutznießer der Arisierungen als weitere direkte Tätergruppe in der Debatte um Entschädigung und Wiedergutmachung oftmals außen vor gelassen.

Die Shoah war kein Verbrechen gegen Einzelpersonen, auch wenn es unbestreitbar einzelne Opfer gibt, die entschädigt und unterstützt werden sollten. Nein, die Shoah war ein Verbrechen gegen die Menschlichkeit. Mehr noch, sie war das Verbrechen, durch das »Verbrechen gegen die Menschlichkeit« selbst definiert wurde,[161] und sie hat die Welt der internationalen Beziehungen, sowie natürlich die Lebenswirklichkeit der Juden als Volk, für immer strukturell verändert. So genannte »Wiedergutmachungs«-Zahlungen sind für die Überlebenden notwendig, aber ob es sich nun um 60 Milliarden US-Dollar oder 89 Milliarden US-Dollar handelt – sie können die Verbrechen der Arisierung und der Shoah letztlich nicht aufwiegen, sie können die Toten nicht wieder zum Leben erwecken. Die Verbrecher behalten ihre unrechtmäßig erworbenen Milliarden und die deutsche Gesellschaft profitiert weiterhin von den strukturellen Vorteilen, die diese gestohlenen Milliarden bieten, inklusive der Zinsen.

Der Historiker Constantin Goschler macht deutlich, dass es kein Zufall war, dass bei der Ausarbeitung des Luxemburger Abkommens von 1952, auf dem diese Entschädigungszahlungen beruhen, die Shoah nicht direkt angesprochen wurde. Stattdessen

> »[...] konnte [das Abkommen] gerade deshalb zustande kommen, weil sich die Forderungen nicht auf die Ermordeten, sondern auf die Überlebenden – auf die Not der jüdischen Flüchtlinge – bezogen ... Paradoxerweise war es gerade der Verzicht auf eine explizite Thematisierung des Völkermordes, der die bisher einzige Einigung über eine Entschädigung für einen Völkermord ermöglichte.«[162]

Goschlers Artikel, dessen Titel sich mit »Das Trugbild der Versöhnung« übersetzen lässt, stellt fest:

> »Während die Deutschen von Reparationen sprachen, hatte [der israelische Außenminister Moshe] Sharet den Begriff ›shilumim‹ gewählt, der im Alten Testament Zahlungen ohne Vergebung und Vergeltung ohne Vergebung bezeichnet.«[163]

Zur Erläuterung führt Goschler weiter aus:

> »Offiziell wurden die drei Milliarden Mark, die mit Israel vereinbart wurden, nicht als Entschädigung für die Ermordung von sechs Millionen Juden deklariert. Wie hätte ein Verbrechen gegen die Menschlichkeit wie der Holocaust überhaupt ›wiedergutgemacht‹ werden

können? Stattdessen ging es um materielle Verluste und die Kosten für die Integration jüdischer Flüchtlinge in Israel. Um den Vorwurf ›Blut für Geld‹ zu entkräften, trennten die israelische Delegation und die Claims Conference strikt materielle Leistungen von moralischer Anerkennung.«[164]

Besagtes Luxemburger Abkommen befasst sich nämlich weder mit dem großen Verbrechen selbst noch mit dessen strukturellem Erbe. Wenn Reparationen im Sinne von Wiedergutmachung verstanden werden, kann dieses Modell nur enttäuschen. Tatsächlich werden wir in späteren Kapiteln noch sehen, wie weit Deutschland beim Thema Wiedergutmachung zurückliegt.

Zusätzlich zu der grundsätzlichen Schwierigkeit der Frage, welche Art der Wiedergutmachung angesichts der Shoah überhaupt denkbar wäre, stellt sich die Frage, ob die bisher erfolgten Entschädigungszahlungen auch nur annähernd dem gestohlenen Vermögen der jüdischen Nazi-Opfer entsprechen. Einer Rechnung des Wirtschaftswissenschaftlers Sidney Zabludoff zufolge, der lange für das US-Finanzministerium und den US-Geheimdienst CIA tätig war, waren bis 2008 über 80 Prozent der in Europa gestohlenen Vermögen in keiner Weise zurückgezahlt worden.[165] Dies entspräche, so Zabludoff, ausgehend vom Preisniveau im Jahr 2005 einem Fehlbetrag zwischen 115 Milliarden US-Dollar und 175 Milliarden US-Dollar. Angesichts des Preisniveaus in 2023 wäre eher von 160 Milliarden US-Dollar bis 250 Milliarden US-Dollar auszugehen. Werden nicht gesamteuropäische Zahlungen, sondern allein deutsche Entschädigungsbemühungen berücksichtigt, ist Zabludoff zufolge davon auszugehen, dass nur etwa 10 Prozent der Nazi-Diebstähle entschädigt wurden.

Der Historiker Timothy Snyder hat in einem Vortrag aus dem Jahr 2022 meisterhaft erklärt, dass die Shoah sich nicht in erster Linie in Deutschland abspielte, sondern vor allem in Polen, der Ukraine, Weißrussland und Westrussland.[166] Wir konzentrieren uns in diesem Buch auf die Gewinne aus der Shoah, die im modernen Deutschland nach wie vor eine Rolle spielen, aber es ist wichtig, sich daran zu erinnern, dass diese Gewinne zwar bis heute Deutschland zugutekommen, die Verbrechen aber anderswo verübt wurden und die Ökonomie der Shoah weiterhin das jüdische Leben, das deutsche Leben und auch das Leben in Osteuropa prägt. Um es ganz deutlich zu sagen: *Dieser gestohlene Reichtum ist nach 1945 in der deutschen Wirtschaft ver-*

blieben und hat eine entscheidende Rolle dabei gespielt, Deutschland zu der Wirtschaftsmacht zu machen, die es seit mehreren Jahrzehnten ist. Damit spielen diese Nazi-Profite auch eine entscheidende Rolle für die deutsche Philanthropie. Wäre die Entnazifizierung tatsächlich ein einschneidendes Ereignis für Gesellschaft und Wirtschaft gewesen und wären Nazi-belastete Unternehmen durch sie in andere Hände übergegangen, könnten dieselben Unternehmen heute immer noch existieren, *ohne* den Nazi-Profiteuren und ihren Familien zu weiterem Reichtum zu verhelfen.

Dabei gilt es nicht zu vergessen, dass die Arisierungen letztlich ein privates Unterfangen waren, das durch staatliche Strukturen lediglich ermöglicht wurde. Es war nicht der deutsche Staat, der das Eigentum deutscher Juden konfiszierte, sondern es waren ganz normale Deutsche und vor allem wohlhabende und gut vernetzte Deutsche, die die Arisierungspolitik des deutschen Staates nutzten, um ihre jüdischen Nachbarn auszubeuten und sich deren Vermögen anzueignen, von Möbeln über Grundeigentum bis hin zu Aktien. Sie taten dies zwar innerhalb eines vom Nazi-Staat geschaffenen Rahmens, aber jeder Einzelne von ihnen traf die bewusste Entscheidung, sich aktiv an den Arisierungen zu beteiligen. Hätten einzelne Unternehmer und Unternehmen dies nicht getan, so hätten vielleicht ihre Konkurrenten ihren Platz in der Geschichte eingenommen und sich dadurch einen wirtschaftlichen Vorteil verschafft. Das Argument geht noch weiter: Hätte sich niemand freiwillig an den Arisierungen beteiligt, hätte der Staat die jüdischen Vermögenswerte später mit ziemlicher Sicherheit an sich gerissen.

Dazu ist es aber nicht gekommen, weil es viele Unternehmer und Unternehmen gab, die sich entschieden, von der Notlage der Juden zu profitieren, und die resultierenden Profite sind noch heute im Besitz dieser Opportunisten, ihrer Unternehmen und Erben. Während also der (west-)deutsche Staat Entschädigungszahlungen an die Überlebenden geleistet hat, sind die individuellen Profiteure, die die Nazi-Ausbeutungsmechanismen nutzten, um sich selbst zu bereichern, mindestens genauso schuldig an diesen Wirtschaftsverbrechen wie der deutsche Staat.

Wir sagen nicht, dass einzelne Opfer einzelner Arisierungen für diese Diebstähle nicht entschädigt wurden (obwohl das natürlich bei vielen nicht der Fall war). Wir sagen auch nicht, dass viele dieser Familien und Unternehmen nicht irgendeine Art von Entschädigung gezahlt haben. Wenn diejenigen, die diese historischen Verbrechen ignorieren wollen, die Diskussion mit dem Argument »aber wir haben es doch zurückgezahlt« beenden wollen, verfehlen sie jedoch das Thema. Die Tragweite der Shoah geht weit über das Individuum hinaus, und es geht hier um den Nutzen, den diese Nazi-Profiteure weiterhin für das gesamte Deutschland erbringen. Dabei ist auch zu hinterfragen, inwieweit diese wirtschaftliche Praxis in den letzten 90 Jahren deutsche Anliegen auf Kosten jüdischer Anliegen und solcher Anliegen, die speziell für Juden von Interesse sind, bevorzugt hat.

Dies ist mehr als nur ein Gedankenexperiment. Es gibt bis heute reale wirtschaftliche Auswirkungen der Arisierungen, die erforscht werden sollten. Die deutsche Mittelschicht existiert aufgrund der Enteignung der Juden Europas.* Wir können über das Wirtschaftswunder reden, so viel wir wollen – das größte Wunder für Deutschland ist, dass die internationale Gemeinschaft den gestohlenen Reichtum und das Vermögen, das Familien wie Henkel, Oetker, Quandt und andere angehäuft hatten, nicht enteignet hat. Das Kapital, auf dem das moderne Deutschland aufgebaut ist, ist das direkte Ergebnis eines der ungeheuerlichsten Diebstähle von Vermögen und Millionen von Menschenleben, die die Welt je gesehen hat. Zabludoffs Berechnungen berücksichtigen nicht das Vermögen, das Nazi-Profiteure durch den Einsatz jüdischer Zwangsarbeiter, durch Menschenversuche an KZ-Opfern und durch die Gewinne aus dem Aufbau der Infrastruktur der Shoah, von den Waffen und Uniformen der Einsatzgruppen über den Bau der Todeslager bis hin zum Verkauf von Zyklon-B angesammelt haben.

Und noch ein weiteres Element wird übersehen. Der Diebstahl ist nicht einfach nur ein Diebstahl, sondern ein 90 Jahre andauerndes systematisches Ungleichgewicht bei den Ausgaben und der Finanzierung zugunsten deutscher und zum Nachteil jüdischer Anliegen. Untersuchungen zeigen, dass die jüdische Philanthropie seit der Shoah weltweit dazu tendiert, soziale Gerechtigkeit und unterdrückte

* Deutschland hat zwar auch Nicht-Juden Vermögenswerte gestohlen, aber nach 1945 hat Deutschland Milliarden von Euro an seine Nachbarländer gezahlt und andere Formen der Entschädigung (einschließlich Landumverteilung) geleistet, so dass das deutsche Wirtschaftswunder und der Reichtum des deutschen Mittelstandes nicht in gleicher Weise auf diesen Diebstählen aufbaut wie auf den weitgehend unentschädigten Arisierungen.

Gemeinschaften wie Afroamerikaner,* amerikanische Ureinwohner oder Immigranten sowie jüdische Kultur- und Bildungsprojekte zu fördern.[167] Im Gegensatz dazu waren deutsche Spenden, sowohl von den direkten Profiteuren der Arisierung wie den Henkels und Klattens als auch von der deutschen Mittelschicht im Allgemeinen, viel weniger großzügig und unterstützten entweder direkte Katastrophenhilfe oder deutsche Zwecke. Daten über wohltätige Spenden zeigen, dass Deutsche deutlich weniger großzügig sind als US-Bürger oder Kanadier, und dass Juden in den Vereinigten Staaten und Kanada die großzügigsten Gruppen in diesen Ländern sind.[168] Das bedeutet, dass die Wohlstandsumverteilung, aus der die deutsche Mittelschicht hervorging, zu einer strukturellen Unterfinanzierung nicht-deutscher karitativer Projekte führte, während gleichzeitig etwa der deutsche Sozialstaat finanziert wurde.

Vergleicht man die Wohltätigkeit der Deutschen mit der Philanthropie der Juden in den Vereinigten Staaten, Kanada und dem Vereinigten Königreich, so zeigen sich Unterschiede in den Trends, die sich auf Dutzende von Milliarden Euro summieren. Dutzende von Milliarden Euro, die weder der Unterstützung von Geflüchteten durch die *Hebrew Immigrant Aid Society* (HIAS) oder andere große jüdische Flüchtlingshilfsorganisationen zugutegekommen sind, noch an die *Brandeis University* gespendet wurden oder die humanitäre Hilfe in Haiti, Japan, Pakistan, der Türkei oder Ostafrika durch *Jewish World Relief* und das *Joint Distribution Committee* unterstützt haben. Stattdessen flossen sie in die Kassen deutscher politischer Parteien wie der CDU und der FDP, kofinanzierten den deutschen Nationalismus durch Unterstützung des Deutschen Fußballbunds (DFB) oder dienten vor allem kleinen Städten wie Unkel in Form von Grundstücksschenkungen oder finanzierten die Renovierung von Parks und Denkmälern.

Die Expertin für philanthropische Studien Hanna Shaul Bar Nissim von der Brandeis University hat 2017 die jüdische Philanthropie in

---

* In Anlehnung an die verwendeten Begrifflichkeiten im US-amerikanischen Kontext bezeichnen wir in diesem Buch eine Person als »Afroamerikaner«, wenn das afrikanische Erbe amerikanischer Bürger im Vordergrund steht und wahrscheinlich ist, dass ihre Vorfahren versklavt wurden. An anderen Stellen beziehen wir uns auf »schwarze Amerikaner«, wenn eine Person aufgrund ihrer spezifischen dunklen Hautfarbe diskriminiert wird. Diese Bezeichnungen sprechen zwei verschiedene systemische Probleme an – Sklaverei und Rassismus – und die gewählte Begrifflichkeit in diesem Buch ändert sich je nach Kontext.

den Vereinigten Staaten untersucht und berichtet, dass 60 Prozent der jüdischen Haushalte, die weniger als 50 000 US-Dollar pro Jahr verdienen, für wohltätige Zwecke spenden, verglichen mit 46 Prozent der nicht-jüdischen US-Haushalte in dieser Einkommensklasse, wobei insgesamt gelte: »Etwa 76 Prozent der amerikanischen Juden spendeten 2012 für wohltätige Zwecke, verglichen mit 63 Prozent der Amerikaner, die anderen Religionen angehören oder nicht religiös sind.«[169] Was die Höhe der Spenden betrifft, so spenden Juden etwa 40 Prozent mehr als Protestanten in den Vereinigten Staaten. Besonders ist auch die Organisationsform dieser jüdischen Philanthropie:

> »Traditionell ist die jüdische Philanthropie in den USA in zentralen jüdischen Gemeindeorganisationen wie den jüdischen Verbänden verankert, regionalen Organisationen, die kollektiv für Zwecke in den USA und im Ausland spenden. Diese einzigartigen Organisationen sind ein Beispiel für die ethnischen, nicht-religiösen Ausdrucksformen des Judentums. Sie verdeutlichen auch die Tradition der jüdischen Gemeinschaft, Wohltätigkeit als Gruppenarbeit zu leisten. So verfolgen viele jüdische philanthropische Einrichtungen in Nordamerika einen weitgehend nichtreligiösen Ansatz in ihrem jüdischen sozialen Handeln.«[170]

Selbst in den Fällen, in denen es unmöglich war, den gestohlenen Reichtum an seine ursprünglichen Besitzer zurückzugeben, hätten Zahlungen an »die jüdische Gemeinschaft« – wie auch immer diese kaum zu definierende Einheit zu interpretieren wäre – erfolgen können. Auf diese Weise hätte das einst gestohlene Vermögen wieder einer Gemeinschaft zugutekommen können, die in enger Beziehung steht zur Identität der Bestohlenen, und es hätte im Sinne dieser Gruppenidentität auch wieder als Spenden jene Zwecke, die soziale Gerechtigkeit fördern, sowie jüdische Organisationen, die humanitäre Hilfe leisten, unterstützen können. Bar Nissim schreibt:

> »Ich habe festgestellt, dass viele dieser amerikanischen und kanadischen [jüdischen] Institutionen mehr für nicht-jüdische als für jüdische Zwecke spenden. Tatsächlich deuten meine vorläufigen Ergebnisse darauf hin, dass trotz der Unterschiede zwischen den verschiedenen Kategorien von Geldgebern im Durchschnitt höchstens 25 Prozent dieser Gelder jüdischen Zwecken zugutekommen ...

> Alles in allem … geben diese verschiedenen philanthropischen Bemühungen jedes Jahr mehr als 9 Milliarden US-Dollar für wohltätige Zwecke …, die einem breiten Spektrum von ethnischen und religiösen Gemeinschaften in den USA und anderswo dienen.«[171]

Damit bedeutet das Versäumnis der Entschädigungszahlungen an »die jüdische Gemeinschaft« auch, dass jedes Jahr weitaus weniger Gelder für jüdische Zwecke ausgegeben wurden. Der Diebstahl in der Nazi-Zeit ist folglich nicht ein einmaliges historisches Ereignis, sondern seine Auswirkungen zeigen sich auch darin, dass in den letzten 80 bis 90 Jahren philanthropische Zwecke, die für nicht-jüdische Deutsche von vergleichsweise geringerem Interesse sind, in Höhe von Hunderten von Milliarden Euro unterfinanziert wurden. Wenn wir die philanthropischen Ausgaben in unsere Berechnung dessen einbeziehen, was der jüdischen Gemeinschaft (als der Gruppe derjenigen, die direkt durch das Nazi-Regime, seine Anhänger und seine Profiteure geschädigt wurden) noch geschuldet wird, stellen wir fest, dass Zabludoffs Milliarden die Summe des tatsächlichen materiellen Schadens bei weitem unterschätzen.

Jüdisches Leben und jüdische Kultur, jüdische Anliegen und jüdische ethische Prioritäten wie die hier erwähnte Förderung sozialer Gerechtigkeit sind seit bis zu 90 Jahren strukturell unterfinanziert. Es ist hervorzuheben, dass zu Letztgenannten nicht auf Juden fokussierten Anliegen, die von der jüdischen Philanthropie finanziert werden, auch die Förderung der internationalen Menschenrechte, der Kampf gegen den Rassismus und gegen die Unterdrückung der Frauen oder der Einsatz für humanitäre Bildung etc. zählen. Dieser von den Nazis begangene Diebstahl von Vermögenswerten führt also nicht nur zu einer institutionellen Unterfinanzierung von Juden, sondern sorgt auch dafür, dass jüdische Ideen und Werte in der Zivilgesellschaft weniger stark vertreten sind. Wir werden im nächsten Abschnitt weiter ausführen, wie dieses strukturelle Ungleichgewicht deutschen Anliegen zugutegekommen ist.

Weiterhin ist kritisch zu sehen, dass die Nachkriegszahlungen an Israel nicht als Reparationszahlungen an »die Juden« per se gelten können, da das Volk der Geschädigten sich nicht einfach mit dem Staat gleichsetzen lässt. Doch selbst wenn dies möglich wäre, betrug die Summe, die als Entschädigung gezahlt wurde, weniger als 10 Prozent dessen, was Hilpert und andere in der Nachkriegszeit für angemessen hielten. Mehr noch sind selbst die geleisteten Zahlungen an Israel nicht frei von den Spuren des Nazi-Regimes: Recherchen des Experten für deutsch-israelische Beziehungen Markus Weingardt[172] von vor über zwanzig Jahren zeigen, dass fast der gesamte Betrag in Form von Waren und Dienstleistungen erbracht wurde, die *von deutschen Unternehmen* gefertigt oder geleistet wurden. Und welche deutschen Unternehmen waren in den 1950er Jahren in der Lage, Waren und Dienstleistungen in großem Umfang zu liefern? Es waren die Unternehmen von Familien wie den Henkels, den Quandts und den Krupps, die alle vom Raub und der Enteignung jüdischen Vermögens durch die Arisierungen, die zur Shoah führten, und von der völkermörderischen Infrastruktur der Shoah selbst profitiert hatten. Ausgerechnet ihnen wurden Reparationsgelder gezahlt, damit sie Israel mit Waren beliefern. Jene Nazi-belasteten Familienunternehmen konnten somit nicht nur Profite aus den Verbrechen selbst für sich verbuchen, sondern sie profitierten sogar noch von den geringen Entschädigungen, die überhaupt geleistet wurden.

Wenn wir vom deutschen Wirtschaftswunder sprechen, besteht das wahre Wunder von Deutschland in unseren Augen darin, dass die milliardenschweren Nazi-Profiteure diese Nazi-belasteten Vermögenswerte behalten durften, deren Wert den Umfang des gesamten Marshallplans übersteigt (der Marshallplan belief sich auf 114 Milliarden in heutigen US-Dollar, wobei nur zehn Prozent der Gesamtsumme Deutschland zugutekamen). Von allen Wirtschaftsakteuren waren Familien und Unternehmen wie Krupp, Henkel, Bahlsen und Quandt die Hauptnutznießer dieses »Wunders«.

Nichts von alledem kann jemals wiedergutgemacht werden. Aber nach 90 Jahren, in denen eine der mächtigsten Volkswirtschaften der Welt sich ausgehend von den Profiten eines Völkermordes neu erfinden und dank dieser Profite florieren konnte, ist es zumindest möglich, die Nazi-Belastung des wirtschaftlichen Fundaments zu beenden. Schließlich müssen wir erkennen, dass Nazi-belastete Familien und Unternehmen weiterhin über das Vermögen und die damit verbundene Macht verfügen, die im Kern auf den Verbrechen der Nazis an den Juden beruhen. Da diese Familien und Unternehmen nie in einschneidender Weise zur Verantwortung gezogen wurden, wirken diese Nazi-Verbrechen bis in die Gegenwart fort.

Verbrecher und Helden

Unsere Veröffentlichung über die Familie Henkel und die deutsche Aufarbeitung wurde Anfang 2022 auf Deutsch publiziert, genau zu dem Zeitpunkt, als auch David de Jongs Buch *Nazi Billionaires* veröffentlicht wurde. Unser Buch erschien unter dem Titel *Brauner Boden* und die deutsche Ausgabe von de Jongs Buch trug den Titel *Braunes Erbe.* Die Themen und Namen waren so ähnlich, dass die große deutsche Wirtschaftszeitung *Handelsblatt* beschloss, beide Veröffentlichungen in einem gemeinsamen Artikel zu besprechen.[173] Doch während de Jongs Buch auf Platz 1 der deutschen Sachbuch-Bestsellerliste landete, schaffte unseres es nicht auf die Liste.

In seinem hervorragend geschriebenen Werk schildert de Jong fesselnd, wie die Arisierung organisiert wurde und wie mächtige deutsche Familien von der Enteignung und Ermordung von Millionen von Juden sowie von der Kriegsmaschinerie der Nazis profitierten. De Jong konzentriert sich auf die Familien, die hinter Porsche, BMW und VW stehen, sowie auf die Familie von Finck, die Familie Flick (Gewinne aus der Kohle- und Stahlproduktion, der Arisierung von Waffenunternehmen und nach Kriegsende beispielsweise auch aus Aktiengewinnen von Daimler), und schließlich auf die Familie Dr. Oetker. De Jongs *Braunes Erbe* beginnt im Februar 1933 mit der Schilderung eines Treffens von »rund zwei Dutzend der vermögendsten und einflussreichsten deutschen Geschäftsmänner NS-Deutschlands ... in der Berliner Residenz von Reichstagspräsident Hermann Göring«.[174] In seiner Einleitung beschreibt de Jong,

> »[...] wie es nach dem Krieg den alliierten Siegermächten zufiel, über das weitere Schicksal dieser NS-Profiteure zu entscheiden. Aus politischem Kalkül und aus Angst vor einem erstarkenden Kommunismus übergaben die Vereinigten Staaten und das Vereinigte Königreich die meisten dieser Männer bald stillschweigend an die junge Bundesrepublik, die die meisten der schuldigen Magnaten mit kaum mehr als dem sprichwörtlichen Klaps auf die Hand davonkommen ließ.«[175]

Auf knapp 500 Seiten schildert de Jong, wie diese Industriellen die Macht der Nazis begründeten, wie sie von den Verbrechen der Nazis profitierten und wie es den Reichsten unter ihnen schließlich gelang, ihre Milliarden zu behalten. Er erzählt dies brillant und fesselnd, und wir haben den größten Respekt vor de Jong, sowohl als Journalist als auch als Mensch. Wir können uns glücklich schätzen, dass wir aus seiner Arbeit zitieren können, wenn wir die Verbrechen der Unternehmerfamilien in dieser erweiterten Ausgabe unserer eigenen Recherchen skizzieren. Wir werten es auch als positives Zeichen, dass de Jongs Buch auf so große Resonanz gestoßen ist, deutet dies doch darauf hin, dass die deutsche Gesellschaft im Großen und Ganzen bereit ist zu akzeptieren, dass viele der Milliardäre an ihrer Spitze durch die Verbrechen der Nazis belastet sind.

Beunruhigend ist jedoch, dass die Popularität von de Jongs Buch zu einem Muster passt, demzufolge auch Verbrecher, sofern sie erfolgreich und wohlhabend sind, als Helden gehandelt werden. In den deutschen Bestsellerlisten der letzten 20 Jahre finden sich mindestens 20 Bücher, die von renommierten Historikern und Journalisten über berüchtigte Familienunternehmen geschrieben wurden, die Profiteure und Kollaborateure des Nazi-Regimes waren. Zu diesen Familien gehören die folgenden: Bosch (Kfz-Teile, Maschinenbau, Elektronik), Daimler, Flick, Freudenberg (Haushaltswaren unter anderem), Krupp (Stahl), Mohn (Verlagswesen und Medien), Oetker, Porsche und Porsche-Piëch, Quandt, Schickedanz, Thyssen (Stahl) sowie natürlich auch die von Fincks, über die de Jong in *Braunes Erbe* berichtet.[176]

Zwanzig Bestseller in ebenso vielen Jahren, und diese Liste ist sicher nicht vollständig. Wir haben hier nur die Industriellen und Wirtschaftsbosse aufgezählt, nicht aber die Unternehmensgeschichten von Firmen wie I.G. Farbenindustrie (Chemie und Pharmazie), Bayer (Pharmazie), Hoechst (Pharmazie) oder anderen, die auf der Bestsellerliste gelandet sind. Ebenso haben wir hier auf eine Auflistung von Bestsellern über Politikern, Soldaten oder Diplomaten mit schuldbeladener Vergangenheit verzichtet und auch die Bestsellerlisten nicht weiter nach Büchern über unmoralische, aber erfolgreiche »Alltagsdeutsche« durchsucht.

Jene Bestseller über die Mächtigen der Wirtschaft und ihre Familien sind gut recherchiert und unterhaltsam zu lesen. Wir stellen die Legitimität ihres Bestseller-Status nicht in Frage. Aber die meisten von ihnen folgen einem ähnlichen Muster: Sie erzählen die vollständige Biografie der Nazi-Profiteure, ihre »Heldenreise«, ihre Kämpfe in der Zeit vor dem Nazi-Regime, ihre Kollaboration mit den Nazis, ihre Kämpfe nach Ende des Nazi-Regimes und ihre Rolle als treibende Kraft beim wirtschaftlichen Aufschwung Deutschlands in der Nachkriegszeit. Diese Bücher erzählen die »aufregenden Geschichten« dieser Wirtschaftsbosse und ihre ausgeklügelten Strategien, mit denen sie sich die Gunst des Nazi-Regimes sicherten, um von den Gräueltaten der Nazis an den Juden zu profitieren, ohne dass diese Protagonisten die volle Schuld für ihr Handeln hätten spüren müssen. Wenn in diesen Büchern von der brutalen Vernichtung der Juden durch die Nazis die Rede ist, sowohl durch direkte Gewalt als auch im Prozess der Vernichtung durch Arbeit, werden die Opfer im Allgemeinen kaum ausführlicher beschrieben als durch kurze Anmerkungen wie »sie begingen in der Woche darauf Selbstmord« oder »sie wurden im folgenden Jahr in das Konzentrationslager X verfrachtet, nachdem sie es versäumt hatten, rechtzeitig auszuwandern« oder einfach »sie wanderten nach Amerika aus. Ihr Bruder hatte nicht so viel Glück …«. Eine bemerkenswerte Ausnahme von dieser Regel ist das bereits erwähnte Buch von Aly und Sontheimer über Julius Fromm und sein Kondomimperium, das es allerdings nie auf die Bestsellerliste geschafft hat. Eine zweite Ausnahme stellt das jüngst von Johannes Bähr und Ingo Köhler veröffentlichte Buch über Hertie mit dem vielsagenden Titel *Verfolgt, »arisiert«, wiedergutgemacht? Wie aus dem Warenhauskonzern Hermann Tietz Hertie wurde* dar, indem es der Geschichte der jüdischen Unternehmerfamilie, ihrem Erfolg sowie ihrer Verfolgung, Raum gibt, anstatt lediglich einen deutschen Nazi-Profiteur als Held auftreten zu lassen.

In den Bestsellern werden dagegen die jüdischen Opfer allzu oft zu einem Nebensatz am Ende der Geschichte der Täter. Oder wenn die Geschichten der Opfer näher beschrieben werden, dann sind es die brutalen, deprimierenden Geschichten vom Leben im Ghetto, gefolgt von einem noch leidvolleren Leben im Konzentrationslager, das mit dem gewaltsamen Tod endet. Wird die Geschichte der jüdischen Opfer dagegen nicht auf einen bloßen Nebensatz reduziert, so wird oftmals doch versäumt, den Bezug vom Leiden der Opfer zu ihrer Enteignung zugunsten des jeweiligen Täters herzustellen. Stattdessen werden Juden vorwiegend als Nazi-Opfer dargestellt, die außerhalb dieser Rolle kaum als Akteure in Gesellschaft, Wirtschaft und Politik in Erscheinung treten.[177]

Doch unabhängig von dieser Kritik an der Darstellungsweise der historischen Zusammenhänge: Was sagt es über deutsche *Leser* aus, wenn eine solche formelhafte Heroisierung von Nazi-Verbrechern

Jahr für Jahr auf den Bestsellerlisten landet? Das Problem besteht darin, dass solche Bücher im Zuge ihrer Erzählungen ausgerechnet die Verbrecher in einem sympathischen Licht erscheinen lassen, was unweigerlich auf Kosten ihrer Opfer geschieht.

Nur wenige Bücher befassen sich mit den Auswirkungen individueller Nazi-assoziierter Verbrechen, und fast nie enthalten sie eine Empfehlung für wirkliche substanzielle, systemische Reformen. Und im Jahr 2024 erwarten wir, dass der nächste Historiker auf ebendiese heroisierende Weise die Familie Henkel oder einer ähnlichen Dynastie porträtiert und dabei einen Weg findet, die fortwährende Existenz des Unternehmens sowie den eigentlich unentschuldbaren Reichtum und Einfluss der Familie trotz ihrer Verwicklung in die Nazi-Verbrechen zu erklären (wenn nicht gar zu entschuldigen). Hitler war charismatisch, die Verbrecher sind charismatisch – die Opfer werden in den Erzählungen über die Täter ein weiteres Mal aus der deutschen Geschichte gelöscht.

Die Artikel und Pressemitteilungen zu Büchern wie *Braunes Erbe* erwecken leicht den Anschein, als sei es das größte Problem, dass Günther Quandt und all die anderen Nazi-Profiteure im Entnazifizierungsprozess über ihre Verbrechen gelogen haben. Aber diese Lügen sind nicht die größte Unzulänglichkeit der Entnazifizierung. Sicher, Einzelpersonen wie Quandt und Tausende andere mögen gelogen haben, um den Strafen für ihre Verbrechen zu entgehen, aber selbst diejenigen, die nicht gelogen haben wie Krupp oder Flick, bekamen letztlich ihre unrechtmäßig erzielten Nazi-Profite zurück. Die Einzelpersonen sind nur ein Teil des Problems, aber wer sich auf die Einzelperson konzentriert, ignoriert leicht die Tatsache, dass das Problem systembedingt war und nach wie vor ist.

Die Heroisierung der Nazi-Verbrecher ist keine ehrliche Aufarbeitung der Vergangenheit. Sie stärkt vielmehr den Kult des *Big Man*, des Großen Mannes, sei dies der große Industrielle (Henkel, Quandt und so weiter), der große General (Otto von Bismarck oder Erwin Rommel) oder der große Geistliche (Martin Luther oder einer der Päpste) oder sogar der Führer selbst. Diese Abhängigkeit vom Big Man (die auch im ehemaligen Jugoslawien oder in den Vereinigten Staaten zu beobachten ist) ignoriert die schlimmsten Verbrechen dieser Personen, Familien, Unternehmen und Organisationen oder entschuldigt sie gar. Darüber hinaus erhebt diese Form der konzernfokussierten Aufarbeitung, das heißt die geschichtswissenschaftliche Analyse und Darstellung der Geschichte eines Unternehmens, den Anspruch, einen ehrlichen Umgang mit der Geschichte selbst zu schaffen ungeachtet dessen, dass der Mythos dieser Big Men intakt bleibt. Praktisch bedeutet dies, dass die narrativen und finanziellen Rahmenbedingungen, die den Bewegungsspielraum dieser Big Men definieren, nie wirklich beseitigt werden. Mehr noch gibt es antidemokratische Bewegungen, die bis heute an ebendiesen Rahmenbedingungen festhalten und auf den Tag warten, an dem die deutsche Demokratie so weit geschwächt ist, dass sie sie stürzen und ihren Big Man wieder dort einsetzen können, wo sie es für richtig halten.

Wer das für weit hergeholt hält, sollte sich die Polizeiaktion vom 6. Dezember 2022 vor Augen führen, bei der 3000 Polizeibeamte Büros und Organisationen in elf Bundesländern durchkämmten, um hochrangige Mitglieder des deutschen Militärs, ehemalige Mitglieder des Parlaments und der deutschen Justiz sowie andere Personen aufzuspüren, die beabsichtigten, die Regierung zu stürzen. Durch einen Putsch sollte Deutschland einen neuen Führer, den Adeligen Prinz Heinrich XIII., erhalten, wobei sich die sogenannte Reichsbürger-Gruppierung zum Zeitpunkt des Polizeieinsatzes bereits auf weitere Regierungsmitglieder geeinigt hatte, zu denen vorwiegend Richter und Generäle zählten,[178] während Hunderte weitere Mitglieder als willige Fußsoldaten in Kampfclubs und ähnlichen Organisationen im ganzen Land auf dem Umsturz warteten.[179] Viele von ihnen verfügen über eine spezielle militärische Ausbildung, darunter auch Kommandanten des Kommandos Spezialkräfte der Bundeswehr (KSK).[180] Geplant war ein bewaffneter Angriff auf den Bundestag, und die Verschwörer beabsichtigten, dass sich »die derzeitigen Staatsanwälte und Richter sowie die Leiter der Gesundheitsämter und ihre Vorgesetzten ... in Nürnberg 2.0 auf der Anklagebank wiederfinden werden«.[181] Auch wenn es den Behörden gelungen ist, die Verschwörung aufzudecken, bevor es zum eigentlichen Putsch kommen konnte, waren die Pläne dieser rechtsextremen Gruppierung vermutlich nur ein erster Versuch, dem Aktionen weiterer antidemokratischer Gruppierungen folgen werden. Selbst wenn im Zentrum dieser nicht Prinz Heinrich stehen sollte, gibt es ausreichend viele Big Men, die auf ihren großen Augenblick warten. Solange die gängige Praxis der konzernfokussierten Aufarbeitung den Mythos der jeweiligen Big Men intakt lässt und das Scheitern der realen Entnazifizierung weitgehend unausgesprochen hingenommen wird, werden der damit verbundene Personenkult sowie die realen Strukturen einflussreicher deutscher Institutionen auch weiterhin einen fruchtbaren Boden für antidemokratische, revisionistische Putschversuche darstellen.

Im Oktober 2022 erschien in *Die Zeit* ein Artikel über dic US-Wahlen mit dem Titel »Sie lieben den Sünder und die Macht noch mehr«.[182] Der Artikel begann mit der Zeile: »Wenig zeigt die Verkommenheit der Republikaner so wie die Senatskandidatur von Herschel Walker im US-Bundesstaat Georgia. Und das liegt nicht nur an seiner Doppelmoral.«[183] Aber wer im Glashaus sitzt, sollte nicht mit Steinen werfen. Die Biografien der deutschen Nazi-Verbrecher fokussieren auf ebendiesen Sündern, und es sind Biografien der Macht, die es Jahr für Jahr auf die Bestsellerlisten schaffen. Es ist viel einfacher, den Splitter im Auge der US-Republikaner zu sehen, als den Balken aus dem eigenen Auge herauszuziehen und sich ehrlich und kritisch damit auseinanderzusetzen, wie sehr Deutsche ihre mächtigen Sünder verehren.

Alle bisher erwähnten Aspekte der Wurzeln des modernen Deutschlands beinhalten eine Fetischisierung der Shoah, ohne jemals zu versuchen, das bis heute sichtbare Fortwirken der Nazi-Verbrechen zu beenden. Und wie wir gleich sehen werden, passt dies zum Muster der modernen deutschen Aufarbeitung: der Reduktion von Juden zu monochromen Repräsentanten toter Nazi-Opfer in Kombination mit der verbalen Selbstgeißelung Deutschlands, ohne dass jedoch die aus Nazi-Zeiten übernommenen Strukturen kritisch hinterfragt würden.

Teil II: »Gedächtnistheater«

»Niemals sollten wir vergessen, was geschah. Niemals sollten wir vergessen, was man geschehen ließ, und niemals sollten wir vergessen, wie leicht es fiel.«[184]

Die Mythen der Entnazifizierung und der Entschädigungszahlungen sind ein Teil der Aufarbeitung der Nazi-Zeit, wobei ihr Fokus auf einer Deutschland aufgezwungenen »Wiedergutmachungs«-Politik liegt. Aber was die Illusion der Aufarbeitung vervollständigt, ist jener Teil, von dem angenommen wird, er käme von Deutschland selbst. Dabei gilt es, sich vor Augen zu halten, dass viele Personen, die zu den jüngeren Generationen in Deutschland zählen, noch nie bewusst einem Juden begegnet sind, dass sie aber mit ziemlicher Sicherheit einige der Denkmäler und Stolpersteine kennen, die an die Ermordung von Millionen von Juden während der Shoah erinnern. Folglich ist für diese Personen das Gedenken an die Shoah oft der einzige Berührungspunkt mit dem Judentum. Unsere Erkundung der Erinnerungskultur in Unkel, jener mit Henkel-Geldern finanzierten Stadt, in der Ilse Bagel als Namenspatronin eines Parks geehrt wird, zeigt einige besorgniserregende Tendenzen, die in ähnlicher Weise auch in anderen deutschen Städten zu finden sind.

In Unkel fanden wir durchaus Hinweise darauf, dass in der Kleinstadt früher Juden gelebt hatten – sei dies in Form einer Gedenktafel am Standort der früheren Synagoge, die im Zuge der Novemberpogrome von 1938 zerstört wurde, oder in Form des ehemaligen jüdischen Friedhofs. Beide Orte werden im Rahmen von jährlich stattfindenden Gedenkveranstaltungen geehrt. Doch ist die Synagoge eben abgebrannt und durch einen unscheinbaren Parkplatz ersetzt, während der Friedhof in der Nazi-Zeit entweiht wurde und aufgrund dessen heute vorwiegend als mahnendes Symbol fungiert. Es ist kein Ort mehr, der den dort Begrabenen durch unser Gedenken an sie ewiges Leben ermöglicht, sondern ein Ort der deutschen Erinnerungskultur, die sich auf den Tod und die Zerstörung konzentriert, nicht jedoch auf das Leben einer Person, die nicht länger unter uns ist.

Sowohl am Standort der Synagoge als auch auf dem Friedhof wird in den Gedenktafeln die Formulierung »unsere jüdischen Mitbürger« verwendet. Diese Formulierung fügt sich in eine allgemeine Beschönigung des Verbrechens der Shoah ein. Bei Gedenkveranstaltungen in deutschen Städten sind häufig Sätze zu hören wie »das Schrecklichste an diesen Verbrechen ist, dass sie vom deutschen Staat an seinem eigenen Volk begangen wurden«, als ob das Schrecklichste an der Shoah nicht die Shoah selbst wäre, als ob der Raub und die Ermordung von Millionen von Menschen entschuldbar sein könnten, es sei denn, diese hätten zu uns gehört und seien so gewesen wie wir. Eine solche Darstellung verkennt, dass selbst diejenigen, die zu Beginn des Dritten Reiches deutsche Staatsbürger waren, von den Nazis aktiv des entsprechenden Status' und der Rechte beraubt wurden. Darüber hinaus fand die Shoah, wie bereits erwähnt, vor allem in Osteuropa und nicht in Deutschland statt. Somit wurde sie auch nicht an Menschen verübt, die zu irgendeinem Zeitpunkt als »deutsche Staatsbürger« hätten bezeichnet werden können. Nichtsdestotrotz wird dies in Deutschland überaus häufig als *der* Aspekt angesehen, der dieses Verbrechen im Kern auszeichnet.

Der Standort der ehemaligen Synagoge und der jüdische Friedhof sind die unmittelbaren physischen Orte, an denen die Erinnerungskultur in Unkel sichtbar wird – und in ihnen wird der Fokus dieser Kultur auf dem jüdischen Sterben und Tod deutlich. Andere Häuser, in denen Juden in Unkel gelebt, Familien gegründet und Geschäfte betrieben hatten, wurden abgerissen, etwa um Platz für einen wenig genutzten Parkplatz für ein örtliches Hotel zu schaffen.[185]

Einen Fußweg von diesem neuen Parkplatz entfernt befindet sich das im Volksmund als »Judenvilla« bekannte Haus, das von Jonas Levy (1858–1935) erbaut wurde, der 25 Jahre lang das Bürgermeisteramt von Unkel leitete. Vor einigen Jahren haben die jetzigen nicht-jüdischen Eigentümer der Villa in ihrem Garten eine kleine Tafel angebracht, die auf die historische Bedeutung des Hauses hinweist. Direkt gegenüber diesem Haus hatte der Bruder der »Tante-Emma-Laden«-Inhaberin Julie Levy einst den Bau jener Unkeler Synagoge initiiert,[186] die beim Novemberpogrom zerstört wurde. Das Stadtbild an dieser Straßenecke zeugt also sowohl von einer gewissen Ehrfurcht vor der jüdischen Geschichte Unkels als auch von der »Entjudung« der Kleinstadt im Kontext der Shoah.

Insgesamt erweckt die Erinnerungskultur in Unkel aber schnell den Anschein, als hätten Juden wenig Platz im heutigen Leben, abgesehen von besagter Nische als toter Opfer der Shoah, denen in jährlich stattfindenden Veranstaltungen gedacht wird. Dies wird auch deutlich angesichts zweier Anträge, die ein lokaler Initiativkreis, der sich tatkräftig für das Gedenken einsetzt, beim Stadtrat einreichte: Letzterer stimmte zu, die Beschilderung der historisch bedeutsamen (Gedenk-)Orte zu verbessern;[187] er lehnte es jedoch ab, Simon Levy, einen jüdischen Bürger der Kleinstadt, der hier vor der Nazi-Zeit als Metzger sowie ehrenamtlich als Mitglied des Gemeinderates gewirkt hatte, zu ehren, indem diese Ämter auf dem Schild der nach ihm benannten Straße genannt würden.[188] Mit diesem Beschluss versagte der Stadtrat dem einzigen Juden, nach dem überhaupt eine Straße in der Kleinstadt benannt ist, die beantragte Gleichbehandlung mit anderen Persönlichkeiten, denen in der Vergangenheit Straßen gewidmet wurden – etwa dem evangelischen Pfarrer Alfred Bierwirth, in dessen Amtszeit der Bau der evangelischen Kirche auf dem von Ilse Bagel geschenkten Grundstück fiel. Und die Ehrung nichtjüdischer Deutscher zulasten der Juden geht noch weiter: So wurde uns in informellen Gesprächen erzählt, dass die Identität der Brandstifter der Synagoge durchaus bekannt gewesen sei, was jedoch im Falle eines der Täter seiner späteren Karriere als Bürgermeister nicht im Wege gestanden habe. Aus einem Städtchen im näheren Umkreis von Unkel wird berichtet,[189] dass SA-Mörder, die einen »alteingesessenen ... Metzgermeister und hochdekorierte[n] Kriegsveteran« 1935 umgebracht hatten, weil er Jude war, »sich sogar auch nach 1945 im privaten Umfeld ... mit dem Mord stolz gebrüstet« hätten. Von einer grundsätzlichen Scham oder einem tiefgreifenden Gesinnungswandel der Täter, oder zumindest von deren Bestrafung und gesellschaftlicher Ächtung nach Ende des Nazi-Regimes, kann angesichts solcher Beispiele kaum die Rede sein.

Beim Gedenken an die Zerstörung der Münchner Synagoge im Juni 1938 als unmittelbarer »Vorabend« der Shoah mahnte Charlotte Knobloch, Präsidentin der Israelitischen Kultusgemeinde München und Beauftragte für das Gedenken des Holocaust des Jüdischen Weltkongresses, mit den Worten, die wir als Überschrift dieses Kapitels gewählt haben: »Niemals sollten wir vergessen, was geschah. Niemals sollten wir vergessen, was man geschehen ließ, und niemals sollten wir vergessen, wie leicht es fiel.« Und doch wird angesichts der hier kurz skizzierten Erinnerungskultur in Unkel schnell deutlich, wie selektiv dieses Gedenken ist und wie sehr es jüdisches *Leben* weitgehend ausklammert.

Juden lebten möglicherweise schon über 500 Jahre vor der Ankunft der protestantischen Preußen im Jahr 1815 in Unkel.[190] Noch 1885 betrug der Anteil der evangelischen Bevölkerung im Gebiet der heutigen Gemeinde Unkel nur 3,8 Prozent der Gesamtbevölkerung, vergleichbar mit den 3,5 Prozent der jüdischen Bevölkerung zu jener Zeit.[191] Das war ein hoher Prozentsatz für eine so kleine Stadt, und es war eine lebendige Gemeinschaft mit unglaublich interessanten Persönlichkeiten. Dennoch sind es die Schicksale der ermordeten Juden, die Deutschland nie vergessen soll, während das Leben der Juden in Unkel im Laufe der Geschichte bereits weitgehend ausgelöscht wurde.

Unkel ist nicht allein, und wir haben Ähnliches in allen Teilen Deutschlands gesehen, in denen wir gelebt, gearbeitet und geforscht haben: Soweit die Aufarbeitung in Gedenkfeiern ihren Ausdruck findet, bezieht sie sich auf das ausgelöschte, ermordete jüdische Leben. Man erinnert sich und bekräftigt, dass sich die Shoah niemals wiederholen dürfe. Dabei wird das Judentum jedoch oft auf den Völkermord reduziert. Trotz der guten Absichten von Initiativen wie dem deutschlandweiten Projekt »1700 Jahre jüdisches Leben in Deutschland« im Jahr 2021 wird jüdisches Leben im Alltag – damals wie heute – kaum erwähnt. Im Gegenteil sind Zeugnisse jüdischen Lebens und des Zusammenlebens in Vielfalt zusehends im Verschwinden begriffen.

Aufarbeitung ohne Juden

Jedes Jahr am 9. November finden in Hunderten von Städten in Deutschland Veranstaltungen zum Gedenken an die Novemberpogrome statt. Wir werfen erneut einen Blick auf das Beispiel der Kleinstadt Unkel, um auf einige Charakteristika dieser Veranstaltungen einzugehen.

Viele der Gedenkveranstaltungen werden von Initiativkreisen und Vereinen organisiert und unter Mitwirkung lokaler Politiker und der Kirchen gestaltet. So ist auch in Unkel ein tragendes Element der Gedenkveranstaltung zur Reichspogromnacht von 1938 die Ansprache des Stadtbürgermeisters. Zum 80. Jahrestag der Synagogenzerstörung mahnte er:

> »Es liegt in unserer historischen Verantwortung, den Pogrom und alle weiteren Greul taten [sic] des nationalsozialistischen Verbrecherregimes nicht und niemals in Vergessenheit geraten zu lassen.

Darum, werte Gäste, ist es wichtig in Stunden wie dieser immer und immer wieder an die schrecklichen Ereignisse dieser furchtbaren Nacht heute vor 80 Jahren, die der Auftakt zur Umsetzung der systematischen, furchtbarsten, Vernichtungsmaschinerie der deutschen Geschichte war, zu erinnern:

Gegen das Vergessen, gegen das Verdrängen und vor allem gegen das Leugnen unserer historischen Schuld und Verantwortung.«*

Der Stadtbürgermeister forderte innerhalb derselben Ansprache, der Akt des Gedenkens dürfe nicht zu einem sinnentleerten Ritual werden, sondern müsse, um einer Wiederholung ähnlich gelagerter Gräueltaten vorzubeugen, unbedingt aufgefasst werden als »stetiger Auftrag an uns, die Erinnerung wachzuhalten«. Im Jahr 2019 wies der Stadtbürgermeister wiederum nachdrücklich hin auf die Wichtigkeit des Erinnerns und Gedenkens, insbesondere angesichts des erstarkenden Antisemitismus in Deutschland. Er argumentierte, die Shoah sei im Namen Deutschlands verübt worden und bedeute »eine Scham, die kein Ende finden [dürfe]«.

Dies sind starke Worte, die im Rahmen einer Gedenkveranstaltung eindrucksvoll inszeniert werden können: In Unkel beginnt das Gedenken der Reichspogromnacht am früheren Standort der Synagoge mit dem Vorlesen von Augenzeugenberichten aus der Nacht, in der das Gotteshaus angezündet wurde und verbrannte. Es wird erzählt, welchen Misshandlungen die letzten jüdischen Einwohner der Stadt ausgesetzt waren, bevor sie in den Tod deportiert wurden. Anschließend ziehen die Anwesenden in Stille zum ehemaligen jüdischen Friedhof, wo die Veranstaltung endet mit dem Verlesen der Namen der dort begrabenen Juden.

Und doch gibt es eine Schattenseite dieses kunstvoll inszenierten Gedenkens: Zu schnell geben wir uns damit zufrieden, dass dem Vergessen vorgebeugt werden soll. Doch dabei übersehen wir, *wer* die Art des Gedenkens definiert. Zur Verdeutlichung: Man stelle sich eine Gedenkveranstaltung in den Vereinigten Staaten vor. Im Jahr 2018 wurde beispielsweise in Montgomery, Alabama, das *National Memorial for Peace and Justice* (Nationale Gedenkstätte für Frieden und Gerechtig-

---

* Alle Verweise auf Reden des Unkeler Bürgermeisters beziehen sich auf Ausdrucke dieser Reden, die den Autoren von Mitarbeitern des Unkeler Rathauses im Einvernehmen mit dem Bürgermeister im Jahr 2019 zur Verfügung gestellt wurden. Die Autoren haben diese Ausdrucke in ihren privaten Unterlagen, aber es wurden keine digitalen Kopien angefertigt.

keit), auch bekannt als *National Lynching Memorial* (Nationales Lynchmorddenkmal), eingeweiht. Es ist den fast 4400 schwarzen Opfern von Lynchmorden in den Vereinigten Staaten gewidmet, die zwischen 1877 und 1940 auf diese grausame Weise zu Tode kamen. Teil der Gedenkstätte ist eine Ausstellung zur Ehrung von so genannten *Community Remembrance Projects* (Gemeinschaftserinnerungsprojekte),[192] im Rahmen derer beispielsweise Erde von Lynchmordstätten gesammelt, an diesen Orten Denkmäler oder historische Markierungen errichtet sowie Zeremonien zur Enthüllung dieser Denkmäler abgehalten werden. Was unmittelbar auffällt, ist, dass diese Gemeinschaftserinnerungsprojekte tatsächlich gemeinschaftlich getragene Erinnerungsprojekte sind, die zwar nicht unbedingt von lokalen Politikern unterstützt werden, an denen aber sowohl schwarze als auch weiße Amerikaner mitwirken.

Dieser gemeinschaftliche Charakter macht das Wesen des Gedenkens aus. Stellen wir uns eine Veranstaltung in Florida zum Gedenken an einen Lynchmord aus dem Jahr 1939 vor, die von einer Gruppe weißer Amerikaner organisiert wird. Wenn nun eine schwarze Person ihr Interesse bekunden würde, sich an der Organisation der Gedenkveranstaltung zu beteiligen, wie groß wäre wohl die Aufregung, wenn die weißen Organisatoren antworten würden: »Ich sehe nicht wirklich, welche Rolle eine schwarze Person bei dieser Gedenkfeier spielen soll. Die Veranstaltung ist ein Symbol für die weißen Nachfahren der Täter. Sie ist ein Zeichen dafür, dass wir anerkennen, aus welch brutaler Geschichte unsere heutige privilegierte Stellung hervorgegangen ist. Es liegt in unserer Verantwortung, uns mit unseren eigenen historischen Verbrechen auseinanderzusetzen.«

Das geschah natürlich nicht bei der Veranstaltung in Florida. Das Filmmaterial zeigt schwarze und weiße Einwohner Floridas, die gemeinsam dessen gedenken, was letztgenannte Gruppe der erstgenannten angetan hat. Wenn auch die Rollen von schwarzen und weißen Menschen in dieser Geschichte unterschiedlicher kaum sein könnten und entsprechend auch ihre Perspektiven auf die Geschichte sich voneinander unterscheiden, so lebt eine derartige Gedenkveranstaltung doch gerade davon, dass Mitglieder *beider* Gruppen die Möglichkeit haben, das Gedenken zu kreieren und zu definieren.

Bei Gedenkveranstaltungen, die in Deutschland an die jüdischen Opfer der Nazis erinnern, sieht dies oft anders aus. Hier treffen Juden nicht immer auf Verständnis, wenn sie sich mit der deutschen Erinnerungskultur beschäftigen. Zachary musste sich einst seitens der

Organisatoren von Gedenkveranstaltungen im Rheinland anhören: »Diese Gedenkveranstaltungen sind eine deutsche Verantwortung. Es geht darum, die Verbrechen unserer Eltern oder Großeltern aufzudecken und uns als Deutsche zur Verantwortung zu ziehen, um andere Deutsche dazu zu bringen, das Gleiche zu tun. Ich bin mir nicht sicher, welche Rolle ein Jude dabei spielen könnte.« Andere Juden haben von ähnlichen Reaktionen in anderen Teilen Deutschlands berichtet. Sicherlich ist die demografische Situation nicht vergleichbar mit der Realität in den Vereinigten Staaten. Juden machen in Deutschland weniger als ein Viertel Prozent der Gesamtbevölkerung aus, während sich in den Vereinigten Staaten etwa 14 Prozent der Bevölkerung als schwarz bezeichnen.[193] Es gibt viel mehr schwarze Stimmen in den Vereinigten Staaten, die Interesse an der Gestaltung des Gedenkens haben, als jüdische Stimmen in Deutschland, die überhaupt Gedenkveranstaltungen mitinitiieren und gestalten könnten. Aber während schwarze Aktivisten sich Gehör in der Diskussion verschafft haben, haben weiße Verbündete es ihnen auch zugestanden, gehört zu werden. Wenn jüdische Stimmen in Deutschland sich Gehör verschaffen wollen, stehen ihre Verbündeten diesem Ansinnen bestenfalls zögerlich gegenüber, und wahre Komplizen sind oft schwer zu finden.

Diese Einschätzung ist ernüchternd. Doch wollen wir damit nicht pauschal die deutsche Aufarbeitung der Nazi-Zeit verurteilen. Es ist ungeheuer bedeutsam, dass Deutschland weitgehend seine historische Schuld an der kaltblütigen Ermordung von sechs Millionen Menschen anerkannt hat.* Das Eingeständnis, dass dieses Grauen Teil der deutschen Geschichte ist und auch heute noch einen Schandfleck für die eigene Nation bedeutet, unterscheidet Deutschland und seine Aufarbeitung der eigenen Geschichte von vielen anderen Ländern, die ihrer eigenen historischen Schuld weniger ehrlich begegnen. Im Wissen um die Schuld der eigenen Nation zu leben und diese Schuld nicht als Last, sondern als Verantwortung zu akzeptieren, hilft, nationalem Extremismus entgegenzuwirken, der gerade in jüngster Zeit in vielen Ländern zu beobachten ist. Zumindest schien dies bis in die frühen 2020er Jahre der Fall zu sein.

* Es muss noch einmal betont werden, dass wir uns bei der Aufarbeitung auf die Rolle der Juden konzentrieren, weil die deutsche Scham und die nationale Schuld an der Ermordung der Juden in der Shoah vom Durchschnittsdeutschen weithin akzeptiert wird, die Verbrechen an den Millionen anderer Opfer, insbesondere an Roma, Sinti und slawischen Völkern, jedoch nicht in gleichem Maße anerkannt werden.

Während manche Aspekte der deutschen Haltung zur eigenen Geschichte beispielhaft sind, so ist die deutsche Aufarbeitung der Nazi-Geschichte und insbesondere der Shoah an anderen Stellen unvollkommen. Um ein echtes »Nie wieder« zu gewährleisten, müssen die Schrecken der Vergangenheit bewusst gemacht werden. Wie einer der frühesten und wortgewaltigsten Verfechter der Aufarbeitung, der Philosoph Theodor Adorno, es ausdrückte:

> »Es kommt wohl wesentlich darauf an, in welcher Weise das Vergangene vergegenwärtigt wird; ob man beim bloßen Vorwurf stehenbleibt oder dem Entsetzen standhält durch die Kraft, selbst das Unbegreifliche noch zu begreifen.«[194]

Eine solche ehrliche Aufarbeitung der Vergangenheit erfordert jedoch ein Maß an Radikalität, das weit über Lippenbekenntnisse an Gedenkstätten und anlässlich von Gedenkveranstaltungen hinausgeht. Adorno erläutert:

> »Aller politische Unterricht endlich sollte zentriert sein darin, daß Auschwitz nicht sich wiederhole. Das wäre möglich nur, wenn zumal er ohne Angst, bei irgendwelchen Mächten anzustoßen, offen mit diesem Allerwichtigsten sich beschäftigt.«[195]

Die gegenwärtige Praxis der Aufarbeitung wird Adornos Ansprüchen nicht gerecht, denn die wirtschaftlichen Strukturen aus der Nazi-Zeit bestehen weiter, sei es aus Bequemlichkeit, um das gesellschaftliche System im Ganzen, einschließlich der Verteilung des Reichtums und die Beziehungen zwischen verschiedenen Gruppen innerhalb der Gesellschaft, nicht in Frage zu stellen, oder aus Angst, die Mächtigen zu verärgern. Es ist bereits rund 20 Jahre her, dass Ursula Büttner anprangerte, »[e]s fehl[e] [...] das Bindeglied, um die Geschichte der nicht-jüdischen und der jüdischen Deutschen als *eine* Geschichte zu erfassen«.[196] Genau diese Annäherung, ein gemeinsames Erinnern, wie wir es bei der Veranstaltung in Florida am *National Lynching Memorial* sehen können, hat Deutschland noch nicht geschaffen.

Zugleich birgt der oberflächliche Charakter der gegenwärtigen Aufarbeitungspraxis die Gefahr, ein trügerisches Sicherheitsgefühl zu suggerieren: Juden wird vorgegaukelt, Deutschland habe sich zutiefst und umfassend entnazifiziert, so dass Auschwitz »nie wieder« möglich sein könne. Zugleich wird nicht-jüdischen Deutschen vorgegaukelt, dass Deutschland genug getan habe oder dass vergangenes Leid ohnehin nicht ungeschehen gemacht werden könne, weshalb jedes weitere Hinterfragen der gesellschaftlichen Strukturen im Hinblick auf ihre Nazi-Belastung sinnlos wäre. Schließlich gilt auch hier, was Adorno bereits vor 55 Jahren formulierte: »Versuche, in irgendeinem partikulären Bereich unsere Welt wirklich eingreifend zu ändern, [sind] sofort der überwältigenden Kraft des Bestehenden ausgesetzt … und [erscheinen] zur Ohnmacht verurteilt«.[197]

Solange Jüdischsein von Deutschen missverstanden wird als Identität, die gleichbedeutend damit ist, Opfer der Shoah und Opfer des historischen und gegenwärtigen Antisemitismus zu sein sowie eigentlich zum israelischen Staat zu gehören,[198] besteht die große Gefahr, dass Juden und jüdisches Leben in Deutschland auch rund 80 Jahre nach der Shoah nicht mehr präsent oder gar willkommen sind. Darüber hinaus setzt ein Diskurs, der Juden als Zielscheibe von Antisemitismus charakterisiert, die eindimensionale Karikatur von Juden als bloße Opfer fort, denen kein Gestaltungsspielraum in der Gesellschaft zuerkannt wird.[199]

Bizarrer Weise wird durch diesen Opferfokus der Gestaltungsspielraum für Juden derart restriktiv gehandelt, dass sie nicht einmal im Bereich der Erinnerungskultur unhinterfragt agieren können. Wenn nicht-jüdische Deutsche dann der Ausgrenzung, des Leidens und der Ermordung der Juden in der Shoah gedenken, ohne zugleich lebenden Juden Raum zu gewähren, sind auch die mit viel gutem Willen veranstalteten Gedenkveranstaltungen kaum mehr als Ausdrücke eines »Gedächtnistheater«, wie Czollek unter Berufung auf den Soziologen Michal Bodemann erklärt.[200] Das Gedenken versäumt dann, eine Lehre aus der qualvollen Geschichte für das Hier und Jetzt zu ziehen. Stattdessen wird das Gedenken zum Selbstzweck, indem es bezeugen soll, dass der Nationalsozialismus überwunden, die Shoah beendet und Deutschland selbst von dem Bösen der Nazis befreit ist. Diese Perspektive ist jedoch gefährlich, suggeriert sie doch, der Antisemitismus und die Shoah seien Deutschland gewissermaßen »von außen« übergestülpt worden, die Schuld für Gräueltaten obliege damit »den Nazis«, an denen das – heutige – Deutschland keinen Anteil habe. Das Gedächtnistheater wird zur bewährten Methode, um Individuen und Familien von der Bürde der Schuld zu befreien[201] bis hin dazu, dass Deutschland selbst als Hitlers Opfer dargestellt[202] und »den Deutschen« eine »kollektive Unschuld«

testiert wird.[203] Wird Erinnerungskultur auf diese Weise zelebriert, wird das Gedenken der Opfer, das eigentlich Juden würdigen sollte, zur Feier des deutschen Siegs über die Nazis unter dem Deckmantel einer vermeintlich vorbildhaften Aufarbeitungspraxis.[204] Aufarbeitung als öffentlich inszeniertes Ritual löst dann nicht mehr kollektive Betroffenheit aus, sondern normalisiert das Grauen und lässt sogar die biografischen Verbindungen mancher historisch-belasteter Personen zum Nazi-Regime in Vergessenheit geraten.[205]

Erleichtert wird dies durch die Assoziation von Juden mit dem Staat Israel, die eine »gedankliche Abschiebung« der deutschen Schuld an den Juden erlaubt, insofern als Juden heute ihren eigenen Staat hätten, der sogar durch deutsche Reparationszahlungen in der Nachkriegszeit gefördert wurde, wodurch auch Deutschlands Schuld zumindest partiell getilgt sei.[206] Zudem ist insbesondere seit dem Massaker der Hamas an israelischen Zivilisten am 7. Oktober 2023 und dem sich anschließenden Krieg Israels gegen die Hamas die Gleichsetzung von Juden und dem israelischen Staat einmal mehr zum Stellvertreterschauplatz geworden, auf dem die deutsche Schuld an den Juden in Szene gesetzt wird:

> »[E]ntweder wird Israel blind verteidigt, um jeglicher deutschen Kritik an der jüdischen Schicksalsgemeinschaft vorzubeugen, oder aber es wird versucht, die deutsche Schuld zu relativieren durch den Hinweis auf das israelische Vorgehen gegen Palästinenserinnen und Palästinenser. In beiden Fällen wird Israel/Palästina zum Stellvertreterschauplatz, dank dessen nicht-jüdische Deutsche eine aufrichtige Auseinandersetzung mit der eigenen Geschichte inklusive einer kritischen Reflexion der Aufarbeitung der NS-Zeit umgehen.«[207]

Wir werden in einem späteren Kapitel ausführlicher auf Israel/Palästina eingehen, doch wollen wir angesichts dieser starken Assoziation von Juden und dem Staat Israel schon an dieser Stelle einige Anmerkungen zur Position Deutschlands gegenüber Israel/Palästina treffen. Zunächst ist es wichtig, sich daran zu erinnern, dass das Verhältnis von Deutschland und Israel nicht nur durch die Shoah geprägt ist, sondern auch durch deutsche wirtschaftliche und weltpolitische Interessen in der Nachkriegszeit: So wurde das ägyptische Raketenprogramm in den 1950er Jahren ausgerechnet von Nazi-belasteten Wissenschaftlern entwickelt, die diese Raketen mit radioaktivem Abfall sowie chemischen und biologischen Sprengköpfen ausstatten wollten, um sie auf Israel abzuschießen,[208] während Ostdeutschland in den 1960er Jahren und darüber hinaus Waffen an Syrien und Ägypten lieferte. Allein im Jahr 1967 lieferte die DDR 50 MiG-Kampfjets, 35 Panzer, 5 000 Kalaschnikows mit 600 000 Kugeln und über 16 Millionen Schuss andere Munition nach Ägypten.[209] Der Zeitraum dieser Lieferungen überschneidet sich mit der Vertreibung der UN-Friedenstruppen aus Ägypten und der Aufstellung von Hunderttausenden von ägyptischen Truppen an der israelischen Grenze, der ägyptischen Blockade der Straße von Tiran, die für Israels Versorgung zentral war, sowie mit Angriffen arabischer Milizen von syrischem Gebiet aus. All dies führte zum Sechs-Tage-Krieg von 1967, in dem Ägypten, Syrien und andere Nachbarstaaten versuchten, den jungen jüdischen Staat auszulöschen. Auch nach diesem Krieg gingen die Lieferungen der DDR an Staaten, die Israel feindlich gesinnt waren, weiter. So berichtet *Der Spiegel* etwa im Jahr 1976:

> »Arafats Palästinenser werden schon seit 1967 mit Handfeuerwaffen, Raketenwerfern, Granatwerfern und Munition aus der DDR versorgt. Syrien bezog bis 1973 außer fernmeldetechnischem Gerät Kanonen bis zum Kaliber 100 Millimeter und neben Panzertiefladern auch Sowjet-Panzer aus NVA-Beständen.«[210]

Das Jahr 1973 ist hier besonders hervorzuheben, markiert es doch das Jahr des Überraschungsangriffs auf Israel durch Ägypten, Syrien und andere benachbarte arabische Staaten, den wir heute als Jom-Kippur-Krieg bezeichnen.

Der ägyptischen Aufrüstung mit Hilfe von Nazi-belasteten Wissenschaftlern und den Waffenlieferungen der DDR steht auf westdeutscher Seite die Geschichte aggressiver Aktionen durch linke Extremisten gegenüber. Diese fühlten sich der Palästinensischen Befreiungsorganisation (PLO) verbunden, versuchten etwa das Jüdische Gemeindezentrum in Berlin in die Luft zu sprengen und verteilten Flugblätter mit dem Slogan »Schalom und Napalm«. Diese

> »[...] riefen westdeutsche ›Antiimperialisten‹ dazu auf, eine aktive Rolle im Kampf gegen die Unterstützer Israels in Westdeutschland zu spielen, d.h. sich an Angriffen auf Juden in Westdeutschland zu beteiligen, insbesondere auf diejenigen, die Israel öffentlich unterstützten.«[211]

Zum Programm dieser linksextremen Szene gehörte auch die explizite Verurteilung der deutschen Zahlungen an Israel mit der Begründung, auf diese Weise würde die faschistische Schuld Deutschlands an den Juden dazu beitragen, dass nun palästinensische Araber zum Opfer jüdischer Israelis würden.[212]

Mit diesen kurzen Schlaglichtern auf die ostdeutsche und westdeutsche Geschichte in den 1950er, 1960er und 1970er Jahren wollen wir nicht suggerieren, Israels Handeln sei über jede Kritik erhaben. Uns geht es vielmehr darum, die Unvoreingenommenheit Deutschlands in Frage zu stellen, wenn der Israel/Palästina-Konflikt bemüht wird, nicht zuletzt um im Kontext der Aufarbeitung der Nazi-Zeit von der deutschen Kollektivschuld abzulenken. Dabei bleibt die Sonderposition Deutschlands auch nach der Wiedervereinigung relevant, insofern als der moderne deutsche Staat die DDR übernommen und damit auch Anteil am Vermächtnis ihrer Handlungen in besagten Jahrzehnten hat.* In der Tat könnte man sagen, dass die deutsche Wirtschaft nach der Wiedervereinigung der große Gewinner des israelisch-palästinensischen Konflikts war, indem sie die Profite von Waffen- und Güterlieferungen an beide Konfliktparteien auf sich vereinte.

Besonders augenscheinlich wird die deutsche Doppelmoral gegenüber Israel/Palästina – einerseits die Zusicherung von Unterstützung aufgrund der deutschen Schuld an den Juden, andererseits die Unterstützung von Staaten und Gemeinschaften, die Israel feindlich gegenüberstehen – im Erleben von Juden, die sich weder außerhalb noch innerhalb Israels gewollt und akzeptiert fühlen. Der jüdische Autor Amos Oz charakterisierte die Situation der Juden in seinem Werk *Eine Geschichte von Liebe und Finsternis* äußert treffend: »Da draußen in der Welt, überall waren die Wände voller Graffiti: ›Juden, geht zurück nach Palästina‹, und so kehrten wir zurück nach Palästina, und nun schreit der Großteil der Welt uns an: ›Juden, raus aus Palästina‹.«[213]

In ähnlicher Weise beschrieb auch eine jüdisch geborene Rabbinerin in Europa von ihrem persönlichen Erleben des Nichtgewolltseins, mit dem Juden sich allzu oft konfrontiert sehen. Sie erzählte uns:

> »Ich traf auf eine antizionistische Demonstration [vor den Hamas-Angriffen vom 7. Oktober 2023] und blieb, weil ich die Palästinenser

* Dieses Thema der Übernahme von Erbe nach der Wiedervereinigung wird wieder auftauchen, wenn wir uns mit der Geschichte der Deutschen Bahn beschäftigen.

> am Nakba-Tag unterstützen wollte, und ich war froh, die Palästinenser zu sehen, aber diese sehr weiße Frau mit einem PLO-Schal kam auf mich zu und reichte mir ein Flugblatt, das zum Boykott Israels aufrief, und es fühlte sich an, als würde sie ›Kauf nicht bei Juden‹ [die Boykottparole der Nazis aus den 1930er Jahren] sagen.«[214]

Es sind solche Begebenheiten, die den Anschein erwecken, dass es egal sei, wo sich Juden aufhalten, da Europäer sie unabhängig von dem jeweiligen Ort dort keinesfalls haben wollen. Mehr noch zeigen diese Beispiele, wie Nicht-Juden dazu tendieren, die jüdische Identität auf die drei Themen Schoah, Antisemitismus und Israel zu reduzieren. Ein Mitspracherecht in der Frage, wie Juden sich selbst sehen und verstanden wissen wollen, wird ihnen dagegen oftmals verwehrt. Entsprechend initiieren nicht-jüdische Einzelpersonen und Vereinigungen Gedenkveranstaltungen für die Opfer der Shoah, ohne dass hier lebende Juden dieses Gedenken mitgestalten würden.* Die Rolle der Juden beschränkt sich auf die der Opfer in einer zeitlich begrenzten Vergangenheit, der Nazi-Zeit. Die Tatsache, dass Juden einst Mitbürger der deutschen Gesellschaft waren, mag im Rahmen von Gedenkveranstaltungen beschworen werden; dies geht jedoch nicht notwendigerweise mit der Anerkennung einher, dass es heute jüdische Menschen gibt, die in Deutschland leben und die aufgrund ihrer Nationalität oder ihrer Familiengeschichte zugleich Anteil an der deutschen Identität haben.

Diese Tendenz, Juden zu Opfern von Gräueltaten zu degradieren und dann jüdische Stimmen zu genau diesen Themen abzutun, hat in Deutschland eine lange Geschichte. Wie bereits erwähnt, war die Entnazifizierung unter anderem deshalb so erfolglos, weil die meisten deutschsprachigen Offiziere, die den Alliierten zur Verfügung standen, Juden waren, und weder die Alliierten noch die Deutschen ihnen zutrauten, unparteiisch zu sein. Anstatt deutschsprachige Juden zur Leitung der Entnazifizierungsbemühungen einzusetzen, ließ man dieses Unterfangen zur Farce verkümmern.

Dabei scheint es, dass dieser Ausschluss von Juden aus Angelegenheiten, die für sie unmittelbar relevant sind, auch heute noch mit ihrer

---

* Die Gründe dafür sind sicherlich vielfältig, und viele wurden bereits genannt, aber es gibt so viele, dass eine umfassende Darstellung den Rahmen dieses Buches sprengen würde.

möglichen Befangenheit begründet wird. Rund fünfundsiebzig Jahre nach der sogenannten Entnazifizierung richtete das deutsche Innenministerium eine Expertengruppe für Antisemitismus ein, die vom Deutschen Bundestag einberufen wurde. Diesem Gremium gehörte kein einziger Jude an. Ein Sprecher des Ministeriums begründete die Zusammensetzung des Gremiums damit, dass das entscheidende Kriterium, das die Experten erfüllen müssten, nicht die Religionszugehörigkeit, sondern die wissenschaftliche Kompetenz sei. Als Max Czollek diese Argumentation hörte, reagierte er:

> »Das Innenministerium möchte den Expertenkreis Antisemitismus gern mit Experten besetzen. Expertentum bedeutet, dass man unparteiisch urteilen kann. Dass daraufhin alle geladenen Expert*innen Nichtjuden sind, legt den Schluss nahe, dass Juden und Jüdinnen beim Thema Antisemitismus nicht unparteiisch sein können. Angehörige einer Gesellschaft, die vor weniger als einem Menschenleben der Absonderung und Vernichtung ihrer eigenen Staatsbürger zustimmte, haben laut Innenministerium also einen klaren Vorteil vor denjenigen, die damals mit Haut und Haar verarbeitet wurden. Oder anders gesagt: Man will die Juden nur, wenn sie einem auch nützen.«[215]

Ähnlich dieser Ausgrenzung von Juden aus politischen Gremien sind jüdische Forscher und Autoren auch in der akademischen Aufarbeitung der Nazi-Zeit systematisch unterrepräsentiert.

Dass Aufarbeitung durchaus anders funktionieren könnte, zeigt ein Beispiel der US-amerikanischen Politik. Hier wurde vom weißen Gouverneur Gavin Newson eine Task Force für Reparationen in Kalifornien einberufen, der *kein einziger Weißer* angehört und die sich ausschließlich aus Menschen zusammensetzt, die von der Frage der Reparationen und der Rassenungleichheit direkt betroffen sind.[216] Ein weiteres Beispiel ist die Stadt Evanston, Illinois. Als erste US-amerikanische Stadt realisierte sie ein Wiedergutmachungsprogramm ausgehend von den Empfehlungen eines Reparationsausschusses. Dieser Ausschuss setzte sich aus Personen mit unterschiedlichen ethnischen Hintergründen zusammen, wobei den am stärksten von der Diskriminierung Betroffenen Vorrang eingeräumt wurde.[217] An vergleichbaren Gremien mangelt es in Deutschland ganz erheblich.

Angesichts der Notwendigkeit, eine gemeinsame und wirkungsvolle Aufarbeitungspraxis zu schaffen, gilt es hervorzuheben, dass die

Verantwortung der Täter für das Leiden der Juden nicht erst in den Gaskammern begann.[218] Und es gilt hinzuzufügen: Die Verantwortung endete nicht mit Auschwitz, sondern sie dauert an. Es liegt in der Verantwortung der heutigen jüngeren Deutschen, die Auswirkungen des Völkermordes auf ihr eigenes Leben zu begreifen. Dies schließt das kritische Hinterfragen alter Persilscheine als vermeintliche Unschuldsbeweise mit ein. Mehr noch bedeutet eine ehrliche Aufarbeitung, nicht davor zurückzuscheuen, die strukturellen Unzulänglichkeiten der Aufarbeitung in Wirtschaft und Politik mit Nachdruck anzuprangern.

Leider ist die jüngere Generation des Gedächtnistheaters längst überdrüssig geworden. Die Rhetorik der Betroffenheit und die Bilder des Leids wirken lähmend, anstatt zum wirklichen Wandel zu motivieren. Kritische Fragen werden nicht gestellt; das auf der Basis der Nazi-Zeit aufgebaute System bleibt unangetastet. Dabei ist davon auszugehen, dass es in fast jeder deutschen Familie jemanden gab, der das Nazi-Regime aktiv unterstützt hat, jemanden, der dem Völkermord tatenlos zugesehen hat, und/oder jemanden, der auf die eine oder andere Weise von der Shoah profitiert hat, sei dies im großen Rahmen als Teil der deutschen Wirtschaft oder im kleinen, privaten Rahmen, indem er etwa ein Möbelstück, das aus einem jüdischen Haushalt stammte, für einen lächerlich niedrigen Preis erstanden hat.[219] Die Annahme, dass nur ein kleiner Kreis von Menschen die Shoah ermöglicht und durchgeführt hat, ist nach Ansicht des Historikers und Antisemitismusforschers Günther Jikeli lediglich eine bequeme Lüge, gespeist aus dem Wunsch, eine ehrliche Auseinandersetzung mit der Shoah und ihren Folgen zu vermeiden und sich damit vor Kollektivschuld und Verantwortung zu drücken.[220]

Im Juni 2022 veranstalteten mehrere große Kulturorganisationen* eine Konferenz mit dem Titel »Hijacking memory: Der Holocaust und die neue Rechte«, die von einigen der in diesem Buch zitierten Wissenschaftler geleitet wurde. Schon der Titel verrät manche der anmaßenden Aspekte der deutschen Aufarbeitung, allen voran: Die Vorstellung, dass Erinnerung gekapert werden kann, impliziert, dass Erinnerung besitzbar ist – und dass die rechtmäßigen Besitzer diese

* Diese Organisationen waren das Haus der Kulturen der Welt, das Einstein Forum und das Zentrum für Antisemitismusforschung an der Technischen Universität Berlin.

Aufarbeitungspraktiker seien. Dabei sind es gerade auch die Unzulänglichkeiten der Aufarbeitung und das Versäumnis deutscher Akademiker und Politiker, ausgehend von ihrem Wissen um die Nazi-Belastung von Personen und Institutionen tiefgreifende Reformen zu fordern, die es diesen Nazi-Belasteten ermöglichen, das öffentliche Leben in Deutschland weiterhin zu prägen. Die fortgesetzte Nutzung der Erinnerung zur Selbstgeißelung statt zur Empörung hat dazu geführt, dass diese Erinnerung von der politischen Rechten aufgegriffen und missbraucht wird.

Was Deutschland wirklich braucht, ist eine »Aufarbeitung der Aufarbeitungskultur« hin zu einer zutiefst ehrlichen Entnazifizierung der Nazi-belasteten Systemstrukturen. Dabei ist es unabdingbar, dass nicht-jüdische Deutsche verstehen, wie jüdisches Leben in all seinen Facetten zu Deutschland gehört, und dass die Bedeutung des gesellschaftlichen Zusammenlebens neu gedacht wird.

Trotz dieser Kritik ist es aber auch wichtig, die Aufarbeitung in ihrer jetzigen Form zu verteidigen. Wie der Vater eines türkischen Kollegen einmal sagte: »Wir [Türken] können nur wegen der Juden so sicher in Deutschland leben.« Seine Worte waren kein Ausdruck von Antisemitismus. Was diese Worte bedeuteten, war, dass es ein Verdienst der deutschen Aufarbeitungspraxis sei, dass heute überhaupt Antirassismus in Schulen und in der Zivilgesellschaft gelehrt wird. Aufgrund dessen bedeute letztlich die Erfahrung der Shoah, dass sich heute Türken und andere Gruppen nicht in einer ähnlichen Situation befänden wie die Juden in der Nazi-Zeit. Die Situation der »Anderen« in Ländern, die diese Art der Aufarbeitung ihrer eigenen Verbrechen gegen die Menschlichkeit nicht vorgenommen haben, ist weitaus prekärer als die der »Anderen« in Deutschland. Wenn wir also Aufarbeitung kritisieren, ist es wichtig, daran zu denken, dass diese Form der Aufarbeitung, diese gedankenlose Selbstgeißelung, dieser Fetischismus des jüdischen Opferseins, auch Juden und andere Minderheiten davor bewahrt, von ihren deutschen Nachbarn schikaniert oder gar getötet zu werden.

Und die deutsche Aufarbeitung findet auch international Beachtung, doch ...

Die internationale Bedeutung der deutschen Aufarbeitung

Dass die deutsche Aufarbeitung der Nazi-Zeit von größter Bedeutung ist für das Verhältnis von Juden (unabhängig von ihrer Nationalität) und nicht-jüdischen Deutschen, erscheint selbstverständlich. Doch auch international findet der deutsche Umgang mit der eigenen Vergangenheit Beachtung. Dies geht so weit, dass Deutschland mitunter sogar von jüdischer Seite als Vorbild gepriesen wird, an dem sich etwa, so die jüdisch-amerikanische Moralphilosophin Susan Neiman, die Vereinigten Staaten im Hinblick auf die Aufarbeitung ihrer Geschichte der Sklaverei ein Beispiel nehmen sollten.[221]

Es sollte uns vielleicht zu denken geben, dass Neiman die Präsidentin des Einstein-Forums in Potsdam ist, das zu einem großen Teil von dem Versicherungsriesen Allianz finanziert wird, den wir in diesem Buch bereits als Profiteur der Nazis erwähnt haben. In der Tat sitzt Neiman selbst im Vorstand der Allianz Foundation.[222] Damit soll Neiman, eine hochkarätige Wissenschaftlerin, vor der wir großen Respekt haben, nicht diskreditiert werden, sondern wir wollen lediglich die allgemeinere Frage nach der Herkunft von Geldern für die Forschung aufwerfen: Wenn Politiker Spenden von Großunternehmen annehmen, ist dies kritisch, weil der Geldfluss eine Abhängigkeit von den Geldgebern nahelegt. So haben in der Vergangenheit etwa Studien über die Umwelt, die von großen Umweltverschmutzern finanziert wurden, sowie Studien über die Auswirkungen des Tabakkonsums, die von Tabakunternehmen finanziert wurden, die Ergebnisse zum Vorteil der jeweiligen Geldgeber verzerrt.[223] Sollte es uns nicht ebenso beunruhigen, dass in Deutschland die wichtigsten Stimmen auf dem Gebiet der Aufarbeitung allzu oft auf Nazi-Profiteure als Geldgeber für ihre Forschung angewiesen sind?

Neiman ist nicht die Einzige, die die deutsche Aufarbeitung als beispielhaft dargestellt hat. Der ungarische Schriftsteller Péter Esterházy bezeichnete Deutschland als »Weltmeister der Vergangenheitsbewältigung«,[224] als er 2004 mit dem Friedenspreis des Deutschen Buchhandels ausgezeichnet wurde, und rief andere europäische Länder, insbesondere sein Heimatland Ungarn, dazu auf, dem Beispiel Deutschlands zu folgen. Dabei ist das Konzept einer Vergangenheitsbewältigung bereits hochgradig problematisch, suggeriert es doch, dass die Überwindung der Nazi-Vergangenheit nicht nur möglich, sondern auch vollendet sei, und fügt sich damit ein in das verzerrte

Geschichtsverständnis, demzufolge die Deutschen gegen die moralisch verwerfliche Nazi-Elite gekämpft und diese besiegt hätten, statt die Aufarbeitung als fortwährenden Prozess zu begreifen, der niemals »alles wiedergutmachen kann«.

Im Jahr 2015 veröffentlichte das *Johns Hopkins Magazine* einen Artikel des leitenden Redakteurs Greg Rienzi mit dem Titel »Other Nations Could Learn From Germany's Efforts to Reconcile After WWII« (Andere Nationen könnten von Deutschlands Versöhnungsbemühungen nach dem Zweiten Weltkrieg lernen). Darin heißt es:

> »Die ersten Reparationszahlungen an den israelischen Staat in Form von Sachleistungen begannen 1953 und endeten 1965; die Zahlungen an Einzelpersonen dauern bis heute an. Bis Ende 2008 hat Deutschland 66 Milliarden Euro in allen Formen der Entschädigung bereitgestellt, wobei der größte Teil an Israel ging. Einige Israelis meinten, dies sei wie Blutgeld, aber das Abkommen brachte deutsche Güter und Infrastruktur, die die israelische Wirtschaft aufbauten und stabilisierten.«[225]

Frappierend ist, dass in diesem Artikel zwar die von Deutschland infolge seiner Schuld geleisteten Zahlungen an Israel sowie an Einzelpersonen als problematisch hinsichtlich ihres Wiedergutmachungsanliegens (Stichwort: Blutgeld) charakterisiert werden, dass das Verhalten Deutschlands aber dennoch gelobt wird. Wir haben bereits erläutert, weshalb es problematisch es ist, die geleisteten Zahlungen überhaupt als Reparationen zu bezeichnen. Darüber hinaus ist besagter Artikel durchaus ehrlich, indem er explizit macht, dass es sich bei den geleisteten Zahlungen größtenteils um deutsche Waren handelte, woraus der Leser schließen kann, dass deutsche Unternehmen damit einen Gewinn erzielten.

Weitere journalistische Quellen berichten, dass sich andere Länder an Deutschland gewandt haben in dem Ansinnen, ihre eigenen gewalttätigen Geschichten aufzuarbeiten, so zum Beispiel Kambodscha für die Verbrechen der Roten Khmer und Ruanda für den Völkermord an den Tutsi. Insbesondere deutsche Juristen seien im Rahmen von UN-Sondertribunalen aufgrund ihrer nationalen Erfahrungen in der Aufarbeitung gerne konsultiert worden.[226]

In den vergangenen Jahren wurden viele Artikel veröffentlicht, die Großbritannien dazu aufforderten, sich an der deutschen Aufarbeitung der Nazi-Zeit ein Beispiel zu nehmen und das historische Unrecht, dessen es sich schuldig gemacht hat, auf diese Weise zu bekämpfen. Bereits 2015 in Oxford hatte der ehemalige UN-Unterstaatssekretär und heutige Abgeordnete des indischen Parlaments Shashi Tharoor in einer Ansprache über die Reparationen, die Großbritannien Indien schulde, ähnliche Forderungen verlauten lassen. Tharoor skizzierte die Schrecken des britischen Kolonialismus in Indien, die Zerstörung der indischen Wirtschaft, den Missbrauch der indischen Facharbeiter, die Versklavung und den Hunger der Inder sowie die von Großbritannien aus Indien gezogenen Profite und stellte fest:

> »Der Anteil Indiens an der Weltwirtschaft lag bei der Ankunft der Briten bei 23 Prozent. Als die Briten abzogen, lag er bei unter 4 Prozent. Und warum? Ganz einfach, weil Indien zum Nutzen Großbritanniens regiert worden war.
>
> Großbritanniens Aufstieg war über 200 Jahre hinweg durch seine Plünderungen in Indien finanziert worden.«[227]

Leider führte Tharoor in seiner Ansprache Deutschland als Beispiel dafür an, wie Großbritannien seine Verbrechen wiedergutmachen könne, und argumentiert, dass Deutschland Reparationen gezahlt habe, sollte Großbritannien unter Druck zu setzen, das Richtige zu tun. Viele Stellungnahmen, die nach dem Tod von Königin Elisabeth geäußert wurden, folgten derselben Argumentationslinie.

Die deutsche Aufarbeitung wird den Vereinigten Staaten, die sowohl für die Sklaverei als auch für den Völkermord an den indigenen Völkern die Schuld tragen, als Vorbild empfohlen: Ein Bericht der *Brookings Institution* von Rashawn Ray und Andre M. Perry mit dem Titel »Why We Need Reparations for Black Americans« (Warum wir Reparationen für schwarze Amerikaner brauchen) stützt sich auf den Betrag von 3 Milliarden US-Dollar, der den Sklaven im Jahr 1860 zugesprochen wurde,[228] während andere Experten vorschlagen, die Reparationszahlungen für die Sklaverei mit 12 Billionen US-Dollar zu beziffern.[229] In Worten, die denen von Max Czollek bei der Erörterung der deutsch-jüdischen Täter-Opfer-Beziehungen ähneln, stellt der Brookings-Bericht fest:

> »Die Sklaverei hat die weißen Sklavenhalter und ihre Nachkommen reich gemacht und die Wirtschaft des Landes angekurbelt, während

> sie die Vermögensbildung der Versklavten unterdrückte. Die Vereinigten Staaten haben die Nachkommen versklavter schwarzer Amerikaner noch immer nicht entschädigt.«[230]

Natürlich ist es nur ein erster Schritt, die moralische Notwendigkeit von Reparationen anzuerkennen. Darauf muss im zweiten Schritt die Frage folgen, wie diese aussehen könnten, um dem Leiden der Opfer angemessen Rechnung zu tragen. Angesichts der Shoah mussten wir bereits einräumen, dass es nicht leicht ist, hier das richtige Format zu finden. Doch auch zur Klärung dieser Frage gibt es Experten wie den Juristen Roy L. Brooks, dessen Ausführungen zur Aufgabe der Wiedergutmachung hoffnungsvoll stimmen:

> »Reparationen gibt es in vielen Formen, und sie sind nicht die einzige Möglichkeit, die Sklaverei wiedergutzumachen ... Entschuldigungen, Wahrheitskommissionen, Wahrheitsprozesse und Entschädigungen sind nur einige der Möglichkeiten, Grausamkeiten wiedergutzumachen, egal ob es sich um Sklaverei, japanisch-amerikanische Internierung oder den Holocaust handelt. Die Berechnungen sind komplex, aber nicht unmöglich, insofern als sie in den letzten 70 Jahren überall auf der Welt durchgeführt wurden.«[231]

Natürlich bedeutet, dass derlei Berechnungen möglich sind, noch nicht, dass diese im Falle der Shoah tatsächlich zu bedeutsamem Reparationen geführt hätten. Im Gegenteil ist Deutschland eben nicht das Paradebeispiel dafür, wie Reparationen gezahlt und ein gesellschaftliches System verändert wurden, um historisches Unrecht zu beseitigen. Ein solcher verklärter Blick mag aus dem Ausland relativ leicht möglich sein. Wer jedoch den Spuren der Nazi-Profite bis in unseren heutigen Alltag folgt, muss unweigerlich zu einem anderen Schluss kommen. So sind wir nicht die einzige Stimme, die angesichts einer innerdeutschen Perspektive urteilt, Deutschland zeige zwar einige gute Ansätze, doch dürfe die Aufarbeitung weder hinsichtlich ihrer viel zu zögerlichen Etablierung in den vergangenen rund 75 Jahren noch hinsichtlich ihres gegenwärtigen Zustandes als Erfolgsmodell gelten. Der deutsche Wunsch, die Nazi-Vergangenheit hinter sich zu lassen und endlich als Nation nicht mehr von der steten Erinnerung an die eigene Schuld definiert zu werden, mag menschlich sein; er ist aber keine moralische Grundhaltung, die eine ehrliche Auseinandersetzung mit dem Nazi-Erbe im Privaten und auf systemischer Ebene erlaubt und jemals den verübten Gräueltaten gerecht werden könnte.[232]

Es ist kaum verwunderlich, dass im Laufe der Geschichte auf der ganzen Welt jene Länder, die aufgrund ihres hohen Status im internationalen Gefüge keinem externen Druck ausgesetzt waren und innerhalb derer sich auch keine starken, auf Reformen drängenden sozialen Bewegungen etablieren konnten, sich nur selten aufrichtig mit ihrem Anteil an Verbrechen gegen die Menschlichkeit auseinandergesetzt haben. So kämpft die #BlackLivesMatter-Bewegung in den Vereinigten Staaten darum, die an der afroamerikanischen Bevölkerung von der Sklaverei bis heute begangenen Verbrechen aufzuarbeiten und in diesem Zusammenhang umfassende Reformen mit dem Ziel einer gleichberechtigten gesellschaftlichen Stellung von schwarzen und weißen Amerikanern herbeizuführen. Die 68er in Deutschland haben 50 Jahre früher einen ähnlichen Kampf geführt, der nicht weniger intensiv war. Die 68er-Bewegung entstand aus dem Protest gegen Polizeigewalt und andere Formen staatlicher Unterdrückung und der Forderung nach einer Aufarbeitung der historischen Verbrechen der Machthaber (Bundeskanzler war damals Kurt Georg Kiesinger, der in der Nazi-Partei aktiv gewesen war). Ihre Proteste wurden von der Polizei und den Bürgern verhöhnt, verspottet und gewaltsam unterdrückt, was zum Mordversuch an einem der Anführer der Bewegung und zur Einführung neuer repressiver Gesetze führte. Unter Kiesingers Kanzlerschaft wurde das Notstandsgesetz eingeführt, das die freie Meinungsäußerung einschränkte, während andere damals erlassene Gesetze zu Verjährungsfristen führten, die die Täter von Verbrechen aus der Nazi-Zeit vor Strafverfolgung schützten. Diese Gesetze lösten weitere Proteste der 68er aus, die wiederum durch Gesetzesverschärfungen kriminalisiert wurden. Und obwohl die 68er letztlich anknüpften an das ursprüngliche Entnazifizierungsansinnen der Besatzungsmächte, die Deutschland die Aufarbeitung seiner Nazi-Geschichte auferlegt hatten, dauerte es dennoch fast zwei Jahrzehnte, bis der Protest der 68er sich in Form einer institutionellen akademischen Aufarbeitung niederschlug, etwa in den Arbeiten von Peter Hayes, und noch länger, bis die Erinnerungskultur in der Gesellschaft verankert war. #BlackLivesMatter befindet sich immer noch in der Kampfphase, in der die Opposition hart zurückschlägt, Bücher verbietet,[233] auf Rufmord setzt und gezielt physische Gewalt anwendet.[234]

Es ist wichtig, dass Historiker in Archive gehen, die noch nicht wissenschaftlich erforscht sind. Doch genügt dies für sich genommen nicht. Die durch die wissenschaftliche Aufarbeitung gewonnenen Erkenntnisse müssen gesellschaftliche Bedeutung erlangen, sie müssen Empörung, Wut auslösen und damit Reformen anstoßen. Damit eine authentische Aufarbeitung stattfinden kann, muss Deutschland über das kalte, ritualisierte Gedenken und die kalte, wissenschaftliche Analyse hinausgehen und eine Kultur des Handelns und der Empörung entwickeln. Dazu ist ein gesellschaftlicher Strukturwandel im Hinblick auf den Stellenwert Nazi-belasteter Institutionen unabdingbar – und das nicht nur im deutschen Kontext. Die 68er Bewegung hat dieses Unterfangen bereits angedacht, doch lässt der tiefgreifende Wandel nach wie vor auf sich warten, und auch die gesellschaftliche Empörung ob der Nazi-Belastung vieler Institutionen scheint längst verhallt.

Wenn Deutschlands Aufarbeitung der Nazi-Zeit im internationalen Vergleich lobend Erwähnung findet, muss dies angesichts des ausstehenden systemischen Wandels fragwürdig erscheinen. Vergleichen mit anderen Staaten, in denen die Shoah ebenfalls vollzogen wurde, mag Deutschland dennoch relativ weit in der Auseinandersetzung mit der nationalen Schuld gekommen sein – zunächst im Rahmen der Entnazifizierungsbemühungen auf internationalen Druck hin[235] und später durch die 68er als Aufbegehren von innen heraus. So hat sich Frankreich erstmals 2017 unter Präsident Emmanuel Macron öffentlich zur französischen Schuld an den unter dem Vichy-Regime deportierten Juden geäußert und sich dazu bekannt, dass nicht Deutschland, sondern Frankreich die Deportationen organisiert habe.[236]

Es geht uns nicht darum, direkte Parallelen zwischen der Shoah und anderen historischen Gräueltaten wie dem Völkermord an den amerikanischen Ureinwohnern oder der Institution der Sklaverei und der darauffolgenden Jim Crow-Ära herzustellen. Indem wir die Überschneidungen zwischen den Bewegungen für restorative Gerechtigkeit in den Vereinigten Staaten und den 68ern in Deutschland hervorheben, wollen wir lediglich darauf hinweisen, dass ein gängiger »Refrain« in der antirassistischen und postkolonialen Rhetorik der »Blick nach Deutschland« ist. Gerade deshalb ist es wichtig, den Erfolg der deutschen Aufarbeitung differenziert zu bewerten.

Es gibt zweifellos Parallelen zwischen der #BlackLivesMatter-Bewegung in den Vereinigten Staaten und den 68ern, und es gibt durchaus vieles, was die heutigen Aktivisten aus der deutschen Geschichte lernen können. Das heißt aber nicht, dass Deutschland eine Erfolgsgeschichte ist, geschweige denn ein uneingeschränkt empfehlenswertes Modell für andere Länder und geopolitische Kontexte. #BlackLivesMatter drängt auf Aufarbeitung in den Vereinigten Staaten, und ähnliche Bewegungen und Tendenzen sind überall auf der Welt zu beobachten, von Bolivien über Kanada und Australien bis zur Katholischen Kirche, und in all diesen Räumen könnte die deutsche Aufarbeitung als Ausgangspunkt zur Entwicklung eines weitreichenderen und kontextsensitiven Umgangs mit der jeweils eigenen Geschichte dienen – aber eben *nur* als Ausgangspunkt, nicht als umfassende Anleitung zur gelungenen Aufarbeitung.

Gesellschaften, die begonnen haben, die Stimmen nicht-dominanter Gruppen zu hören

Richten wir unseren Blick auf die Rolle von Minderheiten in der englischsprachigen Welt. Schnell fällt auf, dass ihre Stimmen in der Debatte darüber, wie ihre Marginalisierung überwunden werden könne, deutlich lauter sind als jüdische Stimmen in Deutschland. Darüber hinaus sind es Angehörige dieser nicht-dominanten Gruppen, die selbst in verschiedenen Settings über das Problem ihrer Marginalisierung berichten. So finden beispielsweise die Stimmen schwarzer Amerikaner in den Vereinigten Staaten nicht nur in den sozialen Medien oder innerhalb der schwarzen Gemeinschaft Gehör, sondern auch bei der Gestaltung der aktuellen Politik. In jüngster Zeit zeichnet sich zudem in der akademischen Welt, aber auch in der Kinderliteratur und in Fernsehsendungen eine deutliche Tendenz zur Stärkung der schwarzen Bevölkerung ab, inklusive der eigens zu diesem Zweck geschaffenen Veröffentlichungen. Zugegebenermaßen ist die Situation keine perfekte Analogie: Es gibt in der Tat viel mehr schwarze Amerikaner in den Vereinigten Staaten als Juden in Deutschland, und in dieser Hinsicht wäre die indigene Bevölkerung in den Vereinigten Staaten (die etwa zwei Prozent der Gesamtbevölkerung ausmacht) vielleicht eine bessere Parallele. Doch auch für indigene Stimmen spielt ihr Minderheitenstatus eine andere Rolle als für Juden in Deutschland, insofern als sie sich und ihren Forderungen seit einigen Jahren zunehmend Gehör verschaffen können. Dies geschah viel später als bei den Stimmen schwarzer Menschen, aber auch die Beteiligung indigener Menschen wächst jetzt auf bedeutsame Weise. In den Vereinigten Staaten haben diese nicht-weißen Stimmen eine Rolle in der Diskussion über ihre Situation eingeklagt, sie sind aktiv geworden, um durch ihr eigenes Handeln diesen Raum einzunehmen und schließlich wurde er ihnen (wenn auch viel zu langsam) von unterstützenden weißen Verbündeten auch zugestanden – allen Widerständen in der Mehrheitsgesellschaft zum Trotz.

Es wird deutlich, dass Angehörige dieser nicht-dominanten Gruppen eine aktive Rolle einnehmen in ihrem Streben nach der Achtung ihrer Rechte und der Etablierung von Gerechtigkeit: In den Vereinigten Staaten fordern indigene und nicht-weiße Stimmen, gehört zu werden,[237] während in Deutschland viele Juden es aus Angst um ihre Sicherheit vorziehen, weit weniger sichtbar zu bleiben.[238] Das bedeutet, dass wie zuvor diskutiert in Deutschland die Strukturen der Erinnerung und des Gedenkens weitgehend von der dominanten Gesellschaft kontrolliert werden, zu der auch jene Profiteure der Nazi-Verbrechen gehören, deren Verbrechen wir in diesem Buch an den Pranger stellen, um endlich die Machtstrukturen der Shoah zu durchbrechen, die bis heute Bestand haben. Die Stimmen der Juden in Deutschland werden in der Erinnerung und dem Gedenken jedoch von den nicht-jüdischen Gestaltenden nur als Geisterechos verstärkt, als lebendige Akteure treten Juden dagegen kaum in Erscheinung.

Im November 2022 veröffentlichte *The Atlantic* als Titelgeschichte einen bemerkenswert ausgewogenen Beitrag über die Bedeutung der Erinnerung im modernen Deutschland, verfasst von Clint Smith, einem preisgekrönten Autor und Bildungsexperten.[239] Smith berücksichtigt den zunehmenden Antisemitismus im heutigen Deutschland und die persönliche Bedeutung jedes Shoah-Denkmals sowohl für Juden als auch für nicht-jüdische Deutsche. Er zeigt zudem auf, wie gut und wie schlecht die deutsche Situation mit der Geschichte der Sklaverei und anderer rassistischer Verbrechen gegen Schwarze und indigene Völker in den Vereinigten Staaten vergleichbar ist. Das ist ein guter Anfang, aber Smith lässt ein entscheidendes Element aus: Ähnlich wie Deutschland selbst scheint Smith der Vorstellung anzuhängen, dass die Shoah ein einmaliger Vorgang gewesen sei, dass die Verbrechen 1945 endeten, dass »Wiedergutmachung« durch Deutschlands Handeln stattgefunden habe und dass Deutschland bis heute mit seiner Nazi-Vergangenheit ringe, wobei das Ringen selbst das

Ziel der Auseinandersetzung sei. Smith zieht eine Parallele zwischen der deutschen Shoah-Geschichte und der Aufarbeitung des US-amerikanischen Erbes der Sklaverei, lässt aber unerwähnt, dass es in den Vereinigten Staaten unumstritten ist, dass die Profite von Sklaverei und tiefgreifendem Rassismus ein systemisches Ungleichgewicht zu Gunsten der Weißen und zum Nachteil der Nicht-Weißen geschaffen haben. Die Anerkennung, dass der deutsche Wohlstand in ähnlicher Weise auf einer zutiefst ausbeuterischen und lebensverachtenden Beziehung zwischen Juden und nicht-jüdischen Deutschen beruht, ist das *Hauptmerkmal* dessen, was dem heutigen Deutschland fehlt.

Schwarze Amerikaner wissen, dass das weiße Privileg und der weiße Reichtum auf der Arbeit ihrer Vorfahren basieren sowie auch auf dem Versäumnis der Weißen, die nach der Emanzipation fälligen Zahlungen zu leisten. Die Ureinwohner Amerikas wissen, dass das weiße Privileg und der weiße Reichtum auf dem Diebstahl von indigenem Land und dem Völkermord an ihren indigenen Vorfahren beruhen. Und die Tatsache, dass schwarze und indigene Stimmen heute ein aktiver, lebendiger Teil des Gesprächs in den Vereinigten Staaten sind, bedeutet, dass dieses Wissen um die Quelle von Privilegien und Reichtum auch von (vielen) weißen US-Bürgern verinnerlicht wird. Doch die Diskussion über die Shoah als Grundlage von Privilegien und Reichtum fehlt in Deutschland völlig. Das bedeutet, dass alle Versuche des Gedenkens immer nur an der Oberfläche kratzen und nie die eigentlichen Verbrechen thematisieren werden. Entschädigungszahlungen an Überlebende der Shoah ändern nichts an dieser systemischen Ungerechtigkeit und dem systemischen Ungleichgewicht. Deutsche scheinen mehr oder weniger anzuerkennen: »Mein Land hat etwas Schlimmes getan, und wir dürfen dieses Verbrechen niemals vergessen«, aber es gibt keine öffentliche Diskussion darüber und Anerkennung der Tatsache, dass dieses Verbrechen die Grundlage für Deutschlands heutigen Reichtum und privilegierte Stellung in der Welt ist. Stattdessen wird die harte Arbeit der Deutschen (oder die der deutschen Eltern und Großeltern) gelobt, durch die das »Wirtschaftswunder« nach dem Zweiten Weltkrieg möglich geworden sei. Zuweilen wird auch die Leistung der Gastarbeiter aus der Türkei und Südeuropa anerkannt. Die millionenfachen Morde, die Zwangsarbeit und die Arisierungen, die dem »Wunder« des wirtschaftlichen Aufschwungs nach Kriegsende zugrunde liegen, werden jedoch in diesem Zusammenhang nicht erwähnt.

Deutschland für seinen vermeintlich fortschrittlichen Ansatz der Vergangenheitsbewältigung zu loben und diesen Ansatz als Modell für die Vereinigten Staaten oder das Vereinigte Königreich anzupreisen, birgt somit das Risiko, ausgerechnet die Stimmen jener Menschen zu vergessen, deren Leiden gedacht werden soll. Wenn jedoch die Stimmen marginalisierter Menschen ungehört verhallen, ist jeder als fortschrittlich gepriesener Diskurs über die Bewältigung der Verbrechen der Geschichte kaum mehr als eine Farce.

Wir wollen damit nicht sagen, dass in den Vereinigten Staaten heute alles wunderbar ist. Aus eigener Erfahrung wissen wir, dass die Situation alles andere als idyllisch und neben anderen Rassismen auch Antisemitismus verbreitet ist. Zachary hat in den Vereinigten Staaten Morddrohungen von weißen Rassisten erhalten mit offen judenfeindlicher Rhetorik und der sehr klaren Drohung: »Wir wissen, wo du wohnst.« Das ist in Deutschland noch nicht vorgekommen. Was wir damit sagen wollen, ist, dass das Szenario, das wir vorfinden, komplex ist: Ein rosiges Bild von Deutschland und ein apokalyptisches Bild von den Vereinigten Staaten zu malen, würde die bemerkenswerten Fortschritte ignorieren, die marginalisierte Gemeinschaften dort aus eigenem Antrieb, in den Medien und in der Politik erreicht haben. Tatsächlich gibt es in vielen Fällen in den Vereinigten Staaten mehr Möglichkeiten für derlei Fortschritte als in Deutschland, weil Letztgenanntes glaubt, die Verbrechen der Vergangenheit aufgearbeitet zu haben, während man in den Vereinigten Staaten weiß, dass dies bisher nicht erreicht wurde. Die deutsche Selbsteinschätzung, die Missionen der Entnazifizierung und Aufarbeitung vorbildlich erfüllt zu haben, wird von progressiveren Gruppen als Ausgangspunkt dafür aufgeführt, den Umgang mit der deutschen Nazi-Zeit als Modell für den Umgang mit der deutschen Kolonialgeschichte in Afrika anzupreisen. Der Vorstoß für eine Aufarbeitung des deutschen Kolonialismus ist zweifellos zu befürworten, das stellen wir nicht in Frage. Was wir kritisch sehen, ist lediglich die Verknüpfung dieses Anspruchs mit dem verklärten Blick auf den deutschen Umgang mit der Nazi-Geschichte.

Von einer Erinnerungskultur, die tief in der deutschen Gesellschaft verwurzelt ist, kann nicht die Rede sein; vielmehr sind eben »die Mechanismen der Steuerung des nationalen Gedenkens«[240] als »Gedächtnistheater« sichtbar. Das Gedenken an die Opfer der Shoah in Deutschland wird nicht unbedingt als eine unumstößliche, von der Gesellschaft selbst ausgehende Verpflichtung empfunden, sondern eher als ein von außen auferlegter Verhaltenskodex, den insbesondere jüngere Deutschen oft als einengend und die freie Meinungsäußerung verhindernd wahrnehmend. Auf der kommunalpolitischen Ebene und im Privaten ist die Liste der von Adorno bereits 1959 angeprangerten Haltungen und Reaktionen jedoch nach wie vor zu erkennen. In der Aufarbeitung werden Adorno zufolge sichtbar:

> »Gesten der Verteidigung dort, wo man nicht angegriffen ist; heftige Affekte an Stellen, die sie real kaum rechtfertigen; Mangel an Affekt gegenüber dem Ernstesten; nicht selten auch einfach Verdrängung des Gewußten oder halb Gewußten.«[241]

Es ist nicht leicht heute, knapp 80 Jahre nach Ende der Nazi-Zeit, die dunkle Vergangenheit Deutschlands aufzuarbeiten. Schließlich erfordert eine Kurskorrektur der gängigen Aufarbeitungspraxis nicht nur eine kritische Reflexion des Status quo, sondern auch ein Wissen darüber, wie Versuche, sich mit der deutschen Schuld auseinanderzusetzen, zu einem Missverständnis geführt haben, das heute zum Nachteil der Juden unser Miteinander bestimmt. Werfen wir einen Blick auf die Ironie einer versuchten Aufarbeitung ohne Nazi-Terminologie ...

Was macht einen Juden zum Juden?

Im August 2022 verfasste die in Deutschland geborene jüdischstämmige Kantorin der Synagoge Oranienburger Straße in Berlin, Avitall Gerstetter, einen Artikel, in dem sie sich kritisch darüber äußerte, dass deutsche Konvertiten zum Judentum überproportional häufig Führungspositionen in jüdischen Gemeinden in Deutschland innehaben.[242] Gerstetter war sich bewusst, dass sie mit ihrer öffentlichen Stellungnahme einen Tabubruch beging, als sie feststellte:

> »[E]ine wachsende Anzahl neuer Jüdinnen und Juden hat zu einer erheblichen Veränderung des jüdischen Lebens in Deutschland geführt. In manchen Gottesdiensten und bei manchen Ansprachen fühle ich mich eher an ein interreligiöses Event erinnert als an den mir seit der Kindheit vertrauten Besuch in der Synagoge.«[243]

Diese Worte sorgten für Aufruhr. Dabei ist Gerstetter mit ihrer Einstellung nicht allein unter den jüdischstämmigen Juden in Deutschland, doch eine solche kritische Sichtweise bleibt oft unausgesprochen und wird schon gar nicht schriftlich dargelegt und veröffentlicht. Die Rabbinerin in Gerstetters Synagoge hatte selbst als Konvertitin zum Judentum gefunden, ebenso wie viele der aktivsten Gemeindemitglieder, so dass es nachvollziehbar wäre, wenn viele von ihnen sich durch Gerstetters Worte persönlich angegriffen gefühlt hätten. Obwohl das Thema des Konvertitentums in der Regel tabuisiert wird, muss es auch hier angesprochen werden, um die moderne jüdische Identität in Deutschland zu verstehen.

Die Konversion zur jüdischen Religion gekoppelt mit dem Selbstverständnis, als Konvertit durch und durch jüdisch zu sein, beruht zu einem großen Teil auf einem spezifisch deutschen Missverständnis.* Viele Deutsche nehmen heute das Judentum nur als eine Religion wahr. In dem Versuch, die moderne deutsche Gesellschaft von der Nazi-Ideologie zu distanzieren, scheint das deutsche Vorstellungsvermögen die Fähigkeit eingebüßt zu haben, in Begriffen wie Rasse oder ethnischer Zugehörigkeit zu denken. An die Stelle dieser historisch belasteten Konzepte sind die Religion, die nationale Herkunft und die Staatsbürgerschaft getreten. Diese konzeptionelle Entnazifizierung ist zwar in vielerlei Hinsicht löblich, doch bringt sie einige gefährliche Nebenwirkungen mit sich.

Das Konzept einer jüdischen »Rasse« ist in Deutschland ein Tabu, und das aus existentiellen Gründen. Unglücklicherweise hat die absolute Ausrottung von allem, was der Vorstellung ähnelt, dass Juden irgendwie »anders durch Blut« seien, dazu geführt, dass im heutigen Deutschland oft auch jegliches Verständnis dafür fehlt, Juden als Volk (auf Hebräisch »am«, wie in »am Yisrael«, dem Volk Israel) zu begreifen. Für die meisten Juden ist jedoch »Jude« sowohl ein ethnisches als auch ein religiöses Erkennungsmerkmal. Viele Juden identifizieren sich sogar stärker als Teil der ethnischen Gemeinschaft als mit der zu-

* Die Haltung US-amerikanischer Konvertiten zum Judentum unterscheidet sich deutlich von der deutscher Konvertiten. Ethnisch-jüdische Rabbiner, die uns beim Verfassen dieses Buches mit ihrer Expertise unterstützt haben, erklärten, Konvertiten in den USA würden erkennen, dass sie nicht über die nötige persönliche Erfahrung oder das Recht verfügen, eine dominante Stimme zur ethnischen Erfahrung zu haben. Das von uns beschriebene Phänomen müsse daher der spezifisch deutschen Situation geschuldet sein.

gehörigen Religion: Wir kennen ebenso viele Rabbiner, die Agnostiker sind, wie solche, die streng gläubig sind, während jüngste Umfragen gezeigt haben, dass nur 26 Prozent der US-amerikanischen Juden so an Gott glauben, wie er in der Tora beschrieben wird.[244] Es gibt sogar atheistische Rabbiner, und bis zu 30 Prozent der nicht-asiatischen Buddhisten in den Vereinigten Staaten sind Juden.[245] Entscheidend ist, dass alle diese Varianten des Judentums immer noch ethnisch und kulturell jüdisch sind. Selbst orthodoxe religiöse Autoritäten betrachten einen Atheisten oder Buddhisten, der von einer jüdischen Mutter geboren wurde, als authentischen Juden, während die jüdischen Gemeinden im Allgemeinen einen frommen Konvertiten zum Judentum als weniger authentisch jüdisch ansehen. Selbst wenn Juden in Deutschland es aktiv vermeiden, über ihr Volk oder ihr ethnisches Judentum zu sprechen, bezeichnen sie sich dennoch als »Schicksalsgemeinschaft«, die durch erlittene Tragödien, einschließlich, aber gewiss nicht beschränkt auf die Shoah, verbunden ist.

Teil des jüdischen Volkes zu sein bedeutet, von dem frühen Wissen beeinflusst zu sein, dass man von jüdischen Vorfahren abstammt, und Erfahrungen zu machen, die sowohl positive – etwa typische Feste, Speisen, Musik und andere Charakteristika der jüdischen Kultur – als auch tragisch negative Aspekte umfassen – einschließlich der kollektiven Erinnerung an Traumata wie die Shoah, die Unterdrückung der Juden in der Sowjetunion oder der arabischen Welt und andere, frühere Formen der politischen Unterdrückung. Eine gängige jüdische Beschreibung der jüdischen Feiertage beinhaltet beide Pole der jüdischen Erfahrungswelt: »Sie haben versucht, uns zu töten; wir haben überlebt, lasst uns essen!« Die jüdische Erfahrung handelt von »uns«, die sie zu töten versuchten, und von »uns«, die überlebten. Juden als Schicksalsgemeinschaft sind durch diese Erfahrungen weit mehr verbunden als durch die Tora oder den spirituellen Glauben. Der legendäre jüdische Regisseur Mel Brooks hat seine eigene jüdische Identität in diesem Sinne beschrieben:

> »Ich bin Jude, aber nicht wegen der jüdischen Religion. Ich denke, es ist die Beziehung zu den Menschen und der Stolz, den ich habe. Der Stamm hat so viele Unglücke überlebt und ist so tapfer und trägt mit so viel Wissen zur Welt bei und zeigt Mut.«[246]

Diese ethnische Zugehörigkeit ist Deutschen, die Juden als eine rein religiöse Klassifizierung betrachten, äußerst schwierig zu erklären.

Dies trifft auch auf viele jener Deutschen zu, die zum Judentum konvertiert sind.

Nicht die Konversion per se ist das Problem, sondern die zu beobachtenden Auswirkungen auf die jüdische Identität, insbesondere im Kontext der deutschen Geschichte. Wird dieser besondere Kontext berücksichtigt, ergibt sich ein Szenario, dessen Tragweite die von Gerstetter angesprochene Thematik weit übersteigt. Denn was bedeutet es, wenn selbst einige der wichtigsten »jüdischen Stimmen« in Deutschland nicht in der Lage sind, die Realität des ethnischen Judentums und des jüdischen Volkstums zu repräsentieren? Der israelische Journalist Tomer Dreyfus bringt Gerstetters Überlegungen gekonnt auf den Punkt:

> »In den letzten drei Jahren, schreibt sie [Gerstetter], steigt die Zahl der ins Judentum übertretenden, christlich sozialisierten Deutschen, sodass diese das jüdische Leben in Deutschland verändern. Sie schreibt weiter, dass es nach dem Holocaust so wenige Jüdinnen und Juden in Deutschland gegeben habe, dass die Giurim (Übertritte) ein Weg waren, wieder jüdisches Leben in Deutschland zu etablieren, in Zahlen, die einen stolz machen können. Die Juden sind zurück! Es sei dies aber mehr Schein als Sein. Die Konversion christlich sozialisierter Deutscher nennt Gerstetter eine ›bizarre Form von Wiedergutmachung‹. Manche von ihnen würden möglicherweise aus einer Täterfamilie stammen und nun Mitglied einer neuen jüdischen Familie werden, die zu anderen Zeiten auf der Seite der Opfer stand.«[247]

Dreyfus geht von Gerstetter aus und bringt seine eigene jüdische Perspektive ein, wenn er über Konvertiten spricht, die aus ihrer neu erworbenen jüdischen Selbstidentifikation soziales Kapital zu schlagen suchen:

> »Das fing für mich mit Marcel Goldhammer an. Der AfD-Politiker konvertierte 2006 mit 19 Jahren zum Judentum, und als Direktkandidat der AfD in Neukölln stand auf seinen Wahlplakaten: ›Juden, aber normal‹. Analog zu dem AfD-Slogan ›Deutschland, aber normal‹. So ein Satz wäre auch aus dem Mund eines gebürtigen Juden mit jüdischer Mutter ekelhaft. Aber etwas machte mich wirklich wütend: Dass hier ein Deutscher, noch dazu ein protestantischer Deutscher, der zum Judentum konvertiert war, meinte, mir sagen zu können,

> was ein normaler Jude ist. Wobei klar ist, dass ich, als linker Israeli, nicht in das von ihm gemeinte Schema von Normalität passe.«[248]

Doch die Auswirkungen der deutschen Konversion zum Judentum sind nicht auf extremistische Kreise beschränkt. In der Tat ist eine der mächtigsten religiös-jüdischen Stimmen in Deutschland die eines Konvertiten. Das Abraham Geiger Kolleg, das nicht-orthodoxe Rabbiner für den Dienst in Deutschland und anderen europäischen Ländern ordiniert, wurde von einem deutschen Konvertiten zum Judentum, Walter Homolka, gegründet. Homolkas Vater war katholisch, seine Mutter evangelisch, und er wuchs in einer katholischen Stadt in Bayern auf. Als Jude aufzuwachsen bedeutet, immer zu wissen, wo man seinen Pass hat, zu wissen, wie man fliehen kann, Geschichten über die familieneigenen Fluchterfahrungen zu hören und mit einem Gefühl der Verbundenheit zum Judentum aufzuwachsen. Genauso wie es schwierig ist, die Erfahrung des Schwarzseins in den Vereinigten Staaten wirklich zu verstehen, wenn man nicht unter dem institutionalisierten Rassismus und der rassistischen Struktur der Polizeigewalt aufgewachsen ist, können Konvertiten zwar im religiösen Sinne jüdisch sein, aber insbesondere in Deutschland können diejenigen, die nicht mit dem Wissen um Flucht und Verfolgung der eigenen Gruppe durch die Nazis und Andere aufgewachsen sind, Jüdischsein nicht wirklich als gelebte Erfahrung begreifen. Wie Mordechai Tzanin, Herausgeber der israelischen jiddischen Zeitung *Letzte Neies*, 2004 in einem Interview erklärte: »Der Papst kann Hebräisch sprechen, aber er wird kein Jude sein.«[249]

Nicht zuletzt die Nürnberger Rassengesetze zeigten, dass es bei der Shoah nicht um Religion ging, sondern um Rasse. Die Shoah war ein Völkermord, ein »Genozid«, wobei auch die Herkunft letzteren Wortes – als Zusammensetzung von »génos«, dem griechischen Wort für Volk, und dem lateinischen Verb caedere, als »schlagen« oder »töten« – klarmacht, wie die jüdische Identität von den Nazis verstanden wurde. Die Juden auf eine Religion zu reduzieren, bedeutet letztlich, die Shoah als Völkermord zu leugnen. Das soll nicht heißen, dass Konvertiten keine Juden sind, aber es ist wichtig, dass solche Juden, die sich bewusst für das Judentum entschieden haben, Verständnis und Empathie für jene Juden aufbringen, die als Juden in ein Deutschland nach der Shoah hineingeboren wurden. Wenn dagegen Menschen wie der zum Judentum konvertierte Walther Homolka oder

der AfD-Politiker Marcel Goldhammer, die nicht aus dem jüdischen Volk stammen,[250] die tatsächlich sogar aus dem Volk stammen, das die Shoah verübt hat, heute als Repräsentanten der Juden sprechen, sind sie Rachel Dolezal nicht unähnlich. Dolezal war jene weiße Frau in den Vereinigten Staaten, die sich als Schwarze ausgab und von 2014 bis 2015 eine große Ortsgruppe der Bürgerrechtsorganisation *National Association for the Advancement of Colored People* (NAACP) in den Vereinigten Staaten leitete. Diese zweifelhafte Repräsentativität von Konvertiten zeigt sich nicht nur in einem Politiker wie Goldhammer, der als Angehöriger der AfD bisher keine Rolle mit nationaler Tragweite eingenommen hat, sondern auch in einem Rabbiner wie Homolka. Dieser übte bis 2023 enorme Macht über die Stimme der Juden und das Rabbinat in Deutschland aus,[251] indem er ethnisch-jüdische Stimmen, mit denen er nicht einverstanden war, von der öffentlichen Debatte ausschloss und es ihnen unmöglich machte, an seinem Kolleg ihr Berufsziel des Rabbiners weiterzuverfolgen.[252]

Juden sind kein missionierendes Volk. Tatsächlich verbietet das jüdische Gesetz die Missionierung, und alle potenziellen Konvertiten werden wiederholt abgewiesen, bevor sie in ein Konversionsprogramm aufgenommen werden. Diejenigen, denen der Beitritt zur jüdischen Religion so wichtig ist, dass sie alle Hürden überwinden, um Jude zu werden, werden in der Gemeinschaft willkommen geheißen und für ihre Überzeugung bewundert. Und die meisten dieser Juden in den Vereinigten Staaten, in Großbritannien oder Israel haben ein gewisses Verständnis dafür, was es bedeutet, »neu« in der Gemeinde zu sein. Dennoch bleibt die Frage: Welches Recht haben deutsche Konvertiten zum Judentum, als Repräsentanten der jüdischen Gemeinschaft aufzutreten, einschließlich des Rechts, zu Themen des *ethnischen* Judentums zu sprechen? Wer nicht »jeden Morgen beim Frühstück mit der jüdischen Erfahrung des Holocausts gefüttert wurde«, so beschrieb es ein Ethnologe und Historiker, der in den Vereinigten Staaten jüdisch aufgewachsen ist, gegenüber Zachary, der habe keinen persönlichen Anteil an diesem kollektiven Trauma. Und ein weißer Deutscher, der mit den Privilegien seiner Position in der Dominanzgesellschaft aufgewachsen ist, könne ebenso wenig authentisch über die Erfahrungen des Jüdischseins sprechen wie Rachel Dolezal über die Erfahrungen des Schwarzseins.

Tatsächlich werden Konvertiten zum Judentum historisch als minderwertige Juden innerhalb der Gemeinschaft behandelt, was sogar im

Talmud, der Sammlung des mündlichen jüdischen Rechts und der Geschichte, dokumentiert ist, wenn »Konvertit, Sohn eines Konvertiten«, als Beleidigung in einem Gespräch verwendet wird.[253] Auch wenn in diesem Traktat gesagt wird, dass es aus religiöser Sicht eine Sünde ist, einen Konvertiten zu misshandeln, bedeutet dies nicht, dass eine solche kulturelle Praxis in irgendeiner Weise ungewöhnlich wäre, denn ein Konvertit wächst einfach nicht im Kontext des Judentums auf und ist daher nicht in der Lage, alle Einzelheiten des Judentums zu verstehen. Konvertiten sind herzlich willkommen, jede Rolle im jüdischen Leben zu spielen – auch die eines Rabbiners oder Präsidenten eines Lehrinstituts. Aber das bedeutet keine magische Veränderung ihrer bisherigen Lebenserfahrung und gibt ihnen auch nicht das Recht, sich so zu äußern, als seien sie mit der unaussprechlichen, vielschichtigen Identifikation mit Generationen von kollektiven jüdischen Traumata und Unterdrückung aufgewachsen. Sicherlich bedeutet der Übertritt zum religiösen Judentum nicht, dass Konvertiten sich bemächtigt fühlen sollten, diejenigen Stimmen in Deutschland zu übertönen, die tatsächlich jüdisch aufgewachsen sind. Nichtsdestotrotz ist dies eben die Rolle, die heute viele zum Judentum konvertierte Deutsche spielen, oft zum Nachteil der ethnischen Juden.

Hinzu kommt eine Debatte in den Medien über so genannte Vaterjuden, das heißt Kinder jüdischer Väter und nicht-jüdischer Mütter. Deutsche Zeitungen[254] versuchen, die Debatte zu strukturieren[255] und darauf hinzuweisen, wie seltsam diese matrilineare Exklusivität sei, während sie zugleich Vaterjuden[256] trotz ihrer gelebten jüdischen Erfahrungen eine echte jüdische Identität in Abrede stellen und ihnen damit das Recht absprechen, sich authentisch als Juden äußern zu können. Eine vergleichbare Behandlung wird deutschstämmigen Konvertiten zum Judentum seitens der Medien nicht zuteil, und während die Medien in den Vereinigten Staaten Dolezal massiv dafür kritisierten, dass sie sich als schwarz ausgegeben und infolgedessen schwarze Führungsrollen übernommen hatte, werden Homolka und in geringerem Maße auch Goldhammer von den deutschen Medien als legitime Stimmen zur gelebten jüdischen Erfahrung akzeptiert.

Im Jahr 2020 hatte Hannah Tzuberi, Expertin für Jüdische Studien und Islamwissenschaft an der Freien Universität Berlin, in der Fachzeitschrift *Jewish Studies Quarterly* bereits einen Artikel publiziert, in dem sie die von Gerstetter hervorgebrachten Kritikpunkte vorwegnahm. Ihr Artikel mit dem Titel »›Reforesting‹ Jews: The German

State and the Construction of ›New German Judaism‹« (Der deutsche Staat und die Konstruktion eines ›neuen deutschen Judentums‹) zeigt genau auf, wie Deutschland die »Wiedergeburt« jüdischen Lebens in Deutschland gefördert hat, und zwar nicht, indem jene Personen und Praktiken unterstützt wurden, die jüdisch sind und immer schon waren, sondern indem Deutschland die jüdische Identität als deutsches Konzept neu entworfen hat. Was Tzuberis Untersuchung so erschreckend macht, ist die Rolle, die der Staat bei diesem Unterfangen spielt. Anstatt aus der eigenen Schuld an der Shoah die Lehre abzuleiten, dass Deutschland die Finger vom jüdischen kulturellen und religiösen Leben lassen sollte, hat der deutsche Staat eine aktive Rolle bei der Steuerung des »Aufblühens des jüdischen Lebens«[257] übernommen, das er als Beweis für ein gesundes Deutschland nach der Wiedervereinigung vorweisen wollte. Das ist nicht wie bei Rachel Dolezal, sondern eher so, als ob die Regierung der Vereinigten Staaten beschließen würde, das Leben der amerikanischen Ureinwohner »wiederzubeleben«, indem Tausende von weißen Amerikanern die Sprache der Paiute lernen, Federkopfschmuck tragen, Wildlederhemden anziehen und das religiöse Ritual des Geistertanzes auswendig lernen, um dann diese Menschen zu rechtmäßigen amerikanischen Ureinwohnern zu erklären.

In Gesprächen mit zahlreichen jüdischen Führungspersönlichkeiten, sowohl in Deutschland als auch anderswo, stießen wir auf breite Zustimmung zu Tzuberis Feststellung, wie seltsam und problematisch dieses Phänomen der deutschen Konvertiten zum Judentum ist, insbesondere aufgrund der Rolle Deutschlands als Verursacher der Shoah. Juden, die nach der Shoah in Deutschland blieben, hatten unmittelbar den Mord an ihrem Volk miterlebt. Die Erfahrung dieses Traumas als kulturelle Prägung, die sie durchlitten hatten, war viel stärker mit ihrer Selbstidentifikation verbunden als ihre jeweilige (europäische) Nationalität.[258]

Wie Tzuberi mit Verweis auf andere Experten für jüdische Studien betont, »ist die Vorstellung vom Judentum als ›Religion‹ zusammen mit dem modernen Nationalstaat entstanden und steht in Spannung zur jüdischen historischen Praxis und zum jüdischen Selbstverständnis«.[259] Das heißt nicht, dass deutsche Ehepartner in interkonfessionellen Ehen oder Ähnlichem nicht zum Judentum konvertieren dürften. Eine andere Bedeutung hat jedoch die Konversion von Mitgliedern der (nationalen und kulturellen) Tätergemeinschaft zum Judentum als Religion aus anderen als familiären Gründen, angesichts der damit verbundenen Verzerrung der *kulturellen* jüdischen Identität. Die Historikerin Barbara Steiner, die für ihren jüdischen Ehemann zum Judentum konvertierte, berichtet von Deutschen, die sich in den 1990er Jahren für die Wiederbelebung des jüdischen Lebens in Deutschland engagierten, indem sie selbst Lehrer für jüdische Werte und Traditionen für jüdischstämmige Kinder wurden oder an den Universitäten Lehrstühle für Judaistik einrichteten.[260] Steiner weist darauf hin, dass es verschiedene Berichte über deutsche Konvertiten zum Judentum gibt, deren Familiengeschichte sie unmittelbar mit den Tätern der Shoah in Verbindung bringt und die diese schuldbeladene Identität hinter sich lassen wollen, indem sie jüdische Schriften studierten und schließlich ein hoch engagiertes Mitglied dieser Glaubensgemeinschaft wurden. Die Gründe für diese Konversionen und ihr Engagement mögen nicht anrüchig sein, aber angesichts ihres hohen Engagements können diese Konvertiten einen erheblichen Einfluss darauf haben, wie sich das jüdische Leben in Deutschland entwickelt und wie es von nicht-jüdischen Deutschen wahrgenommen wird. Als Jude kann es schwierig sein, Tzuberis und Steiners Analyse zu lesen, ohne sich dabei durch und durch unwohl zu fühlen, nicht nur, weil die von ihnen beschriebenen Phänomene abstoßend sind, sondern weil ihre Analysen ungeheuer treffend sind.

Mehrere Rabbiner, mit denen wir gesprochen haben, stimmten mit den Veröffentlichungen von Tzuberi und auch Gerstetter überein und erklärten, dass die deutsche Situation in Bezug auf Konvertiten einzigartig sei. Bei der Analyse der Konversionsprozesse und -motivationen von Deutschen zum Judentum in der Post-Shoah-Ära verweist Steiner immer wieder auf ein Interview, das sie 2008 mit dem 2019 verstorbenen ehemaligen Berliner Gemeinderabbiner Ernst Stein führte.[261] Schon ein Blick auf das Leben von Rabbiner Stein scheint einen Mikrokosmos für das Thema Aufarbeitung zu illustrieren: 1929 als Sohn jüdischer Eltern geboren, erlebte Stein die Anfänge der Shoah hautnah mit, bevor er nach Shanghai flüchtete. Sein Vater war Forschungschemiker bei der berüchtigten I.G. Farbenindustrie gewesen, und Stein war später jener Rabbiner, unter dem Homolka zum Judentum konvertierte. Trotz seiner praktischen Unterstützung von (deutschen) Christen, die konvertieren wollten, äußerte Rabbiner Stein in diesem Gespräch mit Steiner seine Sorge, dass der hohe Anteil von Konvertiten unter den Gemeindemitgliedern eine weitere Christianisierung des Judentums in Deutschland bedeuten könnte.

Rabbi Stein war bereits im Ruhestand, als er diese Befürchtung im Interview mit Steiner äußerte, ein Umstand, der recht aufschlussreich ist. Kein aktiver jüdischer Funktionsträger war bereit, für dieses Buch zur Problematik einer neuen verdeutschten jüdischen Identität zitiert zu werden, denn »so etwas tut man einfach nicht«. Und wie die Reaktionen auf Gerstetters Artikel zeigten, zahlt man einen Preis, wenn man dennoch darüber spricht. Nichtsdestotrotz ist dies ein Thema, das auch hinsichtlich der deutschen Aufarbeitungspraxis diskutiert werden muss. Denn wie tiefgreifend kann diese Aufarbeitung überhaupt sein, wenn sogar die Definition von »jüdischen« Stimmen verändert wird, um sie dem Narrativ und den Bedürfnissen der dominanten, nicht-jüdischen Kultur anzupassen.

Hitlers ultimatives Ziel war es, die jüdische Rasse auszulöschen. Das hat er ausdrücklich gesagt, und das ist es, was die Nürnberger Gesetze beabsichtigten und die Wannsee-Konferenz in eine Politik des Handelns umgesetzt hat. Doch wurde diese Rassenklassifizierung nicht erst von den Nazis erfunden, sondern sie ist bereits um 1500 in den Schriften Martin Luthers zu entdecken, wenn dieser fragt, was mit »diesem verworfenen und verdammten Volk der Juden« anzufangen sei, um dann die Zerstörung ihrer Häuser, Schulen und Synagogen, die Verbrennung ihrer Bücher, die Konfiszierung ihres Eigentums und ihres Geldes, ihre Vertreibung aus den christlichen Ländern und wohl auch ihre Ermordung zu fordern.[262] Obwohl der rassifizierte Antisemitismus angeblich erst im 19. Jahrhundert einsetzte,[263] betrachtete Luther die Juden bereits 1543 als ein Volk und insofern als rassifiziert.[264] Julius Streicher, der Herausgeber der Nazi-Zeitung *Der Stürmer*, verwies bei den Nürnberger Prozessen auf Luthers Abhandlung »Von den Juden und ihren Lügen« als den wahren Ursprung und die Inspirationsquelle des Antisemitismus.[265] Trotz des jahrhundertealten Antisemitismus und obwohl Millionen jüdischer Leben durch die Rassenpolitik der Nazis ausgelöscht wurden, hat das jüdische Volk überlebt.

Es ist wirklich schockierend, wenn wir uns vor Augen führen, dass das Anliegen der jüdischen Auslöschung, das Hitler und die Nazis nicht zu erreichen vermochten, ausgerechnet Parallelen aufzeigt zu deutschen Praktiken seit dem Zweiten Weltkrieg, nicht unbedingt in Form von Gewalttaten, sondern in Form der Alltagsrhetorik. Im heutigen Deutschland sind die Juden keine Rasse, sie sind kein Volk. Jüdisch ist lediglich eine Religion. So einfach soll das sein. Juden als Rasse haben keinen Platz mehr in Deutschland.

Wie Tzuberi in Bezug auf die Diskussion über die jüdische Einwanderung nach Deutschland infolge der Wiedervereinigung feststellt: »Deutsche Politiker haben sich ihre Unterstützung für Juden vorgestellt (oder implizit konzipiert) als Unterstützung für ein Volk, dessen wahres Wesen deutsch ist.«[266] Tzuberi zeichnet überzeugend nach, wie die »Wiederbelebung« dieses deutschen Jüdischseins nicht nur *ohne* die tatsächlichen ethnischen Juden erfolgt, sondern sogar *gegen den ausdrücklichen Wunsch der jüdischen Führungskräfte,* die nach der Shoah eine »Germanisierung« der Synagogengottesdienste ablehnten. »In einem kritischen Moment prallten ›neue Juden‹ und ›alte Juden‹ aufeinander, und der deutsche Staat spielte eine entscheidende Rolle bei der Stärkung der ersteren,«[267] erläutert sie. Die deutsche Behandlung der Juden als eine religiöse Gruppe unter vielen, die im Kern »grundsätzlich deutsch« ist, ist nicht nur ein Ausradieren des Traumas der Shoah, sondern der jüdischen Identität als Volk.

Nach Jahrhunderten der Unterdrückung der Juden aus rassischen und ethnischen Gründen wurde diese Dimension der jüdischen Identität einfach ausgelöscht. Und nun dürfen sich die Kinder und Enkel derer, die vom Massenmord am jüdischen Volk profitiert haben, Juden nennen und definieren, was Jüdischsein im modernen Europa bedeutet. Währenddessen wird den Nachkommen der ermordeten Juden sogar das Vokabular geraubt, um diese Situation anzuprangern.

Dass ein deutscher Rechtsextremist zum Judentum konvertiert und als Jude für ein politisches Amt kandidiert, liest sich wie eine schlechte politische Satire. Die Verwendung des Slogans »Juden, aber normal« macht dies noch skurriler. Aber dass ein Deutscher wie Homolka die Chuzpe, die Dreistigkeit, hat, eine solche Führungsrolle zu übernehmen und in dieser Funktion ethnische jüdische Stimmen auszuschließen, zeigt, wie weit manch ein Deutscher zu gehen bereit ist, um seine persönliche Beziehung zu den Schrecken zu verschleiern, auf denen die deutsche Gesellschaft gegenwärtig aufgebaut ist.

Die »Judenrasse« zwischen weißer und arabischer Identität, zwischen Anderssein und Aussterben: Was es seit dem 7. Oktober 2023 bedeutet, in Europa jüdisch zu sein – ein Exkurs

Die Angriffe der Hamas auf Israel am 7. Oktober 2023 markieren einen Wendepunkt in den ohnehin bereits komplexen Beziehungen zwischen Juden und Nicht-Juden in Deutschland.* Mit diesem Datum begann eine neue Phase des Judenhasses in Deutschland, die sich deutlich von dem bisherigen traumatisiert-ambivalenten Verhältnis von Juden und nicht-jüdischen Deutschen abhebt. Auch wenn Martin Luthers Hass auf das jüdische Volk von 1543 den Antisemitismus in Deutschland bis hin zur nationalsozialistischen Ideologie 500 Jahre später geprägt hat, ist der Aufarbeitung der Nazi-Zeit durchaus zugutezuhalten, dass sichtbarer Judenhass im modernen Deutschland zumindest in den zwei Jahrzehnten vor dem 7. Oktober 2023 ein seltenes Ereignis war, dessen Äußerung sofortige Empörung hervorrief. Doch mit dem 7. Oktober entfiel diese Empörung, und der Judenhass wurde normalisiert bis zu dem Punkt, dass wir kleinkindgroße Hakenkreuze auf Spielplätzen sahen und kleinere Hakenkreuze in Schultische jüdischer Schüler geritzt wurden. Zacharys weiße deutsche Kollegen – von evangelischen Pastoren, hochrangigen Vertretern namhafter staatlicher Institutionen bis hin zu Führungskräften deutschlandweiter Integrationsprojekte – fühlten sich durch den aufkeimenden Antizionismus ermutigt, Äußerungen zu treffen, die zunehmend in direkten Judenhass übergingen. Zeitgleich wurde Zacharys Tätigkeit in der muslimisch-jüdischen Zusammenarbeit, in der er sich ein Jahrzehnt lang intensiv engagiert hatte, fast unmöglich angesichts des neu auflodernden Judenhasses, inklusive der Rechtfertigung der brutalen Hamas-Angriffe seitens vieler seiner bisherigen muslimischen Verbündeten.

Wir haben bereits dargelegt, wie problematisch es ist, Juden mit dem Staat Israel gleichzusetzen, doch müssen wir angesichts der aktuellen Ereignisse dieses Problemfeld hier erneut aufgreifen. Denn am 7. Oktober hat sich aus Sicht der Juden in Deutschland die ganze

* Die ursprüngliche englischsprachige Ausgabe dieses Buches befand sich am 7. Oktober 2023 bereits in Druck, so dass wir in der hier vorliegenden deutschsprachigen Ausgabe erstmals die Bedeutung dieser Angriffe für Juden thematisieren.

Welt verändert, wobei das Narrativ über die Bedeutung dieses Tages erneut von jenen kontrolliert wird, die am wenigsten betroffen sind. Ohne hier anstelle des jüdischen Lebens in Deutschland den Konflikt in Israel/Palästina in den Vordergrund rücken zu wollen, ist es als Jude in Europa notwendig, klar Stellung zu beziehen zur Bedeutung unserer Existenz als »Andersartige«.*

Es ist anstrengend, von weißen Europäern als Bedrohung angesehen zu werden, wenn sie uns aufgrund unserer nicht-deutschen vergleichsweise dunklen Gesichtszüge für türkisch oder arabisch oder schlicht muslimisch halten. Wenn deutsche rechte Rassisten Zachary als »Scheißtürke« beschimpfen oder wenn linke deutsche Extremisten Zachary fälschlicherweise als nahöstlichen Muslim identifizieren und ihm daraufhin ihre Solidarität im gemeinsamen Judenhass ausdrücken, zeigt sich in diesen Hassbekundungen die seltsame – und erschreckende – Bandbreite des europäischen Rassismus.

Es ist erschöpfend, das Weiterexistieren der Juden als Volk rechtfertigen zu müssen. Sei es gegenüber jenen, die meinen, Juden gehörten nur nach Israel; sei es gegenüber jenen, die Israels Existenzrecht infrage stellen, während sie gleichzeitig Ländern angehören, die sich im letzten Jahrhundert brutal von ihren Juden zu befreien suchten (wie Deutschland, Frankreich, Polen oder Russland); oder sei es gegenüber jenen, die meinen, Juden seien nur eine Religion, aber kein Volk. Es ist überaus anstrengend, sich ständig für die eigene Existenz rechtfertigen zu müssen.

Es ist mühselig, immer wieder Anhänger rechter Ideologien zurechtweisen zu müssen, die die »armen toten Juden« als Vorwand für ihre Fremdenfeindlichkeit instrumentalisieren, weil sie angeblich die Juden vor den »bösen« Migranten schützen wollen. Skurril und anstrengend ist es ebenfalls, wenn Europäer die Erinnerung an die Shoah instrumentalisieren, um Juden dafür zu geißeln, dass wir die Selbstverteidigung unseres Volkes gegenüber jenen befürworten, die uns nach dem Leben trachten. Diese Einstellung scheint ausgerechnet die uns widerfahrene brutale Behandlung durch fast alle europäischen Staaten zum Anlass zu nehmen, um uns unser kollektives Selbstverteidigungsrecht in Abrede zu stellen und stattdessen die Menschen-

* Die in diesem Kapitel folgende Stellungnahme entspricht der jüdischen Perspektive Zacharys. Sie wird jedoch unterstützt von Katharina, die sich seit Jahren intensiv mit der Situation des ethnischen Judentums in Deutschland beschäftigt.

rechte jener Menschen zu priorisieren, die unsere Vernichtung beabsichtigen. Die Erwartung, dass Juden das ewige Opfer Deutschlands bleiben werden, das seinen Angreifern im Namen der Versöhnung vergibt und sich ihren Wünschen unterordnet, ist unerträglich. Dies gilt umso mehr, wenn diese Erwartungshaltung auf Israel projiziert wird. Es ist anstrengend, den enttäuschten europäischen Stimmen zuzuhören, die fragen, wie die Juden »nach allem, was sie erlitten haben«, den Palästinensern gegenüber so herzlos sein könnten. In dieser Haltung kommt die Erwartung zum Ausdruck, dass jüdische Leid habe die Juden auf eine selbstaufopfernde Weise besonders moralisch werden lassen. Versäumt dann Israel, dieser Erwartung zu entsprechen, ist dies eine herbe Enttäuschung für die Europäer. Aber Israel ist ein Staat des Nahen Ostens, der sich wie ein Staat des Nahen Ostens verhält und dabei sicherlich nicht weniger moralisch vorgeht als seine Nachbarn.

Absurder wird dieses Aufwiegen jüdischen und arabischen Lebens zulasten ersteren durch die Bedeutung Deutschlands für die Beziehung zwischen arabischem Nationalismus, arabischem Antisemitismus und Nazi-Propaganda. Noch 1915 betrachteten arabische nationalistische Bewegungen Juden als Teil der arabischen Welt und sahen sie tatsächlich als Teil einer arabischen »Rasse« an.[268] In den 1930er und 1940er Jahren wurde jedoch ein Anstieg der rassebezogenen antijüdischen Stimmung in der arabischen Welt unübersehbar. Diese war nicht allein Resultat der palästinensischen Situation zurückzuführen, die durch die zunehmende Immigration von arabischen Juden – im Rahmen von ihrer Vertreibung und Flucht aus arabischen Ländern – in das unter britischem Mandat stehende Gebiet Palästinas angespannt wurde. In Ägypten führte das enge Bündnis zwischen Nazi-Deutschland und der Muslimbruderschaft dazu, dass antisemitische Propaganda in großem Stil gedruckt und verbreitet wurde.[269] In Libyen führte die italienische Kontrolle des Landes nicht nur zur Einführung von Nazi-Propaganda, sondern auch zur direkten Umsetzung der deutschen Völkermordpolitik in den 1940er Jahren, wobei deren Auswirkungen auch nach dem Sturz der Nazis anhielten und sich etwa 1948 in Form libyscher Pogrome gegen Juden äußerten.[270] Im Irak begann 1932 die massenhafte Verbreitung von Nazi-Propaganda, darunter auch Hitlers *Mein Kampf*, und 1934 der irakische Staat, der den deutschen Nazis sehr nahestand, eine explizit antijüdische Politik zu betreiben.[271] Es gibt noch viele weitere

Beispiele für den unmittelbaren deutschen Einfluss auf arabische Staaten. Doch dieser blieb nicht begrenzt auf jene Staaten, die von den Nazis oder ihren Verbündeten direkt besetzt wurden oder mit diesen auf andere Weise in Verbindung standen. Denn die Nazi-Propaganda wurde durch die Verbreitung des panarabischen Nationalismus in arabischer Sprache weitergetragen, so dass dieser rassifizierte Antisemitismus auch Orte in der arabischen Welt erreichen konnte, die nicht von den Achsenmächten besetzt worden waren. Und in der Tat war Deutschland besonders daran interessiert, dass die Nazi-Propaganda in die von den Briten oder den Franzosen besetzten Teile der arabischen Welt gelangte, in der Hoffnung, dadurch die Alliierten zu unterminieren.

Diese historischen Verknüpfungen bedeuten nicht, dass sich der rassistische Antisemitismus im arabischen oder türkischen Nationalismus nicht auch ohne das Eingreifen der Nazis entwickelt hätte. Aber dieser Judenhass hätte vermutlich nicht dieselbe umfassende Tragweite entwickelt ohne Deutschlands aktive Rolle bei der Verbreitung des rassifizierten Antisemitismus in der arabischen Welt und der darauf zurückzuführenden Gewalt gegen die Juden dort. Schließlich kam der Verbreitung der deutschen Nazi-Propaganda eine zentrale Rolle dabei zu, dass etwa 900 000 Juden aus der arabischen Welt nach Israel fliehen mussten. So wirkte der Judenhass der Nazis nicht nur innerhalb Europas, sondern auch in der arabischen Welt. Die deutsche Geschichte bleibt unweigerlich mit dieser Schuld belastet.

Der vielleicht irritierendste Aspekt bei alldem ist die versuchte »Weißmachung« der Juden durch Europäer, Araber und Türken. Wir teilen durchaus die Meinung, dass die Regierung des Staates Israel unter Benjamin Netanjahu eine nationalistische Regierung ist, die rechtspopulistische Züge trägt. Doch bedeutet dies keineswegs, wie von genannten Gruppen mitunter behauptet, dass Israel ein weißer kolonialer Siedlerstaat sei oder die Netanjahu-Regierung die rassistische Ideologie einer weißen Vorherrschaft vertrete.[272] Dass Juden historisch gesehen niemals weiß waren, belegt bereits ein kurzer Blick auf die Geschichte der jahrtausendelangen Verfolgung der Juden als nicht-weißer Andersartiger im Nahen Osten (einschließlich der Oberrabbiner von Damaskus, deren Nachname sowohl wir als auch der israelische Verteidigungsminister tragen) *und* in Europa, wobei diese Verfolgung immer wieder einen totalen Vernichtungswillen miteinschloss. Wir werden die repressive Gewalt des israelischen Staates gegen die Palästinenser und die Bewohner des Gazastreifens nicht rechtfertigen, denn in unseren Augen gab es für Israel in den letzten drei Jahrzehnten Möglichkeiten, Frieden zu schließen und die Palästinenser besser zu behandeln. Aber wir lassen auch nicht zu, dass Judenhasser die zionistische Gewalt dekontextualisieren und so tun, als ob Israel in ständiger direkter Aggression gehandelt hätte, während Palästinensern und Arabern lediglich die Rolle unschuldiger Opfer zugekommen wäre.

Es ist anstrengend, der Welt dabei zuzusehen, wie sie eine Geschichte erfindet, in der Juden plötzlich die ultimativen Aggressoren sein sollen. Jegliche Behauptungen in dieser Richtung ignorieren die Tatsache, dass Juden in der gesamten arabischen Welt ethnischen Säuberungen zum Opfer fielen und ihr Vermögen von den modernen Staaten oder mächtigen Menschen dort gestohlen wurde. Und als Juden zum Beispiel in Tunesien versuchten, einen Teil ihres Vermögens zurückzubekommen, wurde ihnen von der tunesischen Regierung sinngemäß gesagt: »Ihr müsst euch entscheiden: Entweder ihr seid loyale tunesische Bürger oder ihr betrachtet euch als Mündel einer fremden Macht – in diesem Fall werden wir genau wissen, wie wir mit euch zu verfahren haben.«[273] Im Gegensatz zu manchen Palästinensern tragen wir die Schlüssel[274] zu den Häusern unserer Großeltern in Tunesien, Syrien oder etwa Polen nicht um den Hals, weil wir genau wissen, dass wir diese nie wieder zurückbekommen werden. Ereignisse wie das Pogrom von Kielce in Polen im Jahr 1946, bei dem 42 Überlebende des Holocaust von polnischen Bürgern massakriert wurden, um dadurch weitere Juden davon abzuhalten, nach Polen zurückzukehren und dort ihren Besitz und früheren Status zurückzuerlangen, zeigen, was es wirklich bedeutet, ein Flüchtling zu sein, und wie die meisten Flüchtlinge erwarten auch Juden aus Europa und der arabischen Welt kein »Recht auf Rückkehr«.

Wir leugnen nicht einen Moment lang das Trauma, das die Palästinenser und die Bewohner des Gazastreifens erlitten haben, und wir stellen auch nicht in Abrede, dass ihre Wut gerechtfertigt ist. Wir machen Palästinensern und den Bewohnern des Gazastreifens keinen Vorwurf für ihren Zorn, weder in der jetzigen Situation noch zu einem früheren Zeitpunkt. Gleichzeitig sind wir der Meinung, dass ihr Zorn deplatziert ist, dass dieser nicht auf Israel gerichtet sein sollte, sondern auf die Vereinten Nationen, die Vereinigten Staaten, Frankreich, Deutschland, Russland, Katar, die Türkei, Ägypten und viele andere regionale Mächte. Natürlich bricht uns das Herz angesichts der Tausenden von Toten in Gaza und des Leids ihrer Familien und Freunde. Natürlich hätten diese Menschen einen sicheren Fluchtweg haben müssen, der von Ägypten, der Türkei und Europa hätte garantiert werden müssen, um die Zahl der Opfer angesichts der bevorstehenden israelischen Reaktion auf die von der Hamas an israelischen Zivilisten verübten Massaker zu minimieren. Doch wie ist es möglich, die israelische Reaktion auf den Angriff der Hamas am 7. Oktober 2023 zu verurteilen? Ist es nicht nachvollziehbar, dass Israel schnell und hart militärisch zurückschlug, um die unmittelbare Bedrohung durch Terroristen zu beenden, die mehr als tausend unschuldige Zivilisten brutal ermordet, Dutzende vergewaltigt und über zweihundert weitere entführt hatten und die androhten, derartige Angriffe zu wiederholen?

Wir können den Schmerz der Menschen im Gazastreifen nachempfinden, und wir wollen, dass das Töten aufhört. Aber ein Waffenstillstand, bei dem die Hamas an der Macht bleibt, bei dem der Gazastreifen weiterhin bewaffnet ist und seine Grenzen nach wie vor für Terroristen und anti-israelische Kämpfer durchlässig sind, ist keine praktikable Lösung.

Wir haben kein Verständnis für weiße Europäer, die von Israel Zurückhaltung verlangen und dem jüdischen Staat die alleinige Verantwortung für die Suche nach einer Lösung der humanitären Krise aufbürden. Ja, es gibt ein Machtungleichgewicht zwischen Israel und Palästina, aber nur, wenn man Israel/Palästina isoliert betrachtet und den breiteren Kontext außer Acht lässt. Im breiteren Kontext des Nahen Osten besteht jedoch der einzige Grund für die Existenz Israels darin, dass dieser Staat nicht nur die Macht hat, sich zu verteidigen, sondern dass er diese Macht auch zu nutzen bereit ist. Oft wirkt es in der europäischen Diskussion über die humanitäre Lage in Palästina und dem Gazastreifen, als gehe es nicht allein um die katastrophale Situation der Menschen dort. Vielmehr schwingen oft – bewusste oder unbewusste – antijüdischen Tendenzen mit, wenn Europäer über die Menschen in Palästina und dem Gazastreifen sprechen.

Es ist kräftezehrend, sich anzuhören, wie die Begriffe »Völkermord« oder »ethnische Säuberung« ausschließlich Israel und seiner Reaktion auf die Angriffe der Hamas angelastet werden, obwohl Letztere ausdrücklich einen Völkermord an den Juden beabsichtigt.*[275] Es ist

* Die völkermörderische Absicht der Hamas wurde bereits durch die Wahl der Opfer für die Angriffe vom 7. Oktober 2023 überaus deutlich: Wie ein Jude, der seit den

absolut zynisch: Der Staat Israel existiert nur deshalb, weil die europäische und die arabische Welt einen Völkermord an den Juden innerhalb ihrer Staatsgebiete versucht oder begangen haben, in dessen Folge dann eine ethnische Säuberung fast aller verbliebenen Juden in einem winzigen Raum, Israel, erfolgte. Nichtsdestotrotz sind jetzt viele Menschen in Europa und den arabischen Ländern verärgert, dass Juden überhaupt in ebendiesem Raum leben und ihn ihr Eigen nennen. Um das in einem vorhergegangenen Kapitel angeführte Zitat von Amos Oz zu paraphrasieren: Zunächst hieß es »Juden raus aus Europa und den arabischen Ländern!«, heute heißt es, »Juden raus aus Palästina!«.

Es ist anstrengend, sich ständig für die eigene jüdische Identität rechtfertigen zu müssen, wenn Nicht-Juden nachdrücklich darauf hinweisen, dass sie gegen jegliche von dem jüdischen Staat ausgehende Unterdrückung Stellung beziehen. Allzu oft scheinen weiße Europäer das Gefühl zu haben, ihr generelles Recht auf eine eigene Meinung genüge nicht, sondern sie hätten auch eine geradezu moralische Verantwortung, ihre Meinung zum Thema Israel/Palästina lautstark zu äußern. Aus jüdischer Sicht ist ein solches Verhalten höchst problematisch. Schließlich ist das Fortbestehen Israels, unabhängig von etwaigen Kritikpunkten an bestimmten politischen Praktiken, von absolut existenzieller Notwendigkeit für das weitere Überleben des jüdischen Volkes. Angesichts des Erstarkens von rechtsextremen Strömungen einerseits und »antirassistischem« Antisemitismus andererseits gibt es schlechthin keinen anderen Staat, der für Juden in Not einen verlässlichen Zufluchtsort darstellen könnte. Insofern als Europäer eine Mitschuld an der historischen Judenverfolgung und auch Anteil am gegenwärtigen Antisemitismus haben, können sie aus jüdischer Sicht keine moralische Verantwortung haben, sich zu Israel/Palästina zu positionieren. Im Gegenteil scheint es sogar fraglich, ob ihre persönliche Meinung zu Israel/Palästina überhaupt einen Platz in der öffentlichen Diskussion haben sollte. Natürlich sollten *alle*

2010er Jahren eine der wichtigsten globalen Kräfte für den jüdisch-muslimischen Dialog war, Zachary bei einem tränenreichen Mittagessen im November 2023 sagte: »Die Hamas hat am 7. Oktober weder Soldaten noch Siedler angegriffen. Sie hat die Besten von uns angegriffen: Die Friedensaktivisten und Koexistenz-Befürworter. Und unsere [muslimischen] Verbündeten, die wir seit Jahrzehnten vor dem Rassismus in Europa und den USA schützen, weigern sich, dies zu verurteilen, und machen allzu oft die Juden für diese Angriffe verantwortlich. Ich hatte noch nie so wenig Hoffnung [für Frieden in Israel/Palästina].«

Menschen, in Palästina und dem Gazastreifen ebenso wie in Israel, ihr Leben in Wohlbefinden und Frieden führen können. Aber es gehört doch eine unglaubliche Dreistigkeit dazu, wenn Europäer so tun, als obliege die Etablierung von Wohlbefinden und Frieden für alle allein Israel, während ihre eigenen Staaten keinerlei Verantwortung für die Situation in Israel/Palästina tragen. Deutschland als Initiator der Shoah sowie Initiator eine neue Art von Judenhass in den arabischen Welt kommt hier natürlich eine Sonderrolle zu, aber auch Frankreich und andere europäische Staaten haben während der Kolonialzeit, während des Nazi-Regimes und in den Jahrzehnten seit Ende des Zweiten Weltkrieges von der Ausbeutung und den Krisen in Nahost profitiert. Wenn ihr Privileg auf der jüdischen Unterdrückung beruht, welches Recht haben sie dann, eine Meinung zur israelischen Selbstverteidigung zu haben?

Der Autor James Baldwin, der sich intensiv mit dem Thema des Rassismus auseinandergesetzt hat, sagte 1961 in einem Interview über die Situation der schwarzen Amerikaner in den Vereinigten Staaten: »Ein Schwarzer in diesem Land zu sein und sich dessen relativ bewusst zu sein, bedeutet, dass man sich fast die ganze Zeit in einem Zustand der Wut befindet.«[276] Natürlich gibt es Unterschiede, und wir wollen die Situation der Juden in Europa nicht direkt mit der der schwarzen Amerikaner vergleichen. Dennoch lässt es sich nicht wegdiskutieren, dass ein Jude in Europa, der mit offenen Augen durch die Welt geht, seit dem 7. Oktober 2023 sich ständig entweder mit der eigenen Wut oder der eigenen Angst konfrontiert sieht.

Dies bringt uns zurück nach Deutschland und zu der Frage, was es bedeutet, in einer Kleinstadt auf Unzulänglichkeiten im Umgang mit Nazi-Profiteuren hinzuweisen. Und auch hier kommt schnell Wut ins Spiel.

Nestbeschmutzer*

Als wir anfingen, uns mit den Auswirkungen der deutschen Nazi-Vergangenheit auf unsere heutige Zeit zu beschäftigen, dachten wir,

* Auszüge aus diesem Kapitel erschienen 2022 als von Zachary verfasster Artikel in FRANKly:, The Fulbright Alumni e. V. Magazine unter dem Titel »No Perfect Model: The Façade of Vergangenheitsbewältigung.«

wir lebten in einem »sauberen Nest«, sogar in einem der wenigen sauberen Nester der Welt. Als wir von den Unzulänglichkeiten der deutschen Aufarbeitung erfuhren, gingen wir davon aus, dass diese anderen Menschen nicht bewusst seien, dass aber grundsätzlich das Wissen darum willkommen und notwendig sei, damit wir die Mängel der Aufarbeitung beheben und schließlich alle gemeinsam in einem »sauberen Nest« leben könnten. Wir dachten wirklich, dass wir der Stadt Unkel helfen würden, jenen Idealen gerecht zu werden, die ihre Repräsentanten in den Gedenkreden an die Opfer der Shoah thematisieren, und die tatsächlich jene Ideale sind, die die großartige Seite des Nachkriegsdeutschlands ausmachen und von denen auch Unkel zu glauben schien, dass es ihnen gerecht werde.

Nach der Veröffentlichung unserer Arbeit über das Familienunternehmen Henkel und die deutsche Aufarbeitungs- und Erinnerungskultur[277] wurden wir jedoch von einigen Unkelern so behandelt, als hätten wir das Nest der Kleinstadt geschändet. Wir wurden sogar von einflussreichen Unkeler Persönlichkeiten mit engen Beziehungen zum Bürgermeister, die offensichtlich von unserem Buch wussten, aus einer öffentlichen Veranstaltung geworfen. Vor den Augen unserer kleinen Kinder und ihrer Freunde sagte man uns: »Sie sind hier unerwünscht« und: »Ich hoffe, Sie werden kein weiteres Buch über dieses Thema veröffentlichen.« Um das klarzustellen: Wir waren nicht mit einer politischen Absicht dort. Wir hatten lediglich Unkeler Freunde zu einer öffentlichen Veranstaltung unter freiem Himmel begleitet, als uns lokale Prominente ansprachen, um uns vor unseren Kindern und Gleichaltrigen zu beschämen. Einer dieser Prominenten sollte kurz darauf von der rheinland-pfälzischen Landesregierung mit der Ehrennadel ausgezeichnet werden.

Diese Erfahrung kam für uns sehr überraschend. Wir hatten uns aktiv dafür eingesetzt, Unkel die Gelegenheit zu geben, die Unzulänglichkeiten der gegenwärtigen Praxis zu korrigieren. Das Ansinnen von *Brauner Boden* war nicht gewesen, die Kleinstadt zu beschämen, sondern Möglichkeiten aufzuzeigen, wie ein gelungenerer Umgang mit Nazi-Profiteuren und generell dem Nazi-Erbe Deutschlands aussehen könnte. Doch wenn wir uns die Erfahrungen anderer Forscher ins Gedächtnis rufen, die ebenfalls aufgrund ähnlich gelagerter Arbeiten über lokale Kontexte verunglimpft wurden,[278] hätte es uns nicht überraschen dürfen, dass wir durch unsere Forschung ebenfalls als Nestbeschmutzer abgestempelt wurden.

Die Einzigen, die von solchen Angriffen verschont bleiben, sind, so vermuten wir, die oft sehr renommierten Wissenschaftler, die ihre Forschungen in direkter Zusammenarbeit mit den jeweiligen Unternehmen oder Familiendynastien durchführen. Wir müssen klarstellen, dass es sich bei den Untersuchungen des Historikers und Experten für Unternehmensgeschichte Joachim Scholtyseck und anderen um Spitzenforschung handelt und wir die Verdienste ihrer Arbeit in keiner Weise in Abrede stellen. Im Gegenteil gibt es Anzeichen dafür, dass die Arbeit dieser Historiker in den kommenden Jahren noch relevanter sein wird als bisher: So war die journalistisch gelagerte Arbeit von de Jong so mitreißend, dass die Firma Porsche und die dahinter stehenden Familien nach der Veröffentlichung von *Braunes Erbe* Scholtyseck damit beauftragten, eine Biografie des *jüdischen* Porsche-Mitbegründers Adolf Rosenberger zu schreiben.[279] Dieser wurde, wie de Jong anschaulich erzählt, durch das Nazi-Regime verfolgt, verlor seinen Posten bei Porsche und einen Teil seines Besitzes, bevor er in die Vereinigten Staaten emigrierte, wobei die Porsche-Familie die Judenverfolgung im Dritten Reich ausgenutzt zu haben scheint, um sich Rosenberger zu entledigen.[280] Es ist zu hoffen, dass dies den Beginn eines kulturellen Wandels darstellt, im Rahmen dessen jüdische Geschichten nicht mehr nur als Opfergeschichten dargestellt werden, sondern ihnen die Aufmerksamkeit von renommierten Historikern zuteilwird.*

Eines der Hauptprobleme bei solchen Werken von bedeutenden Historikern ist jedoch die Art und Weise, wie sie in Zusammenarbeit mit den Familien und Unternehmen in die Welt getragen werden. Allzu oft gehen die Veröffentlichungen einher mit Pressekonferenzen, die den Mut der Unternehmen preisen, sich mit ihrer Nazi-Geschichte auseinanderzusetzen. Auf diese Weise werden die Unternehmen immer wieder für ihre Aufarbeitung gefeiert, während Empfehlungen zur Veränderung des Status quo ausbleiben. Das ist der wesentliche Unterschied zwischen ebenjenen renommierten Wissenschaftlern und den Forschenden, die nicht direkt mit diesen Unternehmen kooperieren und dadurch mitunter das Etikett »Nestbeschmutzer« erhalten.

---

* Ein nächster Schritt wäre zweifelsohne, dass diese Biographien nicht nur von Angehörigen der Tätergruppe verfasst werden, sondern dass ähnlich, wie in den Vereinigten Staaten schwarze Amerikaner über herausragende Persönlichkeiten ihrer eigenen Gruppe schreiben, auch in Deutschland eines Tages hochangesehene jüdische Wissenschaftler das Leben und Wirken jüdischer Personen präsentieren.

Insofern als diese Angriffe auf die Person von Forschenden auf lokaler Ebene stattfinden, oft sogar als Flüsterkampagnen, zeigt sich, dass Deutschland in der Aufarbeitung auf individueller Ebene nicht weiter ist als irgendeine Gemeinde im tiefen Süden der Vereinigten Staaten. Indem wir unangenehme Fragen zur deutschen Vergangenheit und ihren heutigen Auswirkungen stellten, haben wir uns selbst zum Feind all jener gemacht, die sich lieber nicht damit beschäftigen wollen, was sich unter der vermeintlich weißen Weste Deutschlands befindet. Wenn wir Nestbeschmutzer sind, bedeutet das jedoch auch, dass diejenigen, die uns als solche bezeichnen, wissen, wie es tatsächlich um die weiße Weste steht. In ihren Augen war es unsere offene Diskussion über die darunterliegenden Gefilde, die das Nest offenkundig und offensichtlich schmutzig machte.

Wie der jüdische Autor und Journalist Kurt Tucholsky (dessen Bücher zu den ersten gehörten, die von den Nazis verbrannt wurden), 1922 feststellte: »Im Übrigen gilt ja hier derjenige, der auf den Schmutz hinweist, für viel gefährlicher als der, der den Schmutz macht.«[281] Unsere Erfahrung zeigt rund 100 Jahre später, dass dies immer noch der Fall ist. Bei der Aufarbeitung geht es nicht darum, den Schmutz zu beseitigen. Vielmehr wirkt die Aufarbeitung oft wie ein Selbstzweck, als gehe es nur darum zu zeigen, wie sehr man sich um eine Aufarbeitung bemüht, nicht aber darum, tatsächliche Veränderungen herbeizuführen.

Dennoch bleibt die Frage: Was genau macht dieses deutsche Nest so schmutzig? Im nächsten Abschnitt werden wir sehen, was es für den deutschen Alltag bedeutet, dass so viele Unternehmen und Institutionen durch und durch nazifiziert geblieben sind.

Teil III: Durch und durch

Unsichtbare Opfer und fortbestehende Täterstrukturen

Warum wird Ilse Bagel von der Stadt Unkel und der Familie Henkel als Mutter, Ehefrau, Unternehmerin und heldenhafte Überlebende gefeiert, während den Juden nur die Opferrolle zugestanden wird? Warum wird Julie Levy nicht für ihre Rolle als Teil der Gesellschaft gefeiert, wenn ihrer gedacht wird? Warum werden Parks nach den Tätern benannt und kleine Steine am Straßenrand vor Hauseingängen nach den Opfern?

Forschungsergebnisse haben gezeigt, welchen Wert die Zerstörung von Friedhöfen für europäische Geschichtsrevisionisten hat: Ein Friedhof verweist auf eine langjährige Verbundenheit mit einem Ort. Er zeigt die Verwurzelung einer Gruppe an einem bestimmten Ort an.[282] Die Zerstörung jüdischer Friedhöfe war insofern ein Mittel, um den Mythos, dass Juden an diesen Orten nie eine Geschichte gehabt hätten, zu legitimieren.[283]

Wenn alle Zeichen jüdischen Lebens beseitigt werden, dann werden Fragen nach gestohlenem Reichtum und gestohlenem Land weniger drängend. Werden die Juden dagegen als vollwertige Personen, als soziale und wirtschaftliche Akteure anerkannt, bleibt die Frage aktuell, wem ihre Häuser und Vermögenswerte heute gehören. Es scheint, als sei es für eine Gesellschaft, die ihre Nazi-Strukturen nie ausgelöscht hat, einfach bequemer oder zumindest unendlich einfacher, Juden als Fußnote in der Geschichte stehen zu lassen, als die Realität in all ihren Dimensionen anzuerkennen.

Schließlich geht es nicht nur um Ilse Bagel und Henkel. Die fortdauernde Nazifizierung schließt zweifellos die Familienunternehmen von Henkel, Quandt, Oetker oder Schickedanz mit ein, aber sie endet hier nicht. Der Punkt ist, dass diese Namen nur den Gipfel markieren, dass aber durch diese Familienunternehmen und andere die Nazi-Belastung sich letztlich auf die ganze Gesellschaft ausdehnt.

Kommunale Mittäterschaft

Diese Erkenntnis bringt uns zurück nach Unkel. Angesichts des Wissens um die Geschichte der Firma Henkel erscheint die Praxis, öffentliche Räume nach Mitgliedern der Familie Henkel zu benennen als implizite Gegenleistung für deren finanzielle Beteiligung an ebendiesen Räumen, äußerst bedenklich. Ilses Sohn Fritz Bagel, geboren 1933, war während der Nazizeit noch ein Kind. Später, als Erwachsener, wurde Fritz Bagel ein größer Gönner und viel gelobter Ehrenbürger der Stadt Unkel. Zweifellos profitiert das öffentliche Leben der Kleinstadt bis heute von seinem Kapital. Fritz Bagel selbst wurde »zu spät« geboren, um in die dunkle Geschichte der Firma Henkel verwickelt zu sein. Dennoch muss die Benennung wichtiger öffentlicher Plätze nach ihm, wie sie Unkel wiederholt anzutreffen sind,[284] im Kontext der deutschen Geschichte gesehen werden, da seine eigenen finanziellen Mittel mit ziemlicher Sicherheit mit diesem schmutzigen Teil der Firmengeschichte in Verbindung standen.

In Exodus 34:7 erklärt die Tora, dass der hebräische Gott zwar barmherzig ist, aber dennoch »die Missetat der Väter [Eltern] heimsucht auf Kinder und Kindeskinder bis ins dritte und vierte Glied [bis in die dritte und vierte Generation]«. Dennoch ist drei Bücher später in Deuteronomium 24:16 zu lesen: »Die Väter [Eltern] sollen nicht für die Kinder noch die Kinder für die Väter [Eltern] sterben, sondern ein jeglicher soll für seine Sünde sterben.« Die Frage der Verantwortung für die Sünden der Vorfahren ist kompliziert, und das schon seit Jahrtausenden. In *Brauner Boden* haben wir zu diesem Thema festgehalten: »Die Generation vor den Nazis kann nicht für die Verbrechen ihrer Kinder verantwortlich gemacht werden, und Kinder von Nazis sind nicht für die Sünden ihrer Eltern verantwortlich.«[285] Diese klare Trennung der Verantwortungsfrage gilt jedoch nur, wenn eine tiefgreifende Aufarbeitung stattfindet, das heißt, dass mögliche Sünden von Familienmitgliedern kritisch hinterfragt werden und diese Verbrechen nicht länger die Quelle von Profit und Privilegien für die nachfolgenden Generationen sind. Bleibt dies dagegen aus, dann ist es umso beunruhigender, wenn Kinder und Enkelkinder den Nazi-belasteten Reichtum ihrer Familien dazu verwenden, sich selbst als Mäzen ein Denkmal zu setzen oder ausgerechnet jene Vorfahren zu ehren, die Nazi-Kollaborateure oder Schlimmeres waren.

Wenige Monate nach der zuvor erwähnten Umbenennung des Unkeler Parks zu Ehren von Ilse Bagel verstarb Fritz Bagel. Anlässlich des

Trauerfalls sammelten die Hinterbliebenen Spenden zugunsten der Kleinstadt, der sich der Verstorbene eng verbunden gefühlt hatte. Erneut oblag es dem Stadtrat, über die Annahme einer Spende, diesmal in Höhe von 58 000 Euro, zu entscheiden.[286] Da die Umbenennung des Parks in Verbindung mit der damaligen Spendenannahme bei einigen Ratsmitgliedern ein ungutes Gefühl hinterlassen hatte, wurde der Bürgermeister um Auskunft bezüglich der individuellen Quellen der jetzigen Spende gebeten. Aus »Pietätsgründen« verwehrte sich der Bürgermeister jedoch der Öffentlichmachung dieser Informationen; gleichzeitig war er aber bereit, die Entscheidung über die Spendenannahme zu verschieben und in der Zwischenzeit Ratsmitgliedern die Möglichkeit zu geben, die Spenderliste einzusehen.[287] Verbunden war dies mit der Aufforderung, die Identität der Spendenden vertraulich zu behandeln.[288]

Grundsätzlich ist es natürlich nachvollziehbar, dass Spenden im Zusammenhang mit einem Trauerfall mit besonderem Fingerspitzengefühl behandelt werden. Nichtsdestotrotz bedeutet das Vorgehen in genanntem Fall ein Abweichen von dem sonst üblichen Verfahren: Normalerweise wird im Rahmen der öffentlichen Sitzung über eine Spendenannahme entschieden, wobei die Herkunft des Geldes transparent gemacht wird. Die Tatsache, dass nach dem Versterben Fritz Bagels mit der assoziierten Spende anders verfahren wurde, suggeriert, dass das besondere Verhältnis der Kleinstadt zu ihrem Mäzen ein Grund für die Abweichung darstellte. Angesichts der ewig knappen Kassen vieler Kommunen sind diese sich ihrer Abhängigkeit von privaten Zuwendungen klar bewusst gewesen sein. Tatsächlich ist diese Abhängigkeit sogar institutionalisiert, insofern als im *Kommunalbrevier* zur Gemeindefinanzierung dazu aufgerufen wird, in Finanzierungsfragen transparent zu handeln, gleichzeitig aber klargestellt wird: »Spenden und ähnliche Zuwendungen Dritter an die Gemeinde sind ein gängiges Finanzierungsmittel. Die Gemeinden sind auf solche Leistungen ihrer Bürgerinnen und Bürger angewiesen.«[289] Hieraus folgt unweigerlich, dass Kommunen vom Mäzenatentum abhängig sind – außer Acht gelassen wird jedoch die Frage, was dies für deren politische Unabhängigkeit bedeutet.

Wenn die politische Unabhängigkeit der Kommunen vom Mäzenatentum nicht garantiert ist, bedeutet dies, dass sogar das Geld aus Familien von Nazi-Profiteuren Einfluss auf die Entscheidungen von kommunalen Gremien nehmen kann. Um dies zu verhindern, reicht es nicht aus, die Namen von Spendenden öffentlich zu machen, sofern nicht zusätzlich hinterfragt wird, inwiefern deren Gelder Nazi-belastet sein könnten und ob Deutschland nicht eine viel tiefergehende Aufarbeitung der Wirtschaft inklusive ihrer Beziehung zur (Lokal-)Politik benötigt. Schließlich gilt, wie der deutschstämmige israelische Historiker Avraham Barkai festgehalten hat:

> »Mehr als irgendeine andere Gesellschaftsschicht profitierten die Unternehmer vom Wirtschaftsaufschwung und der Aufrüstung, und danach – im Kriege – von den Früchten der Ausplünderung der Juden und der eroberten Gebiete.«[290]

Heute sind es ebenjene Angehörigen der Wirtschaft, die das öffentliche Leben in einer Vielzahl deutscher Städte als Mäzene finanzieren.

Im Oktober 2022, nachdem wir als Nestbeschmutzer der zuvor erwähnten öffentlichen Veranstaltung verwiesen worden waren, legte Unkel noch einmal nach. Ende des Monats wurde ein großer Teil des Weges entlang des Rheins in Fritz-Bagel-Boulevard umbenannt, zu Ehren des kürzlich verstorbenen Wohltäters der Stadt, Ilses Sohn. Bei der Einweihung dieses Weges hielten der Bürgermeister und andere Persönlichkeiten Reden, in denen sie die Großzügigkeit von Fritz Bagel hervorhoben. Diese Worte waren eine weitere Würdigung des Lebens von jemandem, dessen Reichtum nur möglich war, weil die Entnazifizierung nie wirklich durchgeführt wurde. Wir müssen es noch einmal sagen, weil es für uns selbst immer noch schwer zu glauben ist: Die Großzügigkeit von Fritz und Ilse Bagel gegenüber der Stadt Unkel ist nicht zu trennen von den Gewinnen aus dem Einschmelzen des Goldes aus den Zähnen der KZ-Opfer und aus der Herstellung sowie dem Verkauf des Giftgases, mit dem sie ermordet wurden. Mit diesem Geld wird die Erneuerung dieser öffentlichen Räume in Unkel und in unzähligen anderen Städten in Deutschland finanziert.

Ein weiteres Beispiel für eine enge Beziehung von einem Nazi-belasteten Unternehmen und einer Stadt ist der Fall des Sportartikelherstellers Adidas in Pirmasens.* Im Jahr 2014 wurde in dieser Stadt ein Kreisverkehr mit einem riesigen, von Adidas gestifteten Fußball in der Mitte Käthe Dassler, der Ehefrau des Firmengründers Adolf Dassler,

* Auf die Art der Nazi-Belastung von Adidas gehen wir im Kapitel »Der neue deutsche Nationalismus« näher ein.

gewidmet. Im Jahr 2021 wurde eine Schule in derselben Stadt ebenfalls nach Käthe Dassler benannt.[291] Pirmasens liegt in demselben Bundesland wie Unkel, so dass hier genau die gleichen Gesetze gelten wie bei dem Vorgehen im Falle des Ilse-Bagel-Parks. Und auch hier wird die Quelle des Kapitals und des politischen Gewichts von Käthe Dassler nicht näher hinterfragt in der Hoffnung, die Stadt könne weiterhin von der Großzügigkeit der Adidas-Familie profitieren.

Ob Parks in Unkel, die nach Ilse Bagel benannt sind, Schulen und Kreisverkehre in Pirmasens, die nach Käthe Dassler benannt sind, Museen in Bielefeld,[292] die nach Richard Kaselowsky (Dr. Oetker) benannt sind, oder Wanderwege, die nach dem Nazi-Sturmtruppenmitglied und Keksunternehmer Klaus Bahlsen benannt sind[293] – die Liste Nazi-belasteter Namensgebungen in Deutschland könnte ein ganzes Buch füllen. Diese Widmungen, die in der Regel von einer Geldspende der Familie des Geehrten begleitet werden, zeigen die grundsätzliche Bereitschaft, Nazi-Profite zur Finanzierung des öffentlichen Lebens in Deutschland fraglos anzunehmen. Warum sprechen Bürgermeister und andere lokale Repräsentanten bei Gedenkveranstaltungen mit großem Bedauern vom jüdischen Tod, während sie sonst das Leben dieser Nazi-Profiteure ausgiebig ehren? Würden sie begreifen, dass Juden weit mehr sind als die fast anonyme Masse der Shoah-Opfer,[294] müssten diese Würdenträger auch dem Nazi-Erbe anders begegnen. Sie müssten anerkennen, dass es die Mäzenatenfamilie ihrer eigenen Stadt war, die mehr oder weniger direkt an der Auslöschung des jüdischen Lebens beteiligt war, und dass das Geld, mit dem sie die zentralen Attraktionen und das öffentliche Leben ihrer Stadt finanzieren, direkt auf dem Mord an den Juden beruht, die einst Teil des sozialen Gefüges Deutschlands und Europas waren. Juden tatsächlich als Teil der deutschen und europäischen Gesellschaft sowie als lebendige Akteure zu begreifen, würde auch bedeuten, dass ihre Forderung nach Gerechtigkeit Gehör finden müsste. Vielleicht ahnen die Kommunen, dass sie keine Gelder von Henkel, Adidas, Bahlsen, Bentz, Oetker, Flick, Krupp, von Finck oder Quandt bekommen würden, wenn es in Deutschland diese Gerechtigkeit gäbe. Aufgrund der finanziellen Engpässe in den Kommunen und der gesellschaftlichen Bedeutung des öffentlichen Lebens würde dies zweifellos die kommunale Arbeit erschweren. In diesem Zusammenhang mag es einfacher erscheinen, die armen toten Juden ritualisiert zu beweinen und ansonsten die (Mit-)Täter der Shoah zu feiern.

Tatsächlich bleibt dieser Missstand nicht auf lokalpolitische Würdenträger und die öffentliche Verwaltung der Kommunen beschränkt. In vielen deutschen Städten werden die örtlichen Geschichts- und Sportvereine sowohl von einem lokalen Mäzen (je nach Ortschaft aus dem Hause Henkel, Melitta, Bahlsen, Schickedanz oder anderen) als auch von der örtlichen Bank finanziell unterstützt. Bei Letzterer kann es sich um eine Filiale der Deutschen Bank[295] handeln, die im Magazin *Commentary* bereits 1949 als »Rückgrat des Bankensystems des Nazi-Imperialismus«[296] bezeichnet wurde aufgrund ihrer zentralen Rolle bei den Arisierungen. Vielleicht zählt die Filiale auch zur Commerzbank, die nachweislich an Arisierungen beteiligt war, wobei sie kaum Skrupel zeigte, die Nazi-Rassenpolitik auszunutzen, und womöglich auch die jüdischen Opfer der Arisierungen unmittelbar antisemitisch anfeindete.[297] Oder aber die Filiale gehört zur weitaus stärker lokal ausgerichteten Sparkasse, deren Nazi-Verstrickungen ebenfalls starke Parallelen zur Rolle der Deutschen Bank in der Nazi-Zeit aufweisen.[298] Allzu oft sind lokale Vereine auf das Geld dieser Nazi-Profiteure angewiesen, um zu überleben. Tatsächlich erhalten auch die örtlichen Schulen und Kindergärten Spenden in beträchtlicher Höhe sowohl von Mäzenen als auch von diesen Banken zur Durchführung von Verkehrssicherheitskursen oder, während der Corona-Pandemie, als Investitionen in die Infrastruktur für hybrides Lernen und eine verbesserte Belüftung, so dass sogar diese örtlichen Bildungseinrichtungen in das Nazi-belastete lokale System integriert werden.[299]

Braune Stiftungen

Oftmals gehen Spenden nicht unmittelbar von Mäzenen oder Institutionen aus, sondern stammen aus Stiftungen, die diesen Familien und Unternehmen nahestehen. Stiftungen sind ein entscheidender Motor für die deutsche Zivilgesellschaft. Es gibt über 25 000 dieser Stiftungen in Deutschland, und wir würden gerne eine akademische Aufarbeitung darüber sehen, wie viele von ihnen auf die eine oder andere Weise durch Nazi-Profite belastet sind. Aber selbst ein ausführliches Vorstellen aller Stiftungen, von denen wir bereits wissen, dass sie Verstrickungen mit dem Nazi-Regime aufweisen, würde den Rahmen dieses Buches sprengen und eine eigene Enzyklopädie belasteter Fundationen schaffen. Wir werden jedoch auf einige der »Spitzenreiter« eingehen und erläutern, wie sie ihre im Zusammenhang mit dem Völkermord oder anderen Nazi-Verbrechen erlangten Gewinne nutzen, um sich zum Aushängeschild des moralischen modernen Deutschlands zu machen.

Wie wir in diesem Kapitel sehen werden, sind viele dieser Stiftungen größtenteils auf Vermögenswerten aufgebaut, die im Zuge der Entnazifizierung beschlagnahmt und dann an ebendiese Personen und Unternehmen zurückgegeben wurden. Die Unternehmen, auf die sich solches Stiftungskapital stützt, konnten ihren Reichtum also nur deshalb in der Nachkriegszeit aufbauen, weil ihnen ihre unrechtmäßigen Gewinne nicht dauerhaft entzogen worden waren. Um die Dimensionen der Verbrechen und des Geldes, von denen wir sprechen, zu veranschaulichen, untersuchen wir hier ein paar Dutzend der wichtigsten deutschen Stiftungen.*

Die größte deutsche Stiftung ist, was vielleicht nicht überrascht, die Volkswagen Stiftung. Volkswagen und Porsche haben eine dunkle Nazi-Vergangenheit als Hitlers geliebte Automobilhersteller, und ihre Geschichte der Arisierung, der brutalen Zwangsarbeit und ihre Zusammenarbeit mit dem Nazi-Regime ist hinlänglich bekannt.[300] Die Gewinne aus diesen Verbrechen sind auch die Grundlage für die 3,5 Milliarden Euro schwere Stiftung.

International weniger bekannt, aber nicht weniger einflussreich in Nazi-Kreisen war der Industrielle Alfried Krupp von Bohlen und Halbach. In einer Korrespondenz über den Einsatz von Zwangsarbeitern innerhalb des Familienunternehmens Friedrich Krupp AG (Industrietechnik und Stahlproduktion) versicherte Krupp von Bohlen und Halbach, »dass zwischen dem Büro [das heißt seinem Büro] und Auschwitz das engste Einvernehmen besteht und für die Zukunft gewährleistet ist«.[301] Im Zusammenhang mit dem Wirken des US-Hochkommissars McCloy haben wir bereits an früherer Stelle auf Krupp von Bohlens Nazi-Belastung hingewiesen.** Tatsächlich wurde der Industrielle aufgrund der Verstrickung seines Unternehmens in Kriegsverbrechen

---

* Die hier aufgeführten Stiftungen haben wir ausgewählt ausgehend von Informationen auf der Internetpräsenz des Bundesverbands Deutscher Stiftungen. In der Zeit, die wir mit dem Verfassen dieses Buches verbrachten, wurden die Ranglisten laufend angepasst und mitunter wurden abweichende Rankings von Finanzjournalisten oder anderen wirtschaftlich interessierten Outlets veröffentlicht. Die grundsätzlichen Charakteristika, auf die wir in diesem Kapitel eingehen, bleiben davon jedoch unberührt.

** Hitler erließ eigens einen Führererlass, der heute als Lex Krupp bekannt ist, um sicherzustellen, dass Alfried alleiniger Erbe des Konzernvermögens wurde, während

und Verbrechen gegen die Menschlichkeit verurteilt. Doch obwohl er in Nürnberg in einem Prozess, der dem Friedrich Flicks ähnelte, zu zwölf Jahren verurteilt wurde, kam er bereits nach drei Jahren aus dem Gefängnis frei. Auf Anweisung von McCloy erhielt er darauffolgend sein beschlagnahmtes Eigentum zurück und durfte seine Geschäfte wieder aufnehmen.[302] Die Stiftung, die Krupps Namen trägt (Alfried Krupp von Bohlen und Halbach-Stiftung) und auf seinen Gewinnen und seinem Vermögen aufbaut, wird derzeit auf 1,2 Milliarden Euro geschätzt. Skurriler Weise hat ebendiese Stiftung manche der Publikationen unterstützt, auf denen unsere Forschung aufbaut, wie zum Beispiel *Die Deutsche Judenverfolgung im Dritten Reich*, herausgegeben von Ursula Büttner, auf die wir uns in diesem Buch wiederholt berufen.

Die Firma Krupp fusionierte 1992 mit der ebenfalls Nazi-belasteten Firma Hoesch[303] (Rüstungsproduzent in der Nazi-Zeit, der in großem Umfang Zwangsarbeiter einsetzte) zur Friedrich Krupp AG Hoesch-Krupp, und 1999 fusionierte diese Firma mit der Firma Thyssen (auf die wir weiter unten eingehen) zu ThyssenKrupp. ThyssenKrupp hätte heute nicht Platz 15 der Rangliste von Deutschlands größten Unternehmen inne, wenn jene Gewinne aus der Nazi-Zeit, die bis heute den Kern des 34-Milliarden-Euro-Unternehmens ausmachen, im Rahmen einer gründlichen Entnazifizierung enteignet worden wären, statt 1952 an die Familien und den Konzern zurückgegeben zu werden. Natürlich können die Stiftungen, die mit Alfried Krupp von Bohlen und Halbach assoziiert sind, die deutsche Zivilgesellschaft nur fördern, weil keine tiefgreifende Entnazifizierung stattgefunden hat.

Von ähnlicher Größe und Bedeutung wie die Alfried Krupp von Bohlen und Halbach-Stiftung ist die Bertelsmann Stiftung. Wir werden die Nazi-Vergangenheit von Bertelsmann bei der Erörterung der modernen deutschen Verlagswesen untersuchen. Hier sei daher nur genannt, dass die Bertelsmann-Stiftung über ein Eigenkapital von mehr als 1,3 Milliarden Euro verfügt und gemeinsam mit eng verbundenen Stiftungen (der Bertelsmann Verwaltungsgesellschaft-Stiftung und der Reinhard-Mohn-Stiftung, letztere benannt nach dem Nazi-belasteten Nachkriegsdirektor von Bertelsmann) 80 Prozent der Aktien des multinationalen Massenmedienkonglomerats Bertelsmann im Gesamtwert von über 31 Milliarden Euro besitzt.

---

seine Geschwister leer ausgingen. Im Dezember 1943 wurde er zum Alleininhaber der Firma.

Auch die Carl-Zeiss-Stiftung steht mit einem Wert von knapp einer Milliarde Euro weit oben auf der Liste. Der Einsatz von Tausenden von Zwangsarbeitern bei der militärischen Aufrüstung für die Nazis[304] und die Förderung der eugenischen »Rassenforschung«[305] durch die Firma Zeiss hätten jedoch dazu führen müssen, dass der Name Carl Zeiss auf die Liste der Täter gesetzt wird, anstatt heute als großer Wohltäter geehrt zu werden.

Auch die Hertie-Stiftung, die sich heute auf die Förderung der Demokratie und der neurologischen Forschung konzentriert, ist mit einem beträchtlichen Eigenkapital ausgestattet, das sich auf etwa 800 Millionen Euro beläuft. Wir haben bereits an früherer Stelle die Hertie-Stiftung vorgestellt als Organisation, die in der Vergangenheit unsere Arbeit finanziert hat, deren Reichtum jedoch nicht zuletzt auf Arisierungen beruht.

Um auf das Unternehmen ThyssenKrupp zurückzukommen: Die Fritz-Thyssen-Stiftung hat einen Wert von mehr als einer halben Milliarde Euro, also deutlich niedriger als ihr Kruppsches Pendant, aber immer noch in einer Größenordnung, die die Stiftung zweifellos zu den einflussreichsten ihrer Art zählen lässt. Fritz Thyssen war bedeutsam als Gönner rechtsorientierter Parteien bis 1933, unterstützte bereits früh die Nazis und blieb ein wichtiger und einflussreicher Nazi bis 1939. Obwohl er ein Befürworter eines starken autokratischen Nationalismus und Antikommunismus war, war er auch ein gläubiger Katholik und kritisierte zunächst die Verfolgung der Christen durch die Nazis und später das Novemberpogrom gegen die Juden, so dass seine Kritik an der Nazi-Politik im Laufe der Zeit zur Gefahr für ihn wurde. Seine Ablehnung des Krieges im Jahr 1939 beruhte zunächst auf wirtschaftlichen Erwägungen, da er nicht wollte, dass Deutschland bei der Versorgung mit Rohstoffen von Russland abhängig und dadurch seine Stellung als Weltmacht verlieren würde.[306] Diese Opposition veranlasste die Nazis, sein gesamtes deutsches Vermögen zu beschlagnahmen. Obwohl er aus dem Land floh, wurde er in Frankreich gefangen genommen und war bis zum Ende des Zweiten Weltkriegs in den Konzentrationslagern Sachsenhausen und Dachau inhaftiert.

Thyssen selbst ist eine interessante Persönlichkeit, die über diese kurze Skizze hinaus Aufmerksamkeit verdient. Doch entsprechend dem Schwerpunkt unseres Buches wollen wir hier dem Geld folgen: Die Nazis konfiszierten und verstaatlichten den Thyssen-Konzern, was bedeutet, dass er maßgeblich zum Wachstum der wirtschaftlichen und militärischen Macht der Nazis beitrug und auch zur Unterstützung ihrer Verbrechen herangezogen wurde. Wie auf dem Online-Portal zur deutschen Geschichte, einem Kooperationsprojekt der Stiftung Deutsches Historisches Museum, der Stiftung Haus der Geschichte der Bundesrepublik Deutschland und des Bundesarchivs, zu lesen ist:

> »Vor allem Großunternehmer aus der Schwerindustrie wie Emil Kirdorf, Albert Vögler, Fritz Thyssen, Robert Bosch und Gustav Krupp von Bohlen und Halbach profitierten von der NS-Wirtschaftspolitik und der forcierten Aufrüstung. Der Anteil für Rüstung und Militär an den Gesamtausgaben des Staatshaushalts stieg zwischen 1933 und 1936 von vier auf 39 Prozent. 1938 wurden schließlich die Hälfte aller Staatsausgaben für Rüstung und Kriegsvorbereitung verwendet.«[307]

Andere, radikalere Quellen erzählen die Geschichte etwas ausführlicher und betonen, dass das Unternehmen ungeachtet der ambivalenten Haltung Fritz Thyssens gegenüber den Nazis stark in die Kriegswirtschaft eingebunden gewesen sei. Dazu gehörte auch der Einsatz von Zwangsarbeitern aus dem Ausland, die in speziellen Lagern auf dem Firmengelände interniert waren:

> »Die Lager, in denen die Arbeiter untergebracht waren, ähnelten den Konzentrationslagern. Die Ausstattung mit Betten und sanitären Anlagen war miserabel, und die Lager waren von Stacheldrahtzäunen oder hohen Mauern umgeben. Außerdem waren die Gefangenen der Willkür von bewaffneten Wachen ausgeliefert, die immer wieder Gefangene ermordeten.«[308]

In den Nachkriegsjahren wurde das Unternehmen mit all seinen Profiten aus der Nazi-Zeit an die Familie Thyssen zurückgegeben,[309] und mit diesem Geld (100 Millionen DM, inflationsbereinigt für 2021 etwa 250 Millionen Euro) wurde die Fritz-Thyssen-Stiftung gegründet. Mit dieser Stiftung wollten die Ehefrau und die Tochter von Fritz Thyssen Letztgenannten ehren, der 1951 in Argentinien gestorben war. Während das Unternehmen nach dem Tod der Witwe von Fritz Thyssen in den 1960er Jahren aufhörte, ein Familienunternehmen zu sein, profitieren die Familie und das aufgebaute Unternehmen bis heute von dem nicht zuletzt während der Nazi-Zeit erwirtschafteten Vermögen.[310]

Etwa das gleiche wirtschaftliche Gewicht wie Thyssen hat die nach Kurt Adolf Körber benannte Körber-Stiftung. Aufgrund seiner Nazi-Parteimitgliedschaft, seiner Rolle in der Nazi-Kriegswirtschaft, unter anderem als Leiter eines der wichtigsten deutschen Rüstungsbetriebe, und seines Einsatzes von 3000 Fremd- beziehungsweise Zwangsarbeitern, darunter auch KZ-Opfer, gilt Körber weithin als belastet durch seine Nazi-Vergangenheit.[311]

Passenderweise folgt gleich nach Körber die Mahle-Stiftung, die durch ihre Rolle bei der Lieferung von Motoren und Flugzeugteilen für die Kriegsmaschinerie der Nazis und den Einsatz von über 6 000 Zwangsarbeitern belastet ist. Der heutige Automobilzulieferer Mahle ist auch insofern interessant, als Mahle auf eine Vergangenheit als Nazi-Musterbetrieb zurückblickt und dennoch das Komplott gegen Hitler am 20. Juli 1944 aktiv unterstützt hatte. Nichtsdestotrotz fungierte Mahle als Unterstützer der Nazis und griff dazu auch auf die Arbeitskraft Tausender von Zwangsarbeitern zurück,[312] so dass der heutige Reichtum der Stiftung nur möglich wurde, weil es keine tiefgreifende Entnazifizierung gab.

Etwa genauso groß wie die Mahle-Stiftung ist die Gerda Henkel Stiftung, die sich der Förderung der geisteswissenschaftlichen Forschung widmet. Gerda Henkel war die Ehefrau von Hugo Henkel, der zu den 42 Industriellen gehörte, die auf der Kriegsverbrecherliste des Unterausschusses für Kriegsmobilisierung des US-Senats standen.[313] Ihre Tochter Lisa Maskell, eine weitere Henkel-Erbin, gründete die Stiftung zu Ehren ihrer Mutter, wobei sie auf die im Vorherigen bereits diskutierten Henkel-Gewinne aus der Arisierung und anderen Gräueltaten zurückgreifen konnte.

Wir gelangen zur RAG-Stiftung,* mittels derer die Folgekosten des deutschen Steinkohlebergbaus in drei Gebieten finanziert werden sollen. Zugleich widmet sie sich der Folgelasten der RAG Aktiengesellschaft, deren Eigentümerin sie mittlerweile ist, und fördert Bildung, Wissenschaft und Kultur. Anteilseigner dieser RAG Aktiengesellschaft (früher Ruhrkohle AG) waren jedoch zunächst die jeweiligen Aktiengesellschaften des Energiekonzerns E.ON (entstand aus dem

* Genauere Informationen zu den im Zusammenhang mit der RAG-Stiftung erwähnten Unternehmen sind auf deren Websites zu finden.

Zusammenschluss von VEBA* und VIAG**), des Energieversorgungskonzerns RWE, des Industriekonzerns und Stahlriesen ThyssenKrupp und des französischen Stahlherstellers Société Nouvelle Sidéchar SARL, die ihre Anteile 2007 zu einem symbolischen Preis an die RAG-Stiftung verkauften. Heute ist die RAG-Stiftung wiederum Hauptaktionär der Evonik Industries AG, einem führenden Unternehmen der Spezialchemie-Branche, das unter anderem auf die bereits im Zusammenhang mit Henkel erwähnte und auf geradezu erschreckende Weise in die Shoah verwickelte Degussa zurückgeht. Doch die Bedeutung des Evonik-Vorgängers Degussa für die Juden endete nicht mit dem Zweiten Weltkrieg, sondern machte etwa um die Jahrtausendwende herum wieder Schlagzeilen anlässlich der Errichtung und Gestaltung des Denkmals für die ermordeten Juden Europas in Berlin: Ausgerechnet jenes Unternehmen, das von den Goldzähnen der KZ-Opfer unmittelbar profitiert und durch sein Tochterunternehmen Degesch das Gas zur Ermordung der Juden in Auschwitz produziert hatte, verdiente nun ein weiteres Mal an der Shoah, indem es Betonverflüssiger und Schutzbeschichtungen für das Mahnmal der Opfer lieferte. Möglich wurde dies aufgrund der Einschätzung, die Degussa habe ihre dunkle Vergangenheit ausreichend aufgearbeitet.[314]

Doch dürfen wir auch bei den Stiftungen, die sich um einen relativ transparenten Umgang mit der Geschichte ihres Vermögens bemühen, nicht vergessen, dass dieser Teilaspekt der Aufarbeitung nicht gleichbedeutend ist mit einer Entnazifizierung, die die Täter bestraft und ihnen die durch die Shoah gewonnene Profite weggenommen hätte. Dies wird am Beispiel der Degesch als Tochter der Degussa, deren Erbe heute bei Evonik und damit auch der RAG liegt, allzu deutlich. So ist auf der Internetseite von Evonik zu lesen:

> »Degesch-Geschäftsführer Dr. Gerhard Peters war seit Beginn seiner Karriere eng mit dem Produkt Zyklon B verbunden. Er war nicht

* Zur VEBA Aktiengesellschaft gehörte unter anderem die Bergwerksgesellschaft Hibernia AG, welcher wiederum mehr als ein Viertel der Chemischen Werke Hüls GmbH gehörten, wobei die I.G. Farbenindustrie Anteilseigner der anderen drei Viertel war.

** Die VIAG Aktiengesellschaft war in den 1920er Jahren Anteilseigner des Rüstungskonzerns Rheinmetall, bis die Aktien an die Reichwerke Aktiengesellschaft für Erzbergbau und Eisenhütten »Hermann Göring« und später an die Bank der Deutschen Luftfahrt AG übergingen, wobei Letztere zunächst im Besitz des Deutschen Reichs war, bevor sie zur bundeseigenen Bank wurde.

> nur Parteimitglied, sondern trat auch öffentlich für die Ziele des Nationalsozialismus ein. Als ihm 1943 der SS-Obersturmführer Kurt Gerstein berichtete, dass Menschen Opfer des Schädlingsbekämpfungsmittels würden, ließ Peters dennoch weiterliefern – direkt nach Auschwitz. ›Er machte eben mit‹, wie es lapidar in Gerichtsprotokollen hieß …
>
> …
>
> Es scheint jedoch trotz allem unwahrscheinlich, dass Dr. Gerhard Peters die Degesch ohne Kontrolle durch das Degussa-Management führte. Als Dr. Peters nach dem Krieg vor einem deutschen Gericht angeklagt und zu einer Zuchthausstrafe verurteilt wurde, leistete ihm die Degussa durch ein Vorstandsmitglied Rechtshilfe. Zudem bot das Unternehmen die Zahlung einer Kaution an, um Dr. Peters während der Berufungszeit vor der Haft zu bewahren, und beschäftigte ihn in einem Werk. Dr. Gerhard Peters wurde 1955 in einem Revisionsprozess freigesprochen. Vorstandsmitglieder der Degussa wurden niemals angeklagt. Sie durchliefen nach dem Krieg die damals übliche Entnazifizierung, wurden als Mitläufer eingestuft und kehrten Ende der 1940er Jahre in ihre Positionen zurück. Durch die Nürnberger Prozesse ordnete die Öffentlichkeit die Themen Degesch und Zyklon B lange Zeit ausschließlich der sich in Liquidation befindlichen I. G. Farbenindustrie AG zu.«[315]

Wir sehen hier einmal mehr, was »die damals übliche Entnazifizierung« tatsächlich bedeutete, und werden dadurch mit der Frage konfrontiert, welche Art von Aufarbeitung überhaupt ausreichen könnte, um den Schandfleck der Degussa zu entfernen.

Darüber hinaus müssen wir feststellen, wie schwierig es ist, die Geschichten der einzelnen Energiekonzerne zu entwirren und ihre individuelle Nazi-Belastung herauszustellen, da einzelne Unternehmensteile oftmals ausgegliedert wurden oder aber mit anderen fusionierten, ihre energiepolitischen Schwerpunkte an die sonstigen politischen Gegebenheiten (zum Beispiel Vorbereitung des Kohleausstiegs) anpassten, wobei sich Überschneidungen mit der Stahl- und der Spezialchemiebranche ergeben, und Unternehmensteile oder Konzerne schließlich unter neuen Akronymen zusammengefasst wurden, deren Anteilseigner oft Konzerne mit verwandter Schwerpunktsetzung sind. Ohne im Rahmen dieses Buches den Einzelgeschichten vollkommen gerecht werden zu können, müssen wir aber festhalten, dass Energie, Stahl und Spezialchemie uneingeschränkt zu jenen Bereichen der deutschen Wirtschaft zählten, die für die Rüstungs-, Kriegs- und Vernichtungsmaschinerie der Nazis höchste Priorität hatten, so dass wir bei jenen Unternehmen, die in der Nazi-Zeit existierten, unweigerlich eine deutliche Nazi-Belastung feststellen werden. Hierzu zählt auch der massenweise Rückgriff auf Zwangsarbeiter durch diese Unternehmen[316] sowie die Nähe zu Nazi-belasteten Familienunternehmen (zum Beispiel ThyssenKrupp als Anteilseigner der RAG-Aktiengesellschaft).[317]

Thematisch mit der RAG-Stiftung verbunden ist auch die RWE-Stiftung, die mit einem Startkapital von 125 Millionen Euro ab 2024 Projekte zur Chancengleichheit und Völkerverständigung fördern wird. Eine historische Analyse von Manfred Grieger, dem Historiker, der über Bahlsen und andere berichtet hat, zeigt jedoch die brutale Behandlung Tausender von Zwangsarbeitern durch RWE während ihrer Zeit als kriegswichtige Industrie für den Nazi-Staat.[318]

Zu den namhaften deutschen Stiftungen mit beträchtlichem Vermögen zählt auch die Robert Bosch Stiftung. Verglichen mit den Familienunternehmen Krupp und Henkel oder auch der RAG, inklusive ihrer Beziehung zu Evonik und Degussa, war der Industrielle Robert Bosch weitaus weniger Nazi-belastet. Im Gegenteil war Bosch selbst stark antinazistisch eingestellt. Dennoch wurde er mit dem Nazi-Titel »Pionier der Arbeit« ausgezeichnet und erhielt vom Dritten Reich ein Staatsbegräbnis.[319] Ungeachtet seiner persönlichen Einstellung zur Nazi-Ideologie übernahm Boschs Unternehmen Rüstungsaufträge für die Kriegsmaschinerie der Nazis und profitierte von ihr. Zwar war Bosch angeblich nie an Arisierungen beteiligt, doch wurden Hunderte von KZ-Häftlingen in seinen Betrieben, die insgesamt über 20 000 Zwangsarbeiter einsetzten, brutal misshandelt.[320] Ja, Bosch selbst unterstützte den Widerstand, aber trotz seiner lebenslangen Hoffnungen auf einen europaweiten Frieden verdiente er mit seinen Nazi-Aufträgen Unmengen an Geld, und ohne sein Unternehmen wären Hitlers Kriegsanstrengungen nicht annähernd so erfolgreich gewesen. Sicherlich ist die Bosch-Stiftung nicht so problematisch wie die meisten anderen auf dieser Liste. Dennoch bilden die nie enteigneten Nazi-Profite immer noch den Kern des heutigen Stiftungskapitals. Dass die Robert Bosch GmbH heute zu den größten deutschen Unternehmen und die zugehörige Stiftung zu den größten gemeinnützigen Organisationen gehört, wäre infolge einer tatsächlichen Entnazifizierung undenkbar.

Gleich nach Bosch kommt die Siemens-Stiftung, die 2008 von der Siemens AG gegründet wurde. Tatsächlich gehört der heutige Mischkonzern Siemens zu jenen Unternehmen, die in Artikeln über Henkel wiederholt Erwähnung finden aufgrund ähnlicher Tendenzen im Umgang mit ihrer Nazi-Vergangenheit. So ist Siemens ein großes Familienunternehmen, dessen Eigentümer sich weigern, sich substantiell mit ihrer Nazi-Vergangenheit auseinanderzusetzen (abgesehen von der sinngemäßen Erklärung »Wir haben uns damit auseinandergesetzt!«).[321] Diese Nazi-Vergangenheit ist die Geschichte von mindestens 80 000 jüdischen und nicht-jüdischen Zwangsarbeitern in ganz Deutschland und im besetzten Europa,[322] darunter Häftlinge aus den Konzentrationslagern Auschwitz und Lublin/Majdanek.[323] Hermann von Siemens, der Firmenchef während der Nazi-Zeit, wurde als Kriegsverbrecher festgenommen und als Zeuge in anderen Kriegsverbrecherprozessen vernommen, jedoch niemals bei den Nürnberger Prozessen angeklagt[324] und konnte so das Unternehmen weiterführen bis zu seinem altersbedingten Ausscheiden 1956. Der Siemens-Konzern hat nach eigenen Angaben insgesamt 155 Millionen Euro an die *Jewish Claims Conference*, die bereits erwähnte Stiftung EVZ und einen firmenspezifischen »humanitären Fonds für ehemalige Zwangsarbeiter« gespendet,[325] aber angesichts des dahinterstehenden Leides sind 155 Millionen für ein Unternehmen mit 62 Milliarden Euro Umsatz allein im Jahr 2021 ein Tropfen auf den heißen Stein.

Die bisher angesprochenen Stiftungen zählen zu den 31 reichsten in Deutschland, von denen ein Drittel eindeutig in die Verbrechen des Nazi-Regimes verwickelt ist. Schockierender Weise ist die BMW Stiftung nicht vermögend genug, um auf dieser Liste zu erscheinen. Auch die 150 Millionen Euro schwere Deutsche Bank Stiftung fehlt, ebenso wie andere Nazi-belastete Bankenstiftungen wie die Commerzbank-Stiftung. Auch die noch recht junge, erst 2016 gegründete Merck Family Foundation hat es nicht auf die Liste geschafft, da sie über kein eigenes Kapital verfügt, sondern auf die Eigenmittel der Merck-Dynastie angewiesen ist, um die Zivilgesellschaft an den (Pharma-)Standorten der Merck-Gruppe zu unterstützen.[326] Unabhängig von den strukturellen Unterschieden zwischen der Merck Family Foundation und den anderen hier erwähnten renommierten Stiftungen ist der Reichtum der Familie Merck und des Unternehmens in ähnlicher Weise mit der Nazi-Zeit verbunden, einschließlich der Parteimitgliedschaft, der Zwangsarbeit, der Beteiligung an der Kriegsmaschinerie der Nazis und einer Verbindung des Firmenchefs Karl Emanuel Merck zu den frühen Phasen des Euthanasieprogramms der Nazis.[327]

Die oben genannten Stiftungen mögen die größten sein, deren Vermögen sich auf Profite aus der Nazi-Zeit zurückverfolgen lassen, aber sie sind nicht die einzigen. Bertelsmann, Zeiss, Thyssen, Krupp, die Henkels und die Quandts haben alle mehrere assoziierte gemeinnützige Organisationen, die es nicht auf die Liste geschafft haben, aber dennoch die Namen dieser Nazi-Profiteure und ihrer Familien auf Projekte setzen, welche mit Geldern finanziert werden, die ihnen durch die Entnazifizierung hätten entzogen werden sollen, wenn Gerechtigkeit für die Opfer der Nazis und insbesondere der Shoah tatsächlich den Kern der Entnazifizierung ausgemacht hätte.

Es ist leicht vorstellbar, dass eine Untersuchung der gesamten deutschen Stiftungsstruktur und all der mehr als 25 000 Stiftungen, aus denen sie besteht, eine Unzahl weiterer Stiftungen aufdecken würde, deren Geschichten mit den Profiten von Arisierungen und Zwangsarbeit bis hin zu Menschenversuchen und Giftgasproduktion verknüpft sind. Nahezu jede in diesem Buch genannte Industriellenfamilie und jedes Unternehmen hat eigene Stiftungen. Diese Stiftungen wiederum zählen zu den wenigen verfügbaren Geldquellen für Nichtregierungsorganisationen, die in Deutschland wertvolle, den zentralen moralischen Ansprüchen entsprechende Arbeit leisten. Zynischer Weise ist es dieses unrechtmäßig erworbene Geld, das bis heute die deutsche Zivilgesellschaft und gemeinnützige Projekte über Wasser hält.

Es ist wichtig, hier zu erwähnen, dass jüdische Organisationen ganz direkt von diesem ehemaligen Nazi-Geld profitieren. Um nur ein Beispiel von vielen zu nennen: Das Jüdische Museum Frankfurt listete im Jahr 2022 als seine Partner auf:[328] Commerzbank-Stiftung, Daimler AG, Deutsche Bank AG, Deutsche Bank Stiftung, EVONIK Industries, Hertie-Stiftung und Merck Family Foundation; und als seine Sponsoren: Commerzbank AG, C. H. Beck Stiftung, Robert Bosch Stiftung, Frankfurter Volksbank AG, Daniela Oetker und die Herbert Quandt-Stiftung. All diese Personen, Stiftungen und Unternehmen, deren Vermögen Nazi-belastet sind, werden vom Jüdischen Museum Frankfurt als großzügige Unterstützer erwähnt. Doch lässt sich dadurch der Nazi-Fleck entfernen, der ihre weißen Westen in beschämender Weise ziert?

Quandt, Klatten, Henkel, Hertie, BMW, Melitta, Bahlsen, Adidas, Siemens, Bosch, Deutsche Bahn, Deutsche Bank, Commerzbank, die

Sparkassen, EDEKA, Volkswagen und Allianz: All die Familien und Unternehmen, die wir in diesem und den vorangegangenen Kapiteln aufgelistet haben, tragen in Deutschland Milliarden von Euro zur Philanthropie bei, und all ihre Vermögen haben ihre Wurzeln in den Verbrechen der Shoah. Das macht sie nicht zu Ausnahmen. Vielmehr gehört diese Nazi-Belastung zur Regel. Es scheint kaum Mittel zu geben, die nicht mit Profiten aus der Shoah verbunden sind. Wenn wir uns für die Zivilgesellschaft starkmachen und in der karitativen Arbeit in Deutschland etwas bewirken wollen, scheint es kaum eine andere Wahl zu geben, als ebensolche Mittel zu beantragen.

Dies führt uns zu der moralischen Frage: Vielleicht haben wir Nazi-belastete Gelder angenommen, doch haben wir damit nicht etwa gute Arbeit geleistet? Wir haben diese Gelder verwendet, um jenen zu helfen, die es am nötigsten haben. Ist das nicht die beste Verwendung für unrechtmäßig erworbene Profite?

Die Antwort ist ein dröhnendes: »Ja, aber«.

Ist es eine gute Verwendung dieses schmutzigen Geldes, den Bedürftigen zu helfen?

Ja, aber – die Philanthropie, die diese Familien und Unternehmen leisten, entspricht von ihrem Umfang her nur einem winzigen Bruchteil der tatsächlichen Gewinne, die sie weiterhin aus jenen Nazi-Profiten erzielen, die sie im Rahmen einer tiefgreifenden Entnazifizierung hätten aufgeben müssen. Wenn wir unsere humanitären Projekte mit den Namen und Logos dieser Nazi-Profiteure versehen, erlauben wir diesen Leuten dann nicht, ihre Verbrechen öffentlich zu beschönigen, indem wir sie loben und anerkennen, dass sie einen Bruchteil ihrer unrechtmäßig erworbenen Mittel für das Gemeinwohl einsetzen?

Angesichs der deutschen Stiftungskultur ist diese Frage besonders kritisch. Die Finanzierung erfolgt über Organisationen, die die Namen von Kriegsverbrechern, Nazi-Profiteuren und deren Nachkommen tragen. Wer Gelder von diesen Stiftungen annimmt, ist dazu verpflichtet, ihre Namen und die erhaltenen Zuwendungen in der Projektpräsentation auf Websites, Werbematerialien, Flyern oder umfangreicheren Publikationen zu deklarieren. Dies wiederum ermöglicht es der gesamten Gesellschaft, nicht die heute noch spürbaren Nachwirkungen der Nazi-Verbrechen zu beseitigen, sondern unsere Erinnerung an die Verbrechen selbst auszulöschen. Ein kleines Beispiel: Der Name des Nazi- und Shoah-Profiteurs Herbert Quandt steht auf zahlreichen Publikationen, die der Bekämpfung des Antisemitismus und der Förderung von Demokratie und Toleranz in Deutschland gewidmet sind.[329] Dadurch wird jemand, der zutiefst in die Verbrechen der Nazi-Zeit verwickelt war, als Wohltäter der Gesellschaft beworben.

Das gleiche ethische Dilemma ist auch außerhalb Deutschlands von enormer Bedeutung. So finanzierte die Allianz Versicherung in Form der Allianz Kulturstiftung im Jahr 2022 ein Festival des jüdischen Lebens und der Erinnerung in Krakau im heutigen Polen, wobei ein besonderer Schwerpunkt der Veranstaltung auf dem Gedenken an den Ort des ehemaligen Konzentrationslagers Krakau-Płaszów lag.[330] Skurriler Weise war die Führungsebene von Allianz (zum Beispiel August von Finck) nicht nur mit Hitler persönlich befreundet gewesen, sondern hatte darüber hinaus durch die Übernahme von Versicherungsgesellschaften im gesamten besetzten Europa hohe Gewinne erzielt, wobei auch das Konzentrationslager Płaszów durch den Versicherungsriesen Allianz versichert war, ebenso wie zahlreiche andere Einrichtungen der Nazis.[331] Zweifelsohne hat Allianz im großen Stil von den Nazi-Verbrechen profitiert.

Zwar mag es guten Willen zeigen, wenn diese Nazi-Profite endlich zur Förderung des jüdischen Lebens und der Erinnerung an die jüdische Geschichte in Polen verwendet werden. Wenn die Entnazifizierung jedoch tatsächlich stattgefunden hätte, wäre es einem Unternehmen wie der Allianz niemals gestattet worden, nach 1945 weiter zu existieren, schon gar nicht unter denselben Eigentümern (Merck Finck & Co.). So aber konnten diese Nazi-Profiteure weiterhin Gewinne anhäufen und ihre Sünden abwaschen, indem sie mit einem kleinen Teil der Nazi-Profite gute Zwecke fördern.

Politischer Einfluss[332]

Die Familien und Unternehmen, die im Mittelpunkt dieses Buches stehen, finanzieren nicht allein gute Werke. Sie sind auch die wichtigsten Geldgeber fast aller großen Parteien in Deutschland. Am Beispiel des Jahres 2013 finden wir folgende Geldströme interessant: BMW spendete über 140 000 Euro an die CSU, weitere 16 000 Euro an die CDU, 11 000 Euro an die FDP sowie 21 603,11 Euro an die Grünen. Daimler spendete je 100 000 Euro an die CDU und die SPD und je 40 000 Euro an die CSU, die FDP und die Grünen. Dr. Oetker gab

78 000 Euro an die CDU und 22 000 Euro an die FDP, Robert Bosch spendete je 50 000 Euro an CDU und FDP, weitere 45 000 Euro an CSU und SPD sowie 20 000 Euro an die Grünen. Von der Münchner Rückversicherungs-Gesellschaft sowie von der Ergo Versicherungsgruppe, die ebenfalls zum Imperium des Nazi-Profiteurs von Finck zählt, erhielten die CDU, die CSU, die SPD, die FDP und die Grünen je 15 000 Euro. Allianz verteilte je 30 000 Euro an die fünf großen Parteien, und der von den Nazis belastete Rüstungskonzern Rheinmetall (Zwangsarbeit, unter anderem von KZ-Opfern, sowie möglicherweise die Misshandlung und der gewaltsame Tod von Kindern von Zwangsarbeitern)[333] gab weitere 27 000 Euro an die FDP und 22 000 Euro an die SPD, während Vorwerk 15 000 Euro an die CDU und 13 000 Euro an die FDP spendete. Der Degussa-Mutterkonzern Evonik spendete 90 000 Euro an die SPD, 70 000 Euro an die CDU, 50 000 Euro an die FDP, 30 000 Euro an die CSU und 20 000 Euro an die Grünen. Das sind insgesamt 1 455 603,11 Euro Spendengelder, die von diesen Unternehmen aufgebracht wurden.

Die Tatsache, dass viele dieser Unternehmen an konkurrierende politische Parteien gespendet haben, weist nicht notwendigerweise auf ihre politische Unabhängigkeit hin, sondern bedeutet, dass sie eine Stimme und Einfluss auf die Politik mehrerer Parteien haben. Vielleicht ist es im US-amerikanischen Kontext stärker ausgeprägt als in Deutschland, Geld und Einfluss miteinander gleichzusetzen, aber Großspenden bedeuten dort, dass der Spendende ein Treffen mit ranghohen Repräsentanten des Partei bekommt, wenn er eines wünscht.

Ebenfalls im Jahr 2013 spendeten die BMW-Erben Stefan Quandt, Johanna Quandt und Susanne Klatten zusammen 690 000 Euro an die CDU und weitere 210 000 Euro an die FDP, während Dr. Arend Oetker die CDU mit 104 000 Euro beschenkte, und Klaus-Michael Kühne und seine Frau 35 000 Euro an die CDU und 20 000 Euro an die FDP spendeten. Heinz Jürgen Preiss-Daimler als Mitglied der Daimler-Familie gab der CDU 25 000 Euro, während August von Finck derselben Partei 15 000 Euro zukommen ließ, und der Henkel-Erbe und Unkeler Mäzen Fritz Bagel spendete der CDU 12 500 Euro. Zweifellos gibt es noch weitere Spenden, die wir übersehen haben, doch allein diese privaten Spenden belaufen sich auf 1 111 500 Euro, was zusammen mit den Spenden der Unternehmen 2 567 103,11 Euro ergibt, die sich auf die fünf größten Parteien verteilen (wobei man den Grünen zugutehalten muss, dass sie davon nur etwas mehr als 160 000 Euro erhalten haben, während die meisten Spenden an CDU/CSU, FDP und SPD gingen).

Diese Summen ergeben sich allein für das Jahr 2013. Wir haben 2013 gewählt, weil es das Jahr einer Bundestagswahl markiert, ohne jedoch ein Jahr der Skandale oder großen Krisen gewesen zu sein, das Opportunisten angelockt hätte. 2013 hatte sich zudem die rechtsextreme Partei AfD noch nicht auf Bundestagsebene etabliert, wobei diese Partei auf diskrete und höchst fragwürdige Weise von den Nachkommen des Nazi-Milliardärs August von Finck mit Millionen von Euro finanziert wird.[334] 2013 war ein so normales Jahr, wie es seitdem kaum noch vorgekommen ist, und bietet damit einen guten Ausgangspunkt, um politische Spenden anzuschauen. Betrachtet man die folgenden Jahre, so bleiben die Größenordnungen und Quellen der Spenden an die großen Parteien relativ stabil.

Zudem können wir sicher sein, dass die Liste der Spender, deren Gelder mit den Nazi-Verbrechen in Verbindung stehen, umfassender ist, als die oben genannten Zahlen vermuten lassen. Es ist sehr wahrscheinlich, dass wir viele verdächtige, aber weniger bekannte Nazi-Profiteure in unserer kurzen Aufzählung nicht berücksichtigt haben.* Eine weitere Einschränkung ergibt sich natürlich aus dem von uns gewählten Jahr. So ist zum Beispiel bekannt, dass Konrad Henkel, der Mann, der nach dem Krieg die Leitung des Henkel-Familienunternehmens übernahm, zwischen 1974 und 1979 4,22 Millionen DM, umgerechnet über 2 Millionen Euro, an die CDU/CSU und die FDP spendete, was zu einem Skandal führte – nicht wegen Korruption, sondern da Henkel für die Spenden den gemeinnützigen Verein Staatsbürgerliche Vereinigung genutzt und sich auf diese Weise vermutlich Steuerbegünstigungen verschafft hatte.[335] Weitaus größere Wellen schlug aber die so genannte Flick-Affäre:[336] Karl Friedrich Flick, der jüngste Sohn jenes uneinsichtigen Nazi-Profiteurs Friedrich Flick, der sich vor dem Internationalen Militärtribunal in Nürnberg verantworten musste, hatte in den 1970er Jahren insgesamt 25 Millionen DM an die Parteien CDU/CSU, FDP und SPD gespendet, wobei auch er den Umweg der Staatsbürgerlichen Vereinigung für diesen Zweck

* Tatsächlich stießen wir erst bei der Recherche zu diesen Parteispenden auf manche der Familien und Unternehmen, deren Nazi-Verstrickungen uns zuvor unbekannt waren, die aber bis heute ihr Nazi-belastetes Vermögen nutzen, um auf Gesellschaft und Politik in Deutschland Einfluss zu nehmen.

gewählt hatte. Hintergrund war vermutlich, dass der Flick-Konzern 1975 seine Anteile an der Daimler-Benz AG an die Deutsche Bank verkauft hatte für eine stolze Summe von 1,9 Milliarden DM. Von den regulär mit dieser Transaktion einhergehenden Steuern wurde Flick jedoch befreit, indem der Konzern die Kaufsumme als beabsichtigte Reinvestition in die deutsche Volkswirtschaft deklarierte. Der Anwalt Otto Schily,* der damals für die Grünen im Bundestag saß, fand deutliche Worte für die Flick-Affäre:

> »Mittels Spendenvergabe hat sich der Flick-Konzern so systematisch Einflußfelder verschafft, dass ungeachtet der Frage, ob in dem ein oder anderen Fall der Straftatbestand der Bestechung oder der Bestechlichkeit verwirklicht war und ist, von politischer Korruption großen Ausmaßes gesprochen werden muss.«[337]

Während das Vorgehen von Flick eigentlich den Strafbestand der Bestechung nahelegen würde, erfolgte die Verurteilung letztlich nur wegen Steuerhinterziehung – und sie traf nicht etwa Karl Friedrich Flick als Alleineigner der Holding Friedrich Flick KGaA, sondern seinen Manager sowie die beiden FDP-Wirtschaftsminister Otto Graf Lambsdorff und Hans Friderichs.

Auch bei anderen Mitgliedern der Familienunternehmen lassen sich Überschneidungen von Unternehmerinteressen und politischem Engagement vielfältiger Ausprägung finden. Werner Michael Bahlsen aus der Keksfamilie Bahlsen war beispielsweise von 2015 bis 2019 Vorsitzender des Wirtschaftsrates der CDU und gleichzeitig in der Geschäftsführung von Bahlsen tätig.[338] Bis heute spenden die Bahlsens an die CDU, und im Gegensatz zu den meisten anderen hier aufgeführten Spendenden scheinen ihre Spenden ausschließlich dieser Partei zu gelten. Es würde eine jahrelange akademische Studie erfordern, um herauszufinden, wie viele Milliarden an Nazi-Profiten in den letzten 75 Jahren in die Kassen der deutschen politischen Parteien

---

* Wohlgemerkt bezieht sich Schily nicht auf den Nazi-belasteten Charakter der Flick-Gelder, sondern spricht hier als Anwalt und Mitglied der Opposition, die nicht auf der Empfängerliste der Flickschen Spenden gestanden hatte. Wie Schily sich zu unserer Kritik an den Unzulänglichkeiten der Entnazifizierung und der Aufarbeitung der Nazi-Zeit äußern würde, insbesondere angesichts seines Plädoyers für eine mildere Strafe für Holocaust-Leugner in jüngerer Zeit, ist uns nicht bekannt.

geflossen sind und auf welche andere Weise (Parteimitgliedschaften, Aufsichtsräte etc.) Nazi-Profiteure und ihre Erben die deutsche Politik beeinflussen konnten. Allein auf der Grundlage der hier bezifferten Parteispenden scheint die Annahme berechtigt, dass die Antwort lautet: sehr viel.

»Ich behaupte, dass Amerikas Unternehmen ein spiritueller Slum sind, und ihre Arroganz ist die größte Bedrohung für unsere Zukunft als freie Gesellschaft«, schrieb der Bürgerrechtler Saul Alinsky in *Rules for Radicals*.[339] Wenn dies für Amerika in den frühen 1970er Jahren galt, wie viel mehr gilt dies dann für das heutige Deutschland? Und wie geistig verloren sind wir alle, gefangen in diesem Labyrinth des Nazi-Geldes? Hitler sprach von einem tausendjährigen Reich, und Historiker lachen verächtlich über diese groteske Übertreibung, denn tatsächlich dauerte sein Reich nur zwölf Jahre. Doch die Verbrechen der Nazis wirken auch 90 Jahre nach ihrer Machtergreifung – und knapp 80 Jahre nach dem Sieg über die Nazis – noch nach und spielen als Nazi-Profite seitens ebenjener wohlhabendsten (Unternehmer-)Familien, Unternehmen und Institutionen eine Rolle, die unser gesellschaftliches Miteinander entscheidend prägen. Das wirkt sich auf uns alle aus. Wenn die Reformen, die wir in unserer Schlussfolgerung empfehlen, schnell umgesetzt werden, können wir vielleicht ein Hundertjähriges Reich verhindern. Aber im Moment sind unsere Beobachtungen noch zu beschreiben als: »Nazis durch und durch«.

Wenn wir die verschiedenen Dimensionen dieser Nazi-Belastung beschreiben, sind wir selbst empört darüber und rufen unsere Leser dazu auf, ebenfalls entrüstet zu sein. Doch müssen wir eines klarstellen: Es handelt sich nicht um einen Aufruf zur »Cancel Culture«. Als wir dieses Buch schrieben, haben wir bewusst die Namen der Politiker weggelassen, die bei Gedenkveranstaltungen »nie wieder« beschwören und dann Nazi-belastete Gelder nehmen und die dahinterstehenden Nazi-Profiteure schönreden und verharmlosen. Wir wollen nicht die Karrieren von Menschen beenden, die nur versuchen, mit den verfügbaren Mitteln ihr Bestes für ihre Gemeinden zu tun. Bürgermeister und andere Politiker werden gewählt, nicht um die höchsten Ideale ihrer Gemeinden zu verwirklichen, sondern um die wahrgenommenen Eigeninteressen ihrer Gemeinden zu wahren. Es ist naiv und zeugt von einem Missverständnis der Politik im Kapitalismus (angesichts knapper kommunaler Ressourcen), von einem Bürgermeister zu erwarten, dass er Geld, das seiner Gemeinde zur Förderung der Zivilgesellschaft oder des öffentlichen Lebens in der Stadt angeboten wird, ablehnt, selbst wenn es sich dabei um Nazi-belastetes Geld handelt. Und diejenigen, die als Vertreter von Nichtregierungsorganisationen ebensolches Geld annehmen, glauben wahrscheinlich, so wie wir es lange taten, dass eine wirkliche Entnazifizierung stattgefunden habe. Oder sie glauben aufrichtig, dass die Annahme dieses Geldes die edelste Art ist, es zu nutzen. Es geht darum, die Menschen auf die Situation aufmerksam zu machen und dafür zu sorgen, dass wir uns kollektiv darüber empören, dass wir hinters Licht geführt und benutzt werden, um das Vermächtnis dieser Nazi-Profiteure zu beschönigen.

Der neue deutsche Nationalismus

Es ist nicht leicht, als Deutscher stolz auf sein Land zu sein. Während Angehörige andere Staaten enthusiastisch ihre Flagge schwenken oder diese auf ihre Kleidung aufgedruckt zur Show tragen, ist der Gedanke eines deutschen Nationalstolzes unweigerlich mit der Nazi-Zeit und der unfassbar großen Schuld Deutschlands als Täter der Shoah verbunden. Kein Bereich des Lebens ist davon ausgenommen. Ein kurzer Blick auf die Geschichte – etwa die Olympischen Spiele von 1936 in Berlin – genügt, um festzustellen, dass auch internationale Sportwettkämpfe keinen Freibrief für deutschen Nationalismus darstellen sollten. Und doch scheint heute gerade der Sport oftmals als legitimer Schauplatz für deutschen Nationalstolz zu gelten.

Dies ist keine gänzlich neue Entwicklung, insofern als bereits relativ kurz nach dem Ende des Nazi-Regimes der deutsche Nationalstolz wieder aufzuerstehen schien. Anlass war der (west-)deutsche Sieg bei der Fußballweltmeisterschaft von 1954,[340] das so genannte »Wunder von Bern«, dem kurz nach der Jahrtausendwende sogar ein Kinofilm gewidmet wurde. Bezeichnenderweise beschäftigt sich dieser Film des Regisseurs Sönke Wortmann nicht nur mit dem Sportereignis per se, sondern setzt einen weiteren Schwerpunkt auf den Umgang »gewöhnlicher« (nicht-jüdischer) Deutscher mit den traumatischen Erfahrungen der Nazi-Zeit.

Wenn wir in diesem Buch den Stand der deutschen Aufarbeitung kritisch hinterfragen, lohnt auch ein Blick auf jene Partner, die den Deutschen Fußball-Bund (DFB) unterstützen.[341] An erster Stelle der (weitgehend alphabetisch geordneten) Liste finden wir den Sportartikelhersteller Adidas,* der bereits bei besagter Fußballweltmeisterschaft die westdeutsche Mannschaft mit Trikots ausgestattet hatte.

Adidas wiederum geht ebenso wie der Sportartikelhersteller Puma auf die Firma »Gebrüder Dassler« zurück, die in der Nazi-Zeit von den Brüdern Adolf und Rudolf Dassler geleitet wurde.[342] Während die genaue ideologische Gesinnung von Adolf Dassler (Adidas) unklar ist, scheint Rudolf Dassler (Puma) enger mit der Gestapo und der SS verbunden gewesen zu sein. Jedoch gilt der Rückgriff der »Gebrüder Dassler« auf mindestens neun ausländische Zwangsarbeiter als gesichert, die zunächst in der Schuhproduktion und später in der Rüstungsproduktion eingesetzt wurden. Darüber hinaus ist anzunehmen, dass die »Gebrüder Dassler« auch mit der berüchtigten »Schuhprüfstrecke« des Konzentrationslagers Sachsenhausen, auf der viele KZ-Häftlinge bei Produkttests qualvoll starben, in Verbindung standen, insofern als Adolf Dassler mit den auf dieser Strecke getesteten Materialien arbeitete und ab 1943 immer wieder mit der Firma Freudenberg in Kontakt stand. Freudenberg aber war jene Lederwarenfirma, die für ihre Produkttests ausgiebig die Schuhprüfstrecke** nutzte.[343] Trotz dieser Nazi-Belastung wurde Adolf Dassler im Rahmen eines mehrstufigen Entnazifizierungsverfahrens letztlich nur als Mitläufer eingestuft und konnte seine Geschäfte ungehindert fortführen.

An zweiter Stelle seiner Partner nennt der DFB den Automobilhersteller Volkswagen, wobei auf der DFB-Website VW-Chef Herbert Diess ausgerechnet mit dem Ausspruch »Volkswagen und der Volkssport Nummer eins – das passt perfekt zusammen«[344] zitiert wird. Er-

* Obwohl kürzlich durch die Presse ging, dass ab 2027 das US-amerikanische Unternehmen Nike die deutschen Nationalteams ausstatten wird, fällt diese Rolle derzeit noch Adidas zu. Auch klingt es in der Presse, als habe diese Entscheidung nichts mit der Vergangenheit von Adidas zu tun, sondern mit dem größeren Finanzvolumen von Nike.

** Scholtysecks Forschungsarbeit über die Firma Freudenberg sowie Sudrows Buch über Schuhe in der NS-Zeit und ihre Recherchen über Adidas deuten darauf hin, dass Freudenberg zu jenen 79 Unternehmen gehörte, die in Sachsenhausen Materialtests an KZ-Opfern durchführten. Bei dieser berüchtigten Form der Bestrafung mussten die Opfer 30 bis 40 Kilometer pro Tag in den zu testenden Materialien laufen und dabei Säcke mit Sand oder Ziegelsteinen auf dem Rücken tragen. Viele brachen unter den Strapazen zusammen, und diejenigen, die nicht unmittelbar an Erschöpfung starben, wurden oft von den Wachen als Strafe für ihren Zusammenbruch ermordet.

innern wir uns an Hitlers Verlangen nach einem Auto für das *deutsche Volk* als ideologischer Ursprung von VW, sind diese Worte im Kontext von Fußball und deutschem Nationalstolz mindestens hochgradig unsensibel, wenn in ihnen nicht gar ein zynischer Unterton mitschwingt.

Die DFB-Liste enthält des Weiteren die ebenfalls Nazi-belastete Commerzbank als Partner, gefolgt von dem Reifenhersteller Continental sowie der Fluggesellschaft Lufthansa, auf deren Nazi-Belastung wir im letzten Teil dieses Buches näher zu sprechen kommen. Auch auf der DFB-Partnerliste steht Vorwerk, jenes Familienunternehmen, auf dessen Nazi-Belastung wir bereits in unserem eingänglichen Alltagsszenario Bezug genommen haben.

Ein weiterer DFB-Partner ist der Versicherungskonzern Ergo Group AG, der zur Münchner Rückversicherungs-Gesellschaft und damit zur überaus Nazi-belasteten Familie von Finck gehört, die wir im Vorherigen bereits mehrfach angesprochen haben. Darüber hinaus geht die Ergo Group AG auf den Versicherungskonzern Victoria zurück.[345] Während der Nazi-Zeit profitierte die Victoria unter der Leitung des Vorstandsvorsitzenden Dr. Kurt Hamann, der der Nazi-Parteispitze nahestand, von Arisierungen. Zudem zählte die Victoria auch zu den Versicherern der Zwangsarbeitslager in Auschwitz, Buchenwald und Stutthof. Ein Beispiel, wie sich die Geschäftspraktiken der Victoria, die heute zur Ergo Group AG zählt, auf ein jüdisches Familienunternehmen auswirkten, ist das der Firma H. Wolff, dem ehemaligen führenden Pelzwarenkonfektionshaus in Deutschland. Zum Zeitpunkt von Hitlers Machtergreifung wurde diese bereits in der zweiten Generation von der Familie Wolff geleitet, wobei der Geschäftsführer im Ersten Weltkrieg, wie etwa 100 000 andere deutsche Juden auch, für den deutschen Kaiser gekämpft hatte. Die Großfamilie Wolff waren säkulare Juden, die nur an hohen Feiertagen die Synagoge besuchten und zugleich Weihnachten mit Weihnachtsbaum und einem Karpfen zum feierlichen Abendessen begingen, gefolgt von Gans am Weihnachtstag. Ihrem Verständnis zufolge waren Weihnachten und Ostern festliche Gelegenheiten, die sie wie ihre nicht-jüdischen deutschen Nachbarn begingen. Doch 1937 wurde das sechsstöckige Verkaufsgebäude des Pelz-Unternehmens von der Victoria enteignet. Ein Teil der Familie, der Geschäftsführer Herbert Wolff mit seiner Frau und ihren Kindern, war bereits vor der Arisierung in das unter britischem Mandat stehende Palästina geflohen. Sein Bruder Fritz Wolff, ein idealistischer Deutscher, hatte nicht fliehen wollen, sondern war als Verwalter des prachtvollen Geschäftsgebäudes zurückgeblieben. 1938 wurde er in das Konzentrationslager Sachsenhausen deportiert und 1943 nach Auschwitz gebracht, wo er ermordet wurde. Zynischer Weise hatte die Victoria das Geschäftsgebäude unmittelbar an die Reichsbahn übergeben, welche wiederum für den Transport der Juden in die Konzentrationslager zuständig war, ein Thema, auf das wir in einem der folgenden Kapitel näher eingehen werden. Tatsächlich wurden die Erben der Firma H. Wolff 1996 von Deutschland für das arisierte Geschäftshaus entschädigt, nachdem sie zweieinhalb Jahre lang Dokumente zusammengesucht hatten, die die Rechtmäßigkeit ihrer Ansprüche bestätigen würden, und danach mehr als drei weitere Jahre auf die Entscheidung gewartet hatten. Dabei schließt die Enkelin des damaligen Geschäftsführers Herbert Wolff nicht aus, dass die gegnerische Seite auf Zeit spielte in der Hoffnung, dass ihre Mutter als rechtmäßige Erbin versterben würde, bevor die Ansprüche der Familie offiziell für rechtmäßig erklärt würden.

Wenn wir hier sieben von insgesamt 24 gelisteten DFB-Partnern aufgrund ihrer Verstrickungen in die Nazi-Wirtschaft vorstellen, entspricht dies natürlich nur einer fragmentarischen Momentaufnahme. Beispielsweise haben wir bisher unerwähnt gelassen, dass in der Vergangenheit, von 2015 bis 2018, auch Henkel zu den offiziellen Partnern des DFB zählte.[346] Doch geht es hier nicht um Vollständigkeit. Wichtiger ist, überhaupt auf das Phänomen aufmerksam zu machen, dass Nazi-belastete Unternehmen den wohl beliebtesten Sport in Deutschland fördern, der bereits in der Nachkriegszeit als Gegenmittel zur schuld- und schambehafteten Täteridentität dem deutschen Nationalstolz Aufschwung verliehen hat und der bis heute mit allgegenwärtigen Deutschlandfahnen – sei es ins Gesicht gemalt, auf der Kleidung, an Autos oder von Fahnenstangen wehend – gefeiert wird. Wenn ausgerechnet diese Unternehmen ihr Vermögen für den DFB einsetzen, ist dies keine saubere Philanthropie, sondern verweist vor allem auf die Unzulänglichkeiten der Entnazifizierung und Aufarbeitung.

»Wer die Vergangenheit kontrolliert, kontrolliert die Zukunft. Wer die Gegenwart kontrolliert, kontrolliert, die Vergangenheit«:[347] Die Nazi-Geschichte der modernen deutschen Verlagsindustrie

Natürlich gibt es auch Unternehmen, die sich und ihre Produkte weitaus weniger stark nationalistisch vermarkten. In der Welt des interkulturellen Austauschs und der Verständigung scheinen bestimmte Organisationen einen gewaltigen Einfluss darauf zu haben, was veröffentlicht wird. Allen voran die Bertelsmann-Stiftung mit ihren hunderten von Publikationen zu Bildung, Demokratie, Werten und Zusammenleben, die bisher in deutscher Sprache erschienen sind. Eine besonders große Rolle im Kontext des interreligiösen Dialogs spielt die Studien- und Publikationsreihe *Religionsmonitor*, die Bertelsmann zusätzlich zu mehr als 40 weiteren Veröffentlichungen herausgibt, die sich mit der Bedeutung von Religion, inklusive ihrer sozialen und politischen Relevanz, für das menschliche Zusammenleben, auseinandersetzen.[348]

Bevor wir nun fortfahren, sollten wir uns daran erinnern, dass Bertelsmann mit einem Vermögen von über 31 Milliarden Euro[349] einer der größten Verlage der Welt ist und unter anderem den Verlag Penguin Random House sowie die RTL-Gruppe, eines der größten Medienkonglomerate Europas, und das Musikrechteunternehmen BMG besitzt. Der *Religionsmonitor* ist somit nur ein Medium von vielen, mittels dessen Bertelsmann seine politische Macht zum Ausdruck bringen kann.

Die interreligiöse Landschaft ist von großer Bedeutung, vor allem wegen des deutschen Missverständnisses darüber, was Juden sind, und wegen der stark voneinander abgeschotteten Art und Weise, in der Religion und Ethnizität in Deutschland behandelt werden. Wenn Juden in Deutschland mit anderen Gruppen in Kontakt kommen, dann meist im Rahmen des »interreligiösen Dialogs«, weshalb Gerstetter diesen Begriff zu Beginn ihres Artikels verwendet, wenn sie die bereits erwähnte Germanisierung des Judentums kritisiert. Wenn eine Person oder Organisation Einfluss auf die Plattformen und Methoden des interreligiösen Dialogs zu nehmen vermag, impliziert dies letztlich, dass sie auch Einfluss auf jüdische Stimmen in Deutschland nehmen kann.

Was also verbirgt sich hinter dieser Stiftung, die die interreligiöse Landschaft in Deutschland prägt? Als der Bertelsmann Verlag 1998 durch die Übernahme von Random House zu einem der größten Verlage der Welt aufstieg, versuchte das Unternehmen, seine Geschichte zu beschönigen, indem der damalige Vorstandsvorsitzende Thomas Middelhof erklärte:

> »Ich schätze mich sehr glücklich, für ein Unternehmen zu arbeiten, das sich schon immer eingesetzt hat für die Freiheit der Religionen und der Rassen. Während des Zweiten Weltkrieges haben wir Bücher publiziert, die vom Dritten Reich als ›subversiv‹ verboten wurden. Die fortlaufende Existenz von Bertelsmann war eine Bedrohung für die Nazis bei ihrem Versuch, die Meinungsfreiheit unter ihre Kontrolle zu bringen.«[350]

Jedoch erwies sich diese Behauptung als so weit von der Wahrheit entfernt, dass Bertelsmann selbst eine unabhängige historische Kommission einberufen musste. Vier Jahre lang erarbeitete diese daraufhin die Geschichte von Bertelsmann im Dritten Reich.[351] Die resultierende doppelbändige Publikation enthüllte nicht nur die Rolle des Unternehmens als wichtiger Buchlieferant der Wehrmacht und den Einsatz jüdischer Zwangsarbeiter, sondern auch die wiederholten Versuche des Unternehmens, diese Geschichte zu leugnen und sich trotz seiner tatsächlichen Loyalität zum Nazi-Regime als heldenhafter Widerstandskämpfer darzustellen. Es wird deutlich, dass Heinrich Mohn, der Bertelsmann-Vorstandsvorsitzende von 1921 bis 1947, im Kern ein Opportunist war, der als Mitglied der antinazistischen »Bekennenden Kirche« auch den Wahlkampf der NSDAP im Jahr 1932 unterstützte und sich durch die Herausgabe von nationalsozialistischen und antisemitischen Büchern ideologisch und propagandistisch direkt für das Nazi-Regime einsetzte.[352] Eine treffende Rezension des Verlagsgeschichtsexperten Lutz Hagestedt führt zu den Verstrickungen von Bertelsmann und seinem Vorstandsvorsitzenden Mohn mit dem Nazi-Regime aus:

> »Und auch nach dem Krieg glaubte Heinrich Mohn, seine Firmenpolitik mit derselben Unbekümmertheit fortsetzen zu können: Er unterschlug wichtige Daten der Firmenpolitik in seinem Entnazifizierungsfragebogen und setzte auf die Unkenntnis der alliierten Militärbehörden, er rechnete die Kriegsbücher und politischen Schriften seines Verlages klein, und er bastelte an einer Legende, der zufolge

der C. Bertelsmann Verlag als subversives Unternehmen von den Nazis geschlossen worden sei. Ohne Einsicht in den Ernst der Lage suchte er sogar Kontakt zu den schwer belasteten Erfolgsautoren des ›Dritten Reiches‹ …, um mit ihnen neue Pläne zu schmieden.

Die Saga vom Widerstandsverlag hatte zumindest vor der alliierten Zeitschriftenlizenzierungsstelle nicht lange Bestand: Derem [sic] Vorstand fielen die Ungereimtheiten in den Unterlagen auf, behördliche Ermittlungen machten ›ergänzende Angaben‹ notwendig, und die Falschaussagen Heinrich Mohns brachten schließlich auch Bertelsmanns Buchlizenz in Gefahr. Mit sehr viel Geschick und auch Glück übernahm es Reinhard Mohn, das Unternehmen aus dieser Bredouille herauszuführen: Während sein Vater seinen Rückzug aus der Verlagsleitung erklärte, gab sich Reinhard Mohn als Aufklärer, und es gelang ihm, belastendes Material aus der Welt zu schaffen. Reinhard Mohn war es aber auch, der der Legende vom Widerstandsverlag C. Bertelsmann erneut Nahrung gab und die geschönte Festschrift zum 150-jährigen Bestehen des Unternehmens in die Welt setzen ließ.«[353]

Es ist derselbe Reinhard Mohn, dessen Bild die Website der Bertelsmann Stiftung mit dem Nachruf »100 Jahre Reinhard Mohn« ziert und dessen Tochter 2021 im Magazin der Bertelsmann Stiftung *Change* erklärte:

»Er war nicht nur ein erfolgreicher Unternehmer und Denker, sondern er war auch ein besonderer Mensch, der sich selbst, seine Arbeit und den unternehmerischen Erfolg in den Dienst der Gesellschaft stellte …

…

Wir müssen neu lernen, für uns und die Gemeinschaft einzustehen … Wachstum muss immer mit gesellschaftlicher Verantwortung und Gemeinwohlorientierung kombiniert werden.

Ich wünsche den nächsten Generationen, dass sie den Wert des Lebens erkennen, ihn achten und dafür eintreten werden. Chancen erkennen und begreifen – im Sinne aller. Wie es mein Vater vorgelebt hat. Es lohnt.«[354]

Es ist sicherlich verständlich, dass eine Tochter die Verdienste ihres Vaters hervorhebt. Aber der Mann, der in den zitierten Zeilen als Vorbild für uns alle dargestellt wird, hat die Nazi-Geschichte seines Unternehmens geleugnet und eine Legende aufgebaut, die die tatsächliche Rolle seines Unternehmens in der Nazi-Zeit verdreht, indem das Unternehmen als Held des Widerstands gegen das Nazi-Regime dargestellt wird. Reinhard Mohn leitete bis 1991 eine Stiftung und ein Unternehmen, die über enorme gesellschaftliche Gestaltungsmacht verfügten und diese anscheinend skrupellos nutzten, obwohl dieses Vermögen ihm und seiner Familie aufgrund ihrer tatsächlichen Verbindungen zum Nazi-Regime im Zuge der Entnazifizierung hätte entzogen werden müssen. Dieser heuchlerische Umgang mit der eigenen Vergangenheit lässt sich auch durch die Beauftragung einer unabhängigen historischen Kommission zur Untersuchung und Aufarbeitung der Unternehmensgeschichte in der Nazi-Zeit nicht einfach aus dem Weg schaffen.

Eine der größten Gefahren, die von solchen Untersuchungen, wie sie Bertelsmann in Auftrag gegeben hat, ausgeht, ist, dass die Familie und das Unternehmen meinen, danach sagen zu können: »Jetzt ist es für alle Zeiten erledigt!« Diese Haltung erlaubt es Mohns Tochter, ihren Vater als großen gesellschaftlichen Helden darzustellen, ohne seinen unehrlichen Umgang mit der schwerwiegenden Nazi-Belastung des Unternehmens auch nur zu erwähnen.

Während wir bei anderen Dynastien wahrscheinlich ähnliche widersprüchliche wissenschaftliche Veröffentlichungen und private Berichte über die Verbindung eines Familienmitglieds zum Nazi-Regime finden werden, ist der Fall von Familie Mohn und Bertelsmann besonders prekär. In ihrem Fall geht es nicht nur um entgegengesetzte Sichtweisen zwischen einem evidenzbasierten und einem subjektiven, vielleicht anekdotischen Bericht. Denn die Bedeutung von Bertelsmann endet nicht im Privaten, sondern nimmt Einfluss auf die Welt der Publikationen insgesamt. Angesichts der herausragenden Stellung dieses mächtigen Verlags prägen Bertelsmann und die Mohns trotz ihrer eigenen Nazi-Belastung und deren versuchter Vertuschung den gesamten Rahmen des interreligiösen Dialogs und des Expertendiskurses über Demokratie und Religion in Deutschland. Und doch ist es nicht diese Familie allein, die die Agenda der Diskussion zu diesen Themenfeldern bestimmt.

Andere große Verlage, die in diesem Bereich eine Rolle spielen, sind Pantheon oder die Deutsche Verlags-Anstalt (DVA) und sogar Penguin, die jedoch alle zum Bertelsmann-Konzern gehören. Die Verlage Suhrkamp und Fischer, die ebenfalls zu den genannten Themenfeldern publizieren, gehören zwar nicht zum Bertelsmann-Penguin-Random House-Imperium, aber auch diese beiden haben eine schwerwiegende Arisierungsgeschichte[355] und gehören heute beide zur Holtzbrinck-Gruppe, die, wie wir in Kürze sehen werden, nicht weniger problematisch ist als Bertelsmann. Der Verlag C. H. Beck hat ebenfalls eine Arisierungsgeschichte, insofern als ihm der Otto Liebmann Verlag zum Opfer fiel, und ist zudem über die bloße NSDAP-Parteimitgliedschaft des Verlagsleiters Heinrich Beck hinaus Nazi-belastet, da er juristische Texte der Nazis veröffentlichte; dennoch schaffte C. H. Beck es, ein faktisches Publikationsverbot durch die US-Besatzungsbehörden zu umgehen, indem der Verlag seine Aktivitäten in einen Tochterverlag auslagerte.[356] Es ist durchaus verlockend, die Verbrechen all dieser Verlage aufzuzählen, doch würde dies kaum neue Aspekte beitragen, insofern als sich deren Geschichten nicht wesentlich von denen der bereits genannten Verlage unterscheiden.

Man mag es kaum glauben, aber die sprachlichen, rhetorischen und diskursiven Grundlagen deutscher interkultureller und interreligiöser Arbeit werden von verlagsnahen Stiftungen finanziert und somit auch kontrolliert. Diese aber sind Nazi-belastet und nach wie vor nach ebendiesen Nazi-Profiteuren benannt, wobei einige sogar bereitwillig unwahre Aussagen über ihre Rolle in der Nazi-Zeit getroffen haben. Dies ist gefährlicher, als es auf den ersten Blick scheint. Die Publikationen, die Nazi-belastete Verlage und Stiftungen herausgeben, drängen durchaus auf Reformen, sie rufen rhetorisch zur friedlichen Koexistenz auf. Sie scheinen zu versuchen, die Gesellschaft in eine an sozialer Gerechtigkeit orientierte Richtung zu lenken. Doch diese Verlage und Stiftungen haben Machtpositionen inne, die sie bei einer echten Entnazifizierung verlieren würden.

Um auf das Beispiel Bertelsmann zurückzukommen: Der Historiker Hersch Fischler hat sich in einem Interview über die Notwendigkeit historischer Genauigkeit und Transparenz geäußert mit den Worten:

> »Das heißt nicht, dass ich so etwas wie eine zweite Entnazifizierung von [Reinhard] Mohn fordere. Ob er Mitglied in NS-Organisationen war, ist heute gar nicht mehr so wichtig. Entscheidend ist eine korrekte Einordnung seiner Rolle und vor allem seiner Kommunikationsstrategie nach dem Krieg. Er hat die Legende gefördert und

> erst jetzt – unter großem Druck – dementieren lassen. Ich kann verstehen, dass er sein Familienunternehmen schützen wollte, um es erfolgreich neu aufzubauen. Aber ehrlich gesagt: Für den Chef eines Medienunternehmens, das in aller Welt für seriöse, glaubwürdige Inhalte stehen will, gehört sich das nicht.«[357]

Angesichts der Nazi-Verstrickung der Familie Mohn und der von Reinhard Mohn erfundenen ehrenhaften Legende ist Fischlers Kritik an dessen Unredlichkeit ein eklatantes Understatement. Warum sollte jede Kritik im Bereich der vorsichtigen Worte bleiben? Warum sollte man nicht eine zweite Entnazifizierung fordern? Die ganze Welt glaubt an den Mythos, dass Deutschland nach dem Krieg entnazifiziert wurde, und vor allem nach der sozialen Bewegung der 68er glaubt sie, dass die Nazis in der Gesellschaft nicht mehr stark vertreten sind. Doch der Fall Bertelsmann erinnert stark an den Fall Henkel, und es gibt zahllose andere Nazi-belastete Familien und Unternehmen mit prominenten Namen wie BMW von Quandt beziehungsweise Klatten, die ganz klar belegen, dass es nie eine erste umfassende Entnazifizierung gegeben hat.

Hätte es eine tatsächliche Entnazifizierung gegeben, hätte es das Gebot der Gerechtigkeit verlangt, dass diesen Familien am Ende des Zweiten Weltkriegs ihr gesamtes Vermögen entzogen worden wäre. Aber Gerechtigkeit hat es nie gegeben. Der Reichtum und die Macht dieser Familien und Unternehmen bestehen nur fort, weil eine solche Gerechtigkeit nicht umgesetzt wurde. Mehr noch müssen wir annehmen, dass diese Familien und Unternehmen ein persönliches Interesse daran haben, dass keine entsprechende Gerechtigkeit hergestellt wird. Deshalb ist es so gefährlich, wenn wir zulassen, dass diese Familien und Unternehmen unsere Gespräche und Debatten prägen. Der fortbestehende Mythos der deutschen Aufarbeitung untergräbt unsere Fähigkeit als Angehörige der Opfer und als Angehörige der Täter, einander auf Augenhöhe zu begegnen, und diese Institutionen sorgen dafür, dass der Status quo nie wirklich verändert wird.

In den Jahren unseres eigenen Engagements für interreligiöse Begegnung und Verständigung in Deutschland sind wir immer wieder gefragt worden, warum es so schwierig ist, jüdische Vertreter (nicht Deutsche, die zum Judentum konvertiert sind, sondern Menschen, die jüdisch aufgewachsen sind, mit jüdischer Kultur in ihrem Umfeld) als Gegenüber in diesen Dialogen und Debatten zu finden. Die Antworten sind vielfältig, aber die Frage danach, wer den Rahmen dieser Situationen des Austauschs gestaltet, spielt eine große Rolle. Schon vor dem offenen Antisemitismus, der nach dem 7. Oktober 2023 in Deutschland aufblühte, war die Zahl der Juden, die bereit waren, sich auf Gespräche einzulassen, die von Institutionen wie Bertelsmann und der Herbert Quandt-Stiftung gestaltet wurden, immer geringer geworden.

Einige von uns Juden werden vielleicht dennoch die gleichen Gespräche über Gerechtigkeit weiterführen, die dieser Rahmen erlaubt. Doch werden Gespräche unter diesen Bedingungen uns Juden niemals das Gefühl geben, als wertvolle und gleichberechtigte Person gesehen zu werden. Schließlich finden diese Gespräche statt in Räumen, von denen wir wissen, dass sie von den Profiten aus der Versklavung und Ermordung unserer Familien bezahlt werden, und die Ergebnisse dieser Gespräche werden von Institutionen gedruckt, die von einer eigens geschaffenen Leibgarde aus Lügen davor geschützt werden, für ihre Untaten in der Nazi-Zeit zur Rechenschaft gezogen zu werden.

Doch auch diejenigen von uns Juden, die sich weiterhin diesen Gesprächen stellen, um guten Willen zu zeigen oder vielleicht um doch eine noch so winzige Veränderung zu bewirken, sind nach diesen Gesprächssituationen oft desillusioniert und fragen uns, warum diese Gespräche weiterhin unter besagten Umständen stattfinden. Wenn Deutschland besorgt ist, weil Juden sich hier unwohl fühlen, reicht es nicht, den Antisemitismus als Problem der muslimischen Kulturen darzustellen. Wo ist der kritische Blick auf die systemischen Ungerechtigkeiten, auf denen die moderne deutsche Gesellschaft und die Debatten über ihren vermeintlichen Zusammenhalt in Diversität aufgebaut sind? Nachdrücklich das »Nie wieder« zu beschwören, reicht nicht aus, vor allem weil die Täterunternehmen nie zur Rechenschaft gezogen wurden und die deutsche Gesellschaft immer noch durch Macht, Geld und Einfluss kontrollieren. Ein ernstgemeintes »Nie wieder« suggeriert, dass die Verbrechen tiefgreifend aufgearbeitet und die systemische Grundlage für ihr Fortbestehen beendet wurden. Tatsache ist jedoch, dass diese Verbrechen, wenn wir uns Henkel, Bertelsmann, die Quandts und die anderen (Familien-)Unternehmen ansehen, dass die Nazi-Verbrechen von damals bis heute die deutsche Gesellschaft beeinflussen.

Die deutsche Presse und andere Nachrichtenmedien sind leider nicht weniger Nazi-belastet als die Verlagsbranche. Die in unserem deutschen Alltagsszenario erwähnte *Süddeutsche Zeitung*, Deutschlands meistgelesene überregionale seriöse (das heißt Nicht-Boulevard-)Zeitung,[358] wurde von August Schwingenstein gegründet, der seine journalistische und verlegerische Nazi-Vergangenheit als unverhohlener Hitler- und Kriegsbefürworter nach Kriegsende verbarg, ein selbsternannter »Agitator für die nationale Bewegung«.[359] Er erhielt eine Lizenz zur Veröffentlichung zusammen mit dem ebenfalls Nazi-belasteten Franz Josef Schöningh, der als stellvertretender Leiter der Nazi-Besatzungsbehörden in der heutigen Westukraine möglicherweise persönlich an einigen der Gräueltaten gegen die Juden beteiligt war.[360] Bis 2007, als sie ihre Anteile an die Süddeutsche Medienholding verkauften, übten die Familien der beiden Männer eine enorme Macht über die *Süddeutsche Zeitung* aus.

Ein Blick auf die Geschichte der *Frankfurter Allgemeinen Zeitung* (FAZ),[361] der zweiten Zeitung in unserem deutschen Alltagsszenario, weist ebenfalls auf eine gewisse, wenn auch anders gelagerte Nazi-Belastung hin – und das, obwohl die *FAZ* erst nach Kriegsende gegründet wurde. Doch entstand sie gewissermaßen als Fortführung der von Hitler 1943 verbotenen *Frankfurter Zeitung*, darauf weist bereits die für den Zeitungsnamen gewählte Schriftart hin. Bis zur Machtübernahme der Nazis hatte sich die Zeitung als liberal, jüdisch und republiktreu verstanden. Infolge der Machtübernahme wurde die Zeitung ideologisch arisiert, insofern als jüdische Mitarbeiter nicht länger für sie tätig sein durften. Zuvor waren beispielsweise namhafte jüdische Intellektuelle und Schriftsteller wie Walter Benjamin, Siegfried Kracauer und Joseph Roth für sie tätig gewesen, während der getaufte Jude Heinrich Simon Vorsitzender der Redaktionskonferenz war. Sie alle flohen ins Exil, wobei von den vier genannten nur Siegfried Kracauer das Ende des Nazi-Regimes erlebte. Währenddessen setzte sich Goebbels persönlich dafür ein, dass die *Frankfurter Zeitung*, nun unter der indirekten Herausgeberschaft des Vorstandsvorsitzenden der ungeheuer Nazi-belasteten I.G. Farbenindustrie, ihre hohe Auflage im Ausland nutzte, um dort jene Nachrichten zu verbreiten, die der Parteispitze behagten. In dieser Zeit war die Zeitung dem Regime gegenüber ambivalent eingestellt, insofern als sie den Krieg unterstützte, den Antisemitismus der Nazis aber nicht mittrug. Letzteres bewirkte wohl das Aus für die *Frankfurter Zeitung*, »nachdem ein offen die biographischen Abgründe von Hitlers ideologischem Ziehvater Dietrich Eckart schildernden Beitrag erschienen war«.[362] Trotz dieser letztlich offenen kritischen Stimme der *Frankfurter Zeitung* beschäftigte die in ihrer Tradition stehende *FAZ* zunächst auch eindeutig Nazi-belastete Mitarbeiter auf Leitungsebene, beispielsweise Erwin Finkenzeller* und Viktor Muckel.** Auch heute noch ist eine Verbindung der Zeitung zu Personen, die von der Nazi-Zeit profitiert haben, zu sehen, insofern als Stefan Quandt im Beirat der *FAZ* sitzt. Dies sind nur zwei Beispiele dafür, wie die Strukturen der Nachrichtenwelt immer noch Verbindungen zur Nazi-Zeit aufweisen.

Werfen wir abschließend noch einen Blick auf die bereits erwähnte Verlagsgruppe Georg von Holtzbrinck:[363] Ähnlich der *FAZ* erfolgte die Gründung der Verlagsgruppe erst nach dem Zweiten Weltkrieg. Den Grundstein der Verlagsgruppe legte deren Namenspatron jedoch bereits 1933, als er begann, als Buch- und Zeitschriftenvertreter zu arbeiten. Sein kaufmännisches Geschick ermöglichte von Holtzbrinck, bald eine eigene Vertriebsfirma zu gründen und ab 1937 auch selbst als Verleger tätig zu sein. Er war Besitzer der Deutschen Verlagsexpedition (Devex) und schloss einen Vertrag mit der Deutschen Arbeitsfront (DAF). Daraufhin übernahm Devex für zwei Jahre den Vertrieb der DAF-Zeitschriften *Schönheit der Arbeit* und *Freude und Arbeit,* bis diese mit Kriegsbeginn eingestellt wurden. Ab diesem Zeitpunkt setzte von Holtzbrinck auf Feldpost- und Lizenzausgaben für die Wehrmacht und versäumt auch nicht, Ereignisse, die für Hitler und die Nazis besonders bedeutsam waren, durch Sonderausgaben anzupreisen.

Holtzbrinck ist heute nach Bertelsmann das zweitgrößte deutsche Verlagshaus und besitzt die deutschlandweit erscheinenden Zeitungen *Die Zeit, Der Tagesspiegel* und *Handelsblatt* sowie zahlreiche kleinere Zeitungen. Ideologisch scheint Holtzbrinck nicht tief in der Nazi-Ideologie verwurzelt gewesen zu sein. Nichtsdestotrotz waren bei seinem raschen Aufstieg sicher seine frühe Mitgliedschaft in der NSDAP und die Verbindungen seines Onkels und SS-Führers Erich von Holtzbrinck zu Hitlers Privatbüro hilfreich sowie sein skrupelloser

---

* Finkenzeller hatte bereits 1923 Hitlers gescheiterten Putschversuch unterstützt, war kurz darauf in die NSDAP eingetreten und wirkte im Zentralverlag der NSDAP, bevor er sich in leitender Funktion für die Gleichschaltung der Werbewirtschaft in Nazi-Deutschland einsetzte. Während des Krieges wurde er Mitglied der Waffen-SS und unterstützte auch deren Propagandatruppe aktiv.

** Muckel war für eine Nazi-Zeitung tätig gewesen, durfte nach der Entnazifizierung seinem Beruf wieder nachgehen und beriet die *FAZ* zunächst im Bereich Vertrieb und Werbung, bevor er als Verlagsdirektor Teil der Geschäftsführung wurde.

Pragmatismus, der ihm erlaubte, die Umstände zum Aufbau seines Konzerns zu nutzen. In einem Brief über die Situation im Nachkriegsdeutschland, den von Holtzbrinck an einen weiteren, in den Vereinigten Staaten lebenden Onkel schrieb, erklärte er mit einer schon fast gezielt zur Schau gestellten Ignoranz gegenüber den Verbrechen der Nazi-Zeit, die Entnazifizierung sei vergleichbar damit, dass ein US-Amerikaner sich dafür rechtfertigen müsse, vor rund zehn Jahren die Demokratische Partei gewählt zu haben.[364] Für Georg von Holtzbrinck selbst bedeutete die Entnazifizierung übrigens lediglich seine Einstufung als Mitläufer in Verbindung mit einer geringen Strafzahlung. Selbst wenn er ideologisch nicht hinter den Nazis gestanden hat, verweisen seine Unterstützung der Nazi-Propaganda und seine daraus bezogenen Profite dennoch auf eine Verstrickung der Verlagsgruppe in das Nazi-Unrechtsregime. Ähnliche Geschichten und Schlimmeres sind in mindestens der Hälfte der größten Medienunternehmen in Deutschland zu finden, wurde doch »das ›Dritte Reich‹, wohlgemerkt rein ökonomisch betrachtet, in den ersten Kriegsjahren zu einem ›goldenen Zeitalter‹ für den Buchhandel«, wie der Kommunikations- und Medienwissenschaftler Siegfried Lokatis angemerkt hat.[365]

Wie George Orwell schrieb: »Wer die Vergangenheit kontrolliert, kontrolliert die Zukunft; wer die Gegenwart kontrolliert, kontrolliert die Vergangenheit.« Diese kurze Analyse der Nazi-Belastung deutscher Medien zielt nicht darauf ab, den betroffenen Familien und Verlagen eine ideologische Agenda zu unterstellen, gezielt ihre eigenen Geschichten zu verschleiern. Uns geht es vielmehr darum, die Vertrauenswürdigkeit eines Medienmarktes kritisch zu hinterfragen, der so gesättigt ist von Familien und Verlagen, die ihre eigene Nazi-Vergangenheit beschönigt haben, um ihre Macht und ihren Reichtum zu erhalten. Diese Nazi-Profiteure stehen hinter jenen Institutionen, die die Darstellung der Vergangenheit, inklusive ihrer Bedeutung für Gegenwart und Zukunft, in den deutschen Medien und im Verlagswesen bis heute prägen. Ist es da ein Wunder, dass diese Geschichte nicht besser bekannt ist? Wenn aber Bertelsmann und die anderen Stiftungen und Verlage die Geschichtsschreibung kontrollieren, während die Quandts in den Vorständen der größten Medienunternehmen des Landes sitzen, wie ist es dann überhaupt möglich, auf jene systemischen Missstände hinzuweisen?

Die heutige Reichsbahn

Die Nazi-Profiteure beherrschen das Gespräch und sind der wichtigste Geldgeber für einen Großteil der Zivilgesellschaft. Aber die Nazi-Belastung geht noch tiefer. Der Verkehr wird oft als das Kreislaufsystem oder das Skelett einer Gesellschaft betrachtet, und auch dieser ist zutiefst von der Nazi-Vergangenheit befleckt.

Betrachtet man die deutsche Verkehrsinfrastruktur, so steht nicht nur das Netz der Autobahnen im ganzen Land in der Tradition der Nazi-Propaganda von der gesteigerten Mobilität – schließlich war der Autobahnbau für die Nazis bedeutsam, um Hitler als großen Helden im Kampf gegen die Arbeitslosigkeit zu feiern. Unabhängig davon, ob im Bereich Verkehr vielleicht die Assoziation von Hitler und den Autobahnen am stärksten ist, gilt es zu berücksichtigen, dass die deutsche Automobilindustrie fast ausschließlich Nazi-belastet ist (BMW besitzt Mini und Rolls Royce, Daimler besitzt Mercedes-Benz und Smart, während VW Skoda, SEAT, Audi, Lamborghini, Porsche, Bugatti und mehr besitzt).

Das Ausmaß dieser Nazi-Belastung der Automobilindustrie ist zweifellos erschreckend, aber zumindest ist das Wissen um diese Verstrickung weit verbreitet. Weit weniger präsent im öffentlichen Bewusstsein scheint dagegen die furchtbar zynische Tatsache, dass von den Nazis verfolgte Juden ihre Zugtickets zu den Konzentrationslagern bezahlen mussten, das heißt, sie wurden für die Zwangsdeportation zu ihrer eigenen qualvollen Ermordung zur Kasse gebeten.[366] Dieser Aspekt der Shoah ermöglichte neben den Arisierungen und der Beschlagnahmung von jüdischem Grund und Boden auch den Bau bestimmter Strecken des deutschen Eisenbahnnetzes.[367] Doch die Deutsche Bahn erklärte 2010, nicht Rechtsnachfolgerin der Nazi-Reichsbahn zu sein, unter der diese Verbrechen stattgefunden hatten.[368]

Die Reichsbahn wurde nach dem Krieg in die ostdeutsche »Deutsche Reichsbahn« und die westdeutsche »Deutsche Bundesbahn« aufgeteilt. Von einem moralischen Standpunkt her wäre es nur schlüssig, beide als rechtliche Nachfolger der Nazi-Reichsbahn anzusehen, da sie das Vermögen (Züge, Schienen, Bahnhöfe und anderes Zugzubehör – mit Ausnahme der im Krieg zerstörten Infrastruktur und der von den Sowjets enteigneten Materialien)[369] behielten, das nicht zuletzt durch die Gewinne aus Arisierungen und anderen Nazi-Verbrechen aufgebaut worden war. Sogar viele führende Reichsbahnbeamte arbeiteten weiter für das Bahnsystem. Der Historiker Raul Hilberg hat diese Beamten ernüchternd charakterisiert:

> »Sie waren solide Individuen, aber keine hirnlosen Roboter ... Tatsache ist, dass sie Teil des Nazi-Deutschlands waren, rücksichtslos, unbarmherzig und in jeder Hinsicht drakonische Praktiker.
>
> Dennoch überlebten sie dessen Zusammenbruch und änderten nur ihren kollektiven Namen von Reichsbahn zu Bundesbahn.«[370]

Nach dem Ende des Nazi-Regimes wurde trotz der aktiven Beteiligung Tausender Reichsbahnmitarbeiter an der Nazi-Infrastruktur nur ein einziger Reichsbahnmitarbeiter wegen »Beihilfe zum Mord« vor Gericht gestellt, doch wurde er nie verurteilt.[371] Nach der Wiedervereinigung Deutschlands fusionierten die beiden Bahngesellschaften zur Deutschen Bahn AG, die sich im Besitz des deutschen Staates befindet.

Als der Vorstandsvorsitzende der Deutschen Bahn 2022 zum Internationalen Tag des Gedenkens der Opfer der Shoah in die Shoah-Gedenkstätte Yad Vashem in Israel eingeladen wurde, nahm das Unternehmen dies zum Anlass für eine Pressemitteilung über die Aufarbeitungsarbeit der Deutschen Bahn und die von ihr geleistete gemeinnützige Arbeit. Zumindest in dieser Mitteilung suggerierte die Deutsche Bahn die historische Verbindung von der Reichsbahn zum heutigen Unternehmen, indem sie über ihren Nazi-Vorläufer sprach: »Ohne die Deutsche Reichsbahn wäre die Deportation in die Vernichtungslager nicht möglich gewesen.«[372] Dennoch haben sich sowohl die Deutsche Bahn als auch die deutsche Regierung viele Jahre lang geweigert, sich mit dem Thema konkreter Entschädigungen für die Rolle der Bahn bei der Durchführung der Shoah zu befassen. Wie ein Anwalt, dessen jüdischer Mandant seine Eltern in Auschwitz verlor, enttäuscht erklärte angesichts der Haltung der Bundesregierung und der Deutschen Bahn gegenüber individuellen Entschädigungsforderungen von Deportationsopfern beziehungsweise deren Angehörigen: »Ganz offensichtlich meint man bei der Bundesregierung und der Deutschen Bahn, dass man so damit wegkommt. Doch die Bahn hat vom Unrecht erheblich profitiert und will dies nun nicht wahrhaben.«[373]

Diese Verweigerung ist immer wieder mit einer geradezu ignoranten Geschichtsvergessenheit gepaart, wie die journalistische Berichterstattung zu diesem Thema zeigt:[374] So versuchte die Deutsche Bahn, eine Wanderausstellung über die Verstrickung des Eisenbahnsystems in die Shoah, einen »Zug der Erinnerung«, für die Nutzung ihrer Gleise und Bahnhöfe zur Kasse zu beten, und gab diesen Anspruch erst auf, als sie an ihre Gewinne durch eben ihre Nazi-belastete Geschichte erinnert wurde, woraufhin die Deutsche Bahn eine Spende von 175 000 Euro an die zuvor erwähnte Stiftung EVZ tätigte. Wiederum dieselbe journalistische Quelle berichtet über die erst kürzlich geäußerte Absicht der Deutschen Bahn, einen ihrer Hochgeschwindigkeitszüge nach Anne Frank zu benennen, dem 15-jährigen Opfer der Shoah, das mit der Reichsbahn von Amsterdam nach Auschwitz und dann in den Tod im Konzentrationslager Bergen-Belsen transportiert wurde. Angesichts der Proteste, die diese Absicht hervorrief, setzte die Deutsche Bahn ihre Idee nicht um, sondern erklärte ausweichend: »Wir müssen einräumen, dass wir das Thema leider falsch eingeschätzt und damit Gefühle verletzt haben.«[375]

Die Nazi-Belastung des Eisenbahnsystems impliziert, dass wir alle, die wir in Deutschland leben und von seinem subventionierten öffentlichen Verkehrssystem profitieren, mit dieser Schuld in Berührung gekommen sind, und zwar durch den nahtlosen Übergang von der Reichsbahn unter Hitler über deren zwei Nachfolgerinnen bis zur heutigen Aktiengesellschaft, die im wiedervereinigten Deutschland als Deutsche Bahn bekannt ist. Die Gewinne aus der Shoah sind immer noch Kapital der Deutschen Bahn. So basiert nicht nur die Nutzung dieses öffentlichen Verkehrsmittels, sondern auch die riesige Deutsche Bahn Stiftung, die Flüchtlingsarbeit, Integrationsarbeit, Stipendien und andere philanthropische Arbeit finanziert, zumindest teilweise auf dem Geld, das die KZ-Opfer für ihre eigenen Fahrkarten in ihre Inhaftierung, ihre Zwangsarbeit und oftmals ihren Tod bezahlt haben.

Nach Hause kommen

Die Deutsche Bahn bringt uns zum letzten Punkt unseres deutschen Alltagsszenarios zurück: Die Kinder kommen am Ende des Tages nach Hause in ein hübsches kleines Haus, das einem freundlichen, älteren deutschen Ehepaar gehört, das es der Familie zu einem vergleichsweise günstigen Preis vermietet. Der in den späten 1930er Jahren geborene Vermieter ist in dem Haus aufgewachsen, er und seine Frau haben ihre eigenen Kinder darin großgezogen, und es ist ihnen wichtig, dass eine nette Familie, die das Haus angemessen pflegt und schätzt, es sich leisten kann, darin zu wohnen. Die Vermieter haben nichts Verbrecherisches an sich, sie sind wohltätig, herzlich und nett. Und doch wäre es möglich, dass der Erwerb der Immobilie selbst mit der Shoah in Verbindung steht. Die Historiker Irmtrud Wojak und Peter Hayes fassen die Arisierungspraktiken, die ihr Kollege Wolf Gruner in derselben Veröffentlichung im Detail erläutert, wie folgt zusammen:

> »[S]eit 1938 [versuchten] eifrige Beamte und Angestellte unter Berufung auf gemeinnützige Zwecke …, sich den ›verfallenen‹ Besitz jüdischer Organisationen und Privatpersonen zu sichern. Zwangsüberschreibungen zu verordneten Preisen, Zwangsveräußerungen von verbrannten Synagogen gegen Übernahme der Abrißkosten von den Gemeinden, Umwidmung jüdischer Wohlfahrtseinrichtungen, Zwangsversteigerungen der Liegenschaften jüdischer Eigentümer zur Begleichung der verhängten Raubsteuern beziehungsweise Bezahlung der Deportationskosten sowie die kostenlose Übereignung des Eigentums der als Reichsfeinde oder Ausgebürgerte deklarierten Juden gehörten zu den seitens der Kommunen angewandten Mitteln, um dieses Ziel in großem Umfang zu erreichen. *Gruner* verweist auch auf die gesetzlichen Regelungen der sogenannten Wiedergutmachung in den beiden deutschen Staaten nach dem Zweiten Weltkrieg, die dazu beitrugen, daß eine unbekannte aber vermutlich beträchtliche Zahl der Immobilien jüdischer Eigentümer sich bis heute in kommunalem Besitz befindet.«[376]

Es ist ausgeschlossen, dass wir jemals erfahren werden, wie viele Immobilien in ganz Deutschland durch Arisierung geraubt wurden. Einige Städte und Gemeinden haben dennoch versucht, eine Antwort zu finden. Mannheim zum Beispiel hat die arisierten oder wahrscheinlich arisierten Häuser und Grundstücke kartiert und zeigt, dass mindestens 118 Grundstücke von der Stadt selbst übernommen wurden; insgesamt fielen jedoch mehr als 1250 Mannheimer Grundstücke der Arisierung zum Opfer, ebenso wie über 1600 jüdische Betriebe.[377] Diese Zahlen und das Wissen, dass diese Nazi-Praxis auch in Kleinstädten wie Unkel (heute 5000 Einwohner) durch die Stadt selbst sowie durch nicht-jüdische Bürger Anwendung fand, legen nahe, dass die tatsächliche Zahl der geraubten und Grundstücke, die sich heute in deutscher Hand befinden, geradezu erschreckend hoch ist. Aus der

Stadt Bonn, die in der Nazi-Zeit weniger als halb so viele Einwohner wie Mannheim hatte, wird berichtet, dass mindestens 130 Häuser arisiert wurden, und zwar nach Angaben des Stadtarchivars in »korrekter« Anwendung des (unmenschlichen) Rechtsrahmens.[378] Bei genauerem Hinsehen zeigt sich, dass neben der Größe der Städte auch die Bereitschaft der Bevölkerung, die von den Nazis erlassenen Gesetze zu befolgen, eine wichtige Rolle bei der Durchführung der Arisierungen spielte. Mitunter scheint die Bevölkerung geradezu mit vorauseilendem Gehorsam gehandelt zu haben, so dass »Gesetze und Verordnungen den Entwicklungen meist hinterherliefen, die durch übereifrige Kräfte oder durch Sachzwänge hier und dort schon längst zu Tatsachen und üblicher Praxis geworden waren«.[379] In diesen Beobachtungen wird einmal mehr deutlich, dass die Nazi-Verbrechen nicht von einzelnen Funktionären begangen wurden, sondern dass die Verbrechen der Shoah einen unauslöschlichen Schandfleck in der gesamten modernen deutschen Gesellschaft hinterlassen haben.

Diese Nazi-Belastung der Gesellschaft ist sicherlich nicht auf einzelne Vermieter beschränkt, die vielleicht nicht einmal genau wissen, unter welchen Umständen ihre Immobilie in den Familienbesitz gelangt ist. Ein Fall zeigt, wie tief Immobilienmakler als Branche involviert sein können: John Slade war einst als »Der Papst der Wall Street«[380] bekannt, aber er wurde als Hans Schlesinger in Frankfurt geboren. Sein Vater führte die Frankfurter Niederlassung einer der erfolgreichsten deutschen Immobilienfirmen namens »Israel Schmidt Söhne«.[381] Slade selbst hatte eine Banklehre in Frankfurt absolviert und war professioneller Hockeyspieler, bis die Nazis an die Macht kamen. Die Firma »Israel Schmidt Söhne« wurde 1939 im Rahmen einer Arisierung von Lorenz Scheuermann übernommen und als Maklerfirma Dröll & Scheuermann fortgeführt, die in der Nachkriegszeit zu den führenden Immobilienmaklern Deutschlands aufstieg, in ihrer Blütezeit bis zu 80 Mitarbeiter beschäftigte und bis heute von der Familie Scheuermann geleitet wird. Infolge der Arisierung organisierte Lorenz Scheuermann damals gefälschte Papiere, die es Slades Familie ermöglichten, ins Ausland zu fliehen. Damit handelte Scheuermann moralischer als andere Arisierungsprofiteure, die die von ihnen geschädigten Personen ohne jegliche Unterstützung der Nazi-Verfolgung überließen. Nichtsdestotrotz wären die Profite und Erfolge der neuen Eigentümer unmöglich gewesen ohne ebenjenes Unrecht, das sie der jüdischen Eigentümerfamilie antaten als »ihren Beitrag« zum

Nazi-Ziel der Shoah. Daran ändert auch ein gerichtlicher Vergleich nichts, in dessen Folge Scheuermann 58 500 DM an die drei Rechtsnachfolger der Firma »Israel Schmidt Söhne« zahlte.

Tatsächlich war es nicht ungewöhnlich, dass Makler sowie Notare und Gutachter Arisierungen zugunsten ihres persönlichen Vorteils vorantrieben. Diese »Netzwerk[e] von Nutznießern«[382] zeigten, ebenso wie die Ariseure selbst nach Ende des Nazi-Regimes, meist nur wenig Verständnis für etwaige Ansprüche der früheren jüdischen Eigentümer oder ihrer Erbengemeinschaften. Tatsächlich

> »[...] ist [es] fraglich, ob man selbst nach weiteren, noch ausstehenden Einzelforschungen den genauen Anteil der von der nationalsozialistischen Judenpolitik direkt oder indirekt profitierenden deutschen Unternehmer und den genauen Umfang ihrer Gewinne je wird errechnen können. Trotzdem kann kaum bezweifelt werden, dass die Mehrzahl derjenigen unter ihnen, die durch ihre wirtschaftliche Stellung in der Lage waren, sich an den ›Arisierungen‹ vor dem Krieg und an dem systematischen Judenmord während des Krieges zu bereichern, dies ohne allzu viele Skrupel getan hat – seien es mittelständische Besitzer oder die Direktoren grosser Gesellschaften. Dabei haben sie nicht nur die sich bietenden Gelegenheiten wahrgenommen, sondern oft auch mit Erfolg eigene Initiativen und den direkten Zugang zu den Machtträgern dazu benutzt, für sie vorteilhafte Bedingungen zu schaffen.«[383]

Wir haben die Aufmerksamkeit auf die potenziell Nazi-belastete Geschichte von Häusern und Grundstücken in Deutschland gelenkt, um zu zeigen, dass die Auswirkungen der Shoah allgegenwärtig sind, womöglich sogar einschließlich des Daches über unserem Kopf oder des Bodens unter unseren eigenen Füßen. Während bestimmte Familienunternehmen geradezu prädestiniert dazu schienen, Nutznießer der Shoah zu werden und ihre Verbindungen zu den Nazis nahezu unbeschadet zu überstehen, sind sie nicht die Einzigen, die sich schuldig gemacht haben. Die Deutsche Bahn, die Deutsche Bank und zahllose andere deutsche Banken wie die Commerzbank, überregionale Lebensmittelketten wie EDEKA, Versicherungsriesen wie die Allianz oder die Münchener Rückversicherungs-Gesellschaft, Logistikunternehmen wie Kühne+Nagel, Verlage und Zeitungen, Kirchen verschiedener Konfessionen – sie alle teilen allzu oft diese dunkle Geschichte.

Da die Relikte der Shoah weiterhin die gesellschaftliche Infrastruktur Deutschlands prägen, profitieren zwangsläufig auch Einzelne von unrechtmäßig erworbenen Vermögenswerten, und so überträgt sich die Schuld auf fast alle in Deutschland lebenden Menschen. Es ist unmöglich, an irgendeinem Aspekt des öffentlichen Lebens in Deutschland teilzunehmen, ohne mit Nazi-Profiten in Kontakt zu kommen. Wie kann man sich der ständigen Unmoral entziehen?

Von der Arisierung profitierten zahllose Unternehmen und Einzelpersonen, und dieser Prozess ist nicht einfach rückgängig zu machen. Zum einen schlagen sich die Auswirkungen der Nazi-Zeit bis heute in gesellschaftlichen Machtstrukturen nieder. Zum anderen zeugen die monetäre und ideelle Schuld der Erben der Nazi-Profiteure gegenüber den enteigneten Juden davon, dass in einigen Fällen »eine direkte, personale Täter-Opfer-Beziehung«[384] auch heute, fast 80 Jahre nach dem Ende der Nazi-Zeit, fortbesteht.

All diese Familien, Unternehmen und Stiftungen, von Henkel über BMW und Adidas bis hin zu Bahlsen und Dutzenden weiteren der reichsten Familien und Unternehmen in Deutschland, haben das Narrativ der erfolgreichen, beschämenden und wirtschaftlich schwächenden Entnazifizierung gefördert und ihre familiäre und unternehmerische Beteiligung an der Shoah vertuscht. Sofern die Geschichten von (Familien-)Unternehmen erforscht und veröffentlicht wurden, oft unter der Kontrolle der schuldigen Familie oder des Unternehmens selbst, folgte ein Presserummel, der die Familie als fortschrittlich darstellte, weil sie überhaupt einen Historiker damit beauftragt hatte, über ihre Geschichte zu schreiben und mögliche dunkle Flecken in ihrer Vergangenheit offenzulegen. Dies alles geschah jedoch, ohne dass sich das System auf Seiten der Profiteure geändert hätte. Dieses aber wird durch das philanthropische System, auf dem die deutsche Zivilgesellschaft und Wirtschaft basieren, rechtlich normalisiert und schöngefärbt. Infolgedessen bedeutet die Tatsache, dass Aufarbeitung zwar in vielen Bereichen – nicht jedoch in den Bereichen Finanzen und Wirtschaft, inklusive der Frage nach dem Verbleib des unter den Nazis angehäuften Kapitals – stattgefunden hat, dass jeder einzelne Mensch, der in Deutschland lebt und in irgendeiner Weise am öffentlichen Leben teilnimmt, auch heute noch auf tausend unsichtbare Arten von den Verbrechen der Nazis profitiert. Und trotzdem haben wir noch Hoffnung.

Gegenargument – Was finden wir unter den Nazis?

Menschen wie der Journalist Peter Watson, Autor des etwa 1000-seitigen (von Bertelsmann herausgegebenen) Buches *Der deutsche Genius: Eine Geistes- und Kulturgeschichte von Bach bis Benedikt XVI* aus dem Jahr 2010, würden vielleicht argumentieren, dass es jenseits der Nazis noch viel mehr gibt. Es sei ein Fehler, mit den Nazis zu beginnen, wenn die deutsche Geschichte so viel weiter zurückreicht und der Welt so viel gegeben hat. In der Tat ist es lohnend, diesen Gedankengang näher zu untersuchen, denn es gab zweifelsohne ein Deutschland vor den Nazis. Doch angesichts des Erbes der Nazis hat selbst diese vor-nationalsozialistische Geschichte einen bitteren Beigeschmack.

Kunst

Zur deutschen Kunstlandschaft gehören nicht nur berühmte historische Künstler wie Albrecht Dürer, sondern beispielsweise auch Künstler wie Gerhard Richter, Konrad Klapheck oder Imi Knoebel, deren Werke und Wirken das 20. und den Beginn des 21. Jahrhunderts prägen. Doch sind die Werke dieser modernen Künstler in Sammlungen und Galerien zu finden, die von der Familie Henkel finanziert werden,[385] und Stefan Quandt selbst gehört zu den Hauptförderern des Museums für Moderne Kunst in Frankfurt,[386] während die alten Meister in der Hamburger Kunsthalle zu sehen sind, die von der Deutschen Bank, der Commerzbank-Stiftung, der Ernst von Siemens Kunststiftung und der Rudolf-August Oetker-Stiftung gefördert wird.[387] Da Kunst und Ausstellungen eher Geld kosten, als einbringen, ist es nicht verwunderlich, dass auch dieser Bereich von großen Wirtschaftsakteuren subventioniert wird – und damit fast zwangsläufig auch durch Nazi-belastete Gelder.

Es überrascht nicht, dass die Verbindung zwischen der Kunst und dem Nationalsozialismus in der entsprechenden Epoche selbst begründet ist: Hitler selbst hatte Künstler werden wollen und ging erst in die Politik, nachdem er in diesem Vorhaben gescheitert war. Er blieb jedoch ein Bewunderer der Kunst, so dass August von Finck Geld sammelte, um für den Führer ein beeindruckendes Museum in München als geeigneten Ausstellungsort für die von Hitler geschätzte deutsche Kunst zu errichten – und von Fincks Engagement für den Führer wurde belohnt, indem er weitere Möglichkeiten zur Arisierung jüdischer Banken erhielt.[388]

Was die während der Shoah gestohlene Kunst betrifft, so wurden 2013 in den Beständen des Münchner Kunsthändlers Cornelius Gurlitt Dutzende, wenn nicht Hunderte möglicherweise gestohlener Kunstwerken entdeckt. Als die *Jewish Claims Commission* versuchte, dieses historische Unrecht zu korrigieren, wurde klar, dass es kein deutsches Gesetz gab, das die Rückgabe dieser gestohlenen Werke an die Erben der ursprünglichen Eigentümer regeln würde. In einem Zeitungsartikel wird der damals 80-jährige bayerische Kunsthändler Gurlitt mit den Worten zitiert: »›Freiwillig gebe ich nichts zurück‹.«[389] – ein Zeichen dafür, wie wenig Reue manche Personen für Verbrechen empfinden, von denen sie weiterhin profitieren. In demselben Artikel wird der Anwalt der Familie eines Nazi-Opfers zitiert, der diese Reaktion als »›eine schmerzhafte Nachricht für die noch lebenden Opfer des Nationalsozialismus und ihre Nachkommen‹« bezeichnet und die Wahrscheinlichkeit einer Rückgabe mangels geeigneter Gesetze in Deutschland als »verschwindend gering« einschätzt. Nach dem Tod von Gurlitt im Jahr 2014 erbte das Kunstmuseum Bern die Kunstsammlung. Eine Lösung, wie die Eigentümer und ihre potenziellen Erben für die geraubte Kunst entschädigt werden könnten, ist bisher nicht gefunden worden. Darüber hinaus ist davon auszugehen, dass auch in den folgenden Jahren immer wieder im Kontext der Judenverfolgung gestohlene Werke auftauchen werden; sofern sich der Umgang mit den Nazi-Profiten nicht grundlegend ändert, werden wohl auch diese Kunstwerke und Sammlungen im Besitz der Nazi-Profiteure verbleiben.

Musik

Ja, Deutschland hat einen großen Beitrag zur Oper und zur klassischen Musik im Allgemeinen geleistet. Gleichzeitig ist es schwer, sich die Nazis ohne Richard Wagner vorzustellen, und, wie neuere Bücher zeigen, hätten Wagner und Bayreuth ohne die Nazis und ihre Förderung von Wagners Musik und Familie vermutlich nicht den heutigen Bekanntheitsgrad erreicht.[390] So wundert es nicht, dass Arend Oetker ein großer Geldgeber der Bayreuther Oper ist, ebenso wie Siemens, der Mercedes-Benz-Konzern und die Deutsche Bank Stiftung.[391]

Deutschlands größtes Opern- und Konzerthaus, das Festspielhaus Baden-Baden, wird maßgeblich (mit mindestens 100 000 Euro jährlich) von der Rudolf-August Oetker-Stiftung sowie durch Spenden von mindestens einer Million Euro von der Oetker-Gruppe (Dr. August Oetker KG) und von Christine und Klaus-Michael Kühne sowie vielen anderen unterstützt.[392] Die Staatsoper Berlin, gemeinhin bekannt als Staatsoper »Unter den Linden«, dankt ihren Förderern BMW (von den Quandts), der Liz Mohn Kultur- und Musikstiftung (verbunden mit Bertelsmann) und der Stiftung der Berliner Sparkasse.[393] Porsche/VW-Erbin Ariane Piëch sitzt im Vorstand des Fördervereins der Staatstheater Stuttgart,[394] zu denen auch das Stuttgarter Opernhaus gehört. Dieses wiederum wird unter anderem von der Allianz, Stefan von Holtzbrinck und der Ernst von Siemens Musikstiftung gefördert.[395] Die Liste der Musikinstitutionen, die auf Spenden angewiesen sind, ist lang, und die Wahrscheinlichkeit ist groß, dass fast alle von ihnen auch von Unternehmen oder Familienmitgliedern finanziert werden, deren Reichtum eng mit den Gewinnen aus der Nazi-Zeit verbunden ist.

Kanonisierte Kultur hat es in Deutschland schon vor den Nazis gegeben, aber sie wird heute durch finanzielle Mittel in Szene gesetzt, die durch Verstrickungen mit ebendiesem Regime belastet sind. Auch wenn die Liste berühmter deutscher Komponisten weit über das Beispiel Wagners hinausgeht, sollte nicht übersehen werden, dass das Werk dieses antisemitischen Komponisten auch heute noch direkt von Wirtschaftsakteuren unterstützt wird, deren Familien von der Shoah profitiert haben, und dass Wagners Familie und seine Stadt Bayreuth für die rassistische und nationale Propaganda der Nazis sowie für Hitler selbst von zentraler Bedeutung waren.[396]

In der Tat bringt uns die Musik zu einem Paradebeispiel dafür, wie sich diese nicht ernsthaft entnazifizierten Wirtschaftsstrukturen bis heute auswirken: der Fall von Hermann Abs. In einem im Vorherigen bereits zitierten Artikel in der Zeitschrift *Commentary* warf der Journalist Nicolas Clarion 1949 die kritische Frage auf, ob die Demokratie Nazi-Partner brauche. Er führt aus:

> »Im Bankenbereich wurde kein einziger der Direktoren der sechs großen deutschen Banken gründlich untersucht. Es wurde eine Untersuchung über das Management der expansiven Dresdner und der Deutschen Bank eingeleitet. Sie blieb ergebnislos. Hermann Abs, Direktor der Deutschen Bank (das Rückgrat des Bankensystems des Nazi-Imperialismus), wurde Finanzberater der Besatzungsbehörden und ist nun zusammen mit anderen ›korrekten‹ Nazis Leiter des Bankensystems des Ruhrgebiets und der Westzonen.«[397]

Hermann Abs war einer von Adenauers wichtigsten Beratern in Bezug auf die Reparationszahlungen an Israel, wobei Abs zu den zentralen Lobbyisten gehörte, die diese Zahlungen so niedrig wie möglich zu halten versuchten.[398] Die Entnazifizierung ging nicht nur an Familienunternehmen wie Henkel oder Porsche vorbei, sondern an der gesamten deutschen Wirtschaft. In der Nazi-Zeit saß Abs im Vorstand von 44 Unternehmen, darunter auch der I. G. Farbenindustrie,[399] und wurde als »Dreh- und Angelpunkt der kontinentweiten Ausplünderung«[400] unter den Nazis bezeichnet. Doch genau wie bei von Finck und Flick wurden im Rahmen der Entnazifizierung alle Anklagepunkte gegen ihn fallengelassen (diesmal aufgrund britischer Intervention) und er wurde als »entlastet« eingestuft. Infolgedessen spielte Abs sogar eine zentrale Rolle in der deutschen Nachkriegswirtschaft als Vorstandsvorsitzender der Kreditanstalt für Wiederaufbau (KfW), durch die die Mittel des Marshallplans nach Deutschland gelangten.[401] Abs war von 1957–1967 Vorsitzender des Vorstands der Deutschen Bank und bis 1976 Vorsitzender des Beirats. Er war Mitbegründer der Deutschen Nationalstiftung[402] und, um zurück zur Musik zu kommen, ein wichtiger Förderer des Beethoven-Hauses in Bonn.[403] In letztgenanntem ist auch ein Teilnachlass von Abs zu finden und der Kammermusiksaal des Hauses ist nach Abs benannt.

Zurzeit laufen die Sperrfristen für Unterlagen des Bankwesens ab, die die Arisierungen der Nazi-Zeit rund um das Novemberpogrom dokumentieren. Es ist naheliegend, dass die wissenschaftliche Untersuchung dieses Heiligen Grals der Arisierungsforschung neue Details zum verbrecherischen Vermächtnis von Abs und ähnlich Gesinnten zutage fördern wird. Nichts ändern werden diese Erkenntnisse jedoch an den wirtschaftlichen Strukturen, die Nazi-Profite als zentrales Fördermittel der (klassischen) Musik in Deutschland erscheinen lassen.

Philosophie und Hochschullandschaft

Offensichtlich antisemitische Philosophen wie Friedrich Nietzsche[404] oder Martin Heidegger[405] lassen sich nicht von ihren Verbindungen zu den Nazis trennen, sosehr wir uns das auch wünschen. Und wenn Zachary an der Universität Frankfurt/Main lehrt, finden seine Seminare im I. G. Farben-Haus statt, das von 1930 bis Kriegsende die Zentralverwaltung desselben Unternehmens beherbergte; zugleich finden sich an dieser Universität mehrere Lehrstühle, die teilweise oder gänzlich von den Quandts finanziert werden, und Nachwuchswissenschaftler werden dort seit kurzem von der Johanna Quandt Young Academy gefördert.[406] Die Universität Düsseldorf wird von Henkel-Geldern über Wasser gehalten, und die Hertie School of Governance ist nach ebenjenem arisierten Unternehmen benannt, dessen Geld, wie wir bereits erwähnt haben, auch unsere Flüchtlingsarbeit finanziert hat.

Kehren wir noch einmal zum Beispiel Frankfurt/Main zurück: Die sogenannte »Frankfurter Schule« bezeichnet eine Gruppe vor allem jüdischer Intellektueller wie Theodor Adorno, Walther Benjamin, Erich Fromm, Carl Grünberg, Max Horkheimer, Otto Kirchheimer, Siegfried Kracauer, Leo Löwenthal, Herbert Marcuse, Franz Neumann, Friedrich Pollock und Alfred Sohn-Rethel, die durch ihr Denken die Grenzen der Gesellschaftstheorie und der kritischen Philosophie verschoben haben. Im Zentrum dieser Gruppierung stand das Institut für Sozialforschung der Universität Frankfurt. Infolge der Machtergreifung der Nazis zog die gesamte Einrichtung 1935 um an die Columbia University in New York City. 1953 kehrte das Institut nach Frankfurt zurück, jedoch waren durch die Shoah der jüdische Einfluss und die entsprechende kulturelle jüdische Präsenz stark verringert.

Durch die Emigration gelang es vielen der jüdischen Intellektuellen, die die Frankfurter Schule gegründet hatten, den Nazis zu entkommen (während sich andere wie Walter Benjamin auf der Flucht das Leben nahmen, um nicht von den Nazis gefasst zu werden, oder wie Carl Grünberg, dem Gründungsdirektor besagten Instituts für Sozialforschung, der infolge eines Verhörs durch die Gestapo starb). Für die Universität Frankfurt bedeutete die Verlegung des Instituts in die Vereinigten Staaten, dass sie dessen Arisierung vermeiden konnte. Doch der Effekt war mehr oder weniger derselbe: Die Juden waren verschwunden, ebenso wie ihre spezifische Sicht auf die Welt. Man fragt sich also, was diese jüdischen Vertreter der kritischen Theorie von den modernen Debatten an der Universität Frankfurt halten würden.

So machte die Universität Frankfurt jüngst Schlagzeilen im Zusammenhang mit einer Konferenz zum Thema Migration, die gemeinsam von einem universitätsnahen Think Tank und der Hertie-Stiftung organisiert worden war. Bei dieser Konferenz trat der Oberbürgermeister einer süddeutschen Stadt provokativ auf, indem er das rassistische »N-Wort« verwendete, woraufhin er als Nazi bezeichnet wurde. Der Bürgermeister erklärte daraufhin, ihn aufgrund seiner Wortwahl als Nazi zu beschimpfen, sei vergleichbar mit der »›Methode der Ächtungen und Ausgrenzung‹«[407] durch den Judenstern. Die Frankfurter Professorin Susanne Schröter, die die Veranstaltung organisiert hatte, bei der es zu dem Vorfall gekommen war, versuchte, den Vorfall auf dem Podium zu klären, vermochte jedoch keine weitere Eskalation zu verhindern, sondern schien eher im Gegenteil dem Oberbürgermeister nur eine größere Bühne für seine Shoah-relativierenden Äußerungen zu bieten. In der Presse äußerte sich die frühere CDU-Familienministerin Kristina Schröder zur Aussage des Oberbürgermeisters mit den Worten: »Es wundert mich schon, mit welch unterschiedlichem Maß hier zwei sogenannte N-Wörter behandelt werden ... Politische Gegner immer wahlloser als Nazis zu beschimpfen, ist offenbar in Ordnung.«[408]

Zweifelsohne wird der Begriff »Nazi« heute auch als Beleidigung gegen Personen verwendet, um sie oder ihre Ansichten zu diskreditieren. Dass jedoch ausgerechnet eine universitätsnahe Veranstaltung jener Universität, deren Ruf auf dem Gedankengut jüdischer Gelehrter beruht, während ihre Infrastruktur jedoch mit Nazi-Geldern aufgebaut und kontinuierlich weiterfinanziert wird, zum Schauplatz einer Debatte um zwei vermeintlich konkurrierende »N-Wörter« geworden ist, ist erschreckend. Wenn dann auch noch die Ex-Ministerin einer Partei, die durch Nazi-Gelder mitfinanziert wird, erklärt, dass diejenigen, die als Nazis bezeichnet werden, die Geschädigten seien, werden damit Rassisten zu Opfern gemacht und ihr menschenverachtendes Anliegen ein Stück weit legitimiert und normalisiert.

Kirchen

Zahlreiche Kirchen spielten eine Rolle im Kampf gegen die Nazis. Einige Kirchen wandten sich ausdrücklich gegen Hitlers Regime, wie in der *Barmer Erklärung* von 1934 zum Ausdruck kam, mit der sich einige Vertreter der deutschen evangelischen Kirchen offen von der mit den Nazis verbundenen deutschen christlichen Bewegung distanzierten.[409] Die Katholische Kirche veröffentlichte 1937 eine päpstliche Enzyklika, in der sie ihre Besorgnis über die Entwicklungen in Deutschland zum Ausdruck brachte, und einzelne Mitglieder beider großen Kirchen sprachen sich offen gegen den Rassismus der Nazis aus.[410]

Doch selbst wenn wir die Rolle ignorieren, die Martin Luther und andere berühmte christliche Antisemiten dabei gespielt haben, den Grundstein für die Shoah zu legen, haben einzelne Kirchen nachweislich direkt von Arisierungen profitiert.[411] In diesem Zusammenhang ist es wichtig, sich daran zu erinnern, dass die Verbrechen der Shoah nicht 1945 endeten, sondern dass die wirtschaftlichen Auswirkungen des Völkermordes weiterhin Fragen des Eigentums und des verfügbaren Vermögens beeinflussten. Das bedeutet, dass auch in den gut 90 Jahren seit dem Beginn des Nazi-Regimes Kirchen, wie die evangelische Kirche in Unkel, auf einem Fundament von Nazi-Profiten gebaut wurden. Selbstverständlich trifft dies nicht auf alle Kirchen zu. Aber es ist auch davon auszugehen, dass nicht alle Ortsgemeinden eine Untersuchung ihrer Mitschuld an der Shoah begrüßen würden aus Sorge um das, was eine solche Studie zutage fördern könnte. Soweit uns bekannt, wurde noch nie eine deutschlandweite Studie über die Verstrickungen der Kirchen in Deutschland in Nazi-Profite unternommen. Wir sind sicher, dass viele Gemeinden über die Ergebnisse bestürzt wären, wenn eine solche Studie eines Tages durchgeführt werden würde.

Naturwissenschaften

Wissenschaftler wie Max Planck und Robert Koch haben zweifellos einen wichtigen Platz in der deutschen Geschichte, unabhängig von den Nazis. Dennoch wird Plancks Erbe durch Nazi-Gelder am Leben erhalten, da die Arbeit der Max-Planck-Gesellschaft auch durch Kapital von Nazi-belasteten Familien wie von Holtzbrinck unterstützt wird.[412] Bei einigen Unterstützern, wie zum Beispiel Traudl Engelhorn,[413] mag die Verbindung der finanziellen Zuwendungen mit der Nazi-Zeit weniger direkt sein. Wenn wir jedoch den Spuren des Vermögens ihrer Familie folgen, stellen wir fest, dass dieses eng mit dem Pharmaunternehmen Boehringer-Mannheim verbunden ist, das in den 1910er Jahren zusammen mit Merck und Knoll ein weiteres Pharmaunternehmen gründete. Dieses Unternehmen trug den Namen MBK als Akronym für die drei verbundenen Unternehmen Merck, Boehringer-Mannheim und Knoll und war bis 1971 tätig. Während wir die Verbindungen von Merck zu den Nazis bereits in früheren Kapiteln skizziert haben, stellen wir fest, dass die Knoll AG Aufputschmittel für die Wehrmacht herstellte, darunter auch ein Medikament, das von jenem Aufputschmittel abgeleitet war, das vermutlich Hitler selbst genommen hat.[414] Darüber hinaus lassen sich die Anfänge von Boehringer-Mannheim auf den Gründer des Chemieunternehmens Badische Anilin- und Sodafabrik, kurz BASF genannt, zurückführen, das als Teil des Pharmakonzerns I. G. Farbenindustrie eine Fabrik direkt in Auschwitz hatte.[415] Tatsächlich ist die gesamte Pharmaindustrie so stark ineinander verwoben und gleichzeitig zutiefst in die Geschichte der Shoah verstrickt, dass es schwierig ist, die einzelnen Akteure zu unterscheiden. In einem journalistischen Artikel aus dem Jahr 1976, also noch vor dem Zeitalter einer größeren akademischen Aufarbeitung, werden die Pharmafirmen schlicht als »Mütter, Töchter, Schwestern, Brüder« bezeichnet.[416]

Im Fall von Robert Koch sind die Aussichten nicht besser: Das Robert-Koch-Institut, benannt nach dem berühmten Arzt und Mikrobiologen, unternahm in Buchenwald Menschenversuche an KZ-Opfern.[417] Auch wenn die Wissenschaftler aus der Zeit vor dem Nationalsozialismus, nach denen die entsprechenden Gesellschaften und Institute benannt sind, selbst weder den Faschismus noch den Antisemitismus unterstützten, überlebt ihr wissenschaftlich bedeutsames Erbe heute durch die Gewinne der Nazis und wird durch die Verstrickung ihrer Nachfolger in die Verbrechen der Nazis zutiefst beschädigt.

Von diesen Nachfolgern während der Nazi-Zeit wissen wir, wie eng sie in die Shoah verwickelt waren, allen voran der Arzt und SS-Hauptmann Josef Mengele, auch bekannt als »Todesengel«, dessen Eintrag in der *Holocaust Encyclopedia* ihn darstellt als

> »[…] eine der verabscheuungswürdigsten Persönlichkeiten des Holocausts. Sein Dienst in Auschwitz und die medizinischen Experi-

> mente, die er dort durchführte, haben ihn zum bekanntesten Täter der in diesem Lager begangenen Verbrechen gemacht. Sein Leben im Versteck nach dem Krieg steht für das internationale Versagen, die Täter der Nazi-Verbrechen vor Gericht zu stellen.«[418]

Nicht zu vergessen sind auch andere Ärzte, die in den Nazi-Ärzteprozessen wegen der Durchführung medizinischer Experimente und des Euthanasieprogramms angeklagt wurden,[419] oder auch viele der rund 1600 deutschen Wissenschaftler, die vom US-Militär in der »Operation Paperclip« aufgegriffen wurden. Zu Letzteren gehörte beispielsweise Arthur Rudolph, der, bevor er von der NASA mit der Entwicklung von Plänen für das Apollo-Programm beauftragt wurde, ein Raketenproduktionszentrum für die Kriegsmaschinerie der Nazis geleitet hatte, in dem sich zwischen 12 000 und 20 000 Zwangsarbeiter beim Bau von V-2-Raketen zu Tode geschuftet hatten.[420] Ursprünglich sollte verhindert werden, dass Nazi-Wissenschaftler fliehen und ihre Arbeit nach dem Krieg in neutralen Ländern fortsetzen könnten. Die Vereinigten Staaten hatten jedoch ein Interesse an der Expertise dieser Nazi-Wissenschaftler, die trotz ihrer moralisch verwerflichen Handlungen über Wissen verfügten, das für die Vereinigten Staaten relevant war. Die »Operation Paperclip« diente somit den industriellen und militärischen Interessen der Vereinigten Staaten und verschaffte dem US-Militär und den Raumfahrtprogrammen einen Vorsprung vor den Sowjets sowie zahlreiche enorm profitable Patente.[421] All dies geschah wohlgemerkt auf Kosten der Gerechtigkeit für die Nazi-Opfer.

Spätestens bei diesem Abriss zum Thema Naturwissenschaften begegnet uns auch die Frage der nationalen Identität beziehungsweise des Selbstverständnisses der in Deutschland geborenen jüdischen Wissenschaftler. Deutsche sehen Albert Einstein gerne als Landsmann an und identifizieren ihn in Lehrbüchern, in Sprachtests für Ausländer und bei anderen Gelegenheiten allzu oft als deutsch. Doch obwohl er in Ulm geboren wurde, gab Einstein die deutsche Staatsbürgerschaft zweimal auf: Einmal blieb er fünf Jahre lang staatenlos, bis er die Schweizer Staatsbürgerschaft erhielt, und das zweite Mal, nachdem die Nazis an die Macht kamen (sein Haus wurde kurzerhand in ein Lager der Hitlerjugend umgewandelt), wurde er erneut staatenlos, bis er sieben Jahre später die US-Staatsbürgerschaft erhielt. Einstein hat sich nie mit Deutschland ausgesöhnt und erklärte 1944 angesichts des Aufstands im Warschauer Ghetto:

> »Die Deutschen als ganzes Volk sind für die Massenmorde verantwortlich und müssen als Volk bestraft werden … Hinter der Nazipartei steht das deutsche Volk, das Hitler gewählt hat, nachdem er in seinem Buch und in seinen Reden seine schändlichen Absichten unmissverständlich klargemacht hatte.«[422]

Nach dem Krieg verweigerte Einstein noch immer jegliche Ehrung durch den deutschen Staat und lehnte abgesehen von wenigen deutschen Einzelpersonen Deutschland, alles Deutsche und alle Deutschen ab. Jüdische Wissenschaftler, die aus Deutschland geflohen sind, als »deutsch« zu bezeichnen, ist sowohl unehrlich angesichts ihrer Verfolgung als auch respektlos gegenüber ihrem Selbstverständnis.

Nachhaltigkeit

Während dieses Gegenargument sich bisher mit der Vergangenheit befasst hat, wollen wir auch auf das Deutschland nach der Nazi-Zeit blicken, auf das, was manche vielleicht als »erwachsenes Land« bezeichnen würden,[423] und Räume suchen, in denen die Nazi-Verbrechen überwunden wurden. Schauen wir also nach vorne, in die heutige Zeit, und betrachten wir eines der Themenfelder, für die sich Deutschland anerkanntermaßen eingesetzt hat: die Nachhaltigkeit.

Omer Bartov, Experte für die Shoah und Völkermordstudien, hat die Shoah als »industrielles Töten«[424] bezeichnet. Dabei kann das Töten hier nicht nur auf die unmittelbaren Opfer der Shoah (und des Krieges) bezogen werden, die nicht zuletzt aus der Verstrickung der deutschen Industrie mit dem Nazi-Regime resultierten, sondern auch in einem figurativen Sinne hat die Shoah die Mitmenschlichkeit als Essenz der menschlichen Existenz an den Rand der Vernichtung gebracht. Doch heute wird die deutsche Industrie oft als Vorreiter der ökologischen Nachhaltigkeit gesehen. Zweifelsohne hat der moderne deutsche Staat große Fortschritte in dieser Richtung gemacht, wie die Internationale Handelsbehörde der US-Regierung im Jahr 2020 feststellte: »Deutschland ist seit Jahrzehnten weltweiter Vorreiter bei der Anwendung erneuerbarer Energien und Umwelttechnologien.«[425] Ob dieser Einschätzung uneingeschränkt zuzustimmen ist, steht hier nicht zur Debatte. Was wir aber in diesem Buch durchaus kritisch hinterfragen müssen, ist die Bedeutung der deutschen Unternehmen für die Nachhaltigkeit. Sind es nicht gerade jene Nazi-belasteten Unternehmen, die am meisten vom gegenwärtigen politischen Kurs profitieren? Bedeutet es nicht für sie einen immensen Vorteil, auf der Welle des internationalen Rufs Deutschlands als Verteidiger der Umwelt und Verfechter der Nachhaltigkeit zu reiten, als wären auch sie »Pioniere« in diesen Bereichen?

Viele der Familien und Unternehmen, die in diesem Buch als Nazi-Profiteure auftreten, haben in letzter Zeit damit begonnen, ihre verbesserten Produktions- und Geschäftspraktiken zu bewerben, nicht nur durch Philanthropie, sondern auch durch den Versuch, die Nachhaltigkeit ihres Produktionspraktiken zu erhöhen. Ist es tatsächlich möglich, dass die Nazi-belasteten Unternehmen zu den neuen Vorreitern einer umweltfreundlichen Produktion werden, dass ausgerechnet sie uns den Weg von einer dunklen Vergangenheit in eine leuchtende Zukunft weisen?

Bei näherer Betrachtung der einzelnen Unternehmen jenseits ihres Selbstverständnises und ihrer Zielsetzungen, wie sie in großen Lettern auf ihren Websites angepriesen werden, stellen wir fest, dass dieses Marketing nicht der tatsächlichen Rolle dieser Unternehmen für die Umwelt entspricht: Diese Unternehmen und Familien verfügen nicht nur über ein Vermögen, das mit Nazi-Geld aufgebaut wurde; sie sind auch für eine Umweltzerstörung entsetzlichen Ausmaßes verantwortlich.

Dies gilt für den Energiesektor, wie im Fall des deutschen multinationalen Energiekonzerns RWE, den wir bereits im Zusammenhang mit braunen Stiftungen erwähnt haben. RWE hat sich in der Tat einen Namen als einer der berüchtigtsten Umweltverschmutzer Europas gemacht, der seit 2018 durch die Zerstörung des Hambacher Forstes und den »Rückbau« (inklusive Umsiedlung der Bewohner und Enteignung der Grundstücke) der Stadt Lützerath, beides für den Abbau von Braunkohle, als großer Gegner der Klimaschutzbewegung Schlagzeilen macht. Wie der Historiker Peter Becker in seinem aufschlussreichen Buchkapitel »Die NSDAP übernimmt die Macht – aber die Energiekonzerne haben das Sagen«[426] erklärt, ist RWE nicht der einzige deutsche Energieriese, der mit dem doppelten Makel der Nazi-Profite und der Umweltzerstörung behaftet sei, und die Energiewirtschaft sei wiederum nicht die einzige große, von den Nazis geprägte deutsche Industrie, die massive Umweltzerstörung betreibt.

Im Jahr 2021 verhängte die Europäische Union eine Geldstrafe in Höhe von fast einer Milliarde US-Dollar gegen BMW und den Volkswagen-Konzern (VW, Porsche und Audi). Gemeinsam mit Daimler, dem aufgrund der Kronzeugenregelung der Kommission die Geldbuße in Höhe von 727 Millionen Euro erlassen wurde, hatten sich die drei Nazi-belasteten Autohersteller schuldig gemacht durch die Beschränkung des Wettbewerbs bei der Abgasreinigung neuer Diesel-PKW,[427] einem Vergehen, das faktisch zulasten der Umwelt begangen wurde. Wenige Monate später verklagte die Nichtregierungsorganisation Deutsche Umwelthilfe Daimler und den BMW-Konzern, weil diese eine drastische Reduzierung klimaschädlicher Emissionen ihrer Fahrzeuge sowie ein »Aus« für den Verbrennermotor ab 2030 ablehnten und damit gegen das »Grundrecht auf Klimaschutz« verstießen.[428] Zur selben Zeit wurde auch mit der Unterstützung von Greenpeace eine parallel aufgebaute Klage gegen den Volkswagen-Konzern in die Wege geleitet.[429]

Selbst wenn Porsche wasserstoffbetriebene Autos und synthetische Treibstoffe (eFuels) auf den Markt bringt, dürfen wir nicht vergessen, dass das Unternehmen und die anderen beiden großen Namen der deutschen Automobilindustrie laut einer Studie von InfluenceMap nach wie vor die Klimaschutzregulierung der Automobilindustrie zu lockern suchen.[430] Dabei sind ihre Aktionen nicht nur im Zusammenhang mit der unmittelbaren Umweltverschmutzung durch Autos klimafeindlich, sondern es gibt auch Hinweise darauf, dass diese Hersteller Materialien (zum Beispiel Leder) von Unternehmen beziehen, deren Praktiken wiederum im Zusammenhang mit der Abholzung des Amazonas stehen.[431]

Lange waren die Aktivitäten von RWE über die Allianz versichert, die jedoch 2018 ein Klimaschutzpaket vorlegte, demzufolge sie sich bis 2040 von der Kohle zu trennen beabsichtigt und bereits im Vorfeld auf Einzelversicherungen von Kohlekraftwerken und -minen verzichtet.[432] Dennoch ist die Allianz ebenso wie die Münchener Rückversicherungs-Gesellschaft auf Versicherungszertifikaten für klimaschädliche Flüssiggas (LNG)-Terminals in den Vereinigten Staaten zu finden, wobei die Erweiterungen dieser Terminals bereits in Planung sind, so dass derzeit nicht von einem Rückzug aus dem Geschäft mit jeglichem fossilen Energieträger ausgegangen werden kann.[433] Des Weiteren arbeitet die Allianz auf dem Versicherungsmarkt eng mit Daimler und VW zusammen[434] sowie mit ThyssenKrupp.[435] Zudem weist der

Jahresbericht 2021 der BASF auf eine enge Partnerschaft mit der Allianz hin.[436] Durch den Nazi-Profiteur BASF wiederum gelangten in den vergangenen 15 Jahren Giftstoffe in den Rhein[437] und bis in die Muttermilch,[438] während das Unternehmen zugleich giftige Substanzen an afrikanische Bauern verkaufte, die in Deutschland nicht zugelassen sind.[439] Diese Liste ließe sich zweifellos fortsetzen. Sie setzt sich sicherlich im Bankensektor fort, wo die Deutsche Bank trotz massiver Investitionen in Greenwashing-Bemühungen[440] weiterhin Milliarden in die Förderung fossiler Brennstoffe investiert.[441] Dasselbe gilt für die Commerzbank,[442] der die deutsche Klimaschutz-NGO Urgewald vorwirft, Deutschlands größter Kreditgeber für fossile Brennstoffprojekte zu sein.[443]

Wir brauchen nicht die ganze Liste durchzugehen, um zu sehen, dass es in der Tat eine Verbindung zwischen den Profiteuren der Nazi-Zeit und der Umweltzerstörung gibt. Sicher, die meisten dieser milliardenschweren Nazi-belasteten Unternehmen nennen sich heute »Spitzenreiter« in Sachen Nachhaltigkeit, aber die Auszeichnungen und Anerkennungen, die sie sich selbst für ihre »grünen« Verbesserungen geben, scheinen vorwiegend von der Wahrheit ablenken zu wollen, dass sie in den vorangegangenen Jahrzehnten an unzähligen schädlichen Umweltpraktiken beteiligt waren.

Bevor »Nachhaltigkeit« in den 2010er Jahren zum sexy Schlagwort wurde, haben Nazi-Profiteure wie das Familienunternehmen C&A der Familie Brenninkmeijer (Arisierung von Immobilien dank enger Beziehung zu Göring sowie Einsatz von Zwangsarbeitern),[444] wie Adidas, Puma, Hugo Boss (Anfertigung der Nazi-Uniformen seit 1924, also lange vor Hitlers Machtergreifung sowie Einsatz von Zwangsarbeitern)[445] oder KiK (Teil der Tengelmann-Gruppe der Familie Haub, auf deren Belastung wir im letzten Teil zu sprechen kommen)[446] in der Fast-Fashion-Branche unsägliche Umweltschäden verursacht, ohne dass diese Praktiken ihrem Marketing geschadet hätten. Bis heute haben sich diese Praktiken kaum geändert, doch laufen sie jetzt parallel zu den Greenwashing-Bemühungen der Unternehmen. Tatsächlich gehen einige der weltweit größten Müllberge in Afrika und Lateinamerika zurück auf Adidas, Hugo Boss und andere deutsche Fast-Fashion-Unternehmen.[447]

Wer seine Informationen nur über die firmeneigenen Websites bezieht, verfällt leicht dem Glauben, die Unternehmen würden bedeutsame Schritte in Richtung »Nachhaltigkeit« setzen; ein kritischerer

Blick auf ihre tatsächlichen Praktiken entlarvt jedoch dieses Marketing unweigerlich als Greenwashing, so etwa im Fall von Adidas.[448] Diese Strategie ähnelt in erschreckender Weise der Art und Weise, in der sich die Mehrheit dieser Unternehmen zu ihrer Aufarbeitung beglückwünscht, nachdem sie einen Historiker beauftragt hat, ein Buch über ihre Nazi-Vergangenheit zu schreiben. Allein das Eingeständnis, dass es in der Vergangenheit dunkle Flecken gegeben habe, scheint oft zu genügen, um sich auf Websites als Held feiern zu lassen, während keinerlei strukturelle Änderungen vorgenommen werden, um bedeutsame Schritte in Richtung Gerechtigkeit – oder Nachhaltigkeit – zu machen.

Unternehmen wie Henkel verschmutzen durch ihre Praktiken die Umwelt in mehreren Ländern, darunter Deutschland,[449] das Vereinigte Königreich[450] und die Vereinigten Staaten,[451] und werden deshalb von ihren ökologischer agierenden Konkurrenten beschuldigt, ihre tatsächliche Umweltbilanz »grün zu waschen«.[452] Bosch muss ein Bußgeld von 90 Millionen Euro für seine Rolle im »Dieselgate«-Skandal zahlen, bei dem seine Autoteile Volkswagen, Audi und Porsche bei ihren Bemühungen zur Emissionsreduzierung halfen zu betrügen,[453] und Bosch und Siemens sind durch ihre Nickelabbaupraktiken bis zum heutigen Tag an der Umweltzerstörung in Guatemala beteiligt[454] – allen unternehmenseigenen Pressemitteilungen über Nachhaltigkeit zum Trotz. Diese Art von Greenwashing ist nicht anders als die Finanzierung der KZ-Gedenkstätte Płaszów durch die Allianz, um dadurch beweisen zu wollen, dass sie ihre Nazi-Vergangenheit überwunden hat.

Es kann uns nicht überraschen, dass diese Nazi-Profiteure bereit sind, ihr Geld mit der Zerstörung unseres Planeten zu verdienen. Noch weniger sollte es uns überraschen, dass die Allianz, das Unternehmen, das Auschwitz versichert hat, bereit ist, diese ethisch fragwürdigen Unternehmen bis heute zu versichern, ungeachtet aller Umweltskandale. Es geht und ging schon immer ums Geld.

Hitler als der einzige Nazi?

Was Adorno als narzisstischen Hitler-Kult bezeichnet, der zum kollektiven Wahnsinn der Nazi-Zeit führte, wird heute in der Aufarbeitung als fadenscheiniges Mäntelchen der Unschuld für den Rest Deutschlands verwendet: Alles war Hitlers Schuld, heißt es, und nach Hitlers

Tod und der Niederlage des Nazi-Regimes ist das einzige Ziel: »Nie wieder«. Aber Hitler hat nicht Zyklon-B hergestellt und von dessen Verwendung bei der Ermordung von Millionen Menschen profitiert: Das taten Degesh, Degussa, Henkel und I. G. Farbenindustrie. Hitler hat den jüdischen Eigentümern nicht die Aktien der großen Unternehmen entrissen, sondern Henkel, Quandt und die übrigen deutschen Großunternehmen.

Hitler marschierte in Osteuropa ein, aber es waren Dr. Oetker, Vorwerk, Bahlsen und andere gewöhnliche deutsche Unternehmen, die von der Zwangsarbeit und anderen »Marktchancen« profitierten, die mit den Invasionen einhergingen. Hitler besetzte Frankreich und die Niederlande, aber es war das Logistikunternehmen Kühne+Nagel, das vom Transport gestohlener Waren aus den besetzten Gebieten profitierte. Hitler trieb die Endlösung voran, aber es war die Deutsche Bank, die den Bau von Auschwitz finanzierte,[455] und es waren Siemens, Krupp und Henkel, die von den Gräueltaten profitierten, welche dort stattfanden, und es war die Allianz, die das Todeslager versicherte.[456] Hitler trieb die »Säuberung« Europas von den Juden voran, aber es war die Reichsbahn und indirekt deren Nachfolgerin Deutsche Bahn, die vom Transport dieser Juden in den Tod profitierte. Und es war nicht Hitler, der durch Arisierung Häuser und Grundstücke übernahm, die Juden gehört hatten, sondern es waren alltägliche Deutsche, deren Familien mitunter noch heute in diesen Häusern leben.

Deutschland wird zu Beginn des Jahres 2024 als drittgrößte Volkswirtschaft der Welt diskutiert[457] und befand sich seit 2000 immer unter den ersten sechs dieses Rankings.[458] Dieser Reichtum und der vergleichsweise privilegierte Lebensstandard beruhen nicht einfach auf einem deutschen wirtschaftlichen Genius oder harter Arbeit, sondern sie wurden vor allem auch möglich, weil die Entnazifizierung das durch die Nazi-Verbrechen angehäufte Vermögen nie an die Nazi-Opfer zurückgegeben oder es zumindest den Nazi-Profiteuren entzogen hat.

John Kampfner betitelte sein Buch zum Thema deutsche Großartigkeit und Selbstkritik *Why the Germans do it better: Notes from a grown-up country*[459] oder in der deutschen Ausgabe *Warum Deutschland es besser macht: Ein bewundernder Blick von außen.* Während Kampfner Deutschland lobt (zumindest im Vergleich zu seinem Heimatland Großbritannien), könnten wir mit Blick auf die gescheiterte Entnazifizierung die Rolle der deutschen Tugenden in Frage stellen, indem wir als Quelle für den deutschen Reichtum feststellen: »Die geheime Zutat ist das Verbrechen.« Hitler ist tot, die Nazi-Partei ist verboten, aber die Verbrechen leben in den Privilegien des deutschen Alltags weiter.

Das war das Genie der Nazis, und noch mehr das Genie der fassadenhaften Entnazifizierung nach dem Krieg: Die Nazis haben sich in alles eingeschlichen, was wir heute als deutsch ansehen, und ihre Spuren loszuwerden, würde bedeuten, die kulturellen Einflüsse loszuwerden, die es den Deutschen erlauben, sich als deutsch zu betrachten. In der Tat trägt sogar Lodenfrey, Bayerns größter Hersteller von Trachtenkleidung, einen unauslöschlichen braunen Fleck der Arisierung.[460] Da Hitler tot ist und Deutschland für entnazifiziert erklärt wurde, während die kulturellen und wirtschaftlichen Akteure der Nazi-Zeit ihre Posten und Gewinne behalten durften, bleibt der Nazi-Fleck tief im Herzen der deutschen Identität. Wir wünschten, es wäre anders, und jahrelang haben wir wirklich geglaubt, dass es das wäre, aber die Auseinandersetzung mit den Spuren des Geldes zeigt, dass wir es immer noch mit dem Prinzip »Nazis durch und durch« zu tun haben.

Teil IV: Schlussfolgerungen

Um wie viel geht es hier wirklich?

Es ist schwierig, das Wissen um die wirtschaftliche Dimension der deutschen »Vergangenheitsbewältigung« der Nazi-Zeit zu verarbeiten. Die gewonnenen Erkenntnisse stehen in einem geradezu lähmenden Widerspruch zu der Realität, in der wir geglaubt hatten, uns zu bewegen. Bevor wir uns fragen können, ob es möglich ist, unter diesen systemischen Unzulänglichkeiten gute Werke zu tun, müssen wir die Tatsache anerkennen, dass diese die Rahmenbedingungen unseres Handelns darstellen und wir lange einer Täuschung erlegen sind, die uns glauben ließ, die Rahmenbedingungen wären sehr viel gerechter. Doch wer von uns ist nicht Nutznießer der Spätfolgen der Shoah, wenn die mit dem Völkermord verbundenen Gewinne zur Finanzierung von Schulen, Krankenhäusern und Flüchtlingsprojekten verwendet werden und die Familien und Unternehmen der Nazi-Profiteure nach wie vor die größten Geldgeber der wichtigsten politischen Parteien in Deutschland sind? Das ist der Grund, warum wir dieses Buch geschrieben haben. Es ist an der Zeit, laut und öffentlich unbequeme Fragen zu stellen und auf echte Reformen für wirkliche Gerechtigkeit zu drängen.

Es muss einen Grund geben, warum sich Forscher die Mühe gemacht haben, die Verbrechen und die Unehrlichkeit von Unternehmen und Institutionen zu dokumentieren, die mit dem Nazi-Regime kollaborierten. Von Henkel über Adidas und Puma bis zu EDEKA, Melitta, BMW, Daimler, VW, Continental-Reifen, der Deutschen Bahn und allen Banken – wir finden in den Geschichten dieser Nazi-Profiteure wiederkehrende Muster und müssen davon ausgehen, dass es noch viele weitere Unternehmen gibt, die auch die wissenschaftliche Aufarbeitung noch vor sich haben. Wenn wir bedenken, wie sehr die Hauptakteure und Mitglieder dieser Dynastien und Unternehmen miteinander verflochten sind, indem sie in den Aufsichtsräten der jeweils anderen sitzen oder gemeinsame Subunternehmen gründen, können wir davon ausgehen, dass wir bei der Untersuchung weiterer Unternehmen feststellen werden, dass auch diese Teil des Netzwerks der Nazi-Profiteure sind.

Die in diesem Buch erwähnte Liste der Nazi-Profiteure ist sicherlich nur die Spitze des Eisbergs der Shoah-Forschung. Warum haben sich so viele Wissenschaftler, Journalisten und Autoren an diese Arbeit gemacht? Weil sie sich dadurch als bessere Menschen, ja sogar als Helden fühlen? Haben ihre Universitäten diese Arbeit unterstützt, damit sie sagen konnten, sie hätten ihre Aufarbeitung erledigt und nun sei alles in Ordnung? War es, um an dieser rituellen Selbstgeißelung teilzunehmen, in diesen Krokodilstränen der Scham zu baden, um als Schuldanerkenner gesehen zu werden, während sie ihre Praktiken jedoch nicht ändern und vielleicht sogar weiterhin ganze Fakultäten nach diesen in die Nazi-Verbrechen verwickelten Dynastien benannt werden?

Oder ist es, weil wir wissen, dass das letzte Kapitel noch nicht geschrieben ist? Weil diese Forscher wussten, dass dieser Moment endlich kommen würde, etwa 80 Jahre später, um den Prozess der Entnazifizierung auf der Grundlage dieser Forschung, die sie ihr ganzes Berufsleben lang betrieben haben, endlich abzuschließen? Beschäftigt uns die Frage nach der Vergangenheitsbewältigung, weil wir ahnen, dass wir immer noch die Chance haben, die moralische Oberhand zu gewinnen, eine Art tatsächliche Gerechtigkeit oder zumindest Vergeltung für das größte Verbrechen, das wir kennen, zu erlauben? Wir müssen davon ausgehen, dass dies der Grund ist, warum diese Studien durchgeführt wurden. Und wenn dem so ist, dann wollen wir eine Lösung vorschlagen. Zunächst sollten wir jedoch ein wenig nachrechnen, um eine Vorstellung davon zu bekommen, um wie viel Geld es hier eigentlich geht.

Wir enden also dort, wo wir angefangen haben, bei Henkel mit einem Vermögen von 15,2 Milliarden Euro,[461] bei de Jongs Nazi-Milliardären, den Quandts mit über 40,5 Milliarden, den von Fincks mit 7,6 Milliarden, den Flicks mit 4,3 Milliarden, den Porsches und Piëchs mit zusammen 23,8 Milliarden und den Oetkers mit 9 Milliarden. Für die Familie Mittelsten Scheid (Vorwerk) finden wir als Vermögensangabe 2,4 Milliarden und für Familie Benz (Melitta) 0,7 Milliarden Euro. Zu nennen ist außerdem das 28,5 Milliarden-schwere Vermögen von Klaus-Michael Kühne von Kühne+Nagel. Insgesamt kommen wir auf über 132 Milliarden Euro allein durch diese Familien und Unternehmen. Und das ist erst der Anfang.

Wenden wir uns jenen Familien und Unternehmen zu, deren Nazi-Belastung bisher nur kurz angeklungen ist: Im Kontext der braunen Stiftungen fielen bereits die Unternehmens- und Familiennamen Bosch und Siemens. Das Vermögen der Familie Bosch wird auf 4 Milliarden geschätzt, wobei das Eigenkapital der Robert Bosch Stiftung als 94-prozentiger Anteilseignerin der Robert Bosch GmbH zusätzliche 5,4 Milliarden umfasst,[462] während die Familie Siemens über ein Vermögen von 7,5 Milliarden Euro verfügt. Die Bertelsmann-Gruppe als Unternehmen von Reinhard Mohn, dem »Jahrhundertunternehmer«, so der heroisierende Titel einer bekannten Publikation über das Leben des Nazi-belasteten Unternehmers, kommt auf einen Wert von 32,6 Milliarden Euro.[463] Das Vermögen der Familie Mohn selbst wird auf 7 Milliarden Euro geschätzt.

Im Zusammenhang mit dem neuen deutschen Nationalismus sind wir kurz auf die schrecklichen Praktiken des Unternehmen Freudenberg eingegangen, wobei das Vermögen der Familie Freudenberg heute mit 5,4 Milliarden beziffert wird. In demselben Kontext fand der Autozulieferer Continental Erwähnung, dessen größter Einzelaktionär die Schaeffler-Gruppe ist, die aus der Übernahme eines jüdischen Unternehmens 1933 entstand und während des Zweiten Weltkriegs Rüstungsgüter produzierte. Die Familie Schaeffler profitierte darüber hinaus vom Einsatz von Zwangsarbeitern und wurde außerdem mit dem Vorwurf konfrontiert, dass ihre Unternehmen in der Nazi-Zeit die Haare von Auschwitz-Opfern für die Polsterung ihrer Autos verwendet hätten.[464] Die Familie Schaeffler verfügt heute über ein Vermögen von rund 9,1 Milliarden Euro.

Bei unserem kurzen Blick auf die Nazi-Belastung in den Naturwissenschaften kam die Familie Merck von Merck Pharmaceuticals zu Sprache, deren Vermögen sich auf 32 Milliarden Euro beläuft. Ebenso erwähnt wurde in Verbindung mit dem Namen Traudl Engelhorn das Pharmaunternehmen Boehringer-Mannheim, wobei das Vermögen der Familie Engelhorn heute mit 7,1 Milliarden beziffert wird.

Bisher keine Erwähnung in unserem Buch fanden die Unternehmerfamilien Reimann und Haub, obwohl auch ihre Nazi-Verstrickungen wissenschaftlich erforscht sind. So geht der Reichtum der Familie Reimann von gegenwärtig 31,4 Milliarden Euro zurück auf die Chemiefirma Reckitt Benckiser. Die Nazi-Belastung der Familie Reimann resultiert aus ihrer überzeugten Befürwortung der Nazi-Ideologie, ihrer frühen und ausdrücklichen Unterstützung des Nazi-Regimes sowie dem Einsatz von Zwangsarbeitern, die einer Vielzahl von Repressalien ausgesetzt waren.[465] Heute besitzt die Familie Reimann unter anderem die Restaurantketten Pret-A-Manger und Panera Bread, die Donutkette Krispy Creme, die Kaffeeunternehmen Jacobs, Senseo und Keurig sowie die Reinigungs- und Hygienemarken Calgon, Air Wick, Sagrotan, Veet und Durex.*

Die Familie Haub an der Spitze der Tengelmann-Gruppe, Eigentümerin des Baumarkts OBI, des Discounters KiK und des Online-Händlers Zalando sowie ehemals der Lebensmittelkette Netto, verfügt über ein Vermögen von mindestens 5,5 Milliarden Euro. Ihre Geschichte verweist auf eine enge Zusammenarbeit mit den Nazis (einschließlich Mitgliedschaften in der Nazi-Partei und der SS sowie Spenden an die SS), insbesondere bei der Lebensmittelproduktion für das Militär, und zeigt, dass sie den Nazis gegenüber bemerkenswert loyal waren, wenn auch die Familie in geringerem Maße auf Arisierungen und den Einsatz von Zwangsarbeiterinnen setzte als andere Unternehmen in der Branche.[466]

Nimmt man diese Unternehmen, deren Geschichte wissenschaftlich gründlich erforscht wurde, zusätzlich zu denen, die bereits in diesem Buch beschrieben sind, so kommt man auf ein Vermögen von fast 280 Milliarden Euro.

Über das 6,7 Milliarden-Vermögen des Medizintechnikunternehmens B. Braun gibt es bisher keine nennenswerte wissenschaftliche Untersuchung.[467] Dabei setzte B. Braun nachweislich Zwangsarbeiter ein,[468] und der Firmenchef Otto Braun trat 1937 in die NSDAP ein, wurde aber nach dem Krieg ein wichtiger Akteur in der hessischen FDP.[469]

Zu den Verweigerern einer evidenzbasierten Aufarbeitung ihrer Nazi-Verstrickungen gehört auch die 7,4 Milliarden Euro schwere Familie Heraeus des Technologiekonzern Heraeus, der nach journalistischen Berichten rund 1500 Zwangsarbeiter für die Nazi-Kriegsmaschinerie einsetzte.[470] Weitere Nazi-belastete Vermögenswerte sind

* Als die Nazi-Belastung der Familie Reimann offengelegt wurde, wandelte diese immerhin ihre zugehörige Benckiser Stiftung Zukunft in die Alfred Landecker Foundation um, so dass ihr soziales Engagement nun nicht länger einen Nazi-belasteten Namen trägt, sondern an einen jüdischen Buchhalter erinnert, der durch die Nazis ums Leben kam.

die 5 Milliarden Euro der Familie Hueck von der Firma Hella, welche auf 335 jüdische Frauen aus dem Konzentrationslager Buchenwald als Zwangsarbeiterinnen für die Herstellung von Rüstungsgütern für die Wehrmacht zurückgriff,[471] sowie die 4,2 Milliarden Euro der Familie Otto Happel, deren Vermögen auf den GEA-Konzern (Prozesstechnik für Nahrungsmittel und Getränkeproduktion) zurückgeht und die während der Nazi-Zeit umfangreich von Arisierungen profitierte.[472] Unter Deutschlands Reichsten finden wir auch die Familie Diehl mit einem Vermögen von 1,8 Milliarden Euro, wobei deren gleichnamiges Unternehmen Zwangsarbeiter bei der Herstellung von Munition für die Wehrmacht einsetzte.[473]

Ebenso unberührt von akademischer Aufarbeitung sind eine Vielzahl weiterer Unternehmen. Wir greifen als reiches, aber letztlich beliebig gewähltes Beispiel die 6,2 Milliarden-schwere Familie Thiele auf, deren Vermögen sich ableitet aus Anteilen an dem Bahntechnik-Unternehmen Vossloh AG, dem Bremsenhersteller für Schienen- und Nutzfahrzeuge Knorr-Bremse AG und der Lufthansa Group (an Letztgenannter ist auch Klaus-Michael Kühne beteiligt), wobei die Aktien zur Nazi-Zeit noch nicht mit der Familie in Verbindung gebracht wurden. Warum gehen wir also davon aus, dass das Familienvermögen (anteilig?) Nazi-belastet ist? Bei Traditionsunternehmen im Bereich Schienentransport ist angesichts der zentralen Bedeutung der Reichsbahn für die Durchführung der Shoah und die Truppenbewegung im Krieg anzunehmen, dass sie von der Nazi-Zeit profitierten; die Geschichte der Lufthansa wiederum erzählt von der Beschäftigung von über 10 000 Zwangsarbeitern während der Nazi-Zeit, auch wenn das 1953 neu gegründete Unternehmen sich weigert, die Verantwortung für die Nazi-Verstrickungen seines Vorgängerunternehmens, inklusive etwaiger Entschädigungen für diese Zwangsarbeiter, zu übernehmen.[474] Sofern diese Unternehmen nicht nennenswert entnazifiziert wurden, sind ihnen die Nazi-Profite erhalten geblieben und kamen im Laufe der Jahrzehnte seit Ende der Nazi-Zeit auch möglichen späteren (Anteils-)Eignern zugute.

Diese Unternehmen und Familien, die zusammen über 30 Milliarden Euro wert sind, haben alle journalistische Aufmerksamkeit erhalten, aber nicht die gleiche Art von akademischer Aufarbeitung wie die anderen, und das Gleiche kann von mindestens einem Dutzend anderer Familien und Unternehmen gesagt werden, die Dutzende von Milliarden wert sind. Allein auf Grundlage der bisher genannten Zahlen reden wir insgesamt von einer Nazi-belasteten Vermögenssumme von über 300 Milliarden Euro.

Wenn wir in unsere Rechnung außerdem Unternehmen wie C&A (13,2 Milliarden Euro der niederländischen Familie Brenninkmeijer), Hugo Boss (3,5 Milliarden[475] beziehungsweise 0,6 Milliarden Vermögen der Boss-Erben, die 1993 das Unternehmen verließen),[476] Adidas (9,3 Milliarden[477] beziehungsweise 0,4 Milliarden Vermögen der Adidas-Erben, die seit 1990 nicht mehr Mehrheitseigner des Unternehmens sind)[478] oder die genossenschaftlich organisierte EDEKA (die EDEKA Zentrale Stiftung & Co. KG wird mit einem Vermögen von über 9,7 Milliarden gelistet)[479] mit einbeziehen,* steigt unsere Nazi-belastete Vermögenssumme sogar beträchtlich über 300 Milliarden Euro. Dabei handelt es sich natürlich nicht um 300 Milliarden Euro in bar, sondern um Fabriken, Gebäude, Auto- und Schiffsflotten, Kunst, Unternehmensanteile und vieles mehr. Diese enorme Anhäufung von Vermögenswerten in Nazi-belasteten Dynastien und Unternehmen beruht auf dem Scheitern der Entnazifizierung, so dass deren heutiges Vermögen immer noch untrennbar mit den Nazi-Profiten verwoben ist.

Reform als moralische, wenn auch nicht als gesetzliche Verpflichtung

Wie Zacharys Vater zu Beginn dieser Arbeit warnte, »gibt es nichts Gefährlicheres auf der Welt als eine reiche Person, die glaubt, dass sie bald weniger reich sein wird«. In diesem Fall könnte man sagen, dass »reich« bei der Mittelschicht beginnt. Die meisten Deutschen, die wir kennen, sind gute, ehrliche Menschen, und wir haben das Glück, viele von ihnen unsere Freunde nennen zu dürfen. Doch unsere Erfahrungen aus dem letzten Jahrzehnt, als beispielsweise individuelle Frei-

* Angesichts der unterschiedlichen Unternehmensstrukturen stellt sich die Frage, ob all diese verschiedenen Strukturen hinsichtlich ihres Vermögens gleich zu bewerten und für ihre Nazi-Profite zur Verantwortung gezogen werden sollten. Ob beispielsweise das Vermögen von Erben eines Nazi-Profiteurs in die Kalkulation eingehen sollte, auch wenn diese nicht länger Anteilseigner sind, oder ob angesichts der Vermögenswerte des Unternehmens eher dessen aktueller Wert in die Bilanz eingehen sollte, müsste durch ein Expertengremium definiert werden, bevor in einem zweiten Schritt Reformen zur »Entlastung« der Nazi-Profite in die Wege geleitet werden.

heiten von der Regierung vorübergehend eingeschränkt wurden, um der Ausbreitung der Corona-Pandemie entgegenzuwirken, lassen uns daran zweifeln, dass »die Deutschen« im Allgemeinen und Deutschland als Ganzes eine Reduzierung des privilegierten Lebensstandards akzeptieren würden. Wie viele Deutsche würden eine größere Veränderung ihres Lebensstils akzeptieren, um endlich ihre systemische Abhängigkeit von den Profiten der Shoah zu beenden? Jede größere Veränderung, die den Lebensstandard einschränkt, könnte als Bedrohung der deutschen Lebensart, ja, der deutschen Identität angesehen werden, und daher ist es höchst unwahrscheinlich, dass eine solche Veränderung jemals akzeptiert oder umgesetzt würde.

Das ist, könnte man sagen, das große Genius jener Nazi-belasteten Personen, denen es möglich war, im Nachkriegsdeutschland führende Rollen einzunehmen: Sie schafften es, *alle* an ihren Verbrechen mitschuldig zu machen, und sorgten so dafür, dass sich niemand beschweren und tiefgreifende Reformen erzwingen würde. Der Glaube der Deutschen und der Alliierten an die Theorie der Trickle-down-Ökonomie, derzufolge der Wohlstand der Reichsten sich durch ihren Konsum und ihre Investitionen im Laufe der Zeit positiv auswirkt auf weniger wohlhabende Bevölkerungsgruppen, hat zu einem Phänomen geführt, das man als Trickle-down-Nazi-Verstrickung bezeichnen könnte: Gewinne, die auf unrechtmäßig erworbenem Reichtum beruhen, sickern durch Produkte, die wir kaufen, sowie durch Spenden und andere philanthropische Aktivitäten, deren Nutznießer wir sind, in unser tägliches Leben, so dass letztlich die gesamte Bevölkerung von der Nazi-Belastung betroffen ist.

Es gibt noch Dutzende weiterer Milliardärsfamilien, deren Reichtum mit der Nazi-Zeit in Verbindung gebracht werden könnte, aber selbst das Vermögen der auf den vorhergehenden Seiten aufgeführten Familien beläuft sich auf eine Summe von über 300 Milliarden Euro – dieser Betrag entspricht in etwa dem BIP von Irland, Israel oder Dänemark im Jahr 2017.

Wie der CIA- und Finanzanalyst Zabludoff bereits gezeigt hat, waren die Verbrechen, die in dem Gebiet des heutigen Deutschlands begangen wurden, nur ein Teil des Puzzles, aus dem sich die Shoah zusammensetzte. Es ist wichtig, sich daran zu erinnern, dass es 1933 nur eine halbe Million Juden in Deutschland gab. Ihren Verbleib bis 1941 beschreibt das *US Holocaust Memorial Museum* wie folgt:

> »Bis September 1939 hatten etwa 282 000 Juden Deutschland und 117 000 das annektierte Österreich verlassen. Davon emigrierten etwa 95 000 in die Vereinigten Staaten, 60 000 nach Palästina, 40 000 nach Großbritannien und etwa 75 000 nach Mittel- und Südamerika, wobei die meisten nach Argentinien, Brasilien, Chile und Bolivien gingen. Mehr als 18 000 Juden aus dem Deutschen Reich konnten auch in Shanghai, im japanisch besetzten China, Zuflucht finden.
>
> … Bis Oktober 1941, als die jüdische Auswanderung offiziell verboten wurde, war die Zahl der Juden in Deutschland auf 163 000 gesunken.«[480]

Nach dem Sturz des Nazi-Regimes im Jahr 1950 waren nur noch etwa acht Prozent der ehemaligen jüdischen Bevölkerung Deutschlands übrig.[481] Zum Vergleich: Von den 3,3 Millionen Juden in Polen überlebten nur 380 000 die Shoah.[482] In der Sowjetunion hatten weitere vier Millionen Juden gelebt, von denen mindestens zwei Millionen im Rahmen des deutsche Angriffskrieges ermordet wurden.[483] Juden, die weiter östlich in die UdSSR flohen, weg von den deutschen Eindringlingen, stellen die größte Zahl derjenigen europäischen Juden dar, die die Shoah überlebten, aber für ihr Überleben mussten sie ihre bisherige Existenz aufgeben, um an einem anderen Ort wieder bei null anzufangen. Es geht nicht darum, die Notlage einer Gruppe mit der einer anderen zu vergleichen, sondern darum zu betonen, dass die deutschen Juden nicht die größte Gruppe der jüdischen Nazi-Opfer darstellten. Nichtsdestotrotz kamen die Gewinne aus den Nazi-Verbrechen, die in anderen Teilen Europas verübt wurden, in erster Linie Deutschland zugute. Dies bedeutet, dass die deutsche Verantwortung für die Shoah weit über Deutschlands Grenzen hinausgeht, insofern als sie zu systemischem Unrecht auch in anderen Teilen der Welt führte.

Wir haben hier keine rechtliche Handhabe. Die Gesetze, die dieses Vermögen raubten, wurden von Nazis geschrieben, und die Gesetze danach wurden zum großen Teil von Verteidigern der Nazis verfasst. Bücher wie *Das braune Netz: Wie die Bundesrepublik von früheren Nazis zum Erfolg geführt wurde*[484] des Journalisten Willi Winkler zeigen, dass die Gesetzeslage nicht notwendigerweise den Opfern hilft, sondern weiterhin Nazis und Nazi-Profiteure schützt.

Tatsache ist, dass es keinen einzigen Vertreter des jüdischen Volkes gibt, der heute, etwa 80 bis 90 Jahre nach den Verbrechen, ein angemessener Empfänger für das Nazi-belastete Vermögen sein könnte. Die *Jewish Claims Conference*, die einst als Vertreterin jüdischer Rechtsanspruchsteller fungierte, ist hier nicht zuständig. Der Staat Israel hat mit dem Shilumim-Deal in den 1950er Jahren eindeutig das Recht auf weitere Rechtsansprüche gegen Deutschland und deutsche Firmen abgetreten.[485] Den Organisationen *Joint Distribution Committee* und *Hebrew Immigrant Aid Society*, die sich für das Überleben der jüdischen Flüchtlinge und der während und nach der Shoah in Deutschland verbliebenen Juden einsetzen, bietet das heutige Deutschland keine Angriffsfläche. Denn Tatsache ist, dass der Status quo völlig legal ist. Das ist er wirklich. Dank der konzertierten Bemühungen des US-Hochkommissars McCloy, des deutschen Bundeskanzlers Adenauer und der übrigen in diesem Buch aufgeführten Personen sind die Gewinne aus den Nazi-Verbrechen als Grundlage der deutschen Wirtschaft fest verankert und werden im rechtlichen Sinne nicht einmal mehr als Verbrechen betrachtet. Das heißt, die mit dieser Nazi-Belastung assoziierten Person sind ungestraft davongekommen, und rein rechtlich gesehen können wir nichts dagegen tun.

Nein, es gibt kein Gesetz, das es verbietet, die Gewinne der Nazis zu behalten. Doch wer an seinen Nazi-Profiten festhält, muss sich eingestehen, ein Nazi-Profiteur zu sein. Alles, was uns bleibt, ist ein moralisches Argument.

Die Holocaust-Gedenkstätte Yad Vashem in Jerusalem erkennt nur 651 Deutsche als »Gerechte unter den Völkern« an, also als Helden, die sich für die Rettung der Juden vor der Shoah eingesetzt haben.[486] Von der damaligen deutschen Bevölkerung hat sich also weniger als ein Prozent gegen die Verbrechen der Nazis gewehrt, als diese Verbrechen als Gesetz ausgegeben wurden. Es ist erwiesen, dass dort, wo sich die allgemeine (nicht-jüdische) Bevölkerung massenhaft gegen die Endlösung wehrte (wie in Dänemark und Bulgarien), die Mehrheit der Juden überlebte und dass die örtliche Bevölkerung nicht für ihren Widerstand leiden musste.[487] Doch in Deutschland gab es im Großen und Ganzen keinen Widerstand, sondern die Mehrheit machte bereitwillig mit; schließlich waren die Verbrechen per Gesetz legalisiert. Wenn die Geschichte Deutschland etwas lehrt, dann ist es, dass ein Gesetz nicht gleichbedeutend mit Moral ist, nur weil es ein Gesetz ist. Für das heutige Deutschland bedeutet dies: Nur weil es legal ist, Nazi-Profite zur Finanzierung des eigenen Lebensstils zu nutzen, heißt das nicht, dass es moralisch ist, dies zu tun.

In Zeiten, in denen das Gesetz unmoralisch ist, besteht die einzige moralische Wahl darin, das Gesetz zu brechen oder es zu ändern. Die Gerechten unter den Völkern, die während der Shoah Juden retteten, waren Gesetzesbrecher, weil man unter den Gesetzen der Nazis nicht moralisch handeln konnte. Die Gesetze, die heute die Enteignung von Nazi-Gewinnen aus deutschen Unternehmen verhindern, sind unmoralische Gesetze, die allzu oft von ehemaligen Nazis geschrieben wurden, um ehemalige Nazis zu schützen. Allein die Tatsache, dass der gegenwärtige Zustand legal ist, zeigt, dass der moderne deutsche Staat nicht der Inbegriff der bescheidenen Tugend ist, den wir uns wünschen würden, sondern dass er in Form dieser systemischen Ungerechtigkeit immer noch durch und durch von Nazis besessen ist. Wenn die gegenwärtige Gesetzeslage weiterhin Gerechtigkeit für diese historischen Verbrechen verhindert, dann sind diese deutschen Gesetze schlicht und einfach unmoralisch. Wenn Deutschland jedoch ernsthaft seine Nazi-Vergangenheit überwinden möchte, muss es diese Gesetze konsequent ändern.*

Andere haben dieses moralische Argument nicht. Polen zum Beispiel fordert derzeit von Deutschland 1,3 Billionen Euro für die Verbrechen der Shoah, drei Viertel davon für verlorene Menschenleben, die meisten davon jüdisch. Wie die in diesem Buch zitierten jüdischen Experten bereits wiederholt festgestellt haben, kann es für einen solchen Verlust an Menschenleben keine finanzielle Entschädigung geben. Mehr noch dürften solche Zahlungen, wenn sie aus moralischen Gründen geleistet würden, nicht an den polnischen Staat gehen, der weiterhin die Beweise für seine eigene willentliche Beteiligung an der Shoah leugnet: Wissenschaftler, die sich mit der polnischen Shoah-Geschichte befassen, bezeichnen diesen Versuch Polens, von Deutschland Entschädigungszahlungen für Verbrechen zu erhalten, die während der Shoah von Polen an Juden begangen wurden, ohne dass die deutschen Nazis direkt daran beteiligt gewesen wären, als hochgradig beschämend.[488] Die von Zabludoff errechneten Zahlen zu den Schulden aufgrund der von den Nazis geraubten Vermögenswerte beziehen sich auf ganz Europa. Sie berücksichtigen nicht den Verlust von Menschenleben, da Zabludoff als Wirtschaftswissenschaftler

---

* Dies könnte sogar bedeuten, vom Rückwirkungsverbot Abstand zu nehmen, insofern als der Ursprung der heutigen Ungerechtigkeit unweigerlich in der Vergangenheit liegt.

ein rein wirtschaftliches Argument vorbringt und nicht versucht, die Tragödie des wirtschaftlich unkalkulierbaren Völkermords zu politisieren. Der jüngste Schritt Polens scheint weniger ein Versuch der Gerechtigkeit oder gar der Rache zu sein als vielmehr ein Versuch, ein Stück vom Nazi-Kuchen abzubekommen. Wir haben jedoch eine andere Empfehlung.

Die Gewinne aus der Shoah dürfen nicht verjähren, es darf kein »Verfallsdatum« geben, an dem die Erben der Profiteure der größten Verbrechen der Geschichte mit der Beute davonspazieren und damit sogar ihren Ruf reinwaschen können. Wir können auch nicht zulassen, dass sie sich durch finanzielle Tricks oder Pressemitteilungen aus der Affäre ziehen. Doch was wäre angemessen?

Das US-amerikanische Outdoor-Bekleidungsunternehmen Patagonia geriet 2022 in die Schlagzeilen, weil es »das Milliarden-Dollar-Unternehmen verschenkt und dafür sorgt, dass alle Gewinne in den Kampf gegen den Klimawandel fließen«.[489] Auf den ersten Blick mag dies wie ein gutes Modell für Nazi-belastete Unternehmen erscheinen. Allerdings nur so lange, bis sich herausstellt, dass Patagonia nach wie vor das Sagen über den für diesen Zweck gegründeten Fonds hat und aufgrund der Art der Geldverwendung mehr als eine Milliarde Dollar Steuern sparen könnte, wie der Jurist Daniel Hemel anmerkt.[490] Hemel kritisiert das Vorgehen von Patagonia nicht, und wir tun dies auch nicht. Das Unternehmen Patagonia und die Familie, der es gehört, setzen sich seit Jahren aktiv für einen verantwortlichen Umgang mit der Umwelt sowie antirassistische Anliegen ein und gehören zu den ethischeren der großen Unternehmen. Wenn sie diese Anliegen im Rahmen eines Fonds weiterverfolgen und dadurch ähnlich wie der Philanthrop Bill Gates, der Ökonom Warren Buffett oder der Social-Media-Magnat Mark Zuckerburg ihre Steuerlast senken, erscheint dies innerhalb des unethischen Systems der Steuervermeidung von Milliardären, in dem dies vonstattengeht, nicht besonders verwerflich. Ganz anders verhält es sich jedoch, wenn die Familien von Nazi-Profiteuren, deren Vermögen heute nicht existieren würde, wenn eine tiefgreifende Entnazifizierung durchgeführt worden wäre, vergleichbare Wege einschlagen. Dem Beispiel Patagonias zu folgen, würde es den Familien von Nazi-Profiteuren ermöglichen, die Kontrolle über diese Nazi-belasteten Profite zu behalten, so dass letztlich Deutschland selbst weiterhin an den Gewinnen der Shoah verdienen würde. Entsprechend ist der Patagonia-Ansatz im vorliegenden Fall unzureichend.

Diejenigen, die Geld von Nazi-Profiteuren annehmen, wie auch diejenigen, die dieses Geld geben, werden argumentieren, dass diese Mittel für das Gemeinwohl eingesetzt werden, ganz gleich, welche Wurzeln diese Gelder vor 80 oder 90 Jahren hatten. Zugegeben, ein kleiner Prozentsatz dieses gestohlenen Reichtums wird verwendet, um Menschen zu helfen, sei es als Marketingmaßnahme oder aus reinem Herzen. Dennoch sollte dieses Geld gar nicht erst in den Händen dieser Familien und Unternehmen sein. Jene Menschen und Unternehmen haben von einem moralischen Standpunkt aus *kein Recht*, irgendetwas mit diesem Geld zu tun. Sie haben *kein Recht* zu entscheiden, welche Arbeiten, ob gut oder schlecht, mit diesem Geld finanziert werden, weil sie *überhaupt kein Recht* auf dieses Geld haben. Außerdem machen ihre Spenden nur einen derart geringen Teil ihrer Gewinne aus diesen Verbrechen aus, dass es gänzlich unzutreffend ist, diese Menschen als Mäzene oder Philanthropen zu bezeichnen.

Wir können die Verbrechen nicht aufarbeiten. Nicht rechtlich und nicht in einer Weise, die bedeutungsvoll wäre für die Opfer, die nicht mehr erleben können, dass Gerechtigkeit geschieht. Obwohl wir wissen, dass die Shoah nie wiedergutgemacht werden kann, ist es eine Tatsache, dass dieses Geld in einer entnazifizierten Gesellschaft nicht den Erben der Nazi-Profiteure der ersten Stunde gehören darf.

Noch ist es nicht zu spät, die Missstände zu beheben. Deutschland könnte damit beginnen, dem moralischen Missstand seines fortbestehenden Nazi-Erbes durch einen Prozess zu begegnen, den wir *Entnazifizierung 2.0* nennen könnten.

Entnazifizierung 2.0 – Deutschland rettet die Welt

Alle, die sich mit der Frage nach der Vergangenheitsbewältigung befassen, von Professoren über Bürgermeister bis hin zu Freiwilligen, die Veranstaltungen zur Erinnerungskultur organisieren, sind uns als gute, wohlmeinende und in der Tat moralisch gewissenhafte Menschen aufgefallen, doch nur wenige von ihnen haben strukturelle Veränderungen gefordert, um das bestehende Unrecht zu beseitigen. Wir nehmen an, dass es an Ideen mangelt, wie man angesichts der Dimension des Unrechts geeignete Veränderungen konzipieren und umsetzen könnte. Mitunter wirkt es, als sei es in Deutschland ein Tabu, einen Missstand anzusprechen, ohne eine Lösung parat zu haben. In der Tat war die Hauptkritik, mit der wir uns infolge der Veröffentlichung von *Brauner Boden* im Jahr 2022 konfrontiert sahen, dass wir keine ausreichenden Lösungen für den Umgang mit Nazi-Profiten und den Unzulänglichkeiten der Aufarbeitung vorgeschlagen hatten. Für diejenigen, die auf eine Lösung gewartet haben, haben wir seit Beginn unserer Recherchen eine vorbereitet.

Die akademischen und journalistischen Untersuchungen, auf die wir in diesem Buch Bezug genommen haben, zeigen deutlich, dass eine Vielzahl von Familien und Unternehmen durch ihre Verbindung zu den Nazis und Verstrickungen in die Shoah profitiert haben und dadurch schuldig geworden sind. Keiner der Autoren, die wir in diesem Buch zitiert haben, hätte seine Arbeit veröffentlichen können, ohne befürchten zu müssen, von Klagen überrollt zu werden, wenn diese Behauptungen nicht klar dokumentiert und weitgehend unwidersprochen anerkannt wären.

Es steht außer Frage, dass das Nazi-belastete Vermögen dieser Familien und Unternehmen in einem tiefgreifend entnazifizierten Deutschland, in dem Aufarbeitung eine wirkliche Bedeutung hat, nicht mehr ihnen gehören kann. Schließlich beruht ihr Reichtum auf Vermögenswerten, die ihnen bei einer umfassenden Entnazifizierung vollständig entzogen worden wären, und daher steht alles, was sich derzeit im Besitz dieser Familien und Unternehmen befindet, unweigerlich mit diesen Nazi-Profiten in Verbindung. Punkt.

Wie beschlagnahmt man also Vermögenswerte von über 300 Milliarden Euro von zentralen Figuren einer großen Weltwirtschaft, ohne die Weltmärkte in den freien Fall zu schicken? Eigentlich ist das gar nicht so schwer.

Die Unternehmen bleiben intakt. Keiner der Arbeitsplätze der Arbeitnehmer ist davon betroffen. BMW bleibt BMW, Mercedes bleibt Mercedes, Porsche bleibt Porsche, Henkel bleibt Henkel. Es ist nicht der Moment, in dem Konzerngeier kommen und feindliche Übernahmen ähnlich der Nazi-Arisierungen vornehmen, die de Jong im Falle von Quandt, Flick und von Finck beschreibt und wie Hayes es von der Henkel-Familie berichtet. Vielmehr bleibt alles, wie es ist. Es ist lediglich so, dass das Eigentum an all diesen Vermögenswerten aus den Händen dieser Familien und Unternehmen in einen Treuhandfonds überführt wird. Die Manager bleiben Manager, der Betrieb bleibt derselbe, die Gehälter der regulären Mitarbeiter, die durch ihre Gewerkschaften ausgehandelt wurden, ändern sich nicht. Das Einzige, was sich ändert, ist, dass den bisherigen Eigentümern endlich die unrechtmäßigen Profite ihrer Familien entzogen werden. Das ist es, was ursprünglich hätte geschehen müssen. *Es ist noch nicht zu spät, es jetzt zu tun.*

Diese Lösung »kostet« viel weniger als das, was geschuldet wird. Sie ermöglicht den Fortbestand des deutschen Mittelstandes, das Fortbestehen der deutschen Wirtschaft, das Fortbestehen des deutschen politischen Systems. Und vor allem: Niemand soll diese Lösung als grausam bezeichnen. Man überlässt den Erben dieser Nazi-Profiteure (Einzelpersonen, nicht Institutionen) eine begrenzte Summe (wir würden 1 Million Euro ansetzen) an Bruttovermögen und nennt ihre Schulden getilgt. Und es geht nicht nur um die Familien oder die Unternehmen. Mit allen mit goldenen Fallschirmen ausgestatteten Managern und Direktoren dieser Unternehmen, die mit den Profiten der Shoah ein Vermögen aufgebaut haben oder in den Ruhestand getreten sind, wird gleich verfahren, indem auch für ihr Bruttovermögen eine Obergrenze festgesetzt wird (wir schlagen wiederum 1 Million Euro vor) und ihr restliches Vermögen wird in den Treuhandfonds übertragen. Im Falle der milliardenschweren oder millionenschweren »braunen Stiftungen« werden die Namen der Profiteur-Familien gestrichen und das Stiftungsvermögen wird Teil des Treuhandfonds.

Im Idealfall würden die Nazi-belasteten Familien und Unternehmen erkennen, dass sie, wenn sie weiterhin von diesen unrechtmäßigen Gewinnen profitieren, unauslöschlich mit dem Makel der Nazi-Vergangenheit behaftet sind, woraufhin sie sich entschließen, diese Gelder freiwillig abzugeben. Es wäre eine wunderbare Sache, wenn dies geschähe und auf diese Weise viele Menschen ihren Glauben an die Menschlichkeit zurückerlangen könnten. Sofern die Erben der Nazi-Profite genau das tun, sollten Denkmäler in Großstädten wie Berlin und Köln sie alle gemeinsam als »Retter der deutschen Seele« ehren aufgrund ihres Mutes, das Richtige zu tun. Und sie hätten alle noch genug, um sich bequem zur Ruhe zu setzen.

Wenn, wie zu erwarten ist, nicht alle Erben von Nazi-Profiten bereitwillig auf ihr angehäuftes Vermögen verzichten, müsste dieses von der deutschen Regierung eingezogen und in den Treuhandfonds eingebracht werden. Wenn Deutschland sich wirklich als Post-Nazi-Staat verstehen will, kann dieses Geld nicht bei den Erben der Profiteure verbleiben. Natürlich stehen den Nazi-belasteten Familien und Unternehmen viele interessante Mechanismen zur Verfügung, um ein Aufgeben ihres Vermögens zu vermeiden, aber durch die Verstaatlichung der Deutschen Bank und der Commerzbank und auch der Sparkassen und durch die offenen Sanktionen, die die deutsche Regierung (im Idealfall mit Unterstützung der übrigen EU) gegen jede Bank verhängen müsste, die den Transfer von Nazi-belastetem Vermögen weg vom Treuhandfonds unterstützt, könnte dies für die Erben der Profiteure zumindest kompliziert und teuer werden.

In Anbetracht der 1,3 Billionen Euro an Vermögenswerten der Deutschen Bank[491] und der 477 Milliarden Euro der Commerzbank,[492] die 2008 die gleichfalls Nazi-belastete Dresdner Bank[493] von der ebenfalls Nazi-belasteten Allianz übernommen hat, gibt es allen Grund, die Gewinne und Vermögenswerte dieser Bankinstitute direkt in den Treuhandfonds einzuzahlen. Dabei ist der deutsche Staat bereits Eigentümer eines Viertels des Eigenkapitals der Commerzbank, was die Übertragung etwas vereinfachen würde. Würde man außerdem die Enteignung von Nazi-Unternehmen über die Familienunternehmen hinaus ausweiten und auch RWE, Allianz, die Münchener Rückversicherungs-Gesellschaft und andere ähnlich belastete Unternehmen in die Pflicht nehmen, würden die resultierenden weit über 300 Milliarden Euro hinausgehen.

Dies ist keine utopische Wunschvorstellung. Tatsächlich haben wir seit 2010 zahlreiche Beispiele gesehen, in denen europäische Regierungen und Institutionen eingeschritten sind, um das Vermögen von Kriegsverbrechern zu enteignen, von den Milliarden, die in Italien und London bei der Familie des libyschen Diktators Muamar Gaddafi beschlagnahmt wurden, bis hin zu den Hunderten von Millionen, die bei der Familie des syrischen Diktators und Kriegsverbrechers Bashar al-Assad beschlagnahmt wurden. In jüngster Zeit gab es eine massive Mobilisierung zur Beschlagnahmung der Yachten und anderer Vermögenswerte russischer Oligarchen im Zusammenhang mit dem russischen Angriffskrieg gegen die Ukraine. Während die Gesetze, die das Vermögen von Nazi-Profiteuren 80 bis 90 Jahre nach den Verbrechen schützen, geändert werden müssten, kann ein Anfang mit den bereits bestehenden Mechanismen zur Verhinderung und Bestrafung von Kriegsverbrechen und Profitmacherei in den 2010er und 2020er Jahren gemacht werden.

Natürlich kann ein Unterfangen dieser Größenordnung nicht ohne die aktive Führung von Politikern in Deutschland, in Europa und der restlichen Welt gelingen. Erfreulicherweise hat die *Süddeutsche Zeitung* (die bereits als Profiteur der Nazis genannt wurde) die Frage gestellt, ob die Regierung eingreifen muss, um die Ölkonzerne dazu zu bringen, einen Beitrag zum Umweltschutz zu leisten.[494] Man kann also davon ausgehen, dass der Gedanke, von Übeltätern mit Zwang Geld zu beschlagnahmen, dem deutschen Empfinden nicht vollends fremd ist. Welchen Grund könnte es also geben, den Erben der Nazi-Profite ihr Vermögen nicht mit demselben Argument zu entziehen? Diesen Schritt nicht zu unternehmen, wäre eine stillschweigende Erklärung der früheren und jetzigen Führungspersönlichkeiten Deutschlands (sowie einiger Vertreter der alliierten Besatzungstruppen), dass die Taten Hitlers weniger schrecklich waren als die von Gaddafi, Assad oder Putin, wenn deren Vermögen und das ihrer Unterstützer enteignet werden können, jenes der Industriellen und Bankiers Hitlers aber bis heute bei den Erben der Profiteure verblieben ist. Hier geht es nicht nur um die Einstellung gegenüber den Juden als Hauptopfer der Nazis, sondern es geht um die Frage, wie moralisch Nazi-Geld sein kann. Und es wird gemeinhin anerkannt, dass Nazis schlecht sind. Wenn die Welt sich nicht aufraffen kann, diese Art von Enteignung im Falle von Nazi-Geld vorzunehmen, dann sind wir auch als internationale Gemeinschaft weitgehend machtlos, denn bei welchem anderen Thema gibt es eine ähnlich große moralische Übereinstimmung?

Angesichts einer solchen Entnazifizierung 2.0 könnte manch einer vielleicht behaupten, ein solcher Schritt würde »beweisen«, dass die Juden versuchten, das globale Bankensystem zu kontrollieren. Nun, wir wissen, dass viele Anhänger von Verschwörungstheorien dies ohnehin glauben. Dabei ist es interessant, insbesondere die Familie von Finck unter die Lupe zu nehmen, deren Geld zu einem großen Teil aus der Arisierung der jüdischen Rothschild-Banken stammt und die auf dieser Grundlage zum Hauptfinanzier der Nazis wurde, was bedeutet, dass das Geld der Nazis auf der Zerstörung des jüdischen Bankwesens beruht.[495] Nichtsdestotrotz ist es wichtig, hier mit der Vermutung aufzuhören, dass es sich um ein jüdisches Komplott zur Übernahme der Kontrolle über das Bankensystem handelt. Denn es geht um etwas ganz anderes. Vielleicht sogar das Gegenteil.

Wie bereits erwähnt, gibt es keine Rechtsgrundlage dafür, dass jüdische Organisationen als Vertreter der ermordeten Juden Europas und damit als Empfänger dieses Kapitals angesehen werden können. Dennoch ist es möglich, den Nazi-Makel zu entfernen und sowohl deutschen als auch jüdischen Bedürfnissen zumindest bis zu einem gewissen Grad gerecht zu werden. Die psychologische Forschung hat gezeigt, dass die Bereitschaft zur Versöhnung bei Opfergruppen geringer ist als bei Tätern.[496] Deutschland ist das perfekte Beispiel dafür. Verzeihen ist der Traum des Täters, während Opfer eher von Rache träumen. Wenn wir als Menschen zueinanderfinden wollen, vielleicht sogar eines Tages als Gleichberechtigte, dann müssen wir die Bedürfnisse beider Gruppen berücksichtigen. Es darf weder nur um Vergebung gehen noch um eine bloße Machtdemonstration der Opfer in Form von Rache. Nur dann kann Versöhnung geschehen, und das ist etwas, was in Deutschland trotz gegenteiliger Behauptungen bislang nicht eingetreten ist. Unsere Lösung bietet dies. Deutschland zeigt, dass es das verursachte Leid aufrichtig bedauert und eine echte Wiedergutmachung anstrebt. Es signalisiert dies nicht in Form vertraulicher Beratungen in Hinterzimmern, sondern zeigt öffentlich seinen Wunsch nach Anerkennung des Guten und nach Überwindung jener Schrecken, auf denen die privilegierte Stellung Deutschlands in der Welt beruht. Den Erben der Nazi-Profiteure wird ihr unrechtmäßiges Vermögen entzogen (abgesehen von besagter existenzsichernder Pauschale), so dass die Opfergruppe sehen kann, dass das geschehene Unrecht zumindest anteilig behoben oder gar gerächt ist, auch wenn weder die unmittelbaren Täter noch ihre unmittelbaren Opfer noch am Leben sind. Ein gewisses Maß an Genugtuung kann von der Opfergruppe empfunden werden, und ein gewisses Maß an tatsächlicher Vergangenheitsbewältigung wird von der Tätergruppe nachgewiesen.

Was machen wir nun mit diesen Vermögenswerten, die den Profiteuren der Nazis entzogen wurden, im Rahmen des Treuhandfonds? Die Konfiszierung dieser Gewinne kann nicht für deutsche nationale Prioritäten, sondern muss für internationale Prioritäten verwendet werden, wobei deutsche nationale Interessen völlig außer Acht gelassen werden. Die Profite des deutschen nationalsozialistischen Systems zu nehmen und sie weiterhin für deutsche, nationale, soziale Prioritäten zu verwenden, das würde dem Grundgedanken einer angestrebten Vergangenheitsbewältigung widersprechen. Führen wir uns vor Augen, dass die Liste der Opfer der Nazi-Profiteure nicht auf Juden, ja nicht einmal auf Europa beschränkt ist, wirkt die Verwendung des Fonds zur Besserung einer globalen Krise am stimmigsten.

In der Tat könnte das Kapital eines solchen Fonds die Welt vor vielen Gefahren retten und schützen. Im September 2022 forderten

Aktivisten in Deutschland einen 100-Milliarden-Euro-Fonds von der deutschen Regierung, um den Klimawandel zu bekämpfen.[497] Etwa dreimal so viel Geld – 300 Milliarden US-Dollar – nannte eine Gruppe von Wissenschaftlern im Jahr 2019 als notwendigen Betrag, um den Klimawandel aufzuhalten.[498] Stellen Sie sich vor, die Nazi-Profiteure könnten mit ihren Milliarden den Klimawandel stoppen! Ein ziemlich passender Ansatz, wenn wir in Betracht ziehen, welche Auswirkungen ihre Unternehmen oftmals auf die Umwelt haben.

Wir sollten nicht schockiert sein, dass Familien und Unternehmen, die sich damit wohlfühlen, weiterhin Reichtum auf der Grundlage der Profite aus apokalyptisch grausamen Massenmorden zu horten, auch bereit sind, Reichtum anzuhäufen, indem sie eine Klima-Apokalypse herbeiführen. Diese Klima-Apokalypse könnte bis zum Jahr 2100 weit über 80 Millionen Todesopfer fordern, was laut einem Artikel mit dem vielsagenden Titel »The mortality cost of carbon«[499] (Die Sterblichkeitskosten von Kohlenstoff) eine gewaltige Untertreibung sein dürfte. Eine solche Zahl von Todesopfern würde unweigerlich die Zahl der Todesopfer der Shoah selbst in den Schatten stellen. Zwar lässt sich das Unrecht der Shoah nicht wiedergutmachen, insofern als die Toten nicht wieder zum Leben erwachen werden, als hätten sie lediglich einige Jahrzehnte geschlafen. Aber es ist zumindest möglich, Nazi-Profiteuren ihre belasteten Vermögen wegzunehmen und diese, wenn schon nicht zur »Behebung« der Shoah, so doch zumindest zur Bewältigung anderer Verbrechen zu verwenden, von denen diese Konzerne profitiert haben, allen voran die Klimakrise. Die Antwort kann nicht ein kleiner »Verklagt uns nicht, es tut uns leid!«-Fonds in Höhe von zehn Milliarden Euro sein wie die Stiftung EVZ, sondern eine völlige Umgestaltung der Gesellschaft ist gefordert.

Um den Klimawandel aufzuhalten, ist ein vollständiger Wandel der deutschen Wirtschaft zu einer nachhaltigen Wirtschaft nötig, der entsprechende Investitionen erfordert. VW, Diehl, Daimler, Rheinmetall, Röchling, ThyssenKrupp und alle anderen Nazi-belasteten Unternehmen, die einen so großen Teil der deutschen Rüstungsindustrie ausmachen,[500] sollten ihre Produktion auf erneuerbare Energien und andere weltverbessernde Technologien umstellen. Die Gewinne aus der Shoah weiterhin für den Aufbau der deutschen Rüstungsindustrie zu verwenden und Panzer für Saudi-Arabien zu produzieren, mit denen die jemenitische Zivilbevölkerung ausgelöscht werden soll,[501] ist mit dem grundlegenden Konzept der Entnazifizierung weder ideologisch noch praktisch vereinbar. Sicherlich würde eine Verlagerung der Produktionsschwerpunkte in den Unternehmen Kosten verursachen, die zu gleichen Teilen durch Unternehmensgewinne (vor allem jetzt, da diese nicht länger in die Taschen von Nazi-Profiteuren und ihren Familien beziehungsweise den zugehörigen Unternehmensvorständen fließen) und durch die deutsche Regierung finanziert werden könnten, die in den letzten 90 Jahren in Form von Steuern und politischen Spenden sowohl von der Rüstungsindustrie als auch von den Nazi-belasteten Unternehmen profitiert hat.

Die Automobilindustrie müsste weniger Autos produzieren, könnte sich aber auch auf Alternativen wie den öffentlichen Nahverkehr oder dem Einsatz moderner Technologien für eine nachhaltigere Landwirtschaft und Möglichkeiten einer europäischen Wiederaufforstung konzentrieren. Ein Übergang zu einer wirklich erneuerbaren und anderweitig nicht-extraktiven Produktion könnte es Deutschland ermöglichen, nicht Hitlers Volkswagen zu entwickeln, sondern vielleicht einen Weltwagen, ein 100 Prozent umweltfreundliches, recyceltes Auto. Wir sind uns darüber im Klaren, dass wir nicht für eine Abkehr der deutschen Industrie vom Automobil im Allgemeinen plädieren können, da das Auto ein so zentraler Bestandteil der deutschen Identität ist, dass ein solcher Schritt außerhalb der Komfortzone Deutschlands läge und die Mehrheit der Deutschen verprellen würde. Dennoch ist es möglich, diese Unternehmen auf nachhaltige Kraftstoffe und Technologien umzulenken.

Bei diesen Umrüstungen gehen keine Arbeitsplätze verloren, sondern es werden sogar neue geschaffen, während die wirtschaftlichen Infrastrukturen und Produktionslinien nur minimal beeinträchtigt werden. Auf diese Weise kann die größte Umverteilung von Reichtum in der Neuzeit, die vor 85 Jahren von den Nazis begonnen wurde, endlich korrigiert und zur tatsächlichen Rettung der Welt genutzt werden.

Selbstverständlich würden auch die weiteren Gewinne dieser Unternehmen in den Fonds fließen. Und anstatt Nazi-Kollaborateure und dergleichen zu heroisieren, sollte jede einzelne Initiative der neu entnazifizierten Unternehmen nach Menschen benannt werden, die durch Arisierung und Vernichtung durch Arbeit enteignet wurden oder starben.

Auch eine weitere Möglichkeit zur Verwendung des Fondsvermögens ist denkbar. Eine von der deutschen Regierung finanzierte Studie aus dem Jahr 2020 – also bevor die Auswirkungen der COVID-19-Pandemie in vollem Umfang kalkulierbar waren – kam zu dem Ergebnis, dass ein Ende des Hungers in der Welt bis 2030 rund 300 Milliarden Euro kosten würde.[502] Was für ein interessanter Zufall: Nazi-Milliarden könnten weltweit den Hunger beenden! Unter Umständen wäre eine Entscheidung für das Ende des Hungers nicht einmal eine Entscheidung gegen ein Aufhalten des Klimawandels – und umgekehrt. Zum einen würden die Unternehmensgewinne, die früher die Taschen der Nazi-Profiteure füllten, weiterhin in den Fonds fließen, so dass 300 Milliarden Euro kein einmalig verfügbares Budget sein müssten, sondern ein (teilweises) Wiederauffüllen und somit eine Steigerung des verfügbaren Gesamtvolumens denkbar wären. Zum anderen hängen die Ursachen des Hungers und des Klimawandels miteinander zusammen, so dass eine Bekämpfung des einen Problems sich auch positiv auf die Eindämmung des anderen auswirken könnte.

Wenn es um globale Krisen geht, neigen einige Leute dazu zu sagen: »Wir sitzen alle in demselben Boot«, während andere sagen: »Wir sind demselben Sturm ausgesetzt, sitzen aber nicht in demselben Boot«. Um diese Analogie zu verwenden: Die Nazis haben unser Boot gestohlen und von den Stürmen profitiert, die ihre Unternehmen noch verschlimmern und die uns letztendlich alle zu ertränken drohen. Wir sagen nicht: »Gebt uns unser Boot zurück!« Wir sagen, dass das gegenwärtig von den Nazi-Profiteuren gefahrene Boot, wenn für einen guten Zweck beschlagnahmt und entsprechend steuert, die gesamte Menschheit vor den schlimmsten Böen des kommenden Sturms retten könnte.

Die Möglichkeiten sind vielfältig, aber jedes Projekt, das in Angriff genommen wird, muss bedeutsam sein und angemessen umgesetzt werden. Dies ist Deutschlands Chance zu einer Aufarbeitung mit wahrhaft globaler Relevanz, eine Möglichkeit, sich nicht nur für die Shoah zu entschuldigen, sondern als wahrer Pionier des Wandels die Welt zum Guten zu führen und die katastrophalen Auswirkungen der deutschen Lebensweise und des Lebensstils der reichsten Menschen und Unternehmen in Deutschland abzumildern. Unser Lösungsvorschlag wäre sogar eine Chance für Deutschland, jenes leuchtende Vorbild zu sein, der es gerne wäre.

Dieser Fonds hat das Potenzial, die ganze Welt zu verändern. Die Bekämpfung des Klimawandels ist eine internationale Priorität, die weit über die nationalen deutschen Interessen hinausgeht, die die Ernährungssicherheit durch die Rettung von Lebensgrundlagen verbessern würde und die dennoch sowohl von Deutschen als auch von Juden unterstützt werden könnte, weshalb sie hier die zentrale Empfehlung ist. Es wäre sicherlich kompliziert, aber, was noch wichtiger ist, es wäre möglich. Wäre es nicht wunderbar, wenn Deutschland endlich das Vorbild sein könnte, das es seit einem halben Jahrhundert sein möchte?

Und wie kann man dann vorgehen und die vorgeschlagene Lösung umsetzen? Wie David Treuer vom Volk der Leech Lake Ojibwe in Minnesota in einem Interview im Mai 2021 sagte, in dem er vorschlug, den indigenen Völkern die Kontrolle über die US-Nationalparks zu übertragen: »Ich muss keine Pläne haben. Ich muss nur Ideen haben.«[503] Das gilt auch für diese Arbeit. Wir haben eine Idee vorgeschlagen, und diejenigen, mit denen wir darüber gesprochen haben, bevor wir sie niederschrieben, haben sie unterstützt. Die Ausarbeitung der konkreten Pläne selbst ist jedoch Aufgabe des Gesetzgebers. Auch die Frage, wer diesen Treuhandfonds kontrollieren würde, muss unbedingt beantwortet werden. In Anlehnung an die Wiedergutmachungsarbeit in den Vereinigten Staaten liegt es auf der Hand, dass im Entscheidungsgremium des Fonds eine signifikante Präsenz von Juden, Roma und Sinti vorhanden sein sollte, während die Zahl deutscher Repräsentanten, die nicht diesen ethnischen Gruppen angehören, begrenzt sein sollte. Während wir klar beantworten können, wer nicht das Sagen haben sollte (das heißt die Nazi-belasteten Familien und Unternehmen sowie alle Politiker oder Lobbyisten, die auch nur im Entferntesten mit erstgenannten assoziiert sind), und allgemein empfehlen können, dass tatsächliche Experten auf den Gebieten der Nachhaltigkeit und der Menschenrechte ebenfalls einen bedeutenden Beitrag leisten sollten, müssen die Details im Rahmen der Durchführung dieses Plans beantwortet werden. Im Vorfeld aber obliegt es den Deutschen, seine Entscheidungsträger dazu zwingen muss, eine tiefgreifende Entnazifizierung 2.0 in Angriff zu nehmen.

Akademische Aufarbeitung wird nur durch Handeln sinnvoll. Andernfalls ist die Aufarbeitung nichts weiter als ein Werkzeug, das die Strukturen dieser historischen Verbrechen auf der Grundlage der Beauftragung einer akademischen Studie gefolgt von einer oberflächlichen Entschuldigung fortbestehen lässt. Akademische Aufarbeitung ist eigentlich nur der erste Schritt auf dem Weg zur Reform. Die Art und Weise, in der sie gegenwärtig meist eingesetzt wird, lässt es jedoch zu, dass sie als einziger notwendiger Schritt angesehen wird und dadurch eine echte Reform verhindert. Wenn Deutschland sich wirklich als Staat einer Post-Nazi-Gesellschaft betrachten möchte, erfordert dies eine Reform, die die systemischen Ungerechtigkeiten behebt.

Da niemand von einem Politiker erwarten kann, dass er gegen das Eigeninteresse seiner Partei stimmt, müssten die großen politischen Parteien – anstatt die zig Millionen, die sie in den letzten Jahrzehnten an Nazi-belasteten Spenden angenommen haben, zurückzugeben – nur diese Reform durchsetzen, ohne die Unternehmenslobbyisten vorher daran rühren zu lassen. Es obliegt den Politikern, Juristen und Bankern, diese zweite, tiefgreifende Entnazifizierung zu formalisieren, das durchzusetzen, wozu Konrad Adenauer bei der Neugründung Deutschlands nie den Mut hatte, was Willy Brandt nicht einmal auf den Wellen der 68er durchsetzen konnte. Wenn es diesen deutschen Führungskräften heute, 80 Jahre nach dem Ende der Shoah, endlich gelänge, die deutsche Wirtschaft zu entnazifizieren, könnte es kein Symbol geben, das groß genug wäre, um ihren Mut zu würdigen, aber die Umbenennung von Parks, Gebäuden, Straßen und Institutionen, die derzeit nach Nazis und Nazi-Profiteuren benannt sind, nach jeder dieser reformvorantreibenden Personen wäre ein Anfang.

Wenn Städte wie Unkel, Pirmasens, Minden, Düsseldorf oder Hamburg Druck auf ihre Mäzene ausübten, könnte das einige von ihnen an den Verhandlungstisch bringen. Wenn sich diese Städte und Gemeinden derart mutig zeigen würden, könnten sie vielleicht sogar Mitglieder der Bundesregierung davon überzeugen, ihrem Beispiel zu folgen. Mit dem Wissen, über das wir jetzt verfügen, haben wir die Wahl und die Verantwortung uns zu entscheiden, ob wir weiterhin von den Gewinnen des Völkermords profitieren wollen. Nutznießer von Nazi-Profiten zu sein, ist keine unausweichliche Notwendigkeit. Doch es ist erforderlich, dass wir aktiv werden, dass wir einige unbequeme Abstriche bei dem, was wir auf lokaler Ebene erreichen können, in Kauf nehmen. Wenn wir jedoch versäumen zu handeln, wenn wir zulassen, dass der Status quo fortbesteht, dann bleiben wir alle Nazi-Profiteure – und sind dennoch schlecht gerüstet und werden schließlich angesichts globaler Bedrohungen wie dem Klimawandel auf verlorenem Posten stehen.

Wenn diese Reformen nicht umgesetzt werden, ist es schwer nachvollziehbar, dass das heutige Deutschland mehr ist als der direkte Nachfolgestaat der Nazis, der neben dem Schmerz eines verlorenen

Krieges und der Schuld der Shoah eben auch die Profite eines kontinentweiten Völkermords geerbt hat.

Wenn dieser Vorschlag der Entnazifizierung 2.0 jedoch ehrlich und umfassend durchgeführt würde, wäre damit geschehenes Unrecht nicht ungeschehen gemacht, aber es wäre der Grundstein für eine aufrichtige Überwindung der deutschen Nazi-Vergangenheit gelegt. Akademische Aufarbeitung und Gedenkveranstaltungen und -orte wären weiterhin notwendig, und die Empörung über die Schrecken der Vergangenheit wäre nach wie vor angebracht. Aber diese Schrecken könnten aufhören, die Schrecken der Gegenwart zu sein, und die Aufarbeitung könnte tatsächlich beginnen, mehr zu bedeuten als nur ein Lippenbekenntnis.

Wenn Deutschland jedoch nicht bereit ist, einen solchen Weg in Richtung systemischer Gerechtigkeit zu gehen, sind dann nicht Ausdrucksformen der Erinnerungskultur wie das Eingestehen der deutschen Schuld in Reden zweimal im Jahr und das *nostra culpa* auf Gedenktafeln an Regierungseinrichtungen lediglich ein Zurschaustellen der eigenen Tugendhaftigkeit, wobei die toten Juden benutzt werden, um zu zeigen, wie »woke« Deutschland ist?

Wir glauben nicht, dass eine solche Selbstinszenierung das Ziel von Deutschlands Umgang mit seiner Nazi-Vergangenheit ist. Wir vertrauen darauf, dass Deutschland die Dinge wirklich in Ordnung bringen will. Wenn Deutschland ein Beispiel für die Welt sein will, wie Neiman, Esterházy und viele deutsche Politiker glauben, dass es der moderne deutsche Staat bereits ist; ja, wenn wir wollen, dass der Mythos des moralischen modernen Deutschlands zur Realität wird, dann muss Deutschland sich vom System der »Nazis durch und durch« befreien.

Der erste Schritt zu einer wirklichen Beendigung dieses Systems besteht darin, sicherzustellen, dass die Familien und Unternehmen, die von den Nazis profitierten, nicht mehr über diese Gewinne verfügen. Ebenso wichtig ist es sicherzustellen, dass diese Gewinne nicht allein dem deutschen Staat und seinen Bürgern zugutekommen. Wenn das Geld den Nazi-Profiteuren und ihren Erben entzogen würde, aber weiterhin vorrangig dem deutschen Staat und der deutschen Gesellschaft zugutekäme, wären die systemischen Missstände nicht behoben und die Nazi-Relikte bildeten immer noch das Fundament des heutigen Deutschlands. Wenn diese Gelder jedoch den Profiteuren und ihren Erben entzogen und stattdessen zur Lösung der größten Krisen unserer Zeit verwendet werden, würde Deutschland zu einem wahrhaft moralischen, modernen Staat werden: Dann wäre Deutschland das leuchtende Beispiel für die Welt, genau wie wir es uns seit langem wünschen. Und wenn Deutschland den ersten Schritt macht, was würde dann erst geschehen, wenn andere reiche Länder mit geschichtlich bedingten ungerechten Wirtschaftssystemen dem deutschen Beispiel folgen würden?

Indem es eine tiefgreifende Entnazifizierung 2.0 vornimmt, könnte Deutschland die Welt retten.

Danksagung

Dieses Buch wäre in dieser Form nicht möglich gewesen ohne die Hilfe und Geduld so vieler Menschen. Die meisten von ihnen werden wir zu ihrem eigenen Schutz ungenannt lassen. An unsere Freunde in Unkel, vor allem an diejenigen, die auch nach der ersten Veröffentlichung der Recerche in Kontakt geblieben sind: Es ist nicht leicht, mit Nestbeschmutzern befreundet zu sein, und wir sind dankbar für eure Loyalität, eure Unterstützung und euren Wunsch, eure Heimatstadt besser zu machen. Unserer Familie danken wir dafür, dass sie uns durch so viele Deadlines hindurch unterstützt und uns geholfen hat, uns durch einige der komplizierten Fragen zu kämpfen, die diesem Buch zugrunde liegen; den Forschern, deren Arbeiten wir zitiert haben; den Freunden, Nachbarn und Kollegen, mit denen wir debattiert haben – allen, die in irgendeiner Weise an diesem Projekt beteiligt waren, sind wir sehr dankbar für ihre Hilfe bei der Verwirklichung dieses Buches.

Von den Menschen, die wir namentlich erwähnen können, sind wir Rabbinerin Rebecca Lillian für ihre wiederholten Korrekturen, für ihre Hilfe bei der Suche nach ethischen Irrtümern und für ihre ständige Bereitschaft, selbst die lächerlichsten Fragen zu beantworten, ewig dankbar. Yechiel Bar-Chaim stellte uns einige schwierige persönliche Fragen, verwies uns auf ausgezeichnete Quellen und half uns, herauszufinden, was wir mit diesem Projekt wirklich bezwecken wollten, während Celia Gomez und Professorin Catherine Whitaker uns beide dabei halfen zu erkennen, dass die Beschäftigung mit der NS-Geschichte weit über Deutschland hinaus von Bedeutung ist.

Ein schönes Mittagessen in einem Tübinger Biergarten mit David de Jong, dem Autor von *Nazi Billionaires*, veränderte den Tonfall großer Teile dieses Buches. Professor Ralf Roth von der Universität Frankfurt war sehr großzügig, indem er uns Daten über die Rolle der deutschen Banken in der Shoah zur Verfügung stellte, während Professor Brian Behnke von der Iowa State University maßgeblich daran beteiligt war, uns die Parallelen und Unterschiede zwischen den Fällen der Juden in Europa und der Nicht-Weißen im amerikanischen Südwesten aufzuzeigen.

Ohne Professor Peter Hayes gäbe es nicht einmal ein Buch. Obwohl er uns nie getroffen hat, hat dieser Mann, ehemaliger Vorsitzender des akademischen Komitees des *United States Holocaust Memorial Museum* mit mehr Ehrenämtern, als wir hier aufzählen könnten, immer wieder seine kostbare Zeit und sein unvergleichliches Wissen über das Thema genutzt, um unsere Forschungsfragen zu lenken, unsere Hypothesen, wenn erforderlich, zu korrigieren und uns auf bereits vorliegende Arbeiten zum Thema zu verweisen.

Ein besonderer Dank geht an den Westend Verlag für sein ethisches Verhalten in der deutschen Verlagslandschaft und dafür, dass ihr uns immer wieder euer Vertrauen geschenkt habt.

Anmerkungen

Einleitung: Schildkröten und Nazis

1. Hawking, 2011, S. 7 [Betonung hinzugefügt].
2. Rapanos v. United States (U. S. Sup. Ct. 2006). Während Scalia und andere, die sich in der Vergangenheit auf diese Geschichte bezogen haben, deren Ursprung oft in einer hinduistischen Legende sehen, scheint das Bild der unendlich vielen aufeinandergestapelten Schildkröten eigentlich auf einen britischen Christen zurückzuführen sein, der sich als Hindu auszugeben suchte (zum Beispiel Hume, 1779/1990).
3. Wundersee, 2022.
4. Hanfland, 2008. Eine Liste weiterer Publikationen zu diesem Thema ist zu finden in Becher (2015).

Teil I: Die Wurzeln des modernen Deutschland

5. Jo-Achim Hamburger, Vorsitzender der jüdischen Gemeinde in Nürnberg, in einem von Schmidt-Hirschfelder (2022) veröffentlichten Interview.
6. Mit einer wesentlich kürzeren Version dieses Alltagsszenarios schlossen wir unsere erste Publikation über das Versagen von Aufarbeitung und Erinnerungskultur (Gallant & Gallant, 2022). Da es in dem vorliegenden Buch nicht nur um den Umgang mit der Geschichte geht, sondern auch um die Ungerechtigkeiten, die dieser verdeckt, beginnen wir das vorliegende Buch mit der gleichen Szene, die in ihrem Umfang jedoch auf der englischsprachigen Version des vorliegenden Buches (Gallant & Gallant, 2023) basiert.
7. Thomas Built Buses, o. D.
8. Zur Verbindung von Daimler und der Familie Flick als einem der größten Profiteure der Nazi-Ära siehe zum Beispiel Bähr et al. (2008), Frei et al. (2009) und Ramge (2004).
9. Thomas Built Buses, 2002 [eigene Übersetzung].
10. United States Holocaust Memorial Museum (o. D.) zum Thema »Volkswagen« [eigene Übersetzung].
11. Volkswagen Group, o. D.
12. BMW Group, o. D.
13. Zur Rolle der Familie Quandt im Dritten Reich siehe zum Beispiel Friedler (2007), Jungbluth (2002) und Scholtyseck (2011).
14. Dieses Zitat des französischen Autors André Malraux wird verwendet in Mosa et al. (2020, S. 5).
15. Schoenmakers, 2020.
16. Budraß, zitiert nach Schumacher (2016).
17. Ahrens, 2022.
18. Redaktion Supermarkt-Inside, 2021.

19. Martens et al., 2020.
20. Martens et al., 2020.
21. Dirks & Kossack, 2006.
22. Kossack, 2006.
23. Artikel in *Westfälische Neuste Nachrichten* vom 6. Mai 1941, zitiert nach Kossack (2012).
24. Grieger, 2021.
25. Verfürden, 2019.
26. Kapalschinski, 2019.
27. Die folgende Charakterisierung der Oetker-Familie und des zugehörigen Unternehmens basiert auf Finger et al. (2013), sofern nicht anders angegeben.
28. Möller, 2013.
29. Die grausame Geschichte von Schuhen in der Nazizeit und insbesondere ihre Bedeutung für (jüdische) KZ-Opfer, die sich bei der Testung von Schuhen zu Tode liefen oder rannten, wurde von der Historikerin Anne Sudrow erforscht (2010).
30. Finger et al., 2013, S. 317.
31. Finger et al., 2013.
32. Battenfeld & Speer, 2000.
33. United States Holocaust Memorial Museum (o. D.) zum Thema »Forced labor«.
34. Härtel, 2015.
35. Schott, 1999.
36. Ritzer, 2019.
37. Dietzfelbinger, 2008.
38. Henkel AG & Co. KGaA, 2022a.
39. Klevenhaus, 2017.
40. Henkel AG & Co. KGaA, 2016.
41. Viehöver, 2006.
42. Hayes, 2004.
43. Feldenkirchen & Hilger, 2001.
44. Feldenkirchen & Hilger, 2001.
45. Feldenkirchen & Hilger, 2001.
46. Feldenkirchen & Hilger, 2001.
47. Bräutigam, 1997.
48. US Senate, 1945.
49. Hayes, 2004.
50. Hayes, 2004.
51. Hayes, 2005, S. 85.
52. Hayes, 2004.
53. Barkai, 2003.
54. Dohms, 2007; Hayes, 2004.
55. Feldenkirchen & Hilger, 2001.
56. Hayes, 2004.
57. Hayes, 2004.
58. Hayes, 2000.
59. Eine Ausnahme stellt der Fall Henkel dar, den wir in *Brauner Boden* ausführlicher dargestellt und diskutiert haben (Gallant & Gallant, 2022).
60. Oberschelp, 2019.
61. Feldenkirchen & Hilger, 2001.
62. Feldenkirchen & Hilger, 2001; Wiesen, 2004.
63. Feldenkirchen & Hilger, 2001, S. 110.

64. Zur Zeit unserer Recherche fanden wir keine Beweise dafür, dass die Wirkung von Soman auf den Menschen im Forschungsinstitut von Konrad Henkel und Richard Kuhn getestet worden wäre. Doch wurde das Nervengars auch in der Dependance der I. G. Farbenindustrie in Dyhernfurth produziert – unter anderem von (jüdischen) KZ-Opfern. Bei dieser Produktion kam es zu fatalen Unfällen, die durchaus die schreckliche Wirkung von Soman auf den menschlichen Körper vor Augen führten (Baader et al., 2005). Weitere Informationen zu Kuhns Nähe zur Nazi-Ideologie, zum Nazi-Programm für chemische Waffen und zu den Menschenversuchen an KZ-Opfern sind zu finden in Ebbinghaus und Roth (1999).
65. Feldenkirchen & Hilger, 2001; Henkel AG & Co. KGaA, 2016.
66. Leslie, 2005.
67. Wildt, 2012, S. 70.
68. Die folgenden biographischen Informationen zu Ilse Bagel stützen sich vorwiegend auf den Bericht des Stadtarchivars von Unkel, Wilfried Meitzner (2020) sowie in geringerem Maße auf eine unternehmenseigene Veröffentlichung von Henkel (Henkel AG & Co. KGaA, 2016).
69. Die Ausführungen in diesem Absatz beziehen sich auf Martin (1950).
70. Martin, 1950.
71. Meitzner, 2020, S. 13.
72. Henkel AG & Co. KGaA, 2022b.
73. US Senate, 1945.
74. Henkel, 2016.
75. Müllner, 2017.
76. Hayes, 2004.
77. Schumacher, 2016.
78. Scholtyseck, 2011.
79. Bähr & Köhler, 2023.
80. Bodemann, 1996.
81. Taylor, 2011.
82. Norgaard, 1945.
83. Taylor, 2011.
84. Goda, 2007.
85. Gesetz zur Regelung der Rechtsverhältnisse der unter Artikel 131 des Grundgesetzes fallenden Personen, 1951. Für eine komprimierte, aber intensive Analyse dessen, was Entnazifizierung in den verschiedenen Teilen des besetzten Deutschlands bedeutete, empfehlen wir Romeike (2016).
86. Fröhlich, 2011.
87. Hayes, 2000.
88. Zeren, 2017.
89. Blair, 2010, S. 473 [eigene Übersetzung].
90. United States Holocaust Memorial Museum, 2020.
91. Staas, 2009.
92. Baudelaire, 2019, S. 369.
93. Martens et al., 2020.
94. Beckardt, 2015, S. 377.
95. Dirks & Kossack, 2006.
96. Krieg, 1964.
97. Artikel in *Westfälische Neuste Nachrichten* vom 6. Mai 1941, zitiert nach Kossack (2012).
98. Kossack, 2012.
99. Finger et al., 2013.
100. Finger et al., 2013.

101. Finger et al., 2013.
102. Schöllgen, 2010.
103. Ritzer, 2019.
104. Schöllgen, 2010.
105. Dietzfelbinger, 2008.
106. Zinke, 2008, S. 79.
107. Zinke, 2008.
108. Niethammer, 2020.
109. Zinke, 2008, S. 80.
110. Bahlsen GmbH & Co. KG., 2023.
111. Grieger, 2021.
112. Röhrbein, 2002.
113. Kapalschinski, 2019.
114. Widmann, 2021.
115. Sparr, 2015.
116. Bleyl, 2015; Bleyl; 2018; Kleinschmidt & Leggewie, 2021.
117. *Welt*, 2015.
118. Bonstein et al., 2007; Friedler, 2007.
119. Allianz, o. D.; Bähr & Kopper, 2015; Hielscher, 2010; Lilla, 2006.
120. De Jong, 2022, S. 300.
121. Hielscher, 2010.
122. De Jong, 2022, S. 269–270.
123. De Jong, 2022.
124. De Jong, 2022, S. 303.
125. Bähr et al., 2008.
126. Flick, zitiert nach Bähr et al., 2008, S. 640–641.
127. De Jong, 2022.
128. De Jong, 2022.
129. Giridharadas, 2022.
130. BBC, 1987.
131. Cockburn & St. Clair, 1998.
132. Cockburn & St. Clair, 1998.
133. The Guardian, 2008.
134. Infobae, 2018.
135. Volk, 2021.
136. Bönisch & Wiegrefe, 2011.
137. Smith, 2007.
138. Doyle, 1992.
139. Breuer, 2020.
140. Aly & Sontheimer, 2007.
141. Aly & Sontheimer, 2007.
142. Ritzer, 2019.
143. Spannuth, 2007.
144. Himmelheber, 2020.
145. Blocher, 2010.
146. Die folgenden Informationen basieren auf Schulz (2013).
147. Zitiert nach Schulz (2013, S. 295), wobei die Autorin als ursprüngliche Quelle angibt: Bundesarchiv Berlin (1948, November 14). Zentrale Kommission für Staatliche Kontrolle ZKSK, 1948–1963: Nr. 1481, Roßmann, Durchführung Wiedergutmachungsgesetz.
148. Deutscher Bundestag, 2022.
149. Czollek in Fallet & Keller (2021).
150. Czollek, 2021.

151. Hilpert, zitiert nach Goschler (2003, S. 361).
152. Mühlhausen, 2000.
153. Goschler, 2003.
154. Eizenstat, 2019 [eigene Übersetzung].
155. Eddy, 2012.
156. Senate Judiciary Committee, 2019.
157. Stiftung Erinnerung, Verantwortung und Zukunft, 2023.
158. Eizenstat, 2019 [Betonung im Original, eigene Übersetzung].
159. Carrega, 2021.
160. Van Laack, 2003, S. 273.
161. International Military Tribunal for Germany, 1946. Allerdings ist anzumerken, dass sich die erste bekannte Verwendung dieser Begrifflichkeit auf die Situation der Sklaverei in den Vereinigten Staaten und den *Fugitive Slave Act* bezog (Parker, 1854).
162. Goschler, 2022 [eigene Übersetzung].
163. Goschler, 2022 [eigene Übersetzung].
164. Goschler, 2022 [eigene Übersetzung].
165. Zabludoff, 2007, S. 3.
166. YaleCourses, 2022.
167. Bar Nissim, 2017.
168. Charities Aid Foundation, 2019.
169. Bar Nissim, 2017 [eigene Übersetzung].
170. Bar Nissim, 2017 [eigene Übersetzung].
171. Bar Nissim, 2017 [eigene Übersetzung].
172. Weingardt, 2001.
173. Jakobs, 2022.
174. De Jong, 2022, S. 11.
175. De Jong, 2022, S. 24.
176. Diese Liste ist eine Zusammenstellung, die wir basierend auf den Bestsellerlisten des *Manager Magazin* für den Bereich Wirtschaft (abrufbar auf https:///www.buchreport.de) angefertigt haben. Diese Liste enthält einige Titel, die eher neutral gehalten sind, wie *Krupp im 20. Jahrhundert: Vom Ersten Weltkrieg bis zur Gründung der Stiftung* (Gall, 2002), *Dr. Oetker und der Nationalsozialismus: Geschichte eines Familienunternehmens 1933–1945* (Finger et al., 2013) oder vielleicht *Freudenberg: Ein Familienunternhemen in Kaiserreich, Demkratie und Diktatur* (Scholtyseck, 2016) und *Robert Bosch: Unternehmer im Zeitalter der Extreme: Eine Biographie* (Theiner, 2017). Andere Titel stellen die Familienunternehmen als integralen Bestandteil Deutschlands vor, zum Beispiel *Krupp: Eine deutsche Familie* (Fischer, 2009) und *Volkswagen: Eine deutsche Geschichte* (Schneider, 2016). Die meisten Titel gehen jedoch über die historische Perspektive hinaus, indem sie die außerordentlichen Errungenschaften der Unternehmerfamilien gezielt mit der nationalen Identität in Verbindung bringen. Zu dieser Kategorie zählen: *Gottlieb Daimler und Robert Bosch: Von hier aus wird ein Stern aufgehen* (Raidt, 2014); *Die Flicks: Eine deutsche Familiengeschichte über Geld, Macht und Politik* (Ramge, 2004) und *Flick: Der Konzern, die Familie, die Macht* (Frei et al., 2009); *Krupp: Deutsche Legende und globales Unternehmen* (James, 2011); *Die Mohns: Vom Provinzbuchhändler zum Weltkonzern: Die Familie hinter Bertelsmann* (Schuler, 2004) sowie *Bertelsmann: Hinter der Façade des Medienimperiusm* (Böckelmann & Fischler, 2004); *Die Oetkers: Geschäfte und Geheimnisse der bekanntesten Wirtschaftsdynastie* (Jungbluth, 2004); *Die Porsche Saga: Eine Familiengeschichte des Automobils* (Aust & Ammann, 2012), *Porsche: Vom Konstruktionsbüro zur Weltmarke* (Pyta et al., 2017) und *Auto*

Macht Geld: Die Geschichte der Familie Porsche Piëch (Meck, 2016); *Die Quandts: Ihr leiser Aufstieg zur mächtigsten Wirtschaftsdynastie Deutschlands* (Jungbluth, 2002) und *Der Aufstieg der Quandts: Eine deutsche Unternehmerdynastie* (Scholtyseck, 2011); *Gustav Schickedanz: Biographie eines Revolutionärs* (Schöllgen, 2010); und *Die Thyssens: Tragödie der Stahlbarone* (Rother, 2003). *Braunes Erbe* von de Jong (2022) kam jüngst zu dieser Liste hinzu. Bezeichnenderweise trägt es den Untertitel *Die dunkle Geschichte der reichsten deutschen Unternehmerdynastien*, so dass es sich gut in die Auflistung dieser letztgenannten Kategorie einfügt.

177. Diese Beobachtungen stimmen überein mit einem aktuellen multi-methodalen Forschungsprojekt zur Darstellung von Juden und Muslimen in deutschen Printmedien (Gallant & van der Noll, 2024).
178. Fuchs et al., 2022.
179. Janz, 2022.
180. Heß et al., 2022.
181. Zitiert nach Connolly & Oltermann, 2022 [eigene Übersetzung].
182. Roth, J., 2022.
183. Roth, J., 2022.

Teil II: »Gedächtnistheater«

184. Knobloch, 2013. Die in diesem Kapitel angesprochene Praxis der Erinnerungskultur in der Kleinstadt Unkel sowie in Deutschland generell basiert in großen Teilen auf unseren eigenen Ausführungen zu dieser Thematik (Gallant & Gallant 2022, S. 53–58. 74–79, 86–87). Während wir in *Entnazifiziert euch!* nur verkürzt auf unsere Beobachtungen aus Unkel eingehen und stattdessen auf das Original verweisen, gibt es dennoch einzelne Sätze, die direkt unserer früheren Publikation entnommen sind.
185. Nitsch, 2017.
186. Meitzners Beitrag »Unkeler Häuser and Familien«, zitiert nach Bürgerforum Historische Altstadt Unkel (2021).
187. Stadtrat Unkel, 2015a.
188. Stadtrat Unkel, 2015b.
189. Willers, 2024.
190. Wochenkurier Unkel, 2015.
191. Königliches Statistisches Bureau, 1888.
192. Equal Justice Initiative, 2023.
193. 321–2021: 1700 Jahre jüdisches Leben in Deutschland e. V., 2021; Tamir et al., 2021.
194. Adorno, 1959/2013, S. 33.
195. Adorno, 1966/2013, S. 151.
196. Büttner, 2003, S.18 [Hervorhebung im Original].
197. Adorno 1969/2013, S. 216.
198. Czollek in Fallet & Keller (2021).
199. Gallant & van der Noll, 2024.
200. Czollek, 2018.
201. Czollek, 2020.
202. Friedman in Fallet & Keller (2021).
203. Salzborn, 2020.
204. Bodemann, 1996.
205. Czollek, 2020.
206. Gallant & Gallant, 2022.

207. Gallant & Gallant, 2022, S. 77.
208. Black & Morris, 1992.
209. Herf, 2017.
210. Der Spiegel, 1976a.
211. Herf, 2017 [eigenen Übersetzung].
212. Herf, 2017.
213. *Eine Geschichte von Liebe und Finsternis* von Amos Oz, zitiert nach Margalith (2018).
214. Angesichts der Nazi-Zeit und ihrer bleibenden Auswirkungen auf die deutsche Gesellschaft mag es fraglich sein, ob es überhaupt eine ethisch und politisch korrekte deutsche Meinung zum Thema Israel/Palästina geben kann (es könnte sie geben, aber nicht ohne so viele Nuancen zu berücksichtigen, dass es sich vielleicht kaum mehr lohnt, seine Meinung in Worte zu fassen). Diese Problematik ist von Kling (2021) sehr treffend skizziert worden.
215. Czollek, 2020, S. 25.
216. Office of Governor Gavin Newsom, 2021.
217. AP, 2021.
218. Friedmann in Fallet & Keller (2021).
219. Jikeli, 2021.
220. Jikeli, 2021.
221. Neiman, 2019.
222. Allianz Foundation, o. D.
223. Bero, 2005.
224. Esterházy, zitiert nach Hammersten & Trappe (2009, S. 9).
225. Rienzi, 2015 [eigene Übersetzung].
226. Wüllenkemper, 2013.
227. Tharoor, 2015 [eigene Übersetzung].
228. Ray & Perry, 2020.
229. Craemer et al., 2020.
230. Ray & Perry, 2020 [eigene Übersetzung].
231. Brooks, zitiert nach Jarvis (2020) [eigene Übersetzung].
232. Jikeli, 2021.
233. Moss, 2023.
234. Chaudhary & Richardson, 2022.
235. Lebow, 2009.
236. AP, 2017.
237. AP, 2020.
238. Matthiesen & Baumann, 2018.
239. Smith, 2022.
240. Von Lingen, 2009, S. 12.
241. Adorno, 1959/2013, S. 11.
242. Casper, 2022.
243. Gerstetter, 2022.
244. Pew Research Center, 2021.
245. Gez, 2011.
246. Brooks in Woods (2017) [eigene Übersetzung].
247. Dreyfus, 2022.
248. Dreyfus, 2022.
249. Neslen, 2006, S. 147 [eigene Übersetzung].
250. Goldhammer charakterisiert seine eigene Familie wie folgt: »[A]ls in Deutschland geborerener Sohn von Vollzeit und Schicht in einer Fabrik arbeitenden Eltern, die sich meine Privatschule vom Mund abgespart haben, empfinde ich schlicht Unverständnis für die Alimentierung von illegalen

Migranten, die es sich nach einer Odyssee durch sichere Drittstaaten ausgerechnet in dem Sozialsystem gemütlich machen wollen, dass [sic] meine Eltern finanzieren und vor allem unseren Großeltern, die dieses Land nach dem Grauen des 2. Weltkriegs wieder aufgebaut haben, dienen soll.« PP-Redaktion (2019).

251. FAZ, 2022.
252. Avidan, 2016.
253. Ronis, 2023.
254. Schneider, 2021.
255. Brumlik, 2021.
256. Dippel, 2021.
257. Tzuberi, 2020, S. 199 [eigene Übersetzung].
258. Steiner, 2015.
259. Tzuberi, 2020, S. 201 [eigene Übersetzung].
260. Steiner, 2015.
261. Steiner, 2015.
262. Luther, 1543/1971, S. 147.
263. United States Holocaust Memorial Museum (o. D.) zum Thema »Antisemitism in history«.
264. Kertzer & Mokosch, 2019.
265. The International Military Tribunal for Germany, 1946.
266. Tzuberi, 2020, S. 203 [eigene Übersetzung].
267. Tzuberi, 2020, S. 212 [eigene Übersetzung].
268. Batatu, 2004.
269. Küntzel, 2005.
270. Roumani, 2009.
271. Gat, 1997.
272. Schneider, 2023.
273. Yechiel Bar-Chaim in JDC Archives, 2021, 31:53–32:06 [eigene Übersetzung].
274. Battaglia, 2024.
275. ADL, 2024; Jerusalem Post Staff, 2019.
276. NPR, 2020.
277. Gallant & Gallant, 2022.
278. Altenmüller, 2022; Göres, 2012; Haarmeyer, 2019; Meinke, 2014; Moslehi, 2017; Rheinpfalz, 2017; Tribelhorn, 2019.
279. Porsche, 2022.
280. De Jong, 2022.
281. Kurt Tucholsky schrieb diese Worte am 10. August 1922 auf eine Postkarte an Herbert Ihering. Wir zitieren den Text nach Greis (2020, S. 43).

Teil III: Durch und durch

282. Garfinkel, 2017.
283. Smith, 2020.
284. Küster, 2016.
285. Gallant & Gallant, 2022, S. 31.
286. Den Fall dieser Spendenannahme haben wir bereits in *Brauner Boden* (Gallant & Gallant, 2022) thematisiert, so dass sich an dieser Stelle inhaltliche Überschneidungen mit dieser früheren Publikation ergeben.
287. Stadtrat Unkel, 2021.

288. Katharinas persönliche Korrespondenz mit dem Bürgermeister, E-Mail vom 28. Mai 2021.
289. Gemeinde- und Städtebund Rheinland-Pfalz, Städtetag Rheinland-Pfalz & Landkreistag Rheinland-Pfalz, 2019, S. 871.
290. Barkai, 2003, S. 248.
291. Altschuk, 2021.
292. Zugegebenermaßen wurde das Kunstmuseum umbenannt, nachdem es 30 Jahre lang den Namen Richard Kaselowskys getragen hatte, um jetzt einfach als Kunsthalle Bielefeld bezeichnet zu werden. Details zur Debatte über die Namensgebung sind zu finden in Güntter (2016).
293. Erlebnisregion Hann. Münden, 2023.
294. Gallant & van der Noll, 2024.
295. James, 2001.
296. Clarion, 1949 [eigene Übersetzung].
297. Kreutzmüller, 2005; Lorentz, 2002; vgl. auch Herbs & Weihe, 2004.
298. Roth, R., 2022.
299. NR-Kurier, 2020.
300. De Jong, 2022.
301. Manchester, 2003, S. 11 [eigene Übersetzung].
302. James, 2011.
303. Das Hoesch Museum in Deutschland machte kürzlich eine weitere Nazi-Belastung des Unternehmens transparent (Vom Brocke, 2017): Neben Zwangsarbeit und der engen Verstrickungen von Hoesch mit den Verbrechen des Nazi-Regimes und der Shoah machte sich Hoesch schuldig, indem es von 1955 bis zu dessen Renteneintritt den glühenden Hitler-Unterstützer und Nazi Albert Ganzenmüller beschäftigte. Während des Zweiten Weltkriegs war dieser als Beamter für die Reichsbahn tätig gewesen und im Mai 1942 sogar zum stellvertretenden Generaldirektor derselben sowie zum Staatssekretär des Reichsverkehrsministeriums befördert worden. In dieser Funktion war er maßgeblich involviert in die Organisation der Deportationen in die Konzentrationslager. Nach dem Krieg floh Ganzenmüller nach Argentinien, von wo er erst 1955 nach Deutschland zurückkehrte, nachdem sein Entnazifizierungsverfahren eingestellt worden war. Zwei Jahre nach seiner Rückkehr und seines Tätigkeitbeginns für Hoesch begann die Staatsanwaltschaft, seinen Fall zu untersuchen. Doch dauerte es bis 1973, bis das Gerichtsverfahren gegen ihn begann. Aufgrund von gesundheitlichen Beeinträchtigungen wurde das Verfahren jedoch 1977 eingestellt – und Ganzenmüller lebte unbescholten in Deutschland, bis er 1996 im hohen Alter von 91 Jahren starb.
304. Gruner, 2006.
305. Weber, 2014.
306. Treue & Uebbing, 1969.
307. Leicht, 2015.
308. VVN/BdA NRW, 2016.
309. Bähr, 2015.
310. Die Historikerin Simone Derix (2016) hat die Bedeutung des Vermögens der Thyssen-Familie überzeugend dargestellt. Unter Vermögen versteht sie dabei nicht allein die finanzielle Dimension des Begriffs, sondern auch die Handlungsmöglichkeiten und Handlungsmacht, die sich im Zusammenhang mit den finanziellen Möglichkeiten aus den gesellschaftlichen Beziehungen und der Kenntnis und des Nutzens des gesellschaftlichen Systems zu ihren Gunsten ergeben. Es sind diese Dimensionen des Vermögens, die

es den Thyssens erlaubt haben, ihr Vermögen, in all seinen Dimensionen stetig zu vergrößern.

311. Schmid & Bajohr, 2012.
312. Mahle, 2023.
313. United Nations War Crimes Commission, 1945.
314. Deutsche Welle, 2003.
315. Evonik, o. D.
316. Röleke & Kahrs, o. D.
317. Wie Clarion (1949) erläutert, prangerte das *American Jewish Committee* bereits 1949 die gescheiterte Dekartellisierung des RAG-Vorläufers Rheinisch-Westfälisches Kohlen-Syndicat (RWKS) aufgrund von dessen Nazi-Belastung an.
318. Grieger, 1998.
319. Bosch, o. D.
320. Bähr & Erker, 2013.
321. Schumacher, 2016.
322. Siemens, o. D.
323. Wiesen, 2004.
324. Feldenkirchen, 1995.
325. Siemens, o. D.
326. Merck Family Foundation, 2020.
327. Scholtyseck, 2018; Windolf & Marx, 2022.
328. Jüdisches Museum Frankfurt, 2022.
329. Beispiele für Veröffentlichungen, die mit der Unterstützung der Herbert Quandt Foundation herausgegeben wurden, sind: *Religionen in der Schule: Bildung in Deutschland und Europa vor neuen Herausforderungen* (2007), *Nationale Identität und Integration: Herausforderungen an Politik und Medien in Frankreich und Deutschland: 14. Konferenz »Trialog der Kulturen«* (2011), *Israel im Auge des Sturms: Gesellschaftlich gespalten – politisch gefordert* (2013) sowie *Trialogisches Lernen konkret: zehn Jahre Schulenwettbewerb der Herbert Quandt-Stiftung – eine Bilanz* (2019). Wie aus den Titeln der genannten Publikationen klar ersichtlich ist, tritt die Herbert Quandt Foundation hier nicht nur als Herausgeber, sondern auch als unmittelbarer Förderer von Projekten in Erscheinung.
330. FestivALT, 2022.
331. Wiegrefe, 1997.
332. Sofern nicht anders angegeben, basieren die Informationen zu den Spenden auf Lammert (2015) sowie auf FDP (2014). Dabei legen wir den Fokus auf einflussreiche politische Parteien, die größere Geldsummen von den im Vorherigen erwähnten Familien und Unternehmen erhalten haben. Die einzige größere Partei, auf die dies nicht zutrifft, ist Die Linke. Diese Patei nimmt prinzipiell keine Zuwendungen von Unternehmen oder Lobbyisten an. Viele der Spenden, die Die Linke 2013 erhielt, kamen entsprechend von Parlamentsabgeordneten derselben Partei.
333. Globalsecurity.org, 2011. Tatsächlich sind nicht nur die Nazi-Verstrickungen von Rheinmetall schockierend, sondern auch die Einstellung des Unternehmens hinsichtlich jeglicher Zahlungen an seine Nazi-Opfer: Nachdem anfängliche Bemühungen jüdischer Überlebender, Gerechtigkeit zu schaffen, gescheitert waren, schuf Rheinmetall einen Fonds, um aus dessen Mitteln Entschädigungszahlungen an jüdische Zwangsarbeiter vorzunehmen. Wie der Think Tank Globalsecurity.org erläutert, entsprach das Fondsvermögen von 2 500 000 DM jedoch nur dem sprichwörtlichen Tropfen auf den heißen Stein, so dass dieser Fonds kaum als ehrlicher Versuch, Gerech-

tigkeit zu etablieren, angesehen werden kann. Letztlich wurde das Fondsvermögen an knapp 1500 Frauen ausgezahlt, die als Zwangsarbeiter in den Lagern, die mit Rheinmetall assoziiert waren, inhaftiert gewesen waren. Dies bedeutet, dass jede dieser Überlebenden lediglich eine Einmalzahlung von 1700 DM erhielt. Siehe zu Rheinmetalls Nazi-Belastung auch Köhler (2003) sowie Krieg gegen Kinder (o. D.).

334. Amann et al., 2018.
335. Hillmann, 2001.
336. Deutschlandfunk Nova, 2023; Wiggershaus, 2017.
337. Schily, zitiert nach Wiggershaus, 2017.
338. Göbel, 2015.
339. Alinsky, 1972, S. 182–183 [eigene Übersetzung].
340. Brüggemeier, 2004; Meier & Mutz, 2016.
341. DFB, 2024.
342. Eine ausführlichere Diskussion der bisherigen Forschungserkenntnisse zur Nazi-Belastung von Adidas haben wir in Gallant und Gallant (2022, S. 82–85) vorgenommen. Die folgenden Kurzinformationen zur Nazi-Belastung des Familienunternehmens beruhen, sofern nicht anders angegeben, auf der Arbeit von Sudrow (2018).
343. Scholtyseck, 2016.
344. DFB, 2024.
345. Die hier im Zusammenhang mit der Ergo Group AG skizzierten Informationen zur NS-Belastung des Versicherers basieren auf Gold (2016).
346. Henkel AG & Co. KGaA, 2024.
347. Orwell, 1949/2021, S. 136 [eigene Übersetzung].
348. Bertelsmann Stiftung, o. D.
349. Bertelsmann SE & Co. KGaA, o. D.
350. Zitiert nach Restle, 1999.
351. Friedländer et al., 2002a; 2002b.
352. Friedländer et al., 2002a.
353. Hagestedt, 2023.
354. Mohn, 2021, S. 7–9.
355. Snow, 2013.
356. Rebenich, 2013; Wesel, 2013.
357. Zitiert nach Kleinspies & Grimberg, 2002.
358. Deutschland.de, o. D.
359. Schwingenstein, zitiert nach Reiser (2018, S. 20). Die Originalquelle wird von Reiser angegeben wie folgt Bayrisches Hauptstaatsarchiv, München Abt. II, Staatskanzlei 5486 (1933, November 7). August Schwingenstein an Staatsminister Hermann Esser.
360. Von Harbou, 2013.
361. Die folgenden Informationen zur *FAZ* und *Frankfurter Zeitung* basieren auf Hoeres (2019).
362. Hoeres, 2019, S. 16.
363. Sofern nicht anders angegeben, stützen sich die folgenden Informationen zur Verlagsgruppe Georg von Holtzbrinck auf Garke-Rothbart (2008).
364. Cicero, o. D.
365. Lokatis, 2008, S. 9.
366. Birschel, 2020.
367. Gottwaldt, 2011.
368. Schmidt, 2010.
369. Reinhardt, 2015.
370. Hilberg, 1976/2019, S. 42 [eigene Übersetzung].

371. Pütz, 2023. Bei dem angeklagten Reichsbahnbeamten handelt es sich um den zuvor bereits erwähnten Albert Ganzenmüller (s. Endnote 313).
372. Deutsche Bahn, o. D.
373. Müller, 2020.
374. Pütz, 2023.
375. Ein Sprecher der Deutschen Bahn, zitiert nach Pütz (2023).
376. Wojak & Hayes, 2000, S. 11.
377. Fritsche, 2013.
378. Wallendorf, 2001.
379. Van Laak, 2003, S. 274.
380. Herkenhoff, 2004.
381. Die hier kurz umrissenen Informationen zur Arisierung der jüdischen Maklerfirma basieren auf Herkenhoff (2004) und von Schwanenflug (2010).
382. Klatt, 2009, S. 339.
383. Barkai, 2003, S. 263–264 [Betonung hinzugefügt].
384. Goschler, 2003, S. 361–362.

Gegenargument – Was finden wir unter den Nazis?

385. Kunstsammlung Nordrhein-Westfalen, o. D.
386. Rinke, 2016.
387. Hamburger Kunsthalle, o. D.
388. Hielscher, 2010.
389. dpa, 2013.
390. Mungen, 2021.
391. Bayreuther Festspiele, 2022.
392. Festspielhaus Baden-Baden, o. D.
393. Staatsoper Unter den Linden, o. D.
394. Förderverein der Staatstheater Stuttgart e. V., o. D.
395. Staatsoper Stuttgart, o. D.
396. SWR, 2022.
397. Clarion, 1949.
398. Weingardt, 2001.
399. Gall & Underwood, 1999.
400. LeBor, 2014, S. 154 [eigene Übersetzung].
401. Gall & Underwood, 1999.
402. Deutsche Nationalstiftung, o. D.
403. Hartmann, 2001.
404. Mittmann, 2006.
405. Abgesehen von Heideggers eigenen Schriften, insbesondere seinen *Schwarzen Hefte*, siehe zum Beispiel Rubenstein (1989).
406. Goethe Universität Frankfurt am Main, o. D.
407. Boris Palmer, zitiert nach Göbel (2023).
408. Schröder, zitiert nach Gaschke (2023).
409. Bekennende Kirche, 1934.
410. United States Holocaust Memorial Museum (o. D.) on »The German churches«.
411. Rheinneckarblog, 2013.
412. Max-Planck-Gesellschaft, o. D.
413. Max Planck Foundation, 2016.
414. Smith, 2016.
415. Hörner, 2015.

416. Der Spiegel, 1976b.
417. Hinz-Wessels, 2008.
418. United States Holocaust Memorial Museum, 2023.
419. United States Holocaust Memorial Museum (o. D.) zu »The Doctors Trial« [eigene Übersetzung].
420. Neufeld, 2008.
421. Hunt, 1991.
422. Einstein, 1944/2011, S. 169 [eigene Übersetzung].
423. Kampfner, 2020.
424. Bartov, 1996 [eigene Übersetzung].
425. International Trade Administration, 2021 [eigene Übersetzung].
426. Becker, 2021.
427. European Commission, 2021.
428. Deutsche Umwelthilfe, 2021. In ihrer Pressemitteilung zum Thema weist die Deutsche Umwelthilfe auch darauf hin, dass der CDU-Wirtschaftsrat als Lobbyorganisation großer Konzerne in der CDU derartige Klima-motivierte Klagen gegen große Unternehmen verbieten lassen wolle. Während Friedrich Merz als Vizepräsident des Rates in Umweltverbänden, die sich für den Klimaschutz einsetzen, Gegner von Demokratie und Marktwirtschaft sieht, deutet die Zusammensetzung des CDU-Wirtschaftsrates, in der hohe Repräsentanten der Daimler AG und des Automobilverbandes VDA zu finden sind, darauf hin, dass besagtes Gremium grundsätzlich dazu tendieren könnte, seine wirtschaftlichen Interessen über den Schutz von Umwelt, Klima und Nachhaltigkeit zu stellen.
429. Greenpeace, 2023.
430. InfluenceMap, 2021.
431. EarthSight, 2020.
432. Allianz SE, 2018.
433. Urgewald, 2024.
434. Bergfeld, 2019; Reuters, 2012.
435. Votsmeier & Murphy, 2022.
436. BASF, 2022.
437. Tagesspiegel, 2008.
438. Greenpeace, 2013.
439. Maurin, 2020.
440. Rezmer, 2022.
441. Arons, 2022.
442. Matussek & Arons, 2023.
443. Urgewald, 2021.
444. Spoerer, 2016.
445. Timm, 1999.
446. Greenpeace Österreich, 2018.
447. Chouliakraki Milner, 2022; Greenpeace, 2022.
448. Brügmann & Fein, 2022.
449. Environmental Justice Atlas, 2021.
450. Ends Report, 2003.
451. Phipps, 2022.
452. Pekel, 2021.
453. Buchenau & Votsmeier, 2019.
454. Kampf & Milling, 2022.
455. James, 2004.
456. Wiegrefe, 1997.
457. Reuters, 2024.

458. Credit Suisse Research Institute, 2022.
459. Kampfner, 2020.
460. Georgi & Kamp, 2012.

Teil IV: Schlussfolgerungen

461. Neßhöver, 2024. Sofern nicht anders angegeben, beruhen alle in diesem Kapitel angegebenen Schätzungen der Familienvermögen auf den Informationen in Neßhövers Artikel. Jegliche Vermögensschätzungen sind in Euro ausgewiesen.
462. Bundesverband Deutscher Stiftungen, o. D.
463. Bertelsmann SE & Co. KGaA, 2024.
464. Schöllgen, 2021. Ähnlich seiner Arbeit über Schickedanz wirkt Schöllgens Biographie der Schaeffer Familie und ihres Unternehmens eher apologetisch, obwohl Schoellgen durchaus bestätigt, dass Schaeffler von Arisierungen und dem Einsatz von Zwangsarbeitern profitierte und dass die Behauptung im Raum steht, Haare von KZ-Opfern seien in den Fabriken der Familie verwertet worden. Da wir keine eigenen Forschungen zu Schaeffler und Continental vorgenommen haben, ist es nicht an uns, Schöllgens Analyse zu bewerten. Dennoch wollen wir ein Caveat vermerken, insofern als die Beziehungen des Familienunternehmens zum Nazi-Regime und seine Verstrickungen in die Shoah stärker gewesen sein könnten, als Schöllgens Werk vermuten lässt. Eine kritische Auseinandersetzung von Schöllgens Beitrag zur Aufarbeitung von Unternenehmensgeschichten ist zu finden bei Schanetzky (2011) und Gehlen (2011).
465. Erker, 2023.
466. Niethammer, 2020.
467. Kartmann, 2014, S. 172.
468. Plate et al., 2011, S. 54.
469. Viehöver, 2006.
470. taz, 1999.
471. Schulte, 2005.
472. UKEssays, 2018.
473. Schöllgen, 2002. Erneut merken wir an, dass die Beziehung der Familie Diehl und ihres Unternehmens zu dem Nazi-Regime enger gewesen sein könnte, als Schöllgens Analyse vermuten lässt (Gehlen, 2011; Schanetzky, 2011).
474. Budraß, 2016.
475. Hugo Boss, 2024.
476. Manager Magazin, 2019.
477. Adidas Group, 2024.
478. Manager Magazin, 2019.
479. EDEKA ZENTRALE Stiftung & Co. KG, 2023.
480. US Holocaust Memorial Museum (o. D.) zu »German Jewish Refugees« [eigene Übersetzung].
481. Statistisches Bundesamt, 1972.
482. Yad Vashem, o. D.
483. Hulten, o. D.
484. Winkler, 2019.
485. Goschler, 2022; Weingardt, 2001.
486. Yad Vashem, 2022.
487. Arendt, 1977.

488. Aderet, 2022.
489. Varanasi, 2022 [eigene Übersetzung].
490. Nover, 2022.
491. Statista, 2023a.
492. Statista, 2023b.
493. Simpson, 2002.
494. Von Eichhorn, 2023.
495. Bähr & Kopper, 2015; de Jong, 2022.
496. Shnabel et al., 2023.
497. AP, 2022.
498. Majendie & Parija, 2019.
499. Bressler, 2021.
500. Meyer, 2019.
501. Gerretsen, 2017.
502. Center for Development Research (ZEF), University of Bonn & United Nations Food and Agriculture Organization (FAO), 2020.
503. Teurer, zitiert nach Sy, 2021 [eigene Übersetzung].

Bibliographie

321–2021: 1700 Jahre jüdisches Leben in Deutschland e. V. (2021). *Geschichte: 321–2021: 1700 Jahre jüdisches Leben in Deutschland.* Abgerufen 26. März 2023 von https://2021jlid.de/geschichte/

Aderet, O. (6. September 2022). Poland's demand for German damages includes crimes committed against Jews by Poles. *Haaretz.* https://www.haaretz.com/world-news/europe/2022-09-06/ty-article/.premium/polands-demand-for-german-damages-includes-crimes-committed-against-jews-by-poles/00000183-137d-daad-a197-93fd082b0000

Adidas Group. (13. März 2024). Jahresabschluss und Lagebericht der adidas AG. *Adidas Group.* Abgerufen 13. April 2024 von https://report.adidas-group.com/2023/de/konzernlagebericht-unser-finanzjahr/geschaeftsentwicklung/jahresabschluss-und-lagebericht-der-adidas-ag.html

ADL. (1. Oktober 2024). Hamas in ist own words. Anti-Defamation League. Abgerufen 15. April 2024 von https://www.adl.org/resources/blog/hamas-its-own-words

Adorno, T. W. (1959/2013). Was bedeutet: Aufarbeitung der Vergangenheit. In T. W. Adorno (G. Kadelbach, Hrsg), *Erziehung zur Mündigkeit: Vorträge und Gespräche mit Helmut Becker 1959 bis 1969* (S. 10–38). Suhrkamp

Adorno, T. W. (1966/2013). Erziehung nach Auschwitz. In T. W. Adorno (G. Kadelbach, Hrsg.), *Erziehung zur Mündigkeit: Voträge und Gespräche mit Helmut Becker 1959 bis 1969, Berlin* (S. 127–152). Suhrkamp

Adorno, T. W. (1969/2013). Erziehung zur Mündigkeit. In T. W. Adorno (G. Kadelbach, Hrsg), *Erziehung zur Mündigkeit: Vorträge und Gespräche mit Helmut Bekcer 1959 bis 1969* (S. 194–217). Suhrkamp

Ahrens, S. (14. November 2022). Nettoumsatz der führenden Unternehmen im Lebensmitteleinzelhandel in Deutschland im Jahr 2021. *Statista.* Abgerufen 30. Dezember 2022 von https://de.statista.com/statistik/daten/studie/153723/umfrage/groesste-unternehmen-im-lebensmitteleinzelhandel-nach-gesamt umsatz-in-deutschland/

Alinsky, S. (1972). *Rules for Radicals.* Vintage Books

Allianz Foundation. (o. D.). About Us. *Allianz Foundation.* Abgerufen 29. Juni 2023 von https://allianzfoundation.org/about

Allianz SE. (2018). Allianz treibt den Wandel zur kohlenstoffarmen Wirtschaft mit ambitioniertem Klimaschutzpaket voran. *Allianz.* Abgerufen 28. März 2024 von https://www.allianz.com/de/presse/news/geschaeftsfelder/versiche rung/180504-klimaschutz-wandel-zur-kohlenstoffarmen-wirtschaft.html

Allianz. (o. D.). Allianz during the Nazi era. *Allianz.* Abgerufen 6. Juli 2023 von https://www.allianz.com/content/dam/onemarketing/azcom/Allianz_com/about-us/who-we-are/documents/Allianz_during_the_Nazi_era.pdf

Altenmüller, I. (19. Oktober 2022). Wie eine Ausstellung die Deutschen spaltete. *NDR.* Abgerufen 28. Juli 2023 von https://www.ndr.de/geschichte/chronologie/

Wehrmachtsausstellung-loest-1995-Proteste-aus,wehrmachtsausstellung100.html

Altschuk, T. (9. Juli 2021). Käthe Dassler: Stadtarchiv Pirmasens und Schule gehen auf Spurensuche. *Wochenblatt*. https://www.wochenblatt-reporter.de/pirmasens/c-lokales/stadtarchiv-pirmasens-und-schule-gehen-auf-spurensuche_a299739

Aly, G. & Sontheimer, M. (2007). *Fromms: wie der jüdische Kondomfabrikant Julius F. unter die deutschen Räuber fiel*. S. Fischer

Amann, M., Becker, S. & Röbel, S. (30. November 2018). A billionaire backer and the murky finances of the AfD. *Spiegel International*. Abgerufen 28. Juli 2023 von https://www.spiegel.de/international/germany/billionaire-backing-may-have-helped-launch-afd-a-1241029.html

AP. (23. März 2021). Illinois city 1st in US to offer Black residents reparations. *AP*. Abgerufen 15. April 2024 von https://apnews.com/article/reparations-evanston-illinois-black-residents-752a6fe83c560117523d7f8abba1bfb8

AP. (13. September 2022). Economists, activists call for $100B climate fund in Germany. *AP*. Abgerufen 1. August 2023 von https://apnews.com/article/science-germany-wind-power-berlin-e1bf01676e623a509bd63016aa55a5f1

AP. (17. Juli 2017). »France organised this«: Macron denounces state role in Holocaust atrocity. *The Guardian*. https://www.theguardian.com/world/2017/jul/17/france-macron-denounces-state-role-holocaust-atrocity-paris-1942

AP. (6. Juni 2020). Native Americans want to be included in race talks. *VOA*. Abgerufen 6. August 2023 von https://www.voanews.com/a/usa_nation-turmoil-george-floyd-protests_native-americans-want-be-included-race-talks/6190636.html

Arendt, H. (1977). Eichmann in Jerusalem: A report on the banality of evil. (rev. und erw. Ausg.). Penguin Books

Arons, S. (25. Oktober 2022). Deutsche Bank fund unit criticized for fossil finance in new study. *Bloomberg*. Abgerufen 29. Juli 2023 von https://www.bloomberg.com/news/articles/2022-10-25/deutsche-bank-s-dws-criticized-for-fossil-finance-in-new-study#xj4y7vzkg

Aust, S. & Ammann, T. (2012). *Die Porsche-Saga: eine Familiengeschichte des Automobils*. Bastei Lübbe (Quadriga)

Avidan, I. (24. April 2016). Streit um Meinungsfreiheit im Rabbinerkolleg. *Deutschlandfunk*. Abgerufen 28. Juli 2023 von https://www.deutschlandfunkkultur.de/der-fall-armin-langer-streit-um-meinungsfreiheit-im-100.html

Baader, G., Lederer, S. E., Low, M., Schmaltz, F. & Schwerin, A. V. (2005). Pathways to human experimentation, 1933–1945: Germany, Japan, and the United States. *Osiris*, 20, 205–231. http://www.jstor.org/stable/3655257

Bahlsen GmbH & Co. KG. (2023). 1933 – 1945: Bahlsen während des NS-Zeit. *The Bahlsen Family*. Abgerufen 24. July 2023, from https://www.thebahlsenfamily.com/?id=558

Bähr, J. (2015). *Thyssen in der Adenauerzeit: Konzernbildung und Familienkapitalismus*. Schöningh

Bähr, J. & Erker, P. (2013). *Bosch: Geschichte eines Weltunternehmens*. C. H. Beck

Bähr, J. & Köhler, I. (2023). *Verfolgt, »arisiert«, wiedergutgemacht? Wie aus dem Warenhauskonzern Hermann Tietz Hertie wurde*. Siedler

Bähr, J. & Kopper, C. (2015). *Munich Re: Die Geschichte der Münchener Rück 1880–1980*. C. H. Beck

Bähr, J., Drecoll, A., Gotto, B., Priemel, K. & Wixforth, H. (2008). *Der Flick-Konzern im Dritten Reich*. Oldenbourg Wissenschaftsverlag. https://doi.org/10.1524/9783486708561

Bar Nissim, H. S. (16. Dezember 2017). American Jews and charitable giving: an enduring tradition. *Salon*. Abgerufen 25. Juli 2023 von https://www.salon.

com/2017/12/16/american-jews-and-charitable-giving-an-enduring-tradition_partner/

Barkai, A. (2003). Die deutschen Unternehmer und die Judenpolitik im Dritten Reich. In U. Büttner (Hrsg.), *Die Deutschen und die Judenvervolgung im Dritten Reich* (S. 247–272). Fischer Taschenbuch Verlag

Bartov, O. (1996). *Murder in our midst: the Holocaust, industrial killing, and representation.* Oxford University Press

BASF. (25. Februar 2022). BASF Bericht 2021. *BASF.* Abgerufen 2. Juli 2023 von https://www.basf.com/global/documents/de/about-us/history/History-in-Figures/1990-2017/2021_BASF_Bericht.pdf

Batatu, H. (2004). *The old social classes and the revolutionary movements of Iraq: A study of Iraq's old landed and commercial classes and of its communitst, Ba'thists and free officers.* Saqi Books

Battaglia, B. (2024). Schlüssel der Erinnerung und der Hoffnung. *Weltsgebettag Schweiz.* Abgerufen 15. April 2024 von https://wgt.ch/wp-content/uploads/2023/09/Schluessel-der-Erinnerung-und-der-Hoffnung.pdf

Battenfeld, B. & Speer, F. (2000). *Vorwerk & Co. und seine Arbeiter im Zweiten Weltkrieg.* Vorwerk & Co.

Baudelaire, C. (2019). Der großzügige Spieler. In C. Baudelaire (Hrsg.), *Le Spleen de Paris – Der Spleen von Paris: Gedichte in Prosa und frühere Dichtungen* (S. Werle, Übers., S. 365–373). Rowohlt

Bayreuther Festspiele. (2022). Mäzene. *Bayreuther Festspiele GmbH.* Abgerufen 29. Juli 2023, von https://www.bayreuther-festspiele.de/foerderer/maezene/

BBC. (3. Juli 1987). Nazi war criminal Klaus Barbie gets life. *BBC.* Abgerufen 24. Juli 2023 von http://news.bbc.co.uk/onthisday/hi/dates/stories/july/3/newsid_2492000/2492285.stm

Becher, A. (2015). Erinnerungskultur gestalten. Zugänge zur Thematisierung von Holocaust und Nationalsozialismus. *Grundschulunterricht Sachunterricht: Erinnern,* 3, 13–21

Beckardt, L. S. (2015). *Der Jude mit dem Hakenkreuz: Meine deutsche Familie.* Aufbau Verlag

Becker, P. (2021). Die NSDAP übernimmt die Macht – aber die Energiekonzerne haben das Sagen. In P. Becker (Hrsg.), *Vom Stromkartell zur Energiewende* (S. 44–50). Deutscher Fachverlag GmbH, Fachmedien Recht und Wirtschaft

Bekennende Kirche (31. Mai 1934). Die Barmer Theologische Erklärung. *Union Evangelischer Kirchen: UEK.* Abgerufen 4. Juli 2023 von https://www.uek-online.de/downloads/handzettel_barmer_theologische_erklaerung.pdf

Bergfeld, B. (2019). Allianz und Daimler starten Kurzzeitversicherung. *Versicherungsbote.* Abgerufen 28. März 2024 von https://www.versicherungsbote.de/id/4877252/Allianz-und-Daimler-starten-Kurzzeitversicherung/

Bero L. A. (2005). Public health chronicals. *Public health reports,* 120(2), 200–208. https://doi.org/10.1177/003335490512000215

Bertelsmann SE & Co. KGaA. (2024). Finanzkennzahlen: Wesentliche Kennzahlen des Bertelsmann Konzerns. *Bertelsmann SE & Co KGaA.* Abgerufen 13. April 2024 von https://www.bertelsmann.de/investor-relations/bertelsmann-im-ueberblick/finanzkennzahlen/

Bertelsmann Stiftung. (o. D.). *Über die Studie. Religionsmonitor:* Abgerufen 24. März 2024 von https://www.bertelsmann-stiftung.de/de/unsere-projekte/religionsmonitor/ueber-die-studie

Birschel, A. (30. Juli 2020). »Es gab einen Eimer für die Notdurft, viele erstickten«. *Welt.* Abgerufen 15. August 2024 von https://www.welt.de/geschichte/zweiter-weltkrieg/article212541129/Holocaust-Die-Juden-mussten-sogar-noch-eine-Zugfahrkarte-kaufen.html

Black, I. & Morris, B. (1992). *Israel's secret wars: a history of Israel's intelligence services*. Grove Press

Blair, T. (2010). *A journey*. Hutchinson

Bleyl, H. (29. Juli 2018). Geschichtsschreibung bei Kühne+Nagel: Des Patriarchen alternative Fakten. *taz*. https://taz.de/Geschichtsschreibung-bei-KuehneNagel/!5520283/

Bleyl, H. (31. März 2015). NS-Erbe einer Transportfirma: Lasten der Vergangenheit. *taz*. https://taz.de/NS-Erbe-einer-Transportfirma/!5014561/

Blocher, S. (1. Juli 2010). Im »Hauptquartier der Sorgen«. *Schwarzwälder Bote*. https://www.schwarzwaelder-bote.de/inhalt.oberndorf-a-n-im-hauptquartier-der-sorgen.4c2f294c-ea52-4a7d-9636-27cbc1025864.html

BMW Group. (o. D.). Fascinating brands – with a shared focus on the customer. *BMW Group*. Abgerufen 8. August 2023 von https://www.bmwgroup.com/en/brands-and-services.html

Böckelmann, F. & Fischler, H. (2004). *Bertelsmann: Hinter der Fassade des Medienimperiums*. Eichborn

Bodemann, Y. M. (1996). *Gedächtnistheater: die jüdische Gemeinschaft und ihre deutsche Erfindung*. Rotbuch

Bönisch, G. & Wiegrefe, K. (19. Januar 2011). Vom Nazi-Verbrecher zum BND-Agenten. *Der Spiegel*. Abgerufen 3. Juli 2023 von https://www.spiegel.de/geschichte/klaus-barbie-a-947006.html

Bonstein, J., Hawranek, D. & Wiegrefe, K. (12. Oktober 2007). Breaking the silence: BMW's Quandt family to investigate wealth amassed in Third Reich. *Spiegel International*. Abgerufen 3. Juli 2023 von https://www.spiegel.de/international/germany/breaking-the-silence-bmw-s-quandt-family-to-investigate-wealth-amassed-in-third-reich-a-511193.html

Bosch. (o. D.). Geschichte Robert Bosch: liberaler Demokrat mit sozialer Verantwortung. Bosch. *Bosch*. Abgerufen 28. Juli 2023 von https://www.bosch.com/de/stories/robert-bosch-liberaler-demokrat-mit-sozialer-verantwortung/

Bräutigam, P. (1997). *Mittelständische Unternehmen im Nationalsozialismus: Wirtschaftliche Entwicklungen und soziale Verhaltensweisen in der Schuh- und Lederindustrie Baden und Württembergs*. Oldenbourg Verlag

Bressler, R. D. (2021). The mortality cost of carbon. *Nature Communications*, 12, 1–12. https://doi.org/10.1038/s41467-021-24487-w

Breuer, R. (30. Januar 2020). The legal drama of Germany's ex-royals. *Deutsche Welle*. Abgerufen 24. Juli 2023 von https://www.dw.com/en/the-legal-drama-of-germanys-ex-royals-the-hohenzollern-family/a-52196375

Brüggemeier, F. J. (2004). *Zurück auf dem Platz: Deutschland und die Fußball-Weltmeisterschaft 1954*. DVA

Brügmann, C. & Fein, A. (19. November 2022). Grüne Sport-Mode im Trend: Falsches Spiel mit der Nachhaltigkeit? *ZDF*. Abgerufen 8. August 2023 von https://www.zdf.de/nachrichten/panorama/sport-mode-sportartikel-nachhaltigkeit-recycling-greenwashing-100.html

Brumlik, M. (4. September 2021). Wer entscheidet, wer Jude ist?. *taz*. https://taz.de/Debatte-um-Vaterjuden/!5794252/

Buchenau, M.-W. & Votsmeier, V. (23. Mai 2019). Bosch zieht sich mit 90 Millionen Euro Bußgeld aus der Diesel-Affäre. *Handelsblatt*. Abgerufen 28. März 2024 von https://www.handelsblatt.com/unternehmen/industrie/autozulieferer-bosch-zieht-sich-mit-90-millionen-euro-bussgeld-aus-der-diesel-affaere/24374120.html

Budraß, L. (2016). *Adler und Kranich: die Lufthansa und ihre Geschichte 1926–1955*. Blessing Verlag

Bundesverband Deutscher Stiftungen (o. D.). Liste der größten Stiftungen. Bundesverband Deutscher Stiftungen. Abgerufen 13. April 2024 von https://www.stiftungen.org/stiftungen/zahlen-und-daten/liste-der-groessten-stiftungen.html

Bürgerforum Historische Altstadt Unkel (2021). Pressemitteilung. *IRHB – Initiative zur Rettung historischer Bauten*. Abgerufen 26. Juli 2023 von https://irhb.de/wp-content/uploads/2021/06/2021_PM_Buergerforum_Historische_Altstadt_Unkel.pdf

Büttner, U. (2003). Die deutsche Gesellschaft und die Judenverfolgung – ein Bericht über Forschungserträge und ungelöste Fragen. In U. Büttner (Hrsg.), *Die Deutschen und die Judenverfolgung im Dritten Reich* (S. 13–46). Fischer Taschenbuch Verlag

Carrega, C. (7. Juli 2021). More than 2,800 have been wrongly convicted in the US: Lawmakers and advocates want to make sure they're paid their dues. *CNN*. Abgerufen 25. Juli 2023 von https://edition.cnn.com/2021/07/07/politics/wrongful-conviction-compensation-bill/index.html

Casper, J.A. (19. August 2022). Kantorin verliert Job nach WELT-Artikel über jüdische Konvertiten. *Welt*. https://www.welt.de/kultur/article240546159/Avitall-Gerstetter-Kantorin-verliert-Job-nach-WELT-Artikel-ueber-juedische-Konvertiten.html

Center for Development Research (ZEF), University of Bonn & United Nations Food and Agriculture Organization (FAO). (Oktober 2020). Investment cost and policy action opportunities for reaching a world without hunger (SDG2). *ZEF*. Abgerufen 5. Juli 2023 von https://www.zef.de/fileadmin/downloads/ZEF_FAO_SDG2.pdf

Charities Aid Foundation (2019). CAF World Giving Index: Ten years of giving trends. *Charities Aid Foundation*. Abgerufen 26. Juli 2023 von https://www.cafonline.org/docs/default-source/about-us-publications/caf_wgi_10th_edition_report_2712a_web_101019.pdf

Chaudhary, M.J. & Richardson, J., Jr (2022). Violence against Black Lives Matter protestors: A review. *Current Trauma Reports*, 8(3), 96–104. https://doi.org/10.1007/s40719-022-00228-2

Chouliaraki Milner, D. (8. April 2022). From attire to ashes: Clothing waste in the Atacama Desert. *Atmos*. Abgerufen 8. August 2023 von https://atmos.earth/atacama-desert-chile-unwanted-clothing-waste/

Cicero (o.D.). Georg von Holtzbrinck: Nutznießer der Nazis. *Cicero*. Abgerufen 26. März 2024 von https://www.cicero.de/wirtschaft/nutzniesser-der-nazis/39444

Clarion, N. (1949). Does democracy need Nazi partners? *Commentary*, April 1949, 309–318. https://www.commentary.org/articles/commentary-bk/does-democracy-need-nazi-partnersthe-dangerous-course-of-our-german-reconstruction/

Cockburn, A. & St. Clair, J. (1998). *Whiteout: the CIA, drugs and the press*. Verso

Connolly, K. & Oltermann, P. (7. Dezember 2022). German police raids target group accused of far-right plot to overthrow state. *The Guardian*. https://www.theguardian.com/world/2022/dec/07/german-police-raids-target-far-right-reich-citizens-movement

Craemer, T., Smith, T., Harrison, B., Logan, T., Bellamy, W. & Darity, W. (2020). Wealth implications of slavery and racial discrimination for African American descendants of the enslaved. *The Review of Black Political Economy*, 47(3), 218–254. https://doi.org/10.1177/0034644620926516

Credit Suisse Research Institute. (2022). *Global Wealth Report 2022*. Credit Suisse AG

Czollek, M. (11. Mai 2021). Versöhnungstheater: Anmerkungen zur deutschen Erinnerungskultur. *Bundeszentrale für politische Bildung*. Abgerufen 25. Juli

2023 von https://www.bpb.de/themen/zeit-kulturgeschichte/juedisches leben/332617/versoehnungstheater-anmerkungen-zur-deutschen-erinnerungs kultur/

Czollek, M. (2018). *Desintigriert euch.* Hanser

Czollek, M. (2020). *Gegenwartsbewältigung.* Hanser

De Jong, D. (2022). *Braunes Erbe: Die dunkle Geschichte der reichsten deutschen Unternehmerdynastien.* Kiepenheuer & Witsch

Der Spiegel. (19. September 1976b). Mütter, Töchter, Schwestern, Brüder. *Der Spiegel.* https://www.spiegel.de/politik/muetter-toechter-schwestern-brueder-a-c2db0b90-0002-0001-0000-000041157522

Der Spiegel. (29. August 1976a). DDR: Kalaschnikows für die Dritte Welt. *Der Spiegel.* https://www.spiegel.de/politik/ddr-kalaschnikows-fuer-die-dritte-welt-a-23e74d4b-0002-0001-0000-000041147104

Derix, S. (2016). *Die Thyssens: Familie und Vermögen* (Bd. 4: Familie – Unternehmen – Öffentlichkeit: Thyssen im 20. Jahrhundert). Schöningh

Deutsche Bahn. (o. D.). Haltung zeigen ist eine immerwährende Aufgabe. *Deutsche Bahn.* Abgerufen 28. Juli 2023 von https://www.deutschebahn.com/de/kon zern/Aktuelles/Haltung-zeigen-ist-eine-immerwaehrende-Aufgabe-7611254

Deutsche Nationalstiftung. (o. D.). Stiftungsporträt: Die Deutsche Nationalstiftung. *Deutsche Nationalstiftung.* Abgerufen 8. August 2023 von https://www. nationalstiftung.de/die-stiftung/stiftungsportrait/

Deutsche Umwelthilfe (21. September 2021). Deutsche Umwelthilfe: Klimaklagen gegen BMW und Mercedes-Benz erhoben. *Deutsche Umwelthilfe.* Abgerufen 28. März 2024 von https://www.duh.de/presse/pressemitteilungen/pressemit teilung/deutsche-umwelthilfe-klimaklagen-gegen-bmw-und-mercedes-benz-erhoben/

Deutsche Welle. (14. November 2003). *Pragmatismus am Holocaust-Mahnmal.* Abgerufen 23. Juli 2023 von https://www.dw.com/de/pragmatismus-am-holocaust-mahnmal/a-1029435

Deutscher Bundestag. (18. September 2018). Die Verankerung des Themas Nationalsozialismus im Schulunterricht in Deutschland, Österreich, Polen und Frankreich. *Bundestag.* Abgerufen 14. Juni 2023 von https://www.bundestag. de/resource/blob/577838/057659f45ba3ae2fc1ba10aca4f1da91/WD-8-091-18-pdf-data.pdf

Deutscher Bundestag. (2022). Haushalt: Bundestag beschließt das Sondervermögen für die Bundeswehr. *Deutscher Bundestag.* Abgerufen 15. April 2024 von https://www.bundestag.de/dokumente/textarchiv/2022/kw22-de-sondervermoegen-897614

Deutschland.de. (o. D.). *Überregionale Zeitungen in Deutschland. Deutschland. de.* Abgerufen 23. Juli 2023 von http://www.deutschland.de/de/topic/wissen/ ueberregionale-zeitungen

Deutschlandfunk Nova (2023). Korruption in Deutschland: Die Flick-Affäre. *Deutschlandfunk Nova.* Abgerufen 23. März 2024 von https://www.deutschland funknova.de/beitrag/korruption-die-flick-affaere

DFB. (2024). Der DFB: Verbandsstruktur: Partner des DFB. *DFB.* Abgerufen 24. März 2024 von https://www.dfb.de/verbandsstruktur/partner-des-dfb/

Dietzfelbinger, E. (2008). Warum braune Flecken kein Makel blieben: Anmerkungen zum Fall Gustav Schickedanz. *transit nürnberg,* 2, 31–36

Dippel, C. (6. September 2021). »Wie jüdisch bist du eigentlich?«. *Deutschlandfunk.* Abgerufen 28. Juli 2023 von https://www.deutschlandfunk.de/kontroverse-um-die-zugehoerigkeit-zum-judentum-wie-juedisch-100.html

Dirks, W. & Kossack, K. (2006). Ein »Musterbetrieb«? Ehemaliger Melittachef

Horst Bentz hatte mit Arbeitnehmerrechten nichts im Sinn. *Zeitgeschichte-Minden.* Abgerufen 5. Juli 2023 von www.zg-minden.de/ein_musterbetrieb_.html
Dohms, H.-R. (5. Oktober 2007). Deutsche Unternehmen: Firmen und ihre Nazi-Vergangenheit. *Stern.* Abgerufen 3. Juli 2023 von https://www.stern.de/wirtschaft/news/deutsche-unternehmen-firmen-und-ihre-nazi-vergangenheit-3264642.html
Doyle, J. J. (1992). A bitter inheritance: East German real property and the Supreme Constitutional Court's »Land Reform« decision of April 23, 1991. *Michigan Journal of International Law,* 13, 832–864
dpa. (19. November 2013). Münchner Kunstfund: Gurlitt-Task-Force eingerichtet. *taz.* https://taz.de/Muenchener-Kunstfund/!5054635/
Dreyfus, T. (3. September 2022). Warum wollen in Deutschland so viele Menschen jüdisch sein? *Berliner Zeitung.* https://www.berliner-zeitung.de/mensch-metropole/warum-wollen-in-deutschland-so-viele-menschen-juedisch-sein-li.262508
EarthSight. (September 2020). Grand theft Chaco. *EarthSight:* https://www.earthsight.org.uk/grandthEftchaco-en
Ebbinghaus, A. & Roth, K. H. (1999). Vernichtungsforschung: der Nobelpreisträger Richard Kuhn, die Kaiser-Wilhelm-Gesellschaft und die Entwicklung von Nervenkampfstoffen während des »Dritten Reichs«. *Zeitschrift für Sozialgeschichte des 20. Und 21. Jahrhunderts,* 17(2002), 15–50
Eddy, M. (17. November 2012). For 60th year, Germany honors duty to pay Holocaust victims. *New York Times.* https://www.nytimes.com/2012/11/18/world/europe/for-60th-year-germany-honors-duty-to-pay-holocaust-victims.html
EDEKA ZENTRALE Stiftung & Co. KG. (2023). Finanzbericht 2022. EDEKA Verbund. Abgerufen 13. April 2024 von https://verbund.edeka/verbund/edeka_gb_2022_finanzbericht_web.pdf
Einstein, A. (1944/2011). On Germans and Germany. In A. Claaprice (Hrsg.), *The ultimate quotable Einstein* (S. 159–170). Princeton University Press. https://doi.org/10.1515/9781400835966-012
Eizenstat, S. E. (27. Oktober 2019). What Holocaust restitution taught me about slavery reparations. *Politico.* Abgerufen 25. Juli 2023 von https://www.politico.com/magazine/story/2019/10/27/slavery-reparations-holocaust-restitution-negotiations-229881/
Ends Report. (31. März 2003). »Extremely poor« management costs Henkel £120,000. *Ends Report.* Abgerufen 30. Juli 2023 von https://www.endsreport.com/article/1555374/extremely-poor-management-costs-henkel-120000
Environmental Justice Atlas. (4. April 2021). Sinti settled to chemically contaminated area, Heidelberg, Germany. *Environmental Justice Atlas.* Abgerufen 28. Juli 2023 von https://ejatlas.org/conflict/sinti-families-settled-in-a-chemically-contaminated-area-in-heidelberg-germany
Equal Justice Initiative. (31. Januar 2023). Community remembrance project. *Equal Justice Initiative.* Abgerufen 22. Juli 2023 von https://eji.org/projects/community-remembrance-project/
Erker, P. (2023). *Die chemische Fabrik Joh. A. Benckiser im Nationalsozialismus.* Wallstein Verlag
Erlebnisregion Hann. Münden. (o. D.). Hiking: Klaus Bahlsen Trail. *Erlebnisregion Hann. Münden.* Abgerufen 28. Juli 2023 von https://hann.muenden-erlebnisregion.de/en/tour/hiking-klaus-bahlsen-trail
European Commission. (8. Juli 2021). Antitrust: Commission fines car manufacturers € 875 million for restricting competition in emission cleaning for new diesel passenger cars. *European Commission.* Abgerufen 28. Juli 2023 von https://ec.europa.eu/commission/presscorner/detail/en/ip_21_3581

Evonik (o. D.). Degussa in der NS-Zeit. *Evonik*. Abgerufen 22. MÄrz 2024 von https://history.evonik.com/de/nationalsozialismus/degussa-ns

Fallet, M. & Keller, C. (2021). Michael Friedman und Max Czollek über jüdisches Leben in Deutschland: »Das ist Gedächtnistheater!«. *Chrismon*. Abgerufen 7. April 2023 von https://chrismon.evangelisch.de/artikel/2020/51011/michel-friedman-und-max-czollek-ueber-juedisches-leben-in-deutschland

FAZ. (1. Juni 2022). Interimsdirektorin Gabriele Thöne will Vorwürfe sexueller Übergriffe aufklären. *Frankfurter Allgemeine Zeitung*. https://www.faz.net/aktuell/politik/inland/rabbinerseminar-arbeitet-vorwuerfe-sexueller-uebergriffe-auf-18073843.html

FDP. (28. November 2014). Rechenschaftsbericht zum 31. Dezember 2013 der Freie Demokratische Partei. *Freie Demokraten: FDP*. Abgerufen 28. März 2024 von https://web.archive.org/web/20150402094953/http://www.fdp.de/sites/default/files/uploads/2015/01/15/ba-002-6bericht2013versioninternet.pdf

Feldenkirchen, W. (1995). *Siemens: 1918–1945*. Piper

Feldenkirchen, W. & Hilger, S. (2001). *Menschen und Marken: 125 Jahre Henkel: 1876–2001*. Henkel

FestivALT. (2022). Historical-Contemporary Walk Around KL Plaszow. *FestivALT*. Abgerufen 5. Juni 2022 von https://www.festivalt.com/historically-modern-walk-around-plaszow

Festspielhaus Baden-Baden. (o. D.). Förderung Förderkreis. Festspielhaus Baden-Baden. Retrieved August 8, 2023, from https://www.festspielhaus.de/foerderung/foerderkreis/

Finger, J., Keller, S. & Wirsching, A. (2013). *Dr. Oetker und der Nationalsozialismus: Geschichte eines Familienunternehmens 1933–1945*. C. H. Beck

Fischer, L. (2009). *Krupp: Eine deutsche Familie*. Ullstein

Förderverein der Staatstheater Stuttgart. (o. D.). Wir über uns. *Förderverein der Staatstheater Stuttgart*. Abgerufen 8. August 2023 von https://foerderverein-staatstheater-stgt.de/vorstand/

Frei, N., Ahrens, R., Osterloh, J. & Schanetzky, T. (2009). *Flick: Der Konzern, die Familie, die Macht*. Karl Blessing Verlag

Friedländer, S., Frei, N., Rendtorff, T. & Wittmann, R. (Hrsg.). (2002a). *Bertelsmann im Dritten Reich* (Bd. 1). C. Bertelsmann Verlag

Friedler, E. (Director). (2007). *Das Schweigen der Quandts* [Film]. ARD/NDR

Fritsche, C. (2013). *Ausgeplündert, zurückerstattet und entschädigt – Arisierung und Wiedergutmachung in Mannheim*. Verlag Regionalkultur

Fröhlich, C. (2011). Der »Ulmer Einsatzgruppen-Prozess« 1958: Wahrnehmung und Wirkung des ersten großen Holocaust-Prozesses. In J. Osterloh & C. Vollnhals (Hrsg.), *NS-Prozesse und deutsche Öffentlichkeit: Besatzungszeit, frühe Bundesrepublik und DDR* (S. 233–263). Vandenhoek & Ruprecht

Fuchs, C., Geisler, A. & Stark, H. (8. Dezember 2022). Der Prinz, die Richterin und ein geplatzter Staatsstreich. *Zeit Online*. Abgerufen 28. Juli 2023 von https://www.zeit.de/gesellschaft/zeitgeschehen/2022-12/razzien-rechtsextreme-verschwoerung-putsch-birgit-malsack-winkemann-afd

Gall, L. (2002). *Krupp im 20. Jahrhundert: Vom Ersten Weltkrieg bis zur Gründung der Stiftung*. Siedler Verlag

Gall, L. & Underwood, J. (1999). Hermann Josef Abs and the Third Reich: »A man for all seasons«? *Financial History Review, 6*(2), 147–202. https://doi.org/10.1017/S0968565000000378

Gallant, K. F. & van der Noll, J. (2024). *Jews and Muslims in German print media: integration and multiculturalism versus anti-Semitism and Islamophobia*. Palgrave Macmillan

Gallant, Z. & Gallant, K. F. (2022). *Brauner Boden: Ein jüdischer Blick auf die deutsche Aufarbeitung der NS-Zeit*. Westend academics

Gallant, Z. & Gallant, K. F. (2023). *Nazis all the way down: The myth of the moral modern Germany*. Westend

Garfinkel, R. (9. März 2017). What motivates cemetery vandalism?. *Psychology Today*. Abgerufen 28. Juli 2023 von https://www.psychologytoday.com/intl/blog/time-out/201703/what-motivates-cemetery-vandalism

Garke-Rothbart, T. (2008). *»... für unseren Betrieb lebensnotwendig ...«: Georg von Holtzbrinck als Verlagsunternehmer im Dritten Reich*. K. G. Saur

Gaschke, S. (10. Mai 2023). Zwei N-Wörter, verschiedene Ellen und ein neuer deutscher Kulturkampf. *Neue Züricher Zeitung*. https://www.nzz.ch/feuilleton/deutschlands-neuer-kulturkampf-es-geht-um-nazis-und-neger-ld.1737169

Gat, M. (1997). *The Jewish exodus from Iraq, 1948–1951*. Frank Cass

Gehlen, B. (2011). Wie kritisch ist die deutsche Unternehmensgeschichte? Eine subjektiv-quantitative Betrachtung unternehmenshistorischer Rezensionen in der VSWG und der ZUG 2009/2010. *Akkumulation*, 31, 18–23

Gemeinde- und Städtebund Rheinland-Pfalz, Städtetag Rheinland-Pfalz & Landkreistag Rheinland-Pfalz (2019). *Kommunalbrevier Rheinland-Pfalz*. Gemeinde- und Städtebund Rheinland-Pfalz

Georgi, M. & Kamp, M. (2012). *Lodenfrey in der NS-Zeit*. August Dreesbach Verlag

Gerretsen, I. (31. August 2017). Mercedes-Benz under fire for supplying Saudi military with armoured vehicles in Awamiyah siege. *International Business Times*. https://www.ibtimes.co.uk/mercedes-benz-under-fire-supplying-saudi-military-armoured-vehicle-awamiyah-siege-1637454

Gerstetter, A. (9. August 2022). Warum die wachsende Zahl der Konvertiten ein Problem für das Judentum ist. *Welt*. https://www.welt.de/debatte/kommentare/plus240364053/Avitall-Gerstetter-Konversionen-koennen-Problem-fuers-Judentum-werden.html

Gesetz zur Regelung der Rechtsverhältnisse der unter Artikel 131 des Grundgesetzes fallenden Personen, BGBl. I Nr. 22 §§ 1–85. (11. Mai 1951). https://www.bgbl.de/xaver/bgbl/start.xav?start=%2F%2F*%5B%40attr_id%3D%27bgbl151s0307.pdf%27%5D

Gez, Y. N. (2011). The phenomenon of Jewish Buddhists in light of the history of Jewish suffering. *Nova Religio: The Journal of Alternative and Emergent Religions*, 15(1), 44–68. https://doi.org/10.1525/nr.2011.15.1.44

Giridharadas, A. (12. Mai 2022). The complicity of the CEOs. *The.Ink*. Abgerufen 24. Juli 2023 von https://the.ink/p/the-complicity-of-the-ceos

GlobalSecurity.org (2011). Rheinmetall under the Nazis. *GlobalSecurity.org*. Abgerufen 2. Juni 2023 von https://www.globalsecurity.org/military/world/europe/rheinmetall-3.htm

Göbel, H. (15. April 2015). Keks-Fabrikant Bahlsen soll CDU-Wirtschaftsrat führen. *Frankfurter Allgemeine Zeitung*. https://www.faz.net/aktuell/wirtschaft/wirtschaftspolitik/michael-bahlsen-soll-cdu-wirtschaftsrat-fuehren-13539027.html

Göbel, M. (29. April 2023). Boris Palmer: Das N-Wort und der Judenstern, ein Debattencheck. *Der Spiegel*. Abgerufen 3. Juli 2023 von https://www.spiegel.de/politik/boris-palmer-das-n-wort-und-der-judenstern-ein-debattencheck-a-f69f8cee-81ad-4e65-8fae-e53d0d41de8a

Goda, N. J. W. (2007). *Tales from Spandau: Nazi criminals and the Cold War*. Cambridge University Press

Goethe Universität Frankfurt am Main. (o. D.). Funded and supported professorships. *Goethe Universität Frankfurt am Main*. Abgerufen 8. August 2023 von https://www.goethe-university-frankfurt.de/75614251/Funded_and_supported_professorships?locale=en

Gold, D. (2016). *Stolen legacy: Nazi theft and the quest for justice at Krausenstrasse 17/18, Berlin*. American Bar Association

Göres, J. (23. Februar 2012). Stadt der »Hasenjagd« erinnert sich. *taz*. https://taz.de/Stadtfuehrer-ueber-Celle-im-Nationalsozialismus/!5099917/

Goschler, C. (2003). Die Auseinandersetzung um die Rückerstattung »arisierten« jüdischen Eigentums nach 1945. In U. Büttner (Hrsg.), *Die Deutschen und die Judenverfolgung im Dritten Reich* (S. 361–380). Fischer Taschenbuch Verlag

Goschler, C. (22. September 2022). The Luxembourg Agreement: the mirage of reconciliation. *K*. Abgerufen 25. Juli 2023 von https://k-larevue.com/en/the-mirage-of-reconciliation/

Gottwaldt, A. (2011). *Die Reichsbahn und die Juden 1933 – 1939*. Marix Verlag

Greenpeace Österreich. (Oktober 2018). Wer billig kauft, kauft teuer! Fast fashion: Die dunkle Seite des Modekonsums. *Greenpeace Österreich*. Abgerufen 30. Juli 2023 von https://greenpeace.at/assets/uploads/publications/presse/GP%20Report%20Fashion%20RZ%20singles.pdf

Greenpeace. (16. März 2013). BASF macht mit Gesundheitsschäden ihr Geld. *Greenpeace*. Abgerufen 3. Juli 2023 von https://www.greenpeace.de/engagieren/nachhaltiger-leben/basf-gesundheitsschaeden-geld

Greenpeace. (2022). Report: Vergiftete Geschenke: Greenpeace-Recherche zu Textilmüllexporten nach Ostafrika. *Greenpeace*. Abgerufen 8. August 2023 von https://www.greenpeace.de/publikationen/220421-greenpeace-factsheet-textilexporte-ostafrika.pdf

Greenpeace. (2023). VW-Klage vor Gericht. *Greenpeace*. Abgerufen 28. März 2024 von https://www.greenpeace.de/klimaschutz/mobilitaet/vw-klage-gericht

Greis, F. (2020). Was Kurt Tucholsky schmutzig fand. In Kurt Tucholsky Gesellschaft (Hrsg.), *Rundbrief 01/2020* (S. 41–45). Abgerufen 28. Juli 2023 von https://tucholsky-gesellschaft.de/wp-content/uploads/2020/05/20142_BRO_KTG_Rundbrief_01_2020_ebook.pdf

Grieger, M. (10. März 2021). Ein ganz anderes Unternehmen? Die Familienunternehmen Sartorius und Bahlsen im Nationalsozialismus und Nachkrieg. *Lüdenscheider Gespräche des Instituts für Geschichte und Biografie der FernUniversität in Hagen*. Abgerufen 8. September 2021 von www.fernuni-hagen.de/videostreaming/archiv/ksw/video/video_2021-10.shtm

Grieger, M. (1998). Das RWE in Wirtschaftskrise und NS-Diktatur 1930–1945. In D. Schweer & W. Thieme (Hrsg.), *RWE ›— Ein Konzern wird transparent: »Der gläserne Riese«* (S. 117–140). Gabler Verlag. https://doi.org/10.1007/978-3-322-82227-7_10

Gruner, W. (2000). Die Grundstücke der »Reichsfeinde«: Zur »Arisierung« von Immobilien durch Städte und Gemeinden 1938–1945. In I. Wojak & P. Hayes (Hrsg.), *»Arisierung« im Nationalsozialismus: Volksgemeinschaft, Raub und Gedächtnis* (S. 125–156). Campus Verlag

Gruner, W. (2006). *Jewish forced labor under the Nazis: economic needs and racial aims, 1938–1944*. Cambridge University Press.

Güntter, T. (27. Januar 2016). 125 Jahre Dr. Oetker: Der große Streit um den Namen für die Kunsthalle. *Neue Westfälische Online*. Abgerufen 23. Juli 2023 von https://www.nw.de/lokal/bielefeld/mitte/20691272_125-Jahre-Dr.-Oetker-Der-grosse-Streit-um-den-Namen-fuer-die-Kunsthalle.html

Haarmeyer, J. (18. Mai 2019). Vom Nestbeschmutzer zum Professor. *Hamburger Abendblatt*. https://www.abendblatt.de/hamburg/article217778933/Detlef-Garbe-Vom-Nestbeschmutzer-zum-Professor.html

Hagestedt, L. (2023). Hitlers willfährige Verleger: Die Geschichte der Familie und des Unternehmens Bertelsmann/Mohn im »Dritten Reich«. *Literaturkritik*, 2. https://literaturkritik.de/public/rezension.php?rez_id=5722

Hamburger Kunsthalle. (o. D.). Unsere Förderer und Sponsoren. *Hamburger Kunsthalle.* Abgerufen 3. Juli 2023 von https://www.hamburger-kunsthalle.de/files/unsere-forderer-und-sponsoren

Hammersten, K. & Trappe, J. (2009). Aufarbeitung der Diktatur – Diktat der Aufarbeitung: Einleitung. In K. Hammerstein, U. Mählert, J. Trappe & E. Wolfrum (Hrsg.), *Aufarbeitung der Diktatur – Diktat der Aufarbeitung: Normierungsprozesse beim Umgang mit diktatorischer Vergangenheit* (S. 9–21). Wallenstein

Hanfland, V. (2008). *Holocaust – ein Thema für die Grundschule? Eine empirische Untersuchung zum Geschichtsbewusstsein von Viertklässlern.* LIT

Härtel, S. (15. Mai 2015). Das Ghetto Lodz/Litzmannstadt. *Lebendiges Museum Online.* Abgerufen 5. Juli 2023 von https://www.dhm.de/lemo/kapitel/der-zweite-weltkrieg/voelkermord/ghetto-lodz.html

Hartmann, B. (15. Oktober 2001). Gedenkkonzert für einen Mäzen: Bundespräsident Rau kam zur Würdigung von Hermann Josef Abs in das Bonner Beethoven-Haus. *General-Anzeiger.* https://ga.de/news/kultur-und-medien/regional/gedenkkonzert-fuer-einen-maezen_aid-40150561

Hawking, S. (2011). *Eine kurze Geschichte der Zeit* (H. Kober, Übers.). Rowohlt Taschenbuch Verlag

Hayes, P. (2000). I. G. Farben revisited: industry and ideology ten years later. In J. E. Lesch (Hrsg.), *The German chemical industry in the twentieth century* (S. 7–14). Springer

Hayes, P. (2000). Industry and ideology: I. G. Farben in the Nazi Era. Cambridge University Press

Hayes, P. (2004). *From cooperation to complicity: Degussa in the Third Reich.* Cambridge University Press

Hayes, P. (2005). *Die Degussa im Dritten Reich: Von der Zusammenarbeit zur Mittäterschaft.* Beck

Henkel AG & Co. KGaA (2024). Henkel & der DFB: Sponsoring des Deutschen Fußball-Bundes. *Henkel.* Abgerufen 24. März 2024 von https://www.henkel.de/unternehmen/sponsoring/dfb-sponsoring

Henkel AG & Co. KGaA (Hrsg.). (2016). *Henkel, 140 Jahre Chronik: 1876–2016.* Henkel

Henkel AG & Co. KGaA. (23. Februar 2022a). Henkel publishes annual results for 2021 and takes Purposeful Growth agenda to next level. *Henkel.* Abgerufen 23. Juli 2023 von https://www.henkel.com/investors-and-analysts/investor-relations-news/2022-02-23-henkel-publishes-annual-results-for-2021-and-takes-purposeful-growth-agenda-to-next-level-1618150

Henkel AG & Co. KGaA. (4. April 2022b). Aktien. *Henkel.* Abgerufen 23. Juli 2023 von https://www.henkel.de/investoren-und-analysten/aktien

Herbs, L. & Weihe, T. (2004). *Die Commerzbank und die Juden 1933–1945.* C. H. Beck

Herf, J. (2017). 1967 The global left and the Six-Day War. Fathom. Abgerufen 4. März 2024 von https://fathomjournal.org/1967-and-the-global-left-the-case-of-the-east-german-regime-and-the-west-german-radicals/

Herkenhoff, P. (30. Oktober 2004). Der Papst der Wall Street. *Welt.* https://www.welt.de/print-welt/article349380/Der-Papst-der-Wall-Street.html

Heß, A., Kreutzer, C. & Stenull, C. (12. Dezember 2022). Anti-Terror-Einsatz gegen »Reichsbürger«: deutlich mehr Mitwisser als angenommen. *SWR3.* Abgerufen 26. Juli 2023 von https://www.swr3.de/aktuell/nachrichten/razzia-bundesweit-reichsbuerger-100.html

Hielscher, H. (27. Juli 2010). Finck-Clan: Schlammschlacht um Milliardenerbe. *WirtschaftsWoche.* https://www.wiwo.de/unternehmen/finck-clan-schlamm schlacht-ums-milliardenerbe/5222562-all.html

Hilberg, R. (1976/2019). German railroads/Jewish souls. In R. Hilberg, C. Browning & P. Hayes (Hrsg.), *German Railroads, Jewish souls: The Reichsbahn, bureaucracy, and the Final Solution* (S. 19–49). Berghahn Books. https://doi.org/10.1515/9781789202779-004

Hillmann, K. (17. März 2001). Familie Henkel: Milliarden mit Megaperls. *Der Spiegel.* Abgerufen 28. Juli 2023 von https://www.spiegel.de/wirtschaft/die-reichsten-deutschen-familie-henkel-milliarden-mit-megaperls-a-123089.html

Himmelheber, M. (7. September 2020). Edmund Heckler – ein Naziverbrecher? *Neue Rottweiler Zeitung.* https://www.nrwz.de/wirtschaft/edmund-heckler-ein-naziverbrecher/273158?print=pdf

Hinz-Wessels, A. (2008). *Das Robert Koch-Institut im Nationalsozialismus.* Kulturverlag Kadmos

Hoeres, P. (2019). *Zeitung für Deutschland: Die Geschichte der FAZ.* Benevento

Hörner, S. (2015). Der Auschwitz-Konzern: Die verschwiegenen Täter des Holocaust – I. G. Farbenindustrie AG. *Refubium – Repositorium der Freien Universität Berlin.* Abgerufen 5. Juli 2023 von https://refubium.fu-berlin.de/bitstream/handle/fub188/15584/Auschwitz-Konzern_2.pdf?sequence=1&isAllowed=y

Hugo Boss. (2024). Geschäftsbericht 2023. *Hugo Boss Group.* Abgerufen 13. April 2024 von https://group.hugoboss.com/fileadmin/media/hbnews/user_upload/Investor_Relations/Finanzberichte/2024/HUGO_BOSS_Geschaefts bericht_2023.pdf

Hulten, J. (o. D.). The Holocaust in the Soviet Union. *Illinois Holocaust Museum & Education Center.* Abgerufen 8. August 2023 von https://www.ilholo caustmuseum.org/the-holocaust-in-the-soviet-union/

Hume, D. (1779/1990). *Dialogues concerning natural religion.* Penguin Classics

Hunt, L. (1991). *Secret agenda: the United States government, Nazi scientists, and Project Paperclip, 1945 to 1990.* St. Martin's Press – Thomas Dunne Books

InfluenceMap. (November 2021). German automakers dominate the fight to weaken climate regulation. *InfluenceMap.* Abgerufen 26. März 2024 von https://influencemap.org/report/German-Automakers-And-Climate-Policy-a3ed f15c64b2e258c29f83beb93337f6

Infobae. (30. September 2018). La increíble historia del »carnicero nazi« que ayudó a Pablo Escobar a forjar su imperio narco. *infobae.* https://www.infobae.com/america/colombia/2018/09/30/la-increible-historia-del-carnicero-nazi-que-ayudo-a-pablo-escobar-a-forjar-su-imperio-narco/

International Military Tribunal for Germany. (1946). *Judgement: the Law Relating to War Crimes and Crimes Against Humanity.* International Military Tribunal for Germany

International Trade Administration. (2021). Energy resource guide: Germany – renewable energy. *International Trade Administration.* Abgerufen 6. Juli 2023 von https://www.trade.gov/energy-resource-guide-germany-renewable-energy

Jakobs, H.-J. (8. Mai 2022). Wie deutsche Unternehmen mit ihrer Vergangenheit umgehen. *Handelsblatt.* https://www.handelsblatt.com/arts_und_style/litera tur/rezension-wie-deutsche-unternehmen-mit-ihrer-nazi-vergangenheit-umgehen/28307660.html

James, H. (2001). *The Deutsche Bank and the Nazi economic war against the Jews.* Cambridge University Press

James, H. (2004). *The Nazi dictatorship and the Deutsche Bank.* Cambridge University Press

James, H. (2011). *Krupp: deutsche Legende und globales Unternehmen.* C. H. Beck

Janz, C. (30. November 2022). »Bullenschwein«: Diese Gruppe machte Jagd auf Polizisten. *T-online.* Abgerufen 26. Juli 2023 von https://www.t-online.de/

nachrichten/panorama/justiz/id_100089446/neonazi-gruppe-knockout-51-und-die-polizei-jagd-auf-bullenschweine-.html

Jarvis, J. (17. Juli 2020). After reparations study suggests $151 million for each African American, experts say money alone isn't enough. *Newsweek*. Abgerufen 23. Juli 2023 von https://www.newsweek.com/reparations-slavery-cost-more-just-money-1518649

JDC Archives (13. Juli 2021). Yechiel Bar-Chaim and Seymour Epstein reflect on their service as JDC Country Directors in North Africa. JDC Archives. Abgerufen 15. April 2024 von https://archives.jdc.org/yechiel-bar-chaim-and-seymour-epstein-reflect-on-their-service-as-jdc-country-directors-in-north-africa/

Jerusalem Post Staff. (14. Juli 2019). »A fatwa for genocide«: Wiesenthal slams Hamas charter. *The Jerusalem Post*. https://www.jpost.com/israel-news/a-fatwa-for-genocide-wiesenthal-center-slams-hamas-charter-595634

Jikeli, G. (2021). A model for coming to terms with the past? Holocaust remembrance and antisemitism in Germany since 1945. *Israel Journal of Foreign Affairs*, 14(3), 427–446. https://doi.org/10.1080/23739770.2020.1859247

Jüdisches Museum Frankfurt. (2022). Vorstand der Gesellschaft der Freunde und Förderer des Jüdischen Museums. *Jüdisches Museum Frankfurt*. Abgerufen 28. Juli 2023 von https://www.juedischesmuseum.de/museum/freunde-und-foerderer-jmf/who-is-who

Jungbluth, R. (2002). *Die Quandts: ihr leiser Aufstieg zur mächtigsten Wirtschaftsdynastie Deutschlands*. Campus Verlag

Jungbluth, R. (2004). *Die Oetkers: Geschäfte und Geheimnisse der bekanntesten Wirtschaftsdynastie Deutschlands*. Campus Verlag

Kampf, L. & Milling, P. (6. März 2022). Schmutziger Nickelabbau: Datenleak offenbart Bergbau-Geheimnisse. *Tagesschau*. Abgerufen 30. Juli 2023 von https://www.tagesschau.de/investigativ/schmutziger-nickelabbau-guatemala-101.html

Kampfner, J. (2020). *Why the Germans do it better: notes from a grown-up country*. Atlantic Books

Kapalschinski, C. (18. Mai 2019). Einsatz von Zwangsarbeitern: Brief von Werner Bahlsen widerlegt Aussagen seiner Enkelin Verena. *Handelsblatt*. Abgerufen 8. September 2021 von https://www.handelsblatt.com/unternehmen/handel-konsumgueter/firmenhistorie-einsatz-von-zwangsarbeitern-brief-von-werner-bahlsen-widerlegt-aus

Kartmann, N. (Hrsg.) (2014). Vorstudie »NS-Vergangenheit ehemaliger hessischer Landtagsabgeordneter«: Abschlussbericht. In *NS-Vergangenheit ehemaliger hessischer Landtagsabgeordneter: Dokumentation der Fachtagung 14. Und 15. März im Hessischen Landtag* (S. 137–206). Hessischer Landtag

Kertzer, D. I. & Mokosch, G. (2019). The medieval in the modern: Nazi and Italian fascist use of the ritual murder charge. *Holocaust and Genocide Studies*, 33(2), 177–196. https://doi.org/10.1093/hgs/dcz023

Keskinkılıç, O. Z. (2021). *Muslimaniac: Die Karriere eines Feindbildes*. Edition Körber

Klatt, M. (2009). *Unbequeme Vergangenheit: Antisemitismus, Judenverfolgung und Wiedergutmachung in Westfalen 1925–1965*. Brill

Kleinschmidt, C. & Leggewie, C. (14. Juli 2021). Die Abräumer: Kühne + Nagel profitierte von der Arisierung: und schweigt. *Zeit Online*. https://www.zeit.de/2016/30/kuehne-nagel-geschichte-nazi-zeit

Kleinspies, H. & Grimberg, S. (12. Oktober 2002). »Weiterforschen!«. *taz*. https://taz.de/!1084217/

Klevenhaus, L. (12. März 2017). »Mr. Persil« hat viel für Unkel getan. *Kölnische Rundschau*. https://www.rundschau-online.de/-mr--persil--hat-viel-fuer-unkel-getan-11577426

Kling, M.-U. (27. November 2021). Folge 287: Der heiße Draht. *Zeit Online*. https://www.zeit.de/kaenguru-comics/2021-11/folge-287

Knobloch, C. (10. Juni 2013). »Der Beginn von Auschwitz«: Charlotte Knobloch über die Zerstörung der Hauptsynagoge am 9. Juni 1938. *Jüdische Allgemeine*. https://www.juedische-allgemeine.de/unsere-woche/der-beginn-von-auschwitz/

Köhler, N. (2003). *Zwangsarbeit in der Lüneburger Heide: Organisation und Alltag des »Ausländereinsatzes« 1939–1945*. Verlag für Regionalgeschichte

Königliches Statistisches Bureau. (1888). Gemeindelexikon für das Königreich Preußen auf Grund der Materialien der Volkszählung vom 1. Dezember 1885 und anderer amtlicher Quellen (Bd. 12: Die Provinz Rheinland). *Statistische Bibliothek*. Abgerufen 26. Juli 2023 https://www.statistischebibliothek.de/mir/receive/NISerie_mods_00000394

Kossack, K. (2006). Melitta – Dokument 2. Feldpostbriefe aus Melitta-Echo. *Zeitgeschichte-Minden*. Abgerufen 20. März 2023 von https://www.zg-minden.de/melittawerke.html

Kossack, K. (2012). Entnazifizierung im Schonwaschgang auch in Minden. *Zeitgeschichte-Minden*. Abgerufen 20. März 2023 von http://www.zg-minden.de/entnazifizierungslegende.html

Kreutzmüller, C. (2005). *Händler und Handlungsgehilfen: der Finanzplatz Amsterdam und die deutschen Großbanken (1918–1945)*. Franz Steiner Verlag

Krieg gegen Kinder (o. D.). Datenbankeintrag Unterlüß. *Projekt »Krieg gegen Kinder«*. Abgerufen 28. Juli 2023 von http://www.birdstage.net/kgk/cgi-bin/search.cgi?v=36886

Krieg, W. (17. März 1964). Antrag der Stadt Minden auf Verleihung des Verdienstordens der Bundesrepublik Deutschland an Herrn Fabrikant Horst Bentz, Minden, Blumenstraße 25. *Zeitgeschichte-Minden*. Abgerufen 24. Juli 2023 von http://www.zg-minden.de/HorstBentz-StadtMinden.pdf

Kunstsammlung Nordrhein-Westfalen. (o. D.). Henkel: Die Kunstsammlung 8.4._14.8.2016. *Kunstsammlung Nordrhein-Westfalen*. Abgerufen 29. Juli 2023 von https://www.kunstsammlung.de/de/exhibitions-archive/henkel-die-kunstsammlung

Küntzel, M. (2005). National Socialism and anti-Semitism in the Arab World. *Jewish Political Studies Review*, 17(1/2), 99–118. http://www.jstor.org/stable/25834622

Küster, H.-D. (29. September 2016). Ein neuer Platz für Unkel: Neugestaltung des Fritz-Platzes am Unkeler Christinenstift. *General-Anzeiger*. https://ga.de/region/siebengebirge/kreis-neuwied/neugestaltung-des-fritz-platzes-am-unkeler-christinenstift_aid-43042315

Lammert, N. (11. März 2015). Bekanntmachung von Rechenschaftsberichten politischer Parteien für das Kalenderjahr 2013 (1. Teil – Bundestagsparteien). *Deutscher Bundestag*. Abgerufen 2. Juni 2023 von https://dserver.bundestag.de/btd/18/043/1804300.pdf

LeBor, A. (2014). *Tower of Basel: the shadowy history of the secret bank that runs the world*. PublicAffairs

Lebow, R. N. (2009). Future conditional: the U. S. and its past. In K. v. Lingen (Hrsg.), *Kriegserfahrung und nationale Identität in Europa nach 1945: Erinnerung, Säuberungsprozesse und nationales Gedenken* (S. 74–91). Schöningh

Leicht, J. (25. Dezember 2015). Industrie und Wirtschaft. *Lebendiges Museum Online*. Abgerufen 28. Juli 2023 von https://www.dhm.de/lemo/kapitel/ns-regime/industrie-und-wirtschaft.html

Leslie, E. (2005). *Synthetic worlds: nature, art and the chemical industry*. Reaktion Books

Lilla, J. (2006). Die Mitglieder des Vorläufigen Reichswirtschaftsrats 1921 bis 1933 nach Gruppen. *VSWG: Vierteljahrschrift Für Sozial- Und Wirtschaftsgeschichte*, 93(1), 34–57. http://www.jstor.org/stable/20741784

Lokatis, S. (2008). Einführung. In T. Garke-Rothbart, *»... für unseren Betrieb lebensnotwendig ...«: Georg von Holtzbrinck als Verlagsunternehmer im Dritten Reich* (S. 7–13). K.G. Saur

Lorentz, B. (2002). Die Commerzbank und die »Arisierung« im Altreich: ein Vergleich der Netzwerkstrukturen und Handlungsspielräume von Großbanken in der NS-Zeit. *Vierteljahresheft für Zeitgeschichte*, 50, 237–269

Luther, M. (1543/1971). On the Jews and their lies, 1543. In F. Sherman (Hrsg.), *Luther's works: the Christian in society* (Bd. 47, M.H. Bertram, Übers., S. 121–306). Fortress Press

Mahle. (2023). Mahle Chronik. *Mahle Konzern*. Abgerufen 28. Juli 2023 von https://www.mahle.com/de/about-mahle/mahle_chronicle/chronicle/

Majendie, A. &. Parija, P. (23. Oktober 2019). These U.N. climate scientists think they can halt global warming for $300 billion: Here's How. *Time*. Abgerufen 1. August 2023 von https://time.com/5709100/halt-climate-change-300-billion/

Manchester, W. (2003). *The arms of Krupp: the rise and fall of the industrial dynasty that armed Germany at war*. Little Brown

Manger Magazin (30. September 2019). Die komplette Rangliste der reichsten Deutschen 2019. *Manager Magazin*. Abgerufen 13. April 2024 von https://www.manager-magazin.de/unternehmen/die-komplette-rangliste-der-reichsten-deutschen-2019-a-fd5729c3-1cfe-42ac-87d6-32b5ab194e32

Margalith, A. (2018). Unberechtigte Facebook-Sperre gegen Yair Netanjahu: Wie ein Sohn des israelischen Ministerpräsidenten von Teilen der Deutschen zum Angehörigen der »Regierung« erklärt wurde. *Jüdische Rundschau*, 53(1), 21.

Martens, H., Lindner, C. & Rump, K. (Hrsg.) (2020). *Dokumentation der Geschichte der EDEKA Zentralorganisation unter besonderer Berücksichtigung der EDEKABANK AG: 1907 bis 2012*. EDEKABANK AG

Martin, J.S. (1950). *All honorable men: the story of the men on both sides of the Atlantic who successfully thwarted plans to dismantle the Nazi cartel system*. Little, Brown & Company

Matthiesen, H. & Baumann, A. (5. März 2018). Juden in Bonn erleben alltäglich Antisemitismus. *General-Anzeiger*. https://ga.de/bonn/stadt-bonn/juden-in-bonn-erleben-alltaeglich-antisemitismus_aid-43679883

Matussek, K. & Arons, S. (23. Februar 2023). Commerzbank's investment arm loses German green claims suit. *Bloomberg*. Abgerufen 29. Juli 2023 von https://www.bloomberg.com/news/articles/2023-02-23/commerzbank-s-investment-arm-loses-greenwashing-suit-in-germany

Maurin, J. (23. März 2020). Verbotenes Gift fürs Ausland. *taz*. Abgerufen 15. August 2024 von https://taz.de/Pestizide-von-Bayer-und-BASF/!5680668

Max Planck Foundation. (Mai 2016). Newsletter of the Max Planck Foundation 2016. *Max Planck Foundation*. Abgerufen 28. Juli 2023 von https://www.maxplanckfoundation.org/wp-content/uploads/2020/06/16_05.pdf

Max-Planck-Gesellschaft. (o.D.). *Über die Max-Planck-Förderstiftung. Max-Planck-Gesellschaft*. Abgerufen 30. Juli 2023 von https://www.mpg.de/foerderstiftung

Meck, G. (2016). *Auto Macht Geld: die Geschichte der Familie Porsche Piëch*. Rowohlt

Meier, H.E. & Mutz, M. (2016). Sport-related national pride in East and West Germany, 1992–2008: Persistent differences or trends towards convergence? *SAGE Open*, 6(3), 1–10. https://doi.org/10.1177/2158244016665893

Meinke, C. (31. Oktober 2014). Zwei Zeichen des Gedenkens. *Stuttgarter Zeitung*. Abgerufen 15. August 2024 von https://www.stuttgarter-zeitung.de/inhalt.ns-vergangenheit-in-geislingen-zwei-zeichen-des-gedenkens.2848e86c-cec7-47c1-91c1-05590383878e.html;

Meitzner, W. (2020). Ilse-Bagel-Park. In Stadtrat Unkel (Hrsg.), *Niederschrift über die 11. Sitzung des Stadtrates Unkel am 01.09.2020* (S. 284–287). Abgerufen 28. Juli 2023 von https://www.unkel-kulturstadt.de/unkel/Stadt%20&%20Mensch/Stadt%20Unkel/Protokolle/2020/Niederschrift%20Stadtratsitzung%20 01.09.2020_%C3%B6ff.pdf

Merck Family Foundation. (2020). The Merck Family Foundation. *Merck*. Abgerufen 28. Juli 2023 von https://www.merck-family-foundation.com/en.html

Meyer, C. (31. Januar 2019). Im Mercedes an die Front: Wie sich VW und Daimler an Rüstungsgeschäften beteiligen. *Business Insider*. Abgerufen 23. Juli 2023 von https://www.businessinsider.de/wirtschaft/wie-sich-die-deutschen-autobauer-vw-und-daimler-an-ruestungsgeschaeften-beteiligen-2019-1/

Mittmann, T. (2006). *Vom »Günstling« zum »Urfeind« der Juden: Die antisemitische Nietzsche-Rezeption in Deutschland bis zum Ende des Nationalsozialismus*. Königshausen u. Neumann

Mohn, B. (2021). »Geh deinen Weg und vergiss nicht, Maß zu halten«. *Change Magazin*, 1, 6–9. Abgerufen 28. Juli 2023 von https://www.bertelsmann-stiftung.de/fileadmin/files/BSt/Publikationen/Infomaterialien/IN_change_Magazin_1_2021_2021.05.26.pdf

Möller, J. (16. Dezember 2013). Oetker kaufte Grundstück jüdischer Familie zum Spottpreis. *Neue Westfälische*. https://www.nw.de/lokal/bielefeld/mitte/9910218_Oetker-kaufte-Grundstueck-juedischer-Familie-zum-Spottpreis.html

Mosa, M., Gerking, R. & Manegold, J. (2020). Vorwort. In H. Martens, C. Lindner & K. Rump (Hrsg.), *Dokumentation der Gechichte der EDEKA Zentralorganisation unter besonderer Berücksichtigung der EDEKABANK AG: 1907 bis 2012* (S. 5). EDEKABANK AG

Moslehi, S.A. (21. Januar 2017). Die Arbeit der Nazijäger. *taz*. Abgerufen 15. August 2024 von https://taz.de/Nationalsozialistische-Verbrechen/!5373559/

Moss, P. (15. Mai 2023). Book bans: An act of policy violence promoting anti-Blackness. NAACP. Abgerufen 6. August 2023 von https://naacp.org/articles/book-bans-act-policy-violence-promoting-anti-blackness

Mühlhausen, W. (2000). Werner Hilpert (1897–1957). In B. Heidenreich & W. Mühlhausen (Hrsg.), Einheit und Freiheit: Hessische Persönlichkeiten und der Weg zur Bundesrepublik Deutschland (S. 245–271). VS Verlag für Sozialwissenschaften

Müller, T. (21. Oktober 2020). Entschädigung für Holocaustüberlebende: Weil die Züge ihn nie losließen. *taz*. Abgerufen 7. Juli 2023 von https://taz.de/Entschaedigung-fuer-Holocaustueberlebende/!5721216/

Müllner, J. (Director) (2017). *Deutschlands große Clans: die Persil-Story* [Film]. ZDF

Mungen, A. (2021). *Hier gilt's der Kunst: Wieland Wagner 1941–1945*. Westend

Neiman, S. (2019). *Learning from the Germans: race and the memory of evil*. Macmillan

Neslen, A. (2006). *Occupied minds: a journey through the Israeli psyche*. Pluto Press

Neßhöver, C. (2024, Februar 22). Rangliste der größten Vermögen 2023: Das sind die 500 reichsten Deutschen. *Manager Magazin Reichstenheft*, 1/2023. Abgerufen 29. März 2024 von https://www.manager-magazin.de/unternehmen/milliardaere-das-sind-die-500-reichsten-deutschen-2023-a-c25bc6bf-f1d5-4457-9cb0-e1ddc6d7ce26

Neufeld, M.J. (2008). *Von Braun: Dreamer of space, engineer of war*. Vintage Books

Niethammer, L. (Hrsg.). (2020) *Tengelmann im Dritten Reich: ein Unternehmen des Lebensmittelhandels und der Nationalsozialismus*. Klartext-Verlag

Nitsch, S. (7. November 2017). Rheinhotel schafft Parkraum: Baulücke in Unkel wird erst einmal zementiert. *Rhein-Zeitung*. Abgerufen 15. August 2024 von https://www.rhein-zeitung.de/region/aus-den-lokalredaktionen/kreis-

neuwied_artikel,-rheinhotel-schafft-parkraum-bauluecke-in-unkel-wird-erst-einmal-zementiert-_arid,1727418.html
Norgaard, N. (13. Oktober 1945). Eisenhower claims 50 years needed to re-educate Nazis. *The Oregon Statesman*. Abgerufen 15. August 2024 von https://www.newspapers.com/article/1206197/eisenhower-50-years-for-de-nazification/
Nover, S. (26. September 2022). Patagonia's $3 billion corporate gift is also a convenient way to avoid taxes. *Quartz*. Abgerufen 2. Juli 2023 von https://qz.com/patagonia-s-3-billion-corporate-gift-is-also-a-conveni-1849543678
NPR. (1. Juni 2020). »To be in a rage, almost all of the time«. *NPR*. Abgerufen 15. April 2024 von https://www.npr.org/2020/06/01/867153918/-to-be-in-a-rage-almost-all-the-time
NR-Kurier. (4. Dezember 2020). 250 000 Euro für Schulen und Kindergärten im Kreis Neuwied. *NR-Kurier*. Abgerufen 15. August 2024 von https://www.nr-kurier.de/artikel/96709-250-000-euro-fuer-schulen-und-kindergaerten-im-kreis-neuwied
Oberschelp, M. (4. Februar 2019). Persil und Zyklon B zusammendenken. *Frankfurter Rundschau*. Abgerufen 15. August 2024 von https://www.fr.de/politik/persil-zyklon-zusammendenken-11726289.html
Office of Governor Gavin Newsom. (7. Mai 2021). Governor Newsom announces appointments to First-in-the-Nation Task Force to study reparations for African Americans. *State of California*. Abgerufen 15. April 2024 von https://www.gov.ca.gov/2021/05/07/governor-newsom-announces-appointments-to-first-in-the-nation-task-force-to-study-reparations-for-african-americans/
Orwell, G. (1949/2021). *Nineteen eighty-four*. Global Grey Ebooks
Pagenstecher, C. (2016). Begriffe: Fremdarbeiter – Zwangsarbeiter – Sklavenarbeiter. *Bundeszentrale für politische Bildung*. Abgerufen 14. April 2024 von https://www.bpb.de/themen/nationalsozialismus-zweiter-weltkrieg/ns-zwangsarbeit/227269/begriffe-fremdarbeiter-zwangsarbeiter-sklavenarbeiter/
Parker, T. (1854). The new crime against humanity: a sermon preached at the Music Hall, in Boston, on Sunday, June 4, 1854. *Library of Congress*. Abgerufen 21. Juni 2023 von https://www.loc.gov/resource/llst.046/?st=gallery
Pekel, C. (19. Juni 2021). Reinigungsmittel Frosch: mit zwei Propellermaschinen für eine bessere Umwelt. *Welt*. Abgerufen 15. August 2024 von https://www.welt.de/wirtschaft/article231907777/Hersteller-von-Frosch-Reinigern-Keine-Angst-vor-grossen-Konkurrenten.html
Pew Research Center (11. Mai 2021). Jewish Americans in 2020. *Pew Research Center*. Abgerufen 28. Juli 2023 von https://www.pewresearch.org/religion/wp-content/uploads/sites/7/2021/05/PF_05.11.21_Jewish.Americans.pdf
Phipps, S. (26. Oktober 2022). Henkel identified as a source of Lost River suds, what's next?. *WBKO News*. Abgerufen 28. Juli 2023 von https://www.wbko.com/2022/10/25/henkel-identified-source-lost-river-suds-whats-next/
Plate, M., Groth, T., Ackermann, V. & von Schlippe, A. (2011). *Große Deutsche Familienunternehmen: Generationenfolge, Familienstrategie und Unternehmensentwicklung*. Vandenhoek & Ruprecht
Porsche. (31. Oktober 2022). Porsche und Rosenberger gGmbH beauftragen gemeinsames Forschungsprojekt. *Porsche*. Abgerufen 15. April 2024 von https://newsroom.porsche.com/de/2022/historie/porsche-adolf-rosenberger-ggmbh-joachim-scholtyseck-forschungsprojekt-30209.html
PP-Redaktion (28. Juli 2019). Marcel Goldhammer: Von der Waldorfschule zur Israelischen Armee. *Philosophia Perennis*. Abgerufen 5. August 2023 von https://philosophia-perennis.com/2019/07/28/marcel-goldhammer-von-der-waldorf schule-zur-israelischen-armee/
Pütz, M. (25. Januar 2023). Deportationen in den Tod: Wie stellt sich die Bahn

ihrem nationalsozialistischen Erbe?. *MDR*. Abgerufen 3. Juli 2023 von https://www.mdr.de/geschichte/ns-zeit/holocaust/bahn-reichsbahn-deportationen-profit-buchenwald-aufarbeitung102.html

Pyta, W., Havemann, N. & Braun, J. (2017). *Porsche: vom Konstruktionsbüro zur Weltmarke*. Siedler

Raidt, E. (2014). *Gottlieb Daimler und Robert Bosch: von hier aus wird ein Stern aufgehen*. Theiss

Ramge, T. (2004). *Die Flicks: eine deutsche Familiengeschichte über Geld, Macht und Politik*. Campus

Rapanos v. United States, 547 U.S. 715 (U.S. Sup. Ct. 2006). Abgerufen 15. August 2024 von https://supreme.justia.com/cases/federal/us/547/715/

Ray, R. & Perry, A. (April 2020). Why we need reparations for Black Americans. *Brookings Policy 2020 Working Paper*, 1–6. Abgerufen 26. Juni 2023 von https://www.brookings.edu/wp-content/uploads/2020/04/BigIdeas_Ray_Perry_Reparations-1.pdf

Rebenich, S. (2013). *C.H. Beck 1763–2013: Der kulturwissenschaftliche Verlag und seine Geschichte*. C.H. Beck

Redaktion Supermarkt-Inside. (1. Mai 2021). Hinter den Regalen: Die acht größten Supermarktketten Deutschlands in Zahlen. *Supermarkt Inside*. Abgerufen 5. Juli 2023 von https://www.supermarkt-inside.de/hinter-den-regalen-die-acht-groessten-supermarktketten-deutschlands-in-zahlen/

Reinhardt, W. (2015). Öffentlicher Personenverkehr in zwei deutschen Staaten. In W. Reinhardt (Hrsg.), *Geschichte des Öffentlichen Personenverkehrs von den Anfängen bis 2014* (S. 482–710). Springer Vieweg. Abgerufen 15. August 2024 von https://doi.org/10.1007/978-3-658-06628-4_11

Reiser, J. (2018). *August Schwingenstein (1881–1968): Förster, Publizist, Politiker, Mitbegründer und Verlagsleite der Süddeutschen Zeitung* [Dissertation]. Universitätsbibliothek der Ludwig-Maximilians-Universität

Restle, W.P. (20. Mai 1999). Die braune Vergangenheit von Bertelsmann. *Hagalil*. Abgerufen 2. Juni 2023 von https://www.hagalil.com/archiv/99/05/bertelsmann.htm

Reuters. (26. Februar 2024). OECD – Deutschland verliert Titel als drittgrößte Volkswirtschaft an Japan. *Handelsblatt*. Abgerufen 13. April 2024 von https://www.handelsblatt.com/politik/konjunktur/konjunktur-oecd-deutschland-verliert-titel-als-drittgroesste-volkswirtschaft-an-japan/100018437.html

Reuters. (26. September 2012). Allianz greift in der Autoversicherung mit VW an. *Reuters*. Abgerufen 10. Dezember 2023 von https://www.reuters.com/article/deutschland-volkswagen-allianz-idDEBEE88P02720120926

Rezmer, A. (24. Oktober 2022). Greenwashing-Vorwürfe: Verbraucherzentrale Baden-Württemberg verklagt die DWS. *Handelsblatt*. Abgerufen 15. August 2024 von https://www.handelsblatt.com/finanzen/banken-versicherungen/banken/deutsche-bank-tochter-greenwashing-vorwuerfe-verbraucherzentrale-baden-wuerttemberg-verklagt-die-dws/28764336.html

Rheinneckarblog. (19. März 2013). Evangelische Kirche bereicherte sich an der Arisierung in Mannheim. *Rheinneckarblog*. Abgerufen 28. Juli 2023 von https://rheinneckarblog.de/19/evangelische-kirche-bereicherte-sich-an-der-arisierung-in-mannheim/28526.html

Rheinpfalz. (29. April 2017). »Es ist höchste Zeit, darüber zu reden«. *Die Rheinpfalz*. Abgerufen 28. Juli 2023 von https://www.rheinpfalz.de/lokal/donnersbergkreis_artikel,-es-ist-h%C3%B6chste-zeit-dar%C3%BCber-zu-reden-_arid,873280.html

Rienzi, G. (Sommer 2015). Other nations could learn from Germany's efforts to

reconcile after WWII. *Johns Hopkins Magazine*. Abgerufen 27. Juli 2023 von https://hub.jhu.edu/magazine/2015/summer/germany-japan-reconciliation/
Rinke, F. (4. Mai 2016). Stefan Quandt: Ein Milliardär mit Kunstsinn. *Rheinische Post Online*. Abgerufen 15. August 2024 von https://rp-online.de/wirtschaft/unternehmen/stefan-quandt-ein-milliardaer-mit-kunstsinn_aid-17855771
Ritzer, U. (25. Januar 2019). »Tempo«: Eine deutsche Geschichte. *Süddeutsche Zeitung*. Abgerufen 15. August 2024 von https://www.sueddeutsche.de/politik/tempo-eine-deutsche-geschichte-1.4303294
Röhrbein, W. R. (2002). Bahlsen. In D. Böttcher, K. Mlynek, W. R. Röhrbein & H. Thielen, H. (Hrsg.), *Hannoversches biographisches Lexikon: Von den Anfängen bis in die Gegenwart* (S. 35–37). Schlüttersche
Röleke, J. & Kahrs, A. (o. D.). Auf den Spuren von Julius Hirsch: die Deportation nach Auschwitz im März 1943. *DFB-Kulturstiftung*. Abgerufen 12. Juli 2023 von https://www.dfb.de/ePaper/Auf-den-Spuren-von-Julius-Hirsch/
Romeike, S. (2016). Transitional justice in Germany after 1945 and after 1990. *Occasional Paper*, 1, 8–79.
Ronis, S. (9. Juli 2023). Tractate Gittin: Gitten 54. *My Jewish Learning*. Abgerufen 6. August 2023 von https://www.myjewishlearning.com/article/gittin-54/
Roth, J. (18. Oktober 2022). Sie lieben den Sünder und die Macht noch mehr. *Zeit Online*. Abgerufen 15. August 2024 von https://www.zeit.de/politik/ausland/2022-10/herschel-walker-midterms-republikaner-5vor8
Roth, R. (2022). »... zu revidieren versuchen, was eine vergangene Epoche schlecht gemacht habe ...«: schwierige Erinnerung an die Rolle der Frankfurter Sparkassen während der NS-Zeit. *Projekt Jüdisches Leben in Frankfurt am Main: Spurensuche – Begegnung – Erinnerung*. Abgerufen 22. Juli 2023 von https://www.juedisches-leben-frankfurt.de/media/frankfurter_sparkassen_im_ns_.pdf
Rother, T. (2003). *Die Thyssens: Tragödie der Stahlbarone*. Campus Verlag
Roumani, M. M. (2009). *The Jews of Libya: Coexistence, persecution, resettlement*. Sussex Academic Press
Rubenstein, R. L. (1989). The philosopher and the Jews: The Case of Martin Heidegger. *Modern Judaism*, 9(2), 179–196. Abgerufen 15. August 2024 von http://www.jstor.org/stable/1396313
Salzborn, S. (2020). *Kollektive Unschuld: die Abwehr der Shoah im deutschen Erinnern*. Hentrich & Hentrich
Schanetzky, T. (2011). Die Mitläuferfabrik: Erlanger Zugänge zur »modernen Unternehmensgeschichte«. *Akkumulation*, 31, 3–10
Schmid, J. & Bajohr, F. (2012). Gewöhnlicher unternehmerischer Opportunismus? Kurt A. Körber und die Dresdner »Universelle« im Nationalsozialismus. In Forschungsstelle für Zeitgeschichte in Hamburg (Hrsg.), *Zeitgeschichte in Hamburg 2011* (S. 73–101). Forschungsstelle für Zeitgeschichte in Hamburg
Schmidt, F. (15. Januar 2010). NS-Opfer fordern Hilfe von Deutscher Bahn. *Deutsche Welle*. Abgerufen 28. Juli 2023 von https://www.dw.com/de/ns-opfer-fordern-hilfe-von-deutscher-bahn/a-5129494
Schmidt-Hirschfelder, K. (11. Januar 2022). »Einfach so: auf Augenhöhe«: Jo-Achim Hamburger und Marcus König über einen geplanten Begegnungsort, sichtbares jüdisches Leben und Normalität als Zukunftsziel (K. Schmidt-Hirschfelder, Interview). Abgerufen 15. August 2024 von *Jüdische Allgemeine*. https://www.juedische-allgemeine.de/unsere-woche/einfach-so-auf-augenhoehe/
Schneider, H. L. (5. September 2021). Wer ist Jude – und wer nicht?. *Zeit Online*. Abgerufen 15. August 2024 von https://www.zeit.de/kultur/2021-09/judentum-vaterjuden-identitaet-josef-schuster-meron-mendel-streitgespraech
Schneider, M. C. (2016). *Volkswagen: eine deutsche Geschichte*. Berlin Verlag

Schneider, P. (11. Mai 2023). Debunking the claim that Israel is a »settler-colonial project« [incl. Rashid Khalidi]. *Middle East Forum.* Abgerufen 15. April 2024 von https://www.meforum.org/campus-watch/64409/debunking-the-claim-that-israel-is-a-settler

Schoenmakers, C. (2020). The »legal« theft of Jewish assets: The German Gold Discount Bank (Dego). In C. Kreutzmüller & J. R. Zatlin (Hrsg.), *Dispossession: plundering German Jewry. 1933–1953* (S. 71–103). University of Michigan Press

Schöllgen, G. (2002). *Diehl: Ein Familienunternehmen in Deutschland 1902–2002.* Propyläen

Schöllgen, G. (2010). *Gustav Schickedanz: Biographie eines Revolutionärs.* Berlin Verlag

Schöllgen, G. (2021). *Schaeffler: Biographie einer Familie und ihres Unternehmens.* Deutsche Verlags-Anstalt

Scholtyseck, J. (2011). *Der Aufstieg der Quandts: Eine deutsche Unternehmerdynastie.* C. H. Beck

Scholtyseck, J. (2016). *Freudenberg: Ein Familienunternehmen in Kaiserreich, Demokratie und Diktatur.* C. H. Beck

Scholtyseck, J. (2018). Im Zeitalter der Weltkriege (1914–1948) [Unter Mitarbeit von Patrick Bormann]. In C. Burhop, M. Kißener, H. Schäfer & J. Scholtyseck (Hrsg.), *Merck 1668–2018: von der Apotheke zum Weltkonzern* (S. 219–332). C. H. Beck

Schott, C. (1999). Familienunternehmen und »global player«: Vorwerk & Co. und der Umgang mit der eigenen Vergangenheit: Interview mit Petra Mertins, Unternehmenssprecherin von Vorwerk & Co. *Akkumulation*, 12, 6–8

Schuler, T. (2004). *Die Mohns: vom Provinzbuchhändler zum Weltkonzern: die Familie hinter Bertelsmann.* Campus Verlag

Schulte, J. E. (2005). *Konzentrationslager im Rheinland und in Westfalen 1933–1945: Zentrale Steuerung und regionale Initiative.* F. Schöningh.

Schulz, U. (2013). *Simson: Vom unwahrscheinlichen Überleben eines Unternehmens 1856–1993.* Wallstein

Schumacher, H. (28. August 2016). Weiße Flecken im Wissen über die Unternehmen der NS-Zeit. *WirtschaftsWoche.* Abgerufen 15. August 2024 von https://www.wiwo.de/unternehmen/industrie/historie-weisse-flecken-im-wissen-ueber-die-unternehmen-der-ns-zeit/14457216.html

Schuster, J. (28. Januar 2016). Jeder Schüler sollte einmal eine KZ-Gedenkstätte besuchen (W. Blieffert, Interview). *Zentralrat der Juden.* Abgerufen 15. Juni 2023 von https://www.zentralratderjuden.de/aktuelle-meldung/jeder-schueler-sollte-einmal-eine-kz-gedenkstaette-besuchen/

Senate Judiciary Committee. (17. September 2019). Testimony of Ambassador Stuart E. Eizenstat before the Senate Judiciary Committee Holocaust-Era Insurance Claims. *Senate Judiciary Committee.* Abgerufen 20. März 2023 von https://www.judiciary.senate.gov/imo/media/doc/Eizenstat%20Testimony.pdf

Shnabel, N., Ullrich, J. & Nadler, A. (2023). The needs-based model of reconciliation: How identity restoration processes can contribute to more harmonious and equal social relations. *Advances in Experimental Social Psychology*, 67, 209–276. https://doi.org/10.31234/osf.io/cv8my

Siemens. (o. D.). 1933–1945: Nationalsozialismus und Kriegswirtschaft. *Siemens.* Abgerufen 28. Juli 2023 von https://www.siemens.com/de/de/unternehmen/konzern/geschichte/unternehmen/1933-1945.html

Simpson, C. (Hrsg.) (2002). *War crimes of the Deutsche Bank and the Dresdner Bank: Office of Military Government (U. S.) reports.* Holmes & Meier Publishers

Smith, C. (14. November 2022). Monuments to the unthinkable. *The Atlantic.*

Abgerufen 28. Juli 2023 von https://www.theatlantic.com/magazine/archive/2022/12/holocaust-remembrance-lessons-america/671893/

Smith, D. (23. Dezember 2007). Barbie »boasted of hunting down Che«. *The Guardian*. https://www.theguardian.com/uk/2007/dec/23/world.secondworldwar

Smith, H. (23. Januar 2020). The desecration of Jewish cemeteries in post-war Germany, 1945–1999. *The Desecration of Jewish Cemeteries*. Abgerufen 28. Juli 2023 von https://storymaps.arcgis.com/stories/3466ef09fcd54529a968c17b9f41d152

Smith, P. (2016). Tyrann auf Crystal Meth: Hitlers geheime Drogensucht. ÄrzteZeitung. Abgerufen 5. Juli 2023 von https://www.aerztezeitung.de/Medizin/Hitlers-geheime-Drogensucht-311969.html

Snow, E. (2013). *Das Verhältnis der Verlage Fischer und Suhrkamp vor, während und nach dem Zweiten Weltkrieg: Die Flucht und die Verletzung des Vertrauens*. GRIN

Spannuth, J. P. (2007). *Rückerstattung Ost: Der Umgang der DDR mit dem »arisierten« und enteigneten Eigentum der Juden und die Gestaltung der Rückerstattung im wiedervereinigten Deutschland*. Klartext

Sparr, U. (2015). Adolf Maass *1875. *Stolpersteine Hamburg*. Abgerufen 24. Juli 2023 von https://www.stolpersteine-hamburg.de/index.php?MAIN_ID=7&BIO_ID=1492

Spoerer, M. (2016). *C&A: Ein Familienunternehmen in Deutschland, den Niederlanden und Großbritannien: 1911–1961*. C. H. Beck

Staas, C. (25. Februar 2009). Was damals Recht war … *Zeit Online*. Abgerufen 15. August 2024 von https://www.zeit.de/zeit-geschichte/2009/01/Justiz/komplettansicht

Staatsoper Stuttgart. (o. D.). Unterstützen. *Staatsoper Stuttgart*. Abgerufen 8. August 2023 von https://www.staatsoper-stuttgart.de/unterstuetzen/

Staatsoper Unter den Linden (o. D.). Partner: Wir danken. *Staatsoper Unter den Linden*. Abgerufen 8. August 2023 von https://www.staatsoper-berlin.de/de/partner-freunde/partner/

Stadtrat Unkel (18. Mai 2021). Niederschrift über die 17. Sitzung des Stadtrates Unkel am 18.05.2021: Beschluss-Nr.: 237/19-24. *Unkel: Kulturstadt am Rhein*. Abgerufen 5. August 2023 von https://www.unkel-kulturstadt.de/unkel/Stadt%20&%20Mensch/Stadt%20Unkel/Protokolle/2021/%C3%B6ffentliches%20Protokoll%2018.05.2021.pdf

Stadtrat Unkel. (11. November 2015a). Niederschrift über die 11. Sitzung des Stadtrates der Stadt Unkel für die Wahlperiode 2014–2019 am Mittwoch, 11. November 2015: Beschluss 122/14-19. *Unkel: Kulturstadt am Rhein*. Abgerufen 26. Juli 2023 von https://www.unkel-kulturstadt.de/unkel/Stadt%20&%20Mensch/Stadt%20Unkel/Protokolle/2015/Stadtrat_Niederschrift_151111-11.pdf

Stadtrat Unkel. (29. September 2015b). Niederschrift über die 10. Sitzung des Stadtrates der Stadt Unkel für die Wahlperiode 2014–2019 am Dienstag, 29. September 2015: Beschluss 101/14-19. *Unkel: Kulturstadt am Rhein*. Abgerufen 13.6.2021 von https://www.unkel-kulturstadt.de/unkel/Stadt%20&%20Mensch/Stadt%20Unkel/Protokolle/2015/Stadtrat_Niederschrift_150929-10.pdf

Statistisches Bundesamt. (1972). *Bevölkerung und Wirtschaft, 1872–1972: Herausgegeben anlässlich des 100jährigen Bestehens der zentralen amtlichen Statistik*. Kohlhammer

Steiner, B. (2015). *Die Inszenierung des Jüdischen: Konversion von Deutschen zum Judentum nach 1945*. Wallstein Verlag

Stiftung Erinnerung, Verantwortung und Zukunft. (2023). Die Gründungsgeschichte der Stiftung EVZ. *Stiftung Erinnerung, Verantwortung und Zu-*

kunft. Abgerufen 25. Juli 2023 von https://www.stiftung-evz.de/wer-wir-sind/geschichte/gruendungsgeschichte/

Sudrow, A. (2010). *Der Schuh im Nationalsozialismus: eine Produktgeschichte im deutsch-britisch-amerikanischen Vergleich*. Wallstein

Sudrow, A. (2018). Das Unternehmen »Sportschuhfabrik Gebrüder Dassler« von der Gründung bis zum Ende von Nationalsozialismus und Entnazifizierung (1919–1948). In C. Kleinschmidt, R. Karlsch, J. Lesczenski & A. Sudrow (Hrsg.), *Unternehmen Sport: Die Geschichte von Adidas* (S. 19–75). Siedler Verlag

SWR. (21. Oktober 2022). Braune Vergangenheit: Bayreuth plant NS-Dokumentationszentrum. *SWR2*. Abgerufen 29. Juli 2023 von https://www.swr.de/swr2/leben-und-gesellschaft/kulturmeldung-bayreuth-bekommt-gedenkstaette-des-nationalsozialismus-100.html

Sy, S. (17. Mai 2021). Should Native Americans control national parks? Examining an argument for reparations. *PBS*. Abgerufen 23. Juli 2023 von https://www.pbs.org/newshour/show/should-native-americans-control-national-parks-examining-an-argument-for-reparations

Tagesspiegel. (17. Oktober 2008). Umweltverschmutzung: Bei BASF gelangt giftige Chemikalie in den Rhein. *Tagesspiegel*. Abgerufen 15. August 2024 von https://www.tagesspiegel.de/gesellschaft/panorama/bei-basf-gelangt-giftige-chemikalie-in-den-rhein-6554821.html

Tamir, C., Budiman, A., Noe-Bustamante, L. & Mora, L. (25. März 2021). Facts about the U. S. Black population. *Pew Research Center*. Abgerufen 25. Juli 2023 von https://www.pewresearch.org/social-trends/fact-sheet/facts-about-the-us-black-population/

Taylor, F. (2011). *Exorcising Hitler: The occupation and Denazification of Germany*. Bloomsbury

taz. (18. November 1999). Die Firmen, die nicht entschädigen wollen. *taz*. Abgerufen 15. August 2024 von https://taz.de/Die-Firmen-die-nicht-entschaedigen-wollen/!1261312/

Tharoor, S. (24. Juli 2015). Read: Shashi Tharoor's full speech asking India for 200 years of its colonial rule. *News18*. Abgerufen 26. Juni 2023 von https://www.news18.com/news/india/read-shashi-tharoors-full-speech-asking-uk-to-pay-india-for-200-years-of-its-colonial-rule-1024821.html

The Guardian. (10. September 2008). In pursuit of Bolivia's secret Nazi. *The Guardian*. https://www.theguardian.com/world/2008/sep/10/bolivia-germany

The International Military Tribunal for Germany (29. April 1946). Nuremberg Trial Proceedings (Bd. 12, Morning session). *Lillian Goldman Law Library*. Abgerufen 30. Juni 2023 von https://avalon.law.yale.edu/imt/04-29-46.asp

Theiner, P. (2017). *Robert Bosch: Unternehmer im Zeitalter der Extreme: eine Biographie*. C. H. Beck

Thomas Built Buses. (3. Juni 2002). Thomas announces new plant in North Carolina for school bus production. *Thomas Built Buses*. Abgerufen 8. August 2023 von https://thomasbuiltbuses.com/resources/news/thomas-announces-new-plant-in-north-2002-06-03/

Thomas Built Buses. (o. D.). A company with a rich history and a bright future: Our history. *Thomas Built Buses*. Abgerufen 8. August 2023 von https://thomasbuiltbuses.com/about-us/company-history/

Timm, E. (18. April 1999). Hugo Ferdinand Boss (1885–1948) und die Firma Hugo Boss: Eine Dokumentation. *Zwangsarbeit in Metzingen*. Abgerufen 29. Juli 2023 von http://www.metzingen-zwangsarbeit.de/hugo_boss.pdf

Treue, W. & Uebbing, H. (1969). *Die Feuer verlöschen nie: August Thyssen-Hütte 1926–1966*. Econ-Verlag

Tribelhorn, M. (6. September 2019). Die Schweiz und der Holocaust: ein Streit um Schuld und Sühne. *Neue Züricher Zeitung*. Abgerufen 15. August 2024 von https://www.nzz.ch/wochenende/die-schweiz-und-der-holocaust-ld.1506653

Tzuberi, H. (2020). »Reforesting« Jews: the German state and the construction of »New German Judaism«. *Jewish Studies Quarterly*, 27(3), 199–224. Abgerufen 15. August 2024 von https://doi.org/10.1628/jsq-2020-0015

UKEssays. (2018). The history of the Metallgesellschaft corporation in Germany. *UKEssays*. Abgerufen 1. August 2023 von https://www.ukessays.com/essays/finance/the-history-of-the-metallgesellschaft-corporation-in-germany-finance-essay.php?vref=1

United Nations War Crimes Commission. (Oktober 1945). The German industrialists as accomplices of the Nazi conspiracy. *ICC Legal Tools Database*. Abgerufen 7. Juli 2023 von https://www.legal-tools.org/doc/9733ac/pdf/

United States Holocaust Memorial Museum. (21. Februar 2023). Josef Mengele. *Holocaust Encyclopedia*. Abgerufen 5. Juli 2023 von https://encyclopedia.ushmm.org/content/en/article/josef-mengele

United States Holocaust Memorial Museum. (25. Juni 2020). The Nazi party. *Holocaust Encyclopedia*. Abgerufen 5. August 2023 von https://encyclopedia.ushmm.org/content/en/article/the-nazi-party-1

United States Holocaust Memorial Museum. (o. D.). Antisemitism in history: Racial antisemitism, 1875–1945. *Holocaust Encyclopedia*. Abgerufen 27. Juni 2023 von https://encyclopedia.ushmm.org/content/en/article/antisemitism-in-history-racial-antisemitism-18751945

United States Holocaust Memorial Museum. (o. D.). Forced labor. *Holocaust Encyclopedia*. Abgerufen 5. Juli 2023 von https://encyclopedia.ushmm.org/content/en/article/forced-labor

United States Holocaust Memorial Museum. (o. D.). German Jewish refugees, 1933–1939. *Holocaust Encylopedia*. Abgerufen 1. August 2023 von https://encyclopedia.ushmm.org/content/en/article/german-jewish-refugees-1933-1939

United States Holocaust Memorial Museum. (o. D.). The Doctors Trial: the medical case of the subsequent Nuremberg Proceedings. *Holocaust Encyclopedia*. Abgerufen 5. Juli 2023 von https://encyclopedia.ushmm.org/content/en/article/the-doctors-trial-the-medical-case-of-the-subsequent-nuremberg-proceedings

United States Holocaust Memorial Museum. (o. D.). The German churches and the Nazi states. *Holocaust Encyclopedia*. Abgerufen 5. Juli 2023 von https://encyclopedia.ushmm.org/content/en/article/the-german-churches-and-the-nazi-state

United States Holocaust Memorial Museum. (o. D.). Volkswagen. *Holocaust Encyclopedia*. Abgerufen 8. August 2023 von https://encyclopedia.ushmm.org/content/en/article/volkswagen-1

Universität Bonn. (o. D.). Forschung: Forschungsprojekte: »Die Geschichte des Unternehmens Henkel von 1876 bis heute«. *Institut für Geschichtswissenschaft*. Abgerufen 16. Juni 2023 von https://www.igw.uni-bonn.de/de/institut/neuzeit/test-lehrstuhl-scholtyseck/forschung

Urgewald. (2021). Finance against future: machen wir die Finanzwelt kohlefrei. *urgewald*. Abgerufen 30. Juli 2023 von https://www.urgewald.org/sites/default/files/media-files/Commerzbank%202021-%20Nachhaltiger%20Anspruch%2C%20dreckige%20Realität.pdf

Urgewald. (2024). US-LNG: So unterstützen deutsche Versicherer das fossile Exportgeschäft der USA. *urgewald*. Abgerufen 15. April 2024 von https://www.urgewald.org/medien/us-lng-so-unterstuetzen-deutsche-versicherer-fossile-exportgeschaeft-usa

US Senate. (1945). *Elimination of German resources of war: hearings before a Sub-*

committee of the Committee on Military Affairs (Teil 5: Testimony of Treasury Department). U. S. Government Printing Office

van Laack, D. (2003). Die Mitwirkenden bei der »Arisierung«: Dargestellt am Beispiel der rheinisch-westfälischen Industrieregion 1933–1940. In U. Büttner (Hrsg.), *Die Deutschen und die Judenverfolgung im Dritten Reich* (S. 273–304). Fischer Taschenbuch Verlag

Varanasi, K. V. (14. September 2022). Patagonia founder is giving away his billion dollar company and ensuring that all profits go towards fighting climate change. *MSN*. Abgerufen 23. Juli 2023 von https://www.msn.com/en-us/money/savingandinvesting/patagonia-founder-is-giving-away-his-billion-dollar-company-and-ensuring-that-all-profits-go-towards-fighting-climate-change/ar-AA11PXGt

Verfürden, M. (21. Oktober 2019). Deutsche Unternehmen in der NS-Zeit: Dieser Mann soll bei der Aufarbeitung helfen. *Handelsblatt*. Abgerufen 15. August 2024 von https://www.handelsblatt.com/unternehmen/handel-konsumgueter/manfred-grieger-deutsche-unternehmen-in-der-ns-zeit-dieser-mann-soll-bei-der-aufarbeitung-helfen/25137482.html

Viehöver, U. (2006). *Die EinflussReichen: Henkel, Otto und Co: Wer in Deutschland Geld und Macht hat*. Campus

Volk, R. (22. September 2021). Klaus Barbie: Grausamer Nazi und US-Agent. *SWR2*. Abgerufen 24. Juli 2023 von https://www.swr.de/swr2/wissen/klaus-barbie-grausamer-nazi-und-us-agent-swr2-wissen-2021-09-23-100.html

Volkswagen Group. (o. D.). Brands. *Volkswagen Group*. Abgerufen 8. August 2023 von https://www.volkswagen-group.com/en/brands-15811

Vom Brocke, J. (27. September 2017). Neuer Ausstellungsbereich: Hoesch im Nationalsozialismus: Texte, Bilder, Dokumente im Hoeschmuseum in Dortmund. *Nordstadt Blogger: Nachrichten aus Dortmund*. Abgerufen 6. August 2023 von https://www.nordstadtblogger.de/hoesch-im-nationalsozialismus-texte-bilder-dokumente-sind-im-hoesch-museum-zu-sehen/#comments

von Eichhorn, C. (10. Februar 2023). Was tun mit den Öl-Milliarden? *Süddeutsche Zeitung*. Abgerufen 15. August 2024 von https://www.sueddeutsche.de/wissen/klimawandel-oelbranche-rekordgewinne-1.5749131

von Harbou, K. (2013). *Wege und Abwege: Franz Josef Schöningh, der Mitbegründer der Süddeutschen Zeitung: eine Biografie*. Allitera

von Lingen, K. (2009). Kriegserfahrung und die Formierung nationaler Identität in Europa nach 1945: eine kurze Einführung. In K. von Lingen (Hrsg.), *Kriegserfahrung und nationale Identität in Europa nach 1945: Erinnerung, Säuberungsprozesse und nationales Gedenken* (Bd. 49: Krieg in der Geschichte, S. 11–26). Schöningh

von Schwanenflug, C. (2010). Vom Wirtschaftswunder lebt die Firma heute noch. *ImmobilienZeitung*, 33. Abgerufen 27. März 2024 von https://www.iz.de/unternehmen/news/droell--scheuermann-vormals-israel-schmidt-soehne-teil-2-vom-wirtschaftswunder-lebt-die-firma-heute-noch-99417

Votsmeier, V. & Murphy, M. (31. Januar 2022). Thyssen-Krupp gibt im Streit um Schäden aus dem Schienenkartell klein bei. *Handelsblatt*. Abgerufen 28. März 2024 von https://www.handelsblatt.com/unternehmen/industrie/stahlhersteller-thyssen-krupp-gibt-im-streit-um-schaeden-aus-dem-schienenkartell-klein-bei/28024290.html

VVN/BdA NRW. (8. Juli 2016). Thyssen im Nationalsozialismus. *Rallye »Spurensuche Verbrechen der Wirtschaft 1933–1945«*. Abgerufen 28. Juli 2023 von http://www.verbrechen-der-wirtschaft.de/texte/0100_thyssen.htm

Wallendorf, C. (28. Januar 2001). Akten der 30er Jahre belegen Zwangsverkäufe in

Bonn. *General-Anzeiger*. Abgerufen 15. August 2024 von https://ga.de/region/akten-der-30er-jahre-belegen-zwangsverkaeufe-in-bonn_aid-40413375
Weber, B. (21. August 2014). Uni Jena und die NS-Zeit: Rassenwahn und Intrigen. *Deutschlandfunk*. Abgerufen 28. Juli 2023 von https://www.deutschlandfunk.de/uni-jena-und-die-ns-zeit-rassenwahn-und-intrigen-100.html
Weingardt, M. (2001). »Wiedergutmachung«: zum Luxemburg-Vertrag von 1952/53: Tatsachen und Legenden. *Tribüne: Zeitschrift zum Verständnis des Judentums*, 157, 182–200
Weiss, T.M. (16. November 2018). Hugo Boss in fast-fashion bid to reverse trend. *Irish Independent*. Abgerufen 30. März 2024 von https://www.independent.ie/business/world/hugo-boss-in-fast-fashion-bid-to-reverse-trend/37534449.html
Welt. (19. Juni 2015). Manager waren nützliche Partner für die CIA und Vorläufer des BND. *Welt*. Abgerufen 15. August 2024 von https://www.welt.de/print/die_welt/wirtschaft/article142742974/Manager-waren-nuetzliche-Partner-fuer-die-CIA-und-Vorlaeufer-des-BND.html
Wesel, U. (2013). *250 Jahre rechtswissenschaftlicher Verlag C.H. Beck: 1763–2013*. C.H. Beck
Widmann, M. (27. Oktober 2021). Klaus-Michael Kühne, »Jeder hat einen Makel«. *Zeit Online*. Abgerufen 15. August 2024 von https://www.zeit.de/2021/44/klaus-michael-kuehne-milliardaer-unternehmer-kuehne-nagel-pandemie
Wiegrefe, K. (1997). Das »Wagnis Auschwitz«. *Der Spiegel*. Abgerufen 29. Juli 2023 von https://www.spiegel.de/politik/das-wagnis-auschwitz-a-f3b0a6fe-0002-0001-0000-000008719979
Wiesen, S.J. (2004). *West German industry and the problems of the Nazi past: 1945–1955*. The University of North Carolina Press
Wiggershaus, R. (16. Februar 2017). Vor 30 Jahren: Die Urteile im Prozess um die Flick-Parteinspenden. *Deutschlandfunk Kultur*. Abgerufen 23. März 2024 von https://www.deutschlandfunkkultur.de/vor-30-jahren-die-urteile-im-prozess-um-die-flick-100.html
Wildt, M. (18. Dezember 2012). Verdrängung und Erinnerung. *Informationen zur politischen Bildung*, 316, 68–79
Willers, Y. (10. April 2024). [o.T.]. Linkedin. Abgerufen 15. April 2024 von https://www.linkedin.com/posts/activity-7183316449451495425-SU3y/?utm_source=share&utm_medium=member_desktop
Windolf, P. & Marx, C. (2022). *Die braune Wirtschaftselite*. Campus
Winkler, W. (2019). *Das braune Netz: wie die Bundesrepublik von früheren Nazis zum Erfolg geführt wurde*. Rowohlt
Wochenkurier Unkel. (25. April 2015). Restaurierte gusseiserne Grabkreuze wurden auf dem evangelischen Friedhof in Unkel wieder errichtet. *Wochenkurier Unkel*. https://www.muehlhoefer-bestattungen.de/download-file?file_id=351&file_code=e35274667a
Wojak, I. & Hayes, P. (2000). Einleitung. In I. Wojak & P. Hayes (Hrsg.), *»Arisierung« im Nationalsozialismus: Volksgemeinschaft, Raub und Gedächtnis* (S. 7–14). Campus
Woods, S. (4. Dezember 2017). Life advice from Mel Brooks. Men's Journal. Abgerufen 26. Juni 2023 von https://www.mensjournal.com/entertainment/life-lessons-from-mel-brooks-20130514
Wüllenkemper, C. (16. Mai 2013). Exportschlager Aufarbeitung: Deutsche Berater helfen bei Bewältigung von Diktaturen. *Deutschlandfunk*. Abgerufen 5. Juli 2021 von https://www.deutschlandfunk.de/exportschlager-aufarbeitung.724.de.html?dram:article_id=246856
Wundersee, P. (16. Dezember 2022). Mahnmale gegen das Vergessen. *Tagesschau*.

Abgerufen 13. Juni 2023 von https://www.tagesschau.de/inland/innenpolitik/stolpersteine-107.html

Yad Vashem. (1. Januar 2022). Names of Righteous by Country. *Yad Vashem*. Abgerufen 1. August 2023 von https://www.yadvashem.org/righteous/statistics.html

Yad Vashem. (o. D.). Murder of the Jews of Poland. *Yad Vashem*. Abgerufen 8. August 2023 von https://www.yadvashem.org/holocaust/about/fate-of-jews/poland.html#narrative_info

YaleCourses. (7. Dezember 2022). *Timothy Snyder: The making of modern Ukraine: Class 23: The colonial, the post-colonial, the global* [Video]. https://www.youtube.com/watch?v=nLfFmYWjHtc abgerufen

Zabludoff, S. (2007). At issue: Restitution of Holocaust-era assets: promises and reality. *Jewish Political Studies Review*, 19(1/2), 3–14. https://www.jstor.org/stable/25834718

Zeren, A. K. (2017). From de-Nazification of Germany to de-Baathifieation of Iraq. *Political Science Quarterly*, 132(2), 259–290. http://www.jstor.org/stable/45176144

Zinke, P. (2008). »Er drohte wieder mit der Gauleitung«: Gustav Schickedanz und die »Arisierungen«. In J. G. Tobias & P. Zinke (Hrsg.), *nurinst 2008: Beiträge zur deutschen und jüdischen Geschichte* (Bd. 4, Schwerpunktthema: Entrechtung und Enteignung, S. 63–80). ANTOGO Verlag

ISBN 978-3-86489-312-4
EUR 18,00 / EUA 18,50

Ökonomie versus Ökologie?

Mit einer Brutalität ohnegleichen hat sich der Mensch die Natur untertan gemacht. Die Folgen bekommen wir gerade heftig zu spüren.

Die Erkenntnisse der Wissenschaft sind klar und nicht zu widerlegen: Die Erde ist in einem schlechten Zustand. Auf einem Planeten mit begrenzten Ressourcen ist unbegrenztes Wachstum mit fortdauerndem Ressourcenverbrauch nicht machbar. Ökologie muss ein unauflöslicher Teil der Wirtschaft werden, mit einem festen Platz in unserer Werte- und Konsumordnung. Das ist möglich, aber es erfordert eine kompetente globale Staatengemeinschaft, die im Interesse der Mehrheit handelt und die in der Lage ist, die wirtschaftlichen Folgen des ökologischen Umbaus abzufedern.
Heiner Flassbeck benennt die wichtigsten Probleme und Herausforderungen, denen wir uns im 21. Jahrhundert stellen müssen. Und er zeigt konkret, wie wir die Wende schaffen können, wenn wir Ökologie und Ökonomie versöhnen.